U0476473

邓炘炘 著

Network news

网络新闻编辑（第3版）

中国广播影视出版社

图书在版编目（CIP）数据

网络新闻编辑 / 邓炘炘著. -- 3版. -- 北京：中国广播影视出版社，2019.10（2022.4重印）
ISBN 978-7-5043-8340-2

Ⅰ．①网… Ⅱ．①邓… Ⅲ．①互联网络—新闻编辑 Ⅳ．①G210.7②G213

中国版本图书馆CIP数据核字(2019)第210191号

网络新闻编辑（第3版）
邓炘炘　著

责任编辑	许珊珊
封面设计	嘉信一丁
责任校对	张　哲

出版发行	中国广播影视出版社
电　　话	010-86093580　010-86093583
社　　址	北京市西城区真武庙二条9号
邮　　编	100045
网　　址	www.crtp.com.cn
电子信箱	crtp8@sina.com

经　　销	全国各地新华书店
印　　刷	北京凯德印刷有限责任公司

开　　本	787毫米×1092毫米　1/16
字　　数	400(千)字
印　　张	21.75
版　　次	2019年10月第3版　2022年4月第2次印刷

书　　号	ISBN 978-7-5043-8340-2
定　　价	88.00元

（版权所有　翻印必究·印装有误　负责调换）

第 3 版前言

本书面世以来，坊间需求一直持续稳定。借此再版之机，补充三点说明。

第一，近四五年来，网络智能新闻传播的发展和变化很快很多。在"中央厨房""写稿机器人"和"人工智能虚拟主播"等种种新尝试的带领下，国内专业和主流网络新闻机构目前在智能新闻传播方面的推进，主要涉及如下领域：

在信息采集方面，主要是大数据技术应用，包括数据新闻、数据挖掘、数据分析、数据删选以及传感器新闻等。数据新闻指通过对现有数据的挖掘获取新闻讯息，这与传统的、通过新闻专业人员实践调研采集新闻，有了一定程度的不同。而传感器新闻是指通过硬件传感器直接自动获取第一手资料和数据，通过分析处理——可由机器自动处理——而获得新闻性信息。例如，2018 年国内诞生首条生理传感新闻（SGC）"更懂你"。

在编辑制作方面，目前的应用主要体现在机器写作、智能语音识别、文字/语音转换（自然语言处理）、智能主播、智能视频剪辑等方面。机器替代人工新闻写作的部分，主要是模式化自动生成写作，如财经、体育类新闻的行业快讯、赛事简讯等，这类写作的共同点是格式化模版化，机器可以快速学会和模仿，但深度调查和报道则无法完全替代，因为没有统一的模式和套路。智能语音识别、文字语音转换依靠和利用语音识别、自然语言处理（NLP）等技术，是新闻编辑制作最重要的辅助技术之一。这类应用可以有效降低人工劳动成本，明显提高人工筛选资料的效率。相对文字文本而言，视频的机器识别和处理的难度更大，这类技术的迭代及应用正在推进中。2019 年，新华社和《人民日报》先后推出人工智能虚拟新闻主播，代表了国内主流新闻媒体在这方面的最新进展。

在认知体验方面，应用主要体现在由 VR/AR/MR（虚拟现实/增强现实/混合现实）等技术所支持和实现的沉浸式、体验式新闻报道传播与接收；此外还有无人机新闻，主要提供日常不易获得的报道呈现视角。采用无人机进行新闻信息的拍摄、采集和现场报道,近年来已不新鲜;而 VR/AR 等技术在新闻传播领域的应用还不普遍,原因是相关需求还比较弱小。这类技术的探索和应用目前集中在网络游戏、电影等领域,未来不排斥逐渐渗入新闻报道方面的可能。在 2019 年"两会"报道中,新华网试验性地推出"全息交互看报告",将《政府工作报告》中的关键数据,与百姓生活、城乡风貌、经济发展等场景结合,在其 MR 智能演播厅中合成播放,在数米宽的空间内实时渲染生成 8K 清晰度的逼真三维场景。

在内容推送方面,主要表现为新闻内容的智能推送,如"今日头条"等,主要为传受端之间的定制传播和算法推荐等。目前内容推送服务的智能化比较普及。基于算法推荐的特征积累,内容平台可以算出用户经常消费的内容品类、体裁、停留时长、转化率、喜好等,从而获取精准的用户画像。结合大数据基础上的内容画像和用户移动位置信息(LBS)等,可以精准地向特定地区的特定用户推送特定内容。随着用户画像和内容画像的"颗粒度"的更加精细化,推送的精准度和个性化程度还可以进一步提高。

目前,不同规模、不同实力和不同级别的网络新闻媒体机构,在上述各领域内的试验摸索、实践运行、投入规模和探索纵深都参差不齐,各自的突破口、着力点以及未来发展的侧重也相当多元。一些有实力有雄心的新闻传媒机构,正与网络传播技术公司或实力机构开展更紧密、更有深度的跨行跨界开发合作。与此同时,各种尝试和出新操作也引发讨论和争辩。如智能化推送新闻的功能意义,即新闻供给究竟应是一味迎合用户的"想知",还应是经专业筛选后提供的"需知""应知";还有算法与价值观的矛盾,等等。

新技术应用与新闻报道传播的创新式结合,也敦促行业体制、运行机制、管理规制和人员素养方面的进一步调整、改革与升级,这些将是未来一段时间内,国内主管部门和传媒业界共同面对的真实挑战。如中央广播电视总台正以多中心多平台等方式,整合原中央三台的资源、人员、系统及运行,力争以新的姿态和样貌迎接和融入新一波网络传播/智能传播大潮。

需要指出的是,任何新技术新手段在新闻报道和传播中的应用,本质上依然离不开专业新闻工作者的参与、操控、筛选以及再加工、深加工等劳动,离不开新闻传播专业价值判断和职业道德的把关,离不开新闻专业工作者的主导和取向设定。本书的章节设计和内容重点紧紧围绕网络新闻工作的专业性、基本原则,以及它们在日常工作实践中的运用及难题展开叙述和讨论,主体核心内容和众多精选事例具有较强的实用价值和说服力。

一般来说,欲把握一个变动不居的事物,最好先抓住其相对稳定不变的特质特征;而观察一个似乎一成不变的事物,则要善于发现其变异变化的萌芽端倪。上面提到的智能新闻传播的新变化新发展，在很大程度上，仍属网络新闻传播的"外延"性生长与扩张，网络新闻专业"内涵"的价值观、原则和操守在本质上依然未变；网络新闻工作者的专业自律和公共职责，依然不可或缺。

目前，国内一些非新闻专业的、著名商业/科技公司以及大型社交媒体平台等，获准提供新闻信息转载转发服务。基于这种"转发""转播"服务地位，这些商业/科技公司和社交媒体平台等，正越来越重视和加大利用机器和算法，来减小甚至取代原先对专业新闻编辑人工的依赖；之前基于编辑专业经验所做出的新闻推荐和筛选等工作，正大面积地被机器所替代；头部正面内容（最先缺省显示）的人工干预也可以通过技术手段来实现。这些趋势性做法客观上推动了新技术新应用在网络新闻传播领域中的普及和推广。

不过，就整体新闻传播行业来说，新闻价值、职业敏感、常识经验、道德责任、专业执着、人文情感等专业精神和专业素养的参与和发扬，仍是机器和技术无法彻底替代和超越的。随着越来越多的网络和智能新技术新应用与新闻传播活动深度结合，正规新闻机构和专业新闻工作者的核心作用和能量发挥，正变得愈加关键和重要！《网络新闻编辑（第3版）》正力图在这些方面，帮助读者清晰地审视和坦然地应对、吸纳各种眼花缭乱、扑面而来的冲击与挑战，以立于专业不败之地。

第二，本书专章介绍和讨论"新媒体""新兴媒体"现象和问题，然而此类讨论似乎永无终点、无法穷尽，最后只能仰仗和拜托读者自行"续接"和自我"补充"。过去几年间，"新兴媒体"与新闻传播之间的互动和关联有许多变化，出现一些新情况。

比如，美国总统特朗普经常喜欢直接"推特"（Twitter）发文，表达他的施政立场，就各种政策发言表态，甚至向政治对手发起"突然攻击"。特朗普的这些做法比较突出地代表了网络社交媒体时代，美国政治传播的新现象新景观。不过，美国一直有比较稳定和强大的传统新闻传媒行业。尽管特朗普的推特文每每自动成为各家新闻机构报道的关注重点，以及传媒热议的由头或话题，但对美国新闻传播业整体运行来说，他的推特文或类似的社交媒体传播的参与和加入，更像是投入湖中、激起层层水波涟漪的"石块"。社交媒体和各种App等在新闻传播方面的应用，主要发挥着"锦上添花"或"水银泻地"式的强化、延伸和扩展等作用。不过换个角度来看，特朗普在竞选期间和当选总统之后，每次发起"话语攻势"时，"推特"总是他首选的一个即时、直接、可靠和能量可观的自媒体发声工具。各种网络社交媒体深度渗透和融入新闻传播大格局中，其影响和作用不可轻视低估。

社交媒体在中国广大网民中的一般性应用，现以"微信"最为普及和突出，用户数已接近八亿。"微信"的传播和交流特点是朋友圈成员之间的社交凝聚和信息分享；

大量流通的是私人的、软性的或"另类"讯息，以生活和娱乐内容为主。"微信"也经常作为小团队成员协同工作时的实时通讯工具。一般来说，个体用户利用"微信"自发、直接和完整地转发正规媒体新闻的比率比较小。不过，正规新闻机构的原创新闻及其网络传布，与广大网民通过社交媒体自发进行横向信息分享之间的区隔与分行，只具有相对的意义。不同朋友圈之间的共有成员+链式转发，也可以快速和广泛地实现讯息传散，产生类似大众传播的效应。现在，一些重要的或突发的新闻经由社交媒体平台或一般用户的转发和议论，得以进一步扩散，产生始料未及的效应；而社交媒体首发的某些线索和信息，经主流新闻机构专业记者和编辑的接力和深挖，最终成为重要的新闻报道的情况，也越来越常见。

与美国情况不同，中国内地各级政府的主要官员还未普遍应用个人社交媒体账号与社会民众展开公开和直接的网际传播交流。对于中国内地主流正规新闻传媒机构来说，各种社交媒体和手段是其专业新闻传播服务的重要的网上延伸，也是提升其整体传播影响力的重要一环。而专业网络新闻编辑如何更顺畅和更有效地使用社交媒体，把握好它们的传播特性和传播效果，还需认真琢磨和继续观察。

第三，一本大学教科书可以为一门课程的讲授提供一个教学大纲或基本框架；也可以为读者自学提供一个逐步推进、依次深入的逻辑顺序安排。但它绝不可能提供该领域的全部知识、思考或者"定论"，更不用说这里所牵涉的领域是如此活跃和变动不居的网络新闻传播。教科书只是一个"向导"或"拐杖"；主动且智慧地利用好教科书，离不开授课教师和同学们的参与和努力。基于这种考虑，在此提供三点建议：

一是本书没有提供任何参考书目。一则因为这类书籍和材料不难找到，二来内心一直希望可由使用者自主挑选搭配，自定"参考书单"。许多网络教科书附后的阅读书单颇为壮观。这些被推荐的书籍、文章，都是写教科书者主观选定或认为很重要的；然而它们是否真的都"值得一读"，不同的读者读后是否都能同样获益和受用，始终是存疑的。于是想到：与其替食客包办点菜，不如请他们根据自己的兴趣和特长自行选择。这种自选能力的培养与锻炼，亦应包含在课程教学之中。

二是本书各章节之后没有附上思考题问答题。许多落在纸面上的网络传播问答题，经常不是太过笼统原则，就是转眼便过了"保鲜期"。建议读者在阅读和使用本书及学习的过程中，主动思考和提问，并尝试解答。经自己认真思索而提出的问题，每一个都价值千金！

三是阅读的收益效率不由作者决定，而在读者手中。正如俗话所说，会说的，不如会听的。故在此特别吁请本书使用者，积极主动地寻找网络新闻/智能新闻的最新传播实践或实操案例，拿来与本书的相关叙述和讨论进行对照、比较和相互补充，展开批判性阅读和思考，以丰富和加深对网络新闻传播的认识与理解。

第3版前言

本书 2005 年第 1 版就是彩色印刷，后经两次修订升级和美化版式设计，至今仍保持彩印形式，得到读者的认可。当年此书曾是坊间同类书中唯一的彩印版书，孰料十五年之后它竟然依旧保有这"唯一地位"。如今，各种媒体的视觉传播界面已经全面转向彩色；本书较早意识到并尽量贴近这一趋势，努力为读者提供更多更丰富的讯息内容、更愉悦的阅读与视觉感受。本书最初的责任编辑陈丹桦现已退休，感谢她的坚持和远见。感谢庄捷、刘志军、杨超晶、周楠提供的资料和帮助。

此次再版，调换了若干图片，添加和改动了一些文字内容；"网络新闻传播管理"一章中增加了"网络管理新趋向"一节。特此说明。

邓炘炘

中国传媒大学新闻学院

2019 年 7 月 29 日

目录 CONTENTS

第 2 版导言 / 1

第一章　全能的网络新闻编辑 / 1

　　一、新闻专业原则 / 1
　　二、网络编辑的工作特点 / 17
　　三、网络编辑的专业意识 / 18
　　四、网络编辑的业务职责 / 20
　　五、网络新闻编辑的素质要求 / 22
　　六、实例讨论：马航 MH370 客机事件报道 / 23

P1-27

第二章　新闻站点类型、标识体系与版面呈现 / 28

　　一、网络站点类型 / 30
　　二、网站结构搭建 / 42
　　三、站点标识系统 / 49
　　四、网络版面特点 / 60
　　五、版面样例分析 / 65

P28-83

第三章　网络新闻标题、文稿编改与专类报道编辑 / 84

　　一、网络新闻标题 / 84
　　二、新闻文稿编改 / 101
　　三、专类报道编辑 / 115

P84-131

第四章　网络新闻评论 / 132

一、概说 / 132

二、网上民意表达 / 160

P 132-164

第五章　网络新闻图片、图表图示与网上调查 / 165

一、网络新闻图片 / 165

二、新闻图表与图示 / 183

三、新闻漫画 / 187

四、在线问卷调查"游戏" / 192

P 165-199

第六章　网络新闻专题 / 200

一、专题特性 / 200

二、专题类型 / 201

三、选题、构建与编辑 / 212

四、小结 / 218

P 200-218

第七章　网络音视频新闻 / 219

一、概述 / 219

二、网络音频新闻编辑 / 221

三、网络视频新闻编辑 / 244

四、小结 / 254

P 219-258

第八章　新媒介 VS 旧思维 / 259

一、概说 / 259

二、旧思路还是新思维？ / 262

三、推送服务 / 263

四、聚汇资源 / 269

五、横向分享 / 282

六、小结 / 291

P 259-294

第九章　网络新闻传播管理 / 295

　　一、宏观管理 / 295
　　二、专业道德规范 / 301
　　三、编辑部管理 / 304
　　四、网络管理新趋向 / 315

P₂₉₅₋₃₁₉

结　语　从纽约社交媒体峰会说起 / 320

P₃₂₀₋₃₂₇

第 2 版导言

本书修订历时两年，经脱胎换骨式的大删大改，已彻底一本新书矣！书中内容、图片和样例的更新时间截止到 2014 年 4 月底。

互联网络由单纯的通讯工具转变为传播媒体，再变身成信息交互平台，一路快步奔来，势不可挡。如今，它已成为人们的社会生活方式和真确的现实世界，其须臾不可缺位的程度，几近水和空气。

互联网诞生在美国，其与生俱来的内置制度基因，随着网络应用的普及，辐射扩散到世界各个角落。在互联网技术升级及原创应用方面，中国目前仍是学习者和跟从者。网络新技术的引进和充满活力的普及应用，震动和冲击着中国现今社会，全方位和加速度地促使社会发生这样或那样的改变。对其深广的后果效应，怎样估计都不会过高。

历史上，随着传播媒介工具的改进，信息传播范围和丰富程度不断扩展，人类社会因此而进步。纸张、印刷术的发明，无线电广播和电视传播的崛起等，都提供了雄辩的历史实证。然而，以往传媒手段的变化和丰富，还只局限在一对多的大众传播的轨道和场域内。随着 24 小时直播卫星电视在 20 世纪后半叶的崛起，大众传播在技术上实现了世界范围的实时覆盖。

大众传播活动无论多么震撼人心，始终囿于一对多的传受关系框架中。而互联网络引发的传播变革，却跳出了这一格局，颠覆性地改变了以往的传受权力关系限定。互联网络传播进一步丰富和加强了大众传播，同时它也开启了其他性质关系的传播的新时代。

互联网络最根本的传受关系特性是：无中心、多中心、传受节点同位一体。互联网络比传媒的概念要大很多，它并非只扩大了传播的量，也非只增多了共时多媒介传输信道，而是颠覆了过往"我说你听""我多你少""我强你弱""我智你愚"的传播主导关系的单向度锁定，改变了原有的传播端与接受端之间的关系、等级、强弱、状态和时空等的僵固关联，从而极大地改变了人的传播和活动的范围、空间及方式，开启了一个新的世界。身处此情此境之中，专业新闻传播和专业新闻工作者将如何立命安身，意欲何为呢？

中国1994年开始连通互联网络，到2014年整满20年。在互联网进入之前，新中国新闻传播机构实行严格的开办审批和总量控制的管理制度。全部新闻传媒机构是国有企业。整个行业的定位是：作为中国共产党及党领导下的政府向广大民众传播新闻信息、引导社会舆论、反映社会生活风貌的传播工具；它"既是党和政府的耳目喉舌，又是人民群众的耳目喉舌"[①]。依照行业管理精神，新闻机构须以中国共产党的基本方针路线为思想指引，须把服务党和政府工作部署，服务社会服务民众放在重要的位置；须接受党在政治和组织上的领导，围绕党和政府的中心工作，正面宣传报道有关方针政策和计划措施等。整个行业由从中央到地方的多层级的新闻传媒机构组成，这些机构彼此有区域覆盖、行政级别上的差异，但没有功能和性质上的区别。

历史上，这些新闻机构曾长期依赖政府财政全额拨款来维持。改革开放之后，它们普遍依"事业性质，企业化经营"模式运行，并且开展程度不同的商业经营活动以获得收入。近年，有关管理部门和少数实力新闻机构开始尝试转企改制乃至打包上市等，以期寻找出传媒机构既符合党和政府的传播报道要求，又能实现创收盈利的双赢之路。在上述规制要素约束下，中国新闻传媒机构的改革时起时伏，至今尚在努力行进的过程之中。

互联网络给中国新闻行业和有关管理体制的改革带来机遇，也带来压力。在控制了传媒机构就等于掌控了社会主流传播活动的时代，新闻行业管理是较为简单和容易的事情。孰料互联网络竟然跳过了传统思维的管理框架，开放的信息分享平台更使个体网民可以直接和自由地进出信息交流与观点分享的场域空间。互联网络对以传统大众传媒为表象的旧有传播体制机制的批判和解决，是许多人始料不及的。

"互联网时代，人人可以是记者"的断言流传极广，有很大的鼓动性。新闻传播是一种普遍的社会历史现象，但是作为一种机构性专职性的社会分工，直到近代社会方才出现和成熟。社会分工意味着专一和专行，也意味着社会代理和社会委托，即社会将某种工作交付给特定的专门群体来实现和担承。肩负社会分工的委托意味着履行专门的职责，以实现社会的预期，同时社会也必须赋予和提供履行此专业分工职责所需要的必要条件和适度宽容。

新闻传播专业专行包括专门技能、专业规范、专业精神、专业伦理、专业标准、

---

① 郑保卫著：《新闻学导论》，新华出版社，1990年版，第169页。

同业认同、专业自尊等一系列不可或缺的要件。所有上述专业规范或专行约定都是复数的和集体的概念，对所有入行个体人员和机构有直接或间接的约束；并因所有同仁和同业机构对它们的集体认同、尊重及捍卫而存在和发挥作用。专业规范与专业人士之间的关系是互锁共生的性质：没有行规行则，个体人员和机构无法聚合形成行业并发挥出集体的力量；同样，如果没有从业人士和机构的共识维护和自觉弘扬，行规行则根本无法存在。

在当今世界新闻传播业界，专业精神和专业人员的结合和体现是以专业机构为最典型最优化的组织运行形态。机构永远大于个体。新闻工作首先是——同时在本质上是——集体性和机构性的专业劳动。在中国新闻传播业界，坚持意识形态正确性是一个极为重要的话题，也是一个怎样强调都仍觉不够的刚性要求。不过，意识形态和政治正确的具体落实及其标识性体现，在过往几十年间变化起伏甚大。"今是而昨非"的更替间隔，也在加速度缩短。放眼世界，国内外现存著名新闻传媒机构的专业品质和良好服务，至少有几十年乃至百多年的坚持与延续。良好的专业精神和专业服务的生命力，显然更强大更持久更本源。所以，专业自觉、专业自尊、专业自立以及良好的专业服务口碑的积累，相对于意识形态政治正确而言（自然不能忽略），恐怕是时下中国新闻传媒机构和专业从业者更应该认真对待的。

现行中国的社会生存与运行管理之间存在矛盾和问题。社会中的主要矛盾表现为：民众之间或各类"委托"和"代理"关系之间，在如何实现各自目标和如何承担责任的规则与路径上，在对目标实现的优先排序与利益分配上，以及在规则确立的严肃性和持续性上，存在着各种各样的争执和冲突。在处于发展过渡期的社会环境中，这是常见的现象。新闻传播业在这样的社会环境和发展过程中，如何发挥其独立和特有的建设性改良性作用，本身就是一个讨论中的议题。

中国社会的前途是走向现代化，走向法制（rule of law），走向民主，走向与国际社会更紧密的融合的繁荣文明之路。中国的改革是对现存的否定和扬弃。中国的开放意味着学习和吸收外来优秀文明成果。一般来说，社会内部的矛盾和争执可以通过自由平等交流的方式加以协商解决，因此开放传播和激发传播媒介的责任活力是特别重要的事情。这一点已是社会上普遍认同的观念。但是，如何使开放的传播和交流成为制度化和专业化的运行，还处在犹豫和试探的过程中，还需努力加耐心。

中国的问题与未来走向受到国内外的高度关注。这源于一个广泛的共识：全球化意味着相互依存，相互依赖，相互影响。经济上、环境上相互依赖范围已经延伸到地球的每个角落，而政治上和制度上的影响和依赖也早已越过了国家主权管理疆界，且有日渐增大的明显趋向。中国深刻地影响着世界，世界也前所未有地影响着中国。对所有人而言，这一切都意味着改变。美国学者福山（Francis Fukuyama）认为，到目前为止，中国政府对国外影响和国际体系的态度还都是防范性的。当中国已经成为世界第二大经济体时，其角色似乎不得不发生切实的改变，以便对全球公共品供给和全球秩序做出贡献，从而真正成为全球体系的一个重要组成部分①。以这样的视角来看待中国以及中国与世界的关系发展，不无启发性。中国新闻工作者，包括网络新闻传播人员，如能以这样的视角来注视和观察中国新闻传播系统及其运行变化，也将大有裨益。

本书介绍、梳理、分析和讨论网络新闻编辑活动的方方面面及新近发展，从理念、运行、事例到版面、图片、音视频以及新兴媒体等，皆有详细说明和交代。本书提供丰富的专业知识、传播样例和实操方法，可作大学专业教科书；也包含许多问题分析和学理讨论，可作网络传播研究读本。网络传播和新闻活动每时每刻产生新样态、新应用、新跨界、新问题，本书以纸介形式来面对它们，有先天的缺憾，一些动态、声像及多媒体情景和运行实例，无法生动展现。简易的补救办法是：作者尽可能给出详细的资料来源或网上实例链接，读者可以自行调阅参照体会。本书还给出引用和检核资料的时间点，以便有心人对比观察。

本书可以按章节顺序阅读，也可以跳跃翻看。第一章总论新闻工作的专业性，只强调最基本的原则要点。新闻事实报道的真确性是当下网上网下传播中最受关注的问题。新闻事实的真伪，关乎专业新闻服务的性命。第二章囊括了新闻站点类型、网络站点标识与网络版面呈现等几个领域的内容。由站点到版面的视觉巡览也涉及手机版、Pad版等不同类型应用，以及呈现样态对网络新闻传播的影响和作用。

第三章侧重"文字"问题，即网络新闻标题、文稿与专类报道的编辑问题。它们都直接与文字有关，故集纳在一起。第四章单谈网络新闻评论。评论或许是国内网上信息类项中最大宗的一类。本章主要从专业新闻机构的视角来审视其功用和情况。居高声自远，并不总适合专业新闻媒体评论的情况；反之，它们有时不仅受冷落，甚至成为调侃反讽的对象。这是为什么呢？

第五章讨论与静态新闻图片、图形有关的传播和编辑问题。"图行天下"，在网络上也不例外。第六章专门介绍网络新闻专题，因为它是网络新闻传播特有的"重型武器"。第七章分别讨论网络音频和网络视频，其实这两个子单元中的许多内容是相通的，如播客与平台的关系，平台的类型与功能等，读者自可互文参阅。

第八章试图换个角度来看新媒体的运行和编辑问题。新兴媒体特别是社交媒体的普及应用，对专业新闻传播机构的现有思维和现有运行提出严酷挑战。跳出旧有的传播思维定势，也许是比简单地采用新兴媒体工具更为本质的转变。

---

① 陈家刚编：《危机与未来：福山中国演讲录》，中央编译出版社，2012年版。

第九章是网络新闻传播管理。编辑部管理，是新闻传播管理中的基准一环。向宏观扩展，本章内容触及行业规制和专业规范；向微观俯察，管理深入员工自律培育和内部规章细节。新兴的网络媒介传播带出许多前所未有的管理问题，因此许多国内外传媒机构的新立的相关规条往往带有协商性与尝试性。这些管理约定或建议的出发点大都在于，努力改善和提高网络新闻专业服务的质量和专业新闻机构的信誉度，并保证良性运转得以持续。

"结语"记述了本书作者参加2013年4月《纽约时报》和BBC在纽约联合主办的年度社交媒体峰会的所见所闻和感思联想。网络新闻传播的发展后劲强大，新闻编辑要不断跟上它前进的脚步，大胆尝试创新路径，使新闻服务在新兴技术和专业精神的双重驱动下，发挥出更加积极、更具建设性的作用力量。

本书没有按照教科书惯例，在各章结尾列出复习思考题。原因是这类思考题往往引导学生或读者回溯咀嚼本书内容，以期从中摘寻出标准答案。"标准答案"不利于发散性和批判性思维的成长。本书希望能推开一扇了解情况开阔视野独自思考的窗子，让读者在阅读本书之后，能自己提出问题，并带着鲜活的困惑疑问，去参阅更多其他文本，去观察客观现实，从而找出破疑解难的方法和路径。本书把提问权——包括质疑和批评本书叙述和观点的权利——交还给读者。本书错误完全由我负责，衷心欢迎批评和指教。

邓炘炘

中国传媒大学

2014年5月

第一章

全能的网络新闻编辑

一、新闻专业原则

新闻工作作为一个独立的行业,作为一个专业性很强的工作,必然有其工作和运转的基本原则。反过来说,一种社会工作或活动有无其特有的基本专业原则,可能恰是衡量其是否可以称得上是专业或者专行的基本标尺。如果一种社会工作总由别的行业或者其他专业人员引领走路,在日常运转中屈从他人的指令调度,没有自己职业的和独立的专业判断,那么这样的行当在社会上恐怕不能算是专行或者专业,也难以建立起行业和专业的尊严。

在讨论新闻专业最基本的原则之前,需要先解释两点:一是本书在此跳过政治立场和政治正确(political correctness)的问题。世界各国有各自不同的政治体制、政治传统及政治运行环境。身处此境中的新闻工作者无法超然抽身,脱离社会环境和政治生态的制约。新闻工作受特定的历史的政治权力、政治因素、社会环境和政治价值观的影响或左右,是不言而喻的事情。[1] 新闻工作者也有各自的政治立场和政治倾向,这些都会不同程度地流露和掺入到工作中。所谓弘扬专业主义和专业精神,正是要求专业工作尽可能少地受各种非专业元素的直接影响或左右,以保持专业服务的稳定质量和社会功能。本章不讨论政治正确与新闻传播的关系,是为了避免分散主题。事实上,可以左右和影响新闻传播的社会因素和力量远不止政治一家。从另外的角度来看,新闻业所秉持的真实、客观、平衡、公允等专业价值原则,又远比一时的政治正确的具体标准和时髦规定要稳定、持久且可操作性更强一些。对此,历史提供了太多的例证。

二是本书讨论的新闻工作原则和专业性问题,具有相对性的意义。因为任何原则的实施,都有具体和历史的社会环境和客观条件限定。专业原则作为理念指引或者行业价值标准,在相当大的程度上是一种理想追求,是持续追寻并力求逼近的某种完美

---

[1] 《人民日报》2014年2月12日刊文正式概括当今中国社会主义核心价值观的基本内容为:富强、民主、文明、和谐、自由、平等、公正、法治、爱国、敬业、诚信、友善。

境界。基本原则和价值观存活在日常运作中，并且永远都会打折扣。强调这点，并非让人泄气，而是希望把对于价值原则的追求当作一个机构或行业不断进取和努力的集体的接力推进过程。

1. 真实

新闻工作的第一原则就是尽最大可能提供真确的事实报道，此为新闻工作的永恒价值和基本初衷。新闻报道是一种信息传递和发布工作。这种工作被社会所接受而成为一种专行，有其历史的必然。简单地说，当社会发展达到一定规模之后，人们身处的社会空间极大地扩展；身处其中的人们受整个社会空间变化的影响和左右，迫切需要及时了解各种变动情况和信息，以便据此做出符合自身利益和需要的相应反应或选择决策。但是，由于精力、能力和分工所限，社会个体成员无法亲自去了解和核实所有的变动、事件和信息；为降低社会信息供应成本，满足社会总体需求，专事信息采集、报道和传布工作的专行和专业人士就应运而生。这种"中间人"的工作就是专业新闻工作的本质特征和社会分工。

新闻信息工作者首先不是终端"新闻消费者"。他（她）理论上并不知道所传递的信息在接收者一端将怎样被使用或取舍，但他（她）尽最大努力和最大可能去发现、采集、提供所能获得的全面信息，并以同样的精神和认真来保证所供应信息的真实准确。新闻不能假造，不能虚构，不能合理想象，必须是实实在在发生过和存在着的客观事实或变动。这是讨论和评价新闻工作时的第一前提、第一标准。人们不难想象一个充斥虚假信息的社会所具有的必不可免的混乱程度，也不难理解为什么人们会对提供虚假信息的新闻人员及机构，以及容忍这种现象蔓延的社会，产生极度的怨恨和厌恶。

2003年美国《纽约时报》记者雇员杰森·布莱尔（Jayson Blair）造假案，属于新闻失实的极端案例。布莱尔身为记者却长期蓄意造假，他在2000～2003年内，为该报撰写了600多篇报道，大半属捏造或抄袭之作。这就与单篇报道偶然失误，或记者偶然出错，有了本质区别。对布莱尔恶意的反专业操守行为，报社虽不知情，但未能及时发现和制止，教训惨痛。尽管这只是一个无良记者个人的恶作剧，《纽约时报》2003年5月11日刊出题为"长期杜撰新闻的《纽约时报》记者已辞职"的长文，对此事来龙去脉做出交代，并向社会和读者深深道歉。事发后，《纽约时报》总编辑（executive editor）和执行主编（managing editor）双双引咎辞职，报社董事会专门成立一个新闻报道行为规范调查团，展开一系列调查和落实改正措施[①]。《纽约时报》发

---

① 《纽约时报》有严谨的编审、查核、确证流程，2002年4月曾有主管编辑对布莱尔稿件的真实性提出质疑，但未引起高层足够重视。资料来源：http://news.xinhuanet.com/newsmedia/2003-05/29/content_ 892067. htm。

行人、纽约时报集团董事长亚瑟尔·苏兹贝格发表声明说:"虽然过去几周对我们来说日子很不好过,但我们坚定不移地对我们的雇员、我们的读者、我们的广告客户承诺:我们将按照道德素养和新闻业务的最高标准来提供一流报纸服务。"①

国内人为造成的新闻失实现象在历史上时有所闻:20世纪80年代,长沙一块从卡车上掉下来的人造冰块,变身"天外来客"上了报纸;河南焦作一名工人利用死豹炮制的"擒豹"照片,被一些报刊视为"珍品"刊载。②后者很容易令人联想起近年的"周老虎"事件③。有研究者指出,2002年韩日足球世界杯赛期间,中国体育记者们制造的假新闻可以开出一个长单子,从中央电视台禁播米卢的广告,一直到厄瓜多尔主裁判被枪杀,等等。④因政治原因而失实的新闻事例,就更具"中国特色":1958年,水稻亩产三万斤之类"放卫星"照片,竞相见诸报端,《人民日报》赫然登出四个孩子肩并肩"站"在稻穗上的照片;1976年,悼念周恩来的民众,在报纸、广播中被标签为"暴徒""受蒙蔽的群众"。⑤

图 1-1 丑闻主角登上《新闻周刊》封面

杜绝假新闻、减少新闻失实是道难题。造假新闻过去有,现在有,将来还会有。假新闻产生的根源复杂多元,有客观的原因,也有主观的原因,有制度体制扭曲使然,也有专业品质和行风缺陷问题。假如有记者、编辑甚或新闻机构明知消息内容有假有误还要发表,存心欺骗公众,就属公然践踏新闻工作职业准则,丧失专业良知。对这类硬伤问题的是非曲直,自有公论,无需赘言。倒是一些出现在灰色地带的问题,更值得在此提出讨论。

多数新闻失实事例并非是记者或编辑有意造假,而是对何谓新闻真实以及如何保证新闻事实的真实性等问题理解不深,或者面对政治、市场或商业运营的强大压力,守不住新闻真实的底线。网络新闻编辑每时每刻接触的,大都是新闻成品或者二手新闻材料,如果不严格把住事实真确的关口,那些掺入虚假成分的新闻稿件,很容易通过网络进一步传播扩散,对用户和社会造成危害。所以,网络新闻编辑对那些"部分真实"的新闻,尤其要加倍留心,因为似真实假的新闻报道往往更易蒙混过关,造成

---

① http://news.xinhuanet.com/world/2003-06/06/content_906760.htm。
②⑤ 蒋亚平、官建文、林荣强著:《新闻失实论》(上),中国新闻出版社,1986年版,第1页。
③ 2007年10月,陕西省镇坪县农民周正龙声称在野外拍得华南虎照片,从而引发华南虎事件(也称"周老虎"事件)。
④ 陈力丹:《关于假新闻及主流人群的话题》,《新闻实践》,2002年,第8、9期。

更大的欺骗。目前,人们对网络新闻的真实性普遍心存怀疑,相当程度是因为网上新闻的准确性不高。

还有新闻工作人员利用所谓"技巧",来为自己不专业不诚实的行为做遮掩;这表面看似乎问题不大,实是极为恶劣的行业病毒。例如,假新闻"意韩赛主裁判惨死于乱枪"的编发者为了推卸责任,在文章结尾加上"消息至今未被证实"的字句,就是这种故意装傻充愣的实例,因为消息标题已经强烈地误导了读者。[①] 假如这种处置"技巧"病毒在网络编辑人群中蔓延传染,甚至感染到主编层级,成了编辑部或新闻机构的惯常心态和常规做法,那么新闻失实就会迅速超越个体稿件层面,蚕食专业诚信纯度,导致新闻行风的普遍滑坡。

网络新闻编辑若要尽力守住真实性底线,其日常把关意识、质疑和核实态度至为重要。国内网上新闻传播有相互转载的习惯做法。根据国内有关管理规定,这种转载一般以传统正规媒体机构,以及经正式批准的网络新闻传播机构或其网络出口发布的新闻为正规源头,因此网上新闻一经贴上正规网络传媒的原发标签,很容易给人此新闻已经通过了真实性检验和核实的印象。但是,作为网络新闻主要供应源头的正规传媒和网络媒体机构是否能保证所原发新闻信息的真实、准确和可靠?各位记者、编辑需要时时睁大眼睛,多动脑筋,保持警惕!

下例通过对一则有关伊拉克战事报道在网上被转载情况的追踪,来观察国内网络新闻如何"网上来",又"网上去",以及新闻的真实性含量在多次转载过程中,是如何"流失""变味"。希望此例能为读者提供一种观察和分析的方法。

事情的起源是这样的:台湾《联合报》2003年4月18日4点25分在网上刊出该报独家报道,称伊拉克国防部长通敌,导致伊共和国卫队溃败。当时正是伊拉克战事激烈之时,能披露出如此惊人的消息,的确引人注目。

《联合报》称,该报特派记者孙扬明4月17日在巴格达直接采访伊拉克共和国卫队的一位重要成员后,发回如下报道。消息开头的两段,交代了整个报道的背景情况[②]:

> 伊拉克的"共和卫队"一直被誉为海珊(萨达姆)政权的最后守护神,但在美国入侵伊拉克一役中,共和卫队并未发挥想象中的战力;同时,巴格达在最后的保卫战中,也几乎没有出现想象中的激战,这种情形让所有关切此战的人大惑不解。记者经过安排,找到共和卫队重要成员,就最关键性的几天内发生的重

[①] http://www.qingdaonews.com/content/2004-10/20/content_3787693.htm。
[②] 台湾《联合报》2003年4月18日;引自联合新闻网 http://archive.udn.com/2003/4/18/NEWS/WORLD/WORS1/1281553.shtm。

要战役做一回顾，让读者了解其中内情。顾及受访者安全问题，《联合报》以化名萨法尔代替他的真实姓名。由于时机、人物敏感，记者以某使馆为访问地点，访问时，并有两把 AK47 自动步枪随侍在侧，以防不测。访问过程中，并曾因枪声距离过近而中断两次。以下是访问摘要……

报道接下来采用了一问一答的方式进行。记者问："你们既然已经发现并挡下美军，那美军是从哪里进入巴格达的？"受访者回答[①]：

> 我们中的高官有人叛国，刻意把部队调开让美军进入巴格达。
>
> 后来，我们自己就抓了很多的高官。被我们抓到的叛徒共有 75 名。
>
> 后来我们知道有大官叛国。我知道的是国防部长叛变，已被内政部长处决。
>
> 我们的飞行员本来集体要求出战，甚至用自杀飞机来对付地面美军，但国防部长不但不准，还把他们全部抓起来，全部枪毙，这是为何我们一直都没有一架飞机起飞的原因。但我确定的是，当我们在机场附近和美军进行肉搏之际，凡是向国防部求援的单位，不但没有一个得到增援，而且都还遭到美军锁定，最后全部被美机轰炸歼灭。

香港凤凰网 4 月 18 日上午 11 点 16 分在网上刊播了这条消息。经与《联合报》原文核对，从标题"伊军爆料：国防部长通敌 共和卫队溃败"到具体内容文字，凤凰网编辑都未作任何修改，只是在消息导语之前加上了"凤凰卫视四月十八日消息：据媒体报道"的字样[②]。随后，若干中国大陆地区媒体和网站也相继刊登了这一消息。下表列出的情况是网上搜索的结果[③]。

表 1-1　刊载情况一览表

网站名称	上网时间	标题
《扬子晚报》（南京）	4 月 18 日	伊防长通敌被杀
新浪网	4 月 18 日 13：49 *	共和国卫队成员透露伊防长叛变被内政部长处决
中国宁波网	4 月 18 日 19：22	共和国卫队成员透露伊防长叛变被内政部长处决

[①] 台湾《联合报》2003 年 4 月 18 日；引自联合新闻网，http：//archive.udn.com/2003/4/18/NEWS/WORLD/WORS1/1281553.shtm。

[②] 香港凤凰网，http：//www.phoenixtv.com/home/news/world/200304/18/54558.html。

[③] 所列情况是以主题词进行网上搜索后获得到结果。

续表

《重庆商报》	4月19日	伊国防部长通敌被杀
搜狐网	4月19日1:12＊＊	巴格达失守内幕曝光 伊拉克国防部长通敌被处决
半岛新闻网（青岛）	4月19日3:44	国防部长通敌被杀
杭州网	4月19日8:22＊＊＊	共和国卫队成员透露伊国防部长叛变
《杭州都市快报》	4月19日8:55	共和国卫队成员透露伊国防部长叛变

＊新浪注明此消息转自《扬子晚报》，但改换了标题。

＊＊搜狐注明此消息转自《重庆商报》，但修改了标题。

＊＊＊杭州网注明此消息来源为"据《扬子晚报》"。

上述大陆媒体或媒体网站的有关的消息全文，因为篇幅所限无法全部引录，下面只列出它们的导语，可见各家编辑处理时的意图倾向。

《扬子晚报》的导语是①：

本报综合消息 伊拉克的共和国卫队一直被誉为萨达姆政权的最后守护神，但在美国入侵伊拉克一役中，共和国卫队并未发挥想象中的战斗力，这种情形让所有关切此战的人大惑不解。记者找到共和国卫队重要成员，就最关键性的几天内发生的重要战役做一回顾。以下是访问摘要。

《重庆商报》的导语与《扬子晚报》的几乎只字不差，只是没有"本报综合消息"这几个字②。杭州网的导语与《扬子晚报》稿也只有几字之差，除没有"本报综合消息"以外，只在"共和国卫队重要成员"后面加上了"萨法尔"这样一个人名。③

《杭州都市快报》的导语更简略概括：

在此次的伊拉克战争中，伊拉克精锐的共和国卫队并未发挥想象中的战斗力。对此共和国卫队的萨法里透露了一个迄今无人证实的内情：包括国防部长在内的很多高官叛国。④

---

① http://www.yangtse.com/gb/content/2003-04/18/content_718672.htm（扬子晚报网站没有表明具体上网时间）。

② 《重庆商报》报道，http://www.chinacqsb.com/news.php?recid=24053。

③ 杭州网报道，http://www.hangzhou.com.cn/20030101/ca234802.htm。

④ 《杭州都市快报》报道，http://www.dskb.com.cn/20030101/ca234922.htm。

《联合报》的原始稿件约 2000 余字。中国宁波网在播发这一消息时没有使用任何导语，直接选取了原稿后半部分的问答内容，并删去了一些内容①。

山东青岛的半岛新闻网在刊播时，只用两段非常简短的文字提炼全文要点②：

> 伊拉克的共和国卫队一直被誉为萨达姆政权的最后守护神，但在美国入侵伊拉克一役中，共和国卫队并未发挥出它的战斗力，这种情形让所有关切此战的人大惑不解。
>
> 记者从共和国卫队成员那里了解到，这种情况的出现很大程度上是因为出了内奸。他说，叛徒阻挠自杀攻击，并刻意把部队调开让美军进入巴格达。这些叛徒用各种方式，让美军知道部队的藏身之处引美军轰炸。后来，萨达姆抓了 75 名叛徒。令人惊讶的是，叛徒中竟然包括国防部长，内政部长处决了他。

从上述各家新闻媒体播报的内容情况和文字特点来看，这些报道的最终信息来源只能是《联合报》；而且在上述转播者中间没有一家再提供任何新的消息来源线索。因此，这一信息转播链条的源头不难锁定。

值得注意的是，除联合新闻网之外，上述各家的网上相关报道，都有不同程度的弱化或隐藏新闻原始来源的倾向。台湾联合新闻网在刊发该消息时注明，这是《联合报》记者采自巴格达的独家专访。香港凤凰网在转发时虽然在其他地方未做任何改动，但是却删去了《联合报》原稿标题下的（联合新闻网）"特派记者孙扬明/巴格达十七日专访"的字样，也没有在文中对新闻来源做特别的交代③，客观上遮蔽了读者对此条消息初始来源的了解。

几家大陆地区媒体的相关报道更是将消息的来源隐去不宣。细心者不难发现，这些稿件经过编改处理，已经俨然是本报（本网）记者报道的口气了。几则导语都保留了原稿中"记者找到共和国卫队重要成员"这一说法，但是并不特别说明此"记者"乃是"联合报记者"。于是，读者阅后很容易造成一种印象，即这些媒体自己派遣了记者，亲临巴格达进行采访报道。

为什么上述报纸和网站在转载《联合报》记者消息时，不约而同地弱化或者掩藏消息初始来源呢？原因估计有这样几点。第一，新闻传播对于受众的根本意义在于提供新信息，使受众知晓前所未闻的变动事实。最新一手信息的采集投入与新闻报道的吸引力是正相关关系，舍此难以建立起新闻报道的权威地位。新闻一线采集是极其艰难和花费很大的工作，特别是当新闻采集的覆盖范围扩大到整个世界，或者进入危险

---

① http：//inews.cnnb.com.cn：81/web/cnnb_asp/newscenter/gaojian.asp?id=497451。
② 半岛新闻网报道，http：//www.bandaonews.com/news/sjxw/200304190029.htm。
③ 香港凤凰网报道，http：//www.phoenixtv.com/home/news/world/200304/18/54558.html。

地区的时候。许多新闻媒体实力所不能及，于是不得不范围和程度不同地依赖新闻通讯社或其他新闻媒体的报道供应。但是，对上述伊拉克消息转载过程的追踪观察，使我们清楚地看到，正规传媒和网络媒体对原采新闻的看重与认同。但问题是，当没有原采信息只能转播他人报道时，应该怎么做呢？前述的应付做法是隐去消息来源，将"转载"打扮成"原采"的模样！

第二，以转播和转刊的方式报道新闻是正常的，受众也认同。在转播和转刊新闻时，一个提高新闻可信度的基本做法是：清楚地交代新闻事实的初始来源。换言之，转发者要通过提供报道来源的方式，帮助受众判断该信息的可靠性。来自正规和权威媒体机构的信息，往往有强大的传播影响力，因为原始发布机构自身的诚信对所发布信息的真实度具有担保作用和支持作用。当转发转播者也是正规媒体或网络媒体时，隐去初始来源将意味着以自身媒体信度资本来做该信息真实性的担保人。这是一种非典型性盗版或掠夺他人之美的行为。

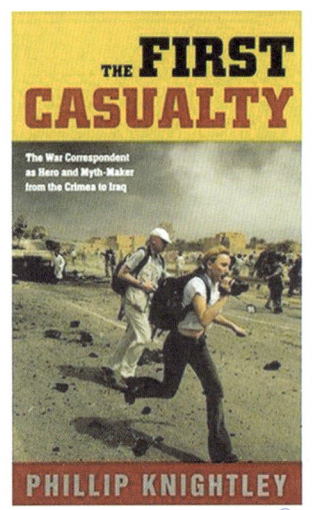

图1-2 《最先阵亡者》①

第三，新闻转发者始终需要对新闻信息和其来源的真实度进行核实和审定。这包含两个方面的工作。一是确认信息的原始发布者究竟是谁。需要提醒的是，编辑切不可未经核实就主观地认定某一消息来自某一权威媒体，并据此进行公开发布。这将有可能引发严重的责任问题。另一点是，编辑需要对所要转发的新闻内容本身进行基本常识性的核实和分析，甚至派出本机构记者进行实地的再核查。在上述《联合报》的例子中，除了文中所交代的那位没有披露真实姓名的共和国卫队重要成员以外，没有任何其他更有说服力的支持线索和佐证。对这样一条独家信息的价值应如何判断？转发还是不转发呢？如果转发，那么有可能事后发现，它原本只是一篇充满想象力的"故事"；如果不发，又可能漏报一个重要事件。面对这种情况，编辑人员或者媒体机构需要做出自己的专业判断和处理抉择。从网上搜索的情况来看，大陆地区许多重要的媒体网站——如人民网、新华网、千龙网等，都没有采用和传播这条消息。看来，这些新闻机构对这条新闻的真实价值心存保留。

当信息不全、时间紧迫时，编辑判别是否转播来自其他媒体的某条重要独家新闻，的确存在一定的难度和风险。在这种情况下，编辑清楚地给出该信息的原始出

---

① 菲利普·奈特利（Philips Knightley）著：《最先阵亡者——从克里米亚战争到伊拉克战争中既英勇又编瞎话的战地记者》，约翰霍普金斯大学出版社，2004年版。该书指出，每当战争来临时，最先阵亡的就是真相。

处，并加以必要的解释说明，是一种可行的技术处理方法；这样既符合及时报道新闻的要求，又体现对受众负责的态度。在转播和转报新闻的处理过程中，新闻记者或编辑重视交代信息的最初来源，不仅是尊重他人劳动成果的职业道德问题，更是维护新闻真实性，减少新闻失实和杜绝新闻造假的实际需要。标明新闻的原始来源，看似是为他人做"广告"，实则也是建立本传媒机构诚信度的有效手段。清楚地交代原始信息来源的做法，可以明显地压缩造假者或者专业水准不高者的生存空间。在新闻原始来源指向清晰明确的情况下，最终的造假者，甚至夸大渲染的新闻炒作者将无可遁形；经常刊登似是而非、耸人听闻消息的媒体终将名誉扫地，付出惨重代价。与注明消息出处紧密相伴的，应是媒体机构严肃认真的消息更正机制。而更正机制至今是国内传媒业界运行的弱项之一。

近期一则由转载转播而引出的传播热点事件，为观察网络新闻编辑问题提供了新的思考切入点。据报道，山西吉县2012年发现了六千年前"女娲遗骨"。在吉县政府网上，署名吉县人祖山生态文化旅游开发项目领导组办公室的新闻稿赫然写道："娲皇宫女娲塑像下发现的人头骨，已经由北京大学考古文博学院C14测定为距今6200年前的人类遗骨，数据科学可靠。明代人在盛放遗骨的木函上留下'大明正德十五年，天火烧了金山寺，皇帝遗骨流在此……'的墨书题记，明确称其为'皇帝遗骨'，说明明代人认为该人骨就是这尊塑像主人'娲皇'的遗骨。"① 自2012年6月初开始，山西吉县人祖山考古发现6200年前"皇帝遗骨"的报道，在中央级、省级等网络媒体上转载②，很快引起关注、怀疑和抨击。

众所周知，女娲是六千年前远古传说人物，忽然间，吉县不仅确定她的真实存在，且遗骨尚存，这实在是一个离谱得没有边的说法。然而，较早推出此事报道的"黄河新闻网"的权威身份和地位，给了这条消息一丝"也许"的传布希望。黄河新闻网是"山西省委宣传部主管，山西省政府新闻办主办，由山西省互联网新闻中心具体运营的重点新

图1-3 山东电视台相关报道③

---

① 吉县政府网：《人祖山考古文化旅游开发鉴评听证会纪要》，http：//www.zgjx.gov.cn/jixianxinwen/2012/0615/680.html。
② 例如，2012年6月8日，黄河新闻网刊出吉县发现女娲遗骨的署名记者新闻；6月9日，香港凤凰网转载黄河新闻网此消息；2012年6月10日，新华网署名记者自太原发出相应电稿报道，中国发展门户网6月11日转刊新华网此稿。
③ 图片来源：http：//tech.92jn.com/weibo/shehui/2012/0611/90444.html。

闻网站，是省委省政府在互联网上的重要新闻舆论阵地。网站整合省内新闻资源，及时发布权威信息，新闻内容集中，传输手段先进，集图片、文字、音视频等多媒体传播手段为一体，是获取山西经济社会文化新闻最快捷、最准确的网络新闻平台"①。有黄河新闻网的"背书"，人们对此消息不由得半疑半信。

"女娲"消息由黄河新闻网记者赵水林和通讯员李思义、王彦章共同采写。据媒体调查披露，该新闻稿的执笔人李思义是吉县县委宣传部原副部长，现在身份为"学者、国家一级编剧"；吉县有关方面后来说，李思义"在写通稿时加入了自己的个人色彩，概括表述并不准确，在加上王彦章（时任吉县县委宣传部副部长）的名字之后，就匆匆发给了媒体，导致了媒体的误读"，他本人"已经自请处分"了。② 在此，"误读"是一个很滑头的用语，不知对该报道文本的"正解"应是怎样的？不过，更关键的问题是：从技术角度来说，这条消息的形式、报道机构、身份和信度资格等，都没有问题；恰恰是核心内容和基本事实是虚构和想象的。个别通讯员的造假可视为个体问题，但主管地方媒体的宣传部长虚构，黄河新闻网等权威媒体机构大力"推广"，就令人无措无语，难以容忍！网络新闻编辑需警惕此种造假和掺假流水线存在。

在现代信息社会，以假为真、以讹传讹的信息传布现象在很多情况下是由不负责任或者粗心大意的个体传播者发起和推行的，但是正规传媒机构和网络新闻机构一旦主动或被动地加入，所起的负面和毒化作用都是极大的。和前述伊拉克报道实例相比，吉县案例背后的驱动关系链条很长很粗。媒体调查显示，"女娲遗骨"与县委领导牵头的"吉县人祖山生态文化旅游开发项目"密切相关，后者在吉县县委书记眼中是"引领吉县经济腾飞的新坐标"。这些都明确提示了为什么"女娲遗骨"这样的"想象式"报道，会出现并长久驻留在吉县政府网上，还通过中央和省级媒体机构推向全国。

图 1-4 "女娲遗骨"内容网页截屏图③

此例再次敲响专业警钟：当人们对新闻事实的真确性产生怀疑时，网络新闻传播专业机构和专业人员应该如何应对呢？至少，网络新闻编辑们需要格外小心，除严格

---

① http：//site. sxgov. cn/about_ me. htm。

② http：//internal. dbw. cn/system/2012/06/18/053978379. shtml。

③ http：//www. zgjx. gov. cn/jixianxinwen/2012/0615/680. html。获取时间 2012 年 6 月 19 日。

自律以外，还要随时保持高度的专业警惕性，因为政府机构人员、权威媒体或网站在特定的时间、环境因素影响下，也可能成为不实信息或虚假报道的初始来源！维护新闻的真实性和新闻媒体的社会诚信，不仅涉及新闻工作者和机构的职业道德和名誉尊严，也事关新闻传播行业的生存空间，更关乎一个社会的良性运转。难怪《纽约时报》造假丑闻出现后，美国主流媒体对此看似属于一个记者个人的堕落出轨行为，给予了大量的报道和高度的重视，该报高层编辑主管也引咎辞职。目前国内虚假新闻的行业性泛滥趋势，一方面因为从业人员对新闻真实性意识不强，另一方面也因为新闻失实造假的代价成本太低。这种局面强烈地提示着行业架构和规制设计的深层次制度缺陷问题，如不及早动手调整，相信类似的离谱例子还会不时冒出。

图1-5 朱德庸的新闻采访漫画①

互联网络应用普及后，某一新闻事件的最早披露者和传播者，很可能不再是专业新闻工作人员，而是一位在场目击者，或者是一位得知此事后最早主动把它传播分享出去的人。此种情况下，专业新闻机构应该在评估此新闻确有报道价值的前提下迅速跟进，做好有关事实的核实、验证和扩大发布等信息追踪工作，去虚存实、去伪存真，及时提供更丰富更准确的相关事实的报道。这是网络传播时代，专业新闻机构坚守真实性原则的应有态度和工作作风。专业新闻机构要充当普通民众的耳目手脚，主动去探究和澄清事实真相，提供全面平衡的报道服务。当网上传播的重要的和广受关注的新闻事实信息出现含混或矛盾时，专业新闻机构如果经常默然无为或者消极无语，那么它们的存在价值就要被打上一个大问号。

2012年12月6日，"财经媒体人"罗昌平在其新浪认证微博上连发三条微博，举报时任国家发改委副主任、国家能源局局长的刘铁男涉嫌伪造学历、与商人结成官商同盟，骗取巨额贷款。当日下午，国家能源局新闻发言人曾亚川立即对媒体做出回应，称上述举报纯属诬蔑造谣②，而有关纪检监察部门当时对此没有任何表态。直至2013年5月11日夜，刘铁男及其妻子被中纪委办案人员带走；次日上午11时，监察

---

① http://blog.sina.com.cn/s/blog_4d754b240102dr18.html。获取时间：2012年12月2日。
② 《刘铁男腐败内幕：国家能源局辟谣是受其指示》，《环球人物》，2013年第14期（总第217期）。检索时间：2014年2月7日。

部网站公布此事，延宕了半年之久的悬案才有了明确定论。事后证实，国家能源局新闻发言人当初对媒体的"辟谣"回应，是刘铁男指使所为。《人民日报》5月12日的官方微博上痛斥新闻发言人曾亚川公职私用，沦为刘铁男的"家奴"①。

图1-6　人民日报官方微博截图②

此事过程跌宕起伏充满悬疑，是国内网络新闻传播的一个典型案例。其中最值得新闻工作者和新闻传播机构注意的是：在整个事件中，主流新闻机构长时间被动停滞，没有积极主动地进行有关事实的挖掘和澄清。罗昌平本人在举报当时是《财经》杂志副主编，他所供职的杂志没有参与动作，他的所作所为实属个人行动。而举报后的刘铁男依然不时出席官方活动。对此，民众迷惑不解：事实真情是什么呢？

新闻机构并非全能，许多网上传播的事件也并非都像上例这样敏感，但是如果新闻媒体机构长期或经常对此种信息混乱和矛盾的情况，不进行认真调查和追问，那就属于主动或被动地放弃了自身行业的专业职责。在这方面，专业新闻机构的表现并不能鼓舞人心也无法得到广泛的肯定。

有研究者将新闻失实的表现分为五类：①基本事实不真实；②部分事实不准确；③背景事实不真实或不全面；④事实原因交代不全面；⑤指向倾向片面偏斜。前三种表现为具象事实偏差，后两种表现为导引偏颇。③ 分类项、分层级地细论新闻失实问题，将是一个大工程，在此暂且打住。事实上，新闻真实问题非常复杂，且有很宽的灰色区域，权威新闻媒体和把持传播话语权者的态度、实操、专业尺度等，均需要持续地面对日常和现实的检验。

---

① 《人民日报：新闻发言人本是公职　怎会沦为"家奴"》，大公网（2013年5月12日），http://news.takungpao.com/mainland/focus/2013-05/1604276.html。检索时间：2014年2月7日。

② http://t.qq.com/p/t/184348015839366。获取时间：2014年2月7日。

③ 蒋亚平、官建文、林荣强著：《新闻失实论》（上），中国新闻出版社，1986年版，第94~96页。

2012年，搜狐新闻在转刊CNTV一则消息时，在其主页上使用"日媒称中国800渔船进攻钓鱼岛　中方：简直扯淡"为标题①。点击转入正文页，该标题被改成"日媒称中国八百渔船进攻钓鱼岛　中方回应称扯淡"②。细读消息全文，只见转引日本新闻网摘引浙江省舟山市政府相关人士的话中有"扯淡"字眼。而CNTV消息原稿中，使用字眼是"扯蛋"，而不是"扯淡"③。"扯蛋"或"扯淡"是否语涉不雅，存有争议，但是它不是正式表达官方立场和外交态度的常用语，则属无疑。如果中方回应或日方表达在特定情况下使用了它，应该以直接引语形式呈现。问题的重点是，此语是否是中方有关人士的明确表达，国内有采访权的新闻机构，为什么没有直接联系和跟进采访舟山有关涉事部门和发言者，而非要间接再间接地照搬日本新闻网转述的中方人员表达？退一步说，日本新闻网报道原文如果是"扯蛋"，国内新闻编辑为什么非要改为"扯淡"呢？无论如何，新闻编辑记者不能用自己的修辞，来取代"直接引语"，特别在涉及重要回应时。这例报道和转载中出现的做法，某种程度上，是否也应列入失实或失真一组。

网络新闻编辑在解决新闻真确性问题上的"终极手段"是：设法核实或派出记者跟进调查，以澄清事实，发现真相。所谓拥有新闻原采和源发资质的从业意义恰在于此，而非以简单机械地转载转抄为能事。任何新闻从业人士和机构都应依此衡量自身捍卫新闻真实性的自觉程度和水平。

2. 公正

新闻报道中的公正主要指公平和正义。公正的人格基础是理性善良和正义感。在现代社会生活中，一些得到社会普遍接受和认同的价值观，如珍爱生命，保护弱小，对儿童、伤残人士以及其他普通社会成员的尊严和对基本人权的尊重，对自然环境和动物的保护和善待，对社会公益精神的推广和宣扬，对善良美好事物和行为的赞赏和褒扬等。这些基本价值观也是新闻工作需要遵循和参照的。

新闻工作专业人员要有公正、公平意识。例如在维护个人隐私方面，新闻编辑就需要非常小心，这也是体现新闻报道专业性原则的重要方面之一。除非明显涉及公众的利益，否则私人行为、信件和谈话不应该被公之于世。BBC新闻制作人戈麦斯在采访有关菲律宾绑架人质事件时有以下的经历：

> 电话接通时我能确定她就是被绑架人质索韦罗的妻子范妮，那是2001年6

---

① 搜狐网 http://www.sohu.com/；获取时间2012年6月20日。
② http://mil.news.sohu.com/20120620/n346080213.shtml；获取时间2012年6月20日。
③ CNTV 2012年6月19日消息中并没有"扯淡"字眼。资料来源：http://yueyu.cntv.cn/20120619/114627.shtml，检索时间：2012年6月20日。CNTV称它转载"国际在线"的报道。

月 12 日，刚刚有消息传出索韦罗被圣剑组织砍头处死，我联络她试图确认消息。我说："我知道这对你和你的家人来说实在不好受，我们不希望对你造成更多的伤害，但我们希望能知道你是否收到了你丈夫死亡的正式确认。"她说她没有收到任何通知，但是让我惊讶的是范妮竟然开始和我谈起她的婚姻生活，还有一些完全属于她个人的经历，可能她希望一次讲清楚，避免其他媒体胡乱猜测，但就新闻的角度来看，这不是我采访的范围，随后我告诉编辑采访内容，他不假思索地说："我们不会播出这一部分。"①

对于隐秘采访内容的使用，也需要本着公平和正义的原则来处理。基于公平合理地对待报道对象、尊重其隐私权这一条原则，除非以获取严重犯罪行为的证据为目的，新闻从业人员决不应该使用未经允许的私自录音或录像方式获取的信息；除非在调查危害社会或犯罪行为时，事前有合理合法的证据，而且是采取公开的方式不能达成目的时，才可以有限度地使用。新闻编辑在接触到各种材料时，有时也许不会直接被告知这些材料的特殊采集获取方式，但是编辑需要时刻有意识地从这一角度来审视经手和编辑的材料。

在一些法律案件的报道上，匿名报道指的是不公布姓名、地址和照片，也不透露有关涉案人员身份的线索或明显的指认特征，这在保护犯罪受害人和目击

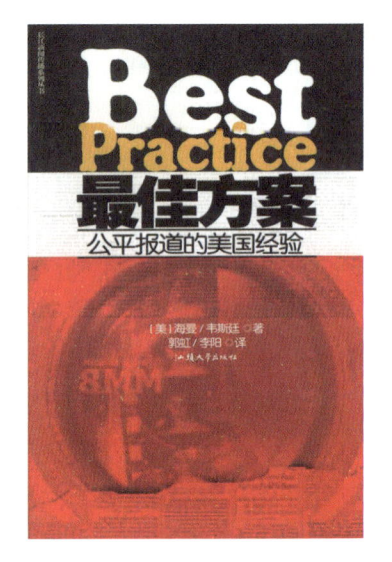

图 1-7　《公平报道的美国经验》

证人时特别重要。国内法制报道方面的案例报道时常对此注意不够。不仅如此，有关涉案的报道还应该注意避免所谓的"拼图效应"，即不同的媒体或组织分别透露的不同资料，有的可以被综合起来，拼凑出报道对象的身份信息等。作为一个负责任的传媒机构在这类报道中，应该只考虑公布那些警方或者法院已经向社会公开的姓名、照片和资料。有时，其他媒体已经公布的消息，并不一定自动成为本传媒机构也应该公布的理由根据。主流权威媒体机构对此尤须留心。网络新闻编辑在这些方面表现出的审慎和自律水平，往往反映着该传媒机构的专业和道德水准，是有效提升公众对本媒体信任度指数的重要力量。

公正、公平还体现在新闻工作如何尽力摆脱任何不正当的政治、商业和其他利益集团压力和影响的能力方面。传媒机构若想获得广大受众的信赖，就必须尽力维护自己的专业尊严和独立，约束墙头草作风的冲动诱惑。一个专业传媒应当让受众对自己

---

① BBC 中文网。

有这样的信心：传媒机构播出新闻或节目是因为它们具有新闻价值和社会意义，而不是因为受到扭曲性压力的结果，不论压力是来自政治、商业，还是其他利益组织。任何时候都不应该让受众觉得，媒介的节目是在给某个公司、某种产品或某种业务做宣传推广。国内传媒机构传布各色隐性或间接广告的做法时下毫不稀奇，但这并不表明它们是方向，应该大行其道。事实上，它们对媒介自尊和诚信的杀伤力极大，大到可以令传媒似生实死。

为了做到公正、公平，媒体需要坚持公正报道、公平报道，即准确、公允、客观、不偏袒；网络编辑要做到这些，需要头脑清晰思维敏捷。比如，媒体如果报道市场数据，就应该有分析有解释，让听众知道某个数字代表的是什么，而不是简单地提及某个公司、它们的业绩和它们的产品；在报道房地产行业时，避免只记录开发公司经理人士的预测、判断或夸夸其谈。网络新闻编辑工作者要做到严守职业准则和操守，还需要回避工作的利益冲突。这在中国自然是说易行难的事情，但应当成为职业道德的自律内容之一。英国国家金融服务管理机构就严密监审各种新闻报道，英国广播公司也要求其工作人员登记报备他们私人投资情况。

体育新闻报道也涉及公正、公平的问题。严格地说，如果在体育节目中必须提到某种产品或者某个商业集团提供的服务，那么必须有新闻价值的原因，而不能有意无意地替商家做宣传推销。例如，某著名国际新闻机构规定，在报道一级方程式赛车的时候，尽量只用车队的简称，比如法拉利或者麦克拉仑等，而不使用车队的全名，因为使用全名就包括了这些车队的赞助商，而这些赞助商中许多是烟草公司。在赛车过程中，如果本田车引擎发生故障，或米其林轮胎爆裂，那报道就可直呼有关公司的名称，因为此时该厂家成了体育新闻中的主角。这些问题细致处理和分寸把握，都体现出现代新闻工作的基本原则，事实上公众在长期接触媒体报道的过程中，是能够敏锐地感觉出这样做和不这样做之间的差别和高下的。

3. 客观平衡

客观平衡报道意味着在报道中秉持客观的、尽量不偏不倚的态度，以及兼顾相关各方信息的真实反映。特别当报道涉及争执时，特别需要新闻记者掌握平衡合理对待报道各方的原则。对处理这类报道的记者和编辑来说，有时最大的困难在于来自争执双方的材料信息的数量和质量上的不对称。比如某一方的材料和消息铺天盖地、洋洋洒洒，而另一方则寥寥无几。这在处理国内或国外新闻报道时，都可能遇到。网络新闻编辑此时需要小心慎重，尽量设法平衡，不要让报道成为一面之词，压倒性地倾向某一方。

图 1-8 公平图标

单面式或偏向一方的报道所带来的坏处和负面效应，往往不在当时，而在长远效果方面。现实中没有任何事物是单面的，就像没有任何硬币只有一面一样。单面或偏斜式报道——包括长期倾向某种类型正面报道或负面报道——对于传播方的害处在于，此种传播定式潜在地和不易察觉地蚕食掉传播者的信度储备，一旦受众意识和发现到传播者这种内在偏执和片面之后，彻底抛弃往往是瞬间的、不可逆转的爆发。人有两只眼睛，如果谁一定要遮蔽其中的一只，结果和反应不难想象。此外，单面报道最容易滋养民众简单思维或单一思维习惯，这对社会的理性精神建设伤害甚大。

平衡与对真实事实的追求也是紧密相连的，不过，平衡是从全面性视角来观照和反映真实。这种平衡意识，不但包含现实层面，也应兼顾历史层面；不但顾及表层，也要尽量深入；不但遵从情感指引，更要坚持理性底线。在报道重大事件的时候，记者应该将平衡合理地对待报道对象的这条原则，扩大到更大的范围：在注意到重大事件的主流方面的同时，也关注一些容易被忽略的信息，给公众提供一个尽可能完整的图景。说到突发重大事件，可能鲜有能与美国"9·11"事件相比的。当时身在华盛顿实地报道"9·11"事件的BBC记者茨维克奇在谈到他的亲身经历时，特别举了一个例子：

> 2001年9月11日晚间，在经过四个小时不间断的报道之后，我奉命换班下去休息。在回家的路上，我发现办公室附近好几家餐厅里面高朋满座。我在接下来的报道中提到了这个景象，也就是说尽管五角大楼遭受攻击，但是某些日常生活仍然照旧。我认为这是如实反映了整体的事实。

客观平衡原则不仅涉及以上所说的方面，还包括新闻报道类别、报道体裁、覆盖地域、重点对象等元素之间的均衡和兼顾。新闻编辑在构建单元新闻信息服务板块及图景——如每日（整点）新闻更新或播报时，还需要兼顾政治、经济、军事、社会、文化、教育、环境等多方面的信息提供，注意新闻内容覆盖的地域平衡和对象平衡。比如，对于西部边远地区的报道通常少于东部发达地区的报道，对农村的报道通常少于对都市的报道，对弱势群体的报道通常少于对演艺名人或专业精英的报道。这些都是编辑需要注意的问题。

除了上述领域、地域和对象的报道问题以外，还需要注意正面报道和负面批评之间的平衡。这样说并不是简单地指成绩报道和批评报道之间的比例安排，而是说不要习惯性地把灾祸、落后和愚昧等思维定势与不发达地区或者弱势群体挂钩。不要把成就报道习惯性地与辉煌、崛起、热烈等字眼简单挂钩，完全忽视了尚存的不足和问题；忘却了未来如何可持续递进的冷静思考。不应让关乎官方程序仪式，甚至官员级别排位的报道考虑，压过对日常社会真实运转及普通人和事的关注关切。就此而言，客观平衡原则也体现着真实、公平、正义和正直态度。作为新闻工作的基本原则之一，平衡原则的内涵极其丰富，贯穿新闻工作的各个层面和角落，深刻浸入新闻服务，折射着新闻人的集体质量。

二、网络编辑的工作特点

编辑是新闻媒体内容运转过程中的核心环节，因其承上启下，故决定着传媒机构最终的服务品质和专业水准。

在新闻媒体内容运转流程中，通常包括信息采写、编辑集成、成品内容发送三大部类。就编辑而言，他的工作地点是固定的，不像记者那样流动性强。他一般在办公室内工作，通常居于信息汇集点的中心位置，各路信息涌到工作台前，等待处理和加工。所以，他比一般记者了解和掌握的信息多，对媒体运转状况和流程更熟悉。由于身在新闻传媒机构的大本营内，他通常既了解和指挥前方的信息采集工作，又掌握着播发的决策权，决定着信息成品的样态。编辑的这种位置和作用在传统媒体中，不论是报纸、电台广播或电视，都大体如此。

对于报纸来说，编辑的工作职责有不同的层次。这些工作根据不同媒体机构的情况，可以由不同的编辑分工担当，也可以由一个人总揽。（1）全局性的工作。这包括拟定本报编辑方针，策划报道方案，安排落实报道内容。（2）日常业务组织工作。这包括指挥稿件的采写，其中包括调派一线记者进行采访，指挥摄影记者摄制照片，安排助理编辑处理各种来信来稿，有时编辑也亲自参与重大报道，以及审校清样、签发排印等把关工作。（3）具体编务工作。这包括约稿、选稿、改稿、配写评论、制作标题、配置稿件、设计版面（制版）、校对、接收反馈等。

对于广播电视机构来说，编辑涉及的工作大体有：制定报道方针，即频道或栏目的总体

图1-9 "9·11"事件发生当日坚持出报[①]

---

① 在2001年"9·11"事件发生时，《华尔街日报》的新闻中心和总部正在美国世界贸易中心大楼对面，但该报当天仍坚持照常出版。9月12日，全球180多万该报订户中，有将近15%读者拿到了该版报纸，成为一时奇迹。普利策奖委员会为此向《华尔街日报》颁发了"2002年度普利策最佳即时新闻奖"。资料来源：http://news.sina.com.cn/m/2011-09-13/092323146766.shtml。

定位和框架设计；设计报道方案和节目类型，即构建实现定位的内容框架；策划、组织和协调日常报道选题，落实节目时间的填充；内容的编辑和加工，即对送到编辑部的、所采集到的内容素材和成稿节目进行进一步加工，包括对节目内容和传播元素组合进行修改和处理；审定节目和播发成品稿件，播发时的监看，以及收集和消化相应的播后反馈信息等。

对于网络新闻机构来说，编辑的工作特点与传统媒体编辑有相似，也有区别。其最大的特色是，网编工作的细分减弱，个体编辑的工作整合性整体性更强，经常多种工作集中到一个人的手上。网络新闻编辑会参与网站新闻站点或频道定位的设计、报道方针的制定、报道策划和实施。组织和协调具体的报道战役，网络新闻稿件的实时编辑处理，实时进行信息阅看、筛选、编改和发传等处理工作，实时监看本机构的信息传播发布运转状态，以及主要竞争对手的情况和动作，密切关注网上和网下突发或重大新闻议题变化情况，以及各方反应和动向。

网络新闻编辑部通常是更为集中的大工作平面环境。同事之间的物理距离比较近，工作职责之间的界限区分也比较机动灵活。总编辑、编辑部主任、版面（栏目）主编、编辑、校对、技术编辑和其他辅助人员之间经常既有分工又有交叉，当重大报道事件发生时，全体编辑人员和辅助人员快速地转变为全力以赴的"整体作战"。

网络新闻编辑工作很容易产生"跨领域"效应。即使是普通的内容编辑，也需要有意识地留意本机构网上传播定位以及内容特色等问题，考虑技术实现对内容传播的影响问题；其业务关注视野经常横跨整个编辑部的业务领地，有时甚至涉及管理经营等方面问题。

三、网络编辑的专业意识

网络新闻编辑和传统媒体编辑的工作特点有一点相同，就是他们在整个新闻报道工作链条中位居二线。但是，作为新闻编辑来说，他首先应该是合格的、有一线经验的记者，否则他无法和一线记者有效对话。编辑的专业采访能力如果不如一线记者，他无法对来自一线的稿件做出合理的判断、取舍或修改。因此，新闻编辑不仅要时时盯着一线记者，知道他们在做什么和怎样做；其目光还要时常越过记者肩头，跳出记者文稿，担当报道组织和协调者的功能。这是对编辑的能力、经验和反应的综合考验。

就专业成熟度而言，编辑不应是记者的"下级助手"，而应是记者的"报道指导"。这里包含两层意义。第一，编辑自己要能采会写；第二，编辑要有全局观大局观。这两条对于网络新闻编辑完全适用。在国外媒体机构中，编辑的专业地位通常高于记者，国内媒体的情况恰恰相反。部分原因是报道内容的主动权和决定权经常不在编辑部手里，而在有关的主管部门及官员手中。于是，能从主管部门直接拿回经主管官员审定稿件的记者，就有了某种附加的权威能量，编辑部的专业判断和决策作用因此被削弱，编辑只能发出"为人作嫁"的无奈感叹。这种行政权力主导引出的矛盾是新闻传播体制造成的，并非媒体机构内部管理不善的结果。

由于国内新闻从业管理的调整尚处在进行时，网络新闻编辑部通常没有下设采访记者部，供其直接指挥调度。国内网络新闻编辑日常大量面对的，不是传统媒体机构提供的新闻稿件，就是来自其他网络新闻机构的新闻成品稿件。所以，网络新闻编辑的工作主要是处理新闻稿件，而不是和新闻采访人员直接打交道。

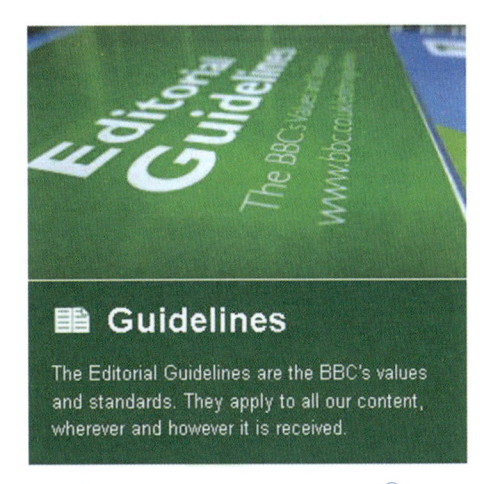

图 1-10 《BBC 编辑手册》[①]

网络新闻编辑在工作中必须遵守的职业原则，这同其他新闻工作岗位没有区别。对于编辑来说，保证新闻的真实性是第一位的考虑。一切消息和报道不得造假，不得虚构，不得合理想象。为了达到这样的要求，编辑对于稿件中的内容、事实、引语、名称等一定要认真核实，并尽可能地"反复核实"（double check），杜绝一切不应该出现的内容错误和技术错误。

与报道相关的正反、利弊、前后等因素和信息都要考虑，都要进入编辑的视野，并尽可能合理平衡地组织和表现。新闻呈现要客观。这种客观的体现是冷静与超然。这不是说报道者不能有立场和情感，而是立场和情感的表达要符合和服从专业的规范和常规，当前特别要力戒矫情煽情作风。新闻的处理不仅要告知事实，也需引出思考，不仅自己要思考，也要启发受众思考。编辑的处理应包含专业的智慧、适宜的文词文采与情趣幽默，但不应哗众取宠，更要杜绝恶俗。

网络新闻要快，要及时，这对网络新闻编辑有特殊的重要性。新闻实效性在互联网络上是以秒来计算的。快是关键，但是如果因为快而牺牲了真实，那就完全错了方向。网络新闻传播永远在时间压力下工作。在不断增加的压力下完成工作，又做到少犯错误，是非常高的专业能力的体现。

网络新闻传播具有跨地域跨时区传播的特点。传统媒体的传播覆盖时空相对固定，受众与传者之间的共识默契程度比较高，许多"注解"或"背景交代"可以省

---

① http://www.bbc.co.uk/guidelines/editorialguidelines/。

略而无碍传播的正常进行。但是，网络传播不同，在用字、姓名、时间等简单概念上都需要小心。同样一位著名外国足球明星，在中国大陆、香港和台湾三地的中文译名都不同，所以有时可能需要加注外文原名拼写。一些概念用词和说法，在世界各个华文通行区域内的理解认同情况，也各有不同。新闻时间的标注也需要小心；此地的"今天"，在地球另一面的网民看来就不知是"今天"，还是"昨天"或"明天"。在时间标注上，有时用"星期×"来代替具体的日子，可以稍微减少一些不同时区网民的误解。

上面提到的一些编辑处理细节都不单是技巧问题，而是工作思维方式和专业责任心问题。网络编辑作为终端成品的把关人，为读者提供的是服务，是准确的有价值的信息，所以心态尤其要端正，态度要平和。失掉受众的理解和信任，就是埋葬自己。

四、网络编辑的业务职责

从狭义上说，编辑在传播内容生产制作流程中担负的业务职责，大体有选稿、编改、推介和整合几个环节。

1. 选稿

编辑稿件是编辑人员的基本功，也是网络编辑最大量最基础的任务。就文稿处理工作来说，首先的一环是选稿。这指编辑在大量的稿件和信息中，先筛选出所需要的稿件和内容，然后再进行精细加工。筛选过程需要大量和快速地浏览阅读稿件，从中挑选出可用之材。这种挑选能力是编辑眼光和素质高低的试金石。这种能力很难从书本中学到，需要在实践中不断磨炼和提高。取舍离不开标准。这个标准就是新闻价值，不同的新闻传播机构有不同的新闻价值标准。标准区别不仅因政治立场的不同而有别，也因为媒体类型、服务对象和风格趣味不同而相差很远。比如，美国著名大报《纽约时报》就和英国著名小报《每日邮报》在新闻价值标准上有明显差异。

新闻价值是一件事实所具有的足以构成新闻报道的特殊因素；这里所说的元素不是单一的，因此新闻价值如同经济学讨论产权一样，是一个复数概念。新闻工作者和研究者普遍认为，新闻价值作为评价标准，理论上包括：(1) 时新性，即时间近，内容新；(2) 重要性；(3) 接近性，包括地理、心理、职业、年龄、文化等方面的接近；(4) 显著性，指著名人物、团体或场所相关的新发事实容易引起受众的注意；(5) 趣味性，指奇异、人情味、具有生活情趣的事实使受众在好奇心或感情上产生共鸣。[①] 但是，上述新闻价值在新闻传播过程中，往往具有模糊性和配伍性。换言之，具体媒介机构有各自特定的内在标准，即各新闻价值元素在具体搭配和分量比重上都有微妙的变化和波动。即使某一新闻机构中有共识的标准，在经不同记者编辑运用

[①] 陈力丹：《新闻学小词典》，中国新闻出版社，1988年版，第9~10页。

时，在面对不同事件对象或外在环境时，又有细微和灵活的调整。一个传媒机构特定新闻价值意识的培育需要经过若干环节的协同作用：专业教育+实践磨炼+在岗培训+机构传承+传统继承+社会影响等，而且需要假以时日才能获得和掌握。挑选和评价新闻稿的过程，是"发现/取舍"过程，没有这一环，其他内容编辑环节都无从谈起。

图 1-11　新闻价值漫画[①]

2. 编改

编辑在挑选稿件后，要对内容和文词进行编改。这种编改的程度可多可少，重点在凸显稿件或新闻内容中最重要的部分。在修改文词时，要使原稿意思更显豁更清晰；编辑删削剔除冗余内容，在总量上和性质上是做"减法"。因此，"减法"是编辑最常用和最重要的手段之一，尽量以少胜多。网络新闻具有简洁、明了、快捷的特点，编辑的提炼尤其需要在少而精的方面下功夫。不过，编辑也需要使用"加法"。这指在条件许可、材料凑手的情况下，通过添加必要的相关背景和说明性信息，使得原稿中的新闻内容更立体更丰满。

3. 推介

在经过挑选和编改的环节之后，新闻主体内容基本确定，为了实现良好的传播效果，编辑需要做推介工作。在网络新闻传播中，编辑在文字方面的推介工作主要是制作标题，从导读和提示重点的角度给受众一个突出印象，以吸引阅读。标题的拟制——台湾新闻人员常称为"下标题"——是编辑的重头工作。由于网络新闻的标题展示与正文内容通常在物理页面上处于分离的状态，所以标题质量的高低直接关系到网络信息传播链条的延续或者中断。网络读者如果对某一新闻的标题不感兴趣，那么他是不会再去点击阅读新闻正文的。

除了标题手段以外，网络编辑还可以通过配发评论的方式来突出重头新闻内容。这种方式在传统新闻报道中是经常使用的手段，在网络传播中也有功效。网络新闻评论可以由编辑来撰写，也可以采用约稿、转刊等方式。时下，编辑还经常利用置顶、大字号、加黑、闪标等手段来突出某一新闻报道。这些都可以归入推介工作。

4. 整合

网络新闻服务是由许多条新闻报道组成的。这些新闻报道在类别和内容上，有相

---

① http://lywb.lyd.com.cn/html/2011-01/25/content_709950.htm。

关性和接近性，也有差异性和疏离性。如何把众多的新闻适当归类整合，形成若干大类板块，或构成新闻频道或者栏目，也是需要网络编辑考虑和落实的事情。一般新闻网站设有时政、国内、国际、经济、军事、文化、体育、社会、教育、娱乐等频道；在各个频道中又有数量不等的栏目或者专题。这些新闻的组织和整合，通常由编辑来安排，最终形成网络传播机构新闻服务的整体特色、传播风格，乃至形象特色。如何设计好和安排好网站的栏目结构和内容搭配，是网络新闻编辑主要和长期的工作。此外，集纳式网络新闻专题，也是编辑调度和整合多种信息的能力的体现。新闻专题报道是网络传播的特长和优势，是网络独有的传播方式，具有强大的影响力和议程设置能力。有关网络新闻专题问题，将在后面的章节专门分析。

五、网络新闻编辑的素质要求

称职的网络新闻编辑需要有强大的专业能力。这包括良好的人文和科学基础知识，较强的理性思维能力，全面的专业动手技能，以及广博的社会实践经验常识。编辑综合能力的积累和提高，是一个长期的过程，需要点滴积累。新闻行当迫使从业人员知识广博，兴趣广泛，对于新闻报道所涉及的各类知识和各种事物，都要有所了解。这几乎是一个没有边界的开放领域；新闻编辑必须不断地扩展自己知识和能力的"疆域"。

网络新闻编辑尤其需要了解中国的历史和现实，对当今国内外社会发展和问题有一定的把握。网络新闻编辑不但需要了解国内有关新闻传播的法律、法规、政策、方针及报道规定，明了新闻传播的现实活动空间，也应当熟悉国外传媒业界的相关运作和基本情况，以及网络新闻传播的最新变动趋向。

图 1-12　新闻出版家邹韬奋纪念邮票

文字处理和文字表达是新闻工作的基础能力，越扎实，越强大，越好。这包括中文和外文的书面、口头应用能力。编辑在选稿、编稿和改稿的过程中，时时需要和文字打交道，更不用说执笔撰写报道和评论了。互联网络上的信息发布，绝大部分借助英语来实现。掌握外语的熟练程度，直接决定了一个人在网上浏览信息和获取信息的自由度。在争分夺秒的报道竞争中，能够借助外语在网上获得信息或验证信息，是非常重要的。

网络编辑不但要有比较强的设计思考和策划能力，还应有比较强的落实操作能力。一个好的报道设想从产生到落实，需要经过许多具体环节，甚至要经历多次调整和改变。2004年欧洲足球锦标赛期间，某一网站计划在网上推出每一进球过程的Flash动画。但经过试运行发现，这样的文件太大。于是他们进行一系列简化处理，如删除配音，统一球员形象，程式化射门动作等。这个例子说明，一个良好创意的实现，总要经历磨炼。此外，约请嘉宾做在线访谈时，包含设计、约请、沟通、协调、接待、交谈、打字、录像等许多环节。这些事务似乎都不是传统编辑的工作内容，但却经常由网络编辑全部担当。因此，一个优秀的网络编辑，需要有多方面的能力和比较强的操作能力，这也许是网络编辑部与传统编辑部对编辑人员要求不同的地方。

网络编辑的专业素质还包含不断进取的学习精神和学习能力。网络传播业界的发展变化飞快，新技术成果应用层出不穷，迅速改变着传播活动的样态和方式，不断挑战网络新闻机构的运转和惯性。许多网络从业人员在远未达到法定退休年龄之前，就已经落伍，不再适合继续工作下去。今天，网络传播业的"有效就业时长"正在被加速度地缩短着。所以，网络新闻编辑的不断学习和知识更新，就显得尤为重要。勤学善学，可以避免过早地被行业淘汰。

最后，网络新闻编辑工作还有直接面对受传者的特点。虽然网络编辑与网民一般并不见面，但是彼此之间的传播具有人际传播的亲近性和直接感。网络传播的内容、服务和态度直接传递出传播方的素质修养、专业道德和亲疏关系。对于广大网络用户来说，任何一个网上传播机构都不是一个僵死的、没有生命的程序实体，而是鲜活的人性品格的体现。事实上，每一个网站背后，每一张网页背后，每一条新闻背后，都体现着人的态度和素质。这种人格化的传播形象信息应该是友好、诚恳、耐心、公允、智慧和积极的，而不应是生硬、官架、懒散、欺诈、粗俗、阿谀或奸猾的。

六、实例讨论：马航 MH370 客机事件报道

在实际新闻报道运转中，新闻工作如何综合把握和具体应用前述要点和原则呢？2014年3月的马来西亚MH370客机失联事件，给网络新闻编辑提供了一个绝好的理论联系实践的观察和操作机会。

2014年3月8日，马来西亚航空公司MH370航班执行由吉隆坡至北京的航班任务，起飞后不久与空管系统失去联系，无影无踪地消失在茫茫黑夜之中，此后触发了有二十多个国家参与的持续海空大搜索。3月24日，马来西亚总理纳吉布在吉隆坡举行的新闻发布会上宣布，该航班坠入印度洋南部海区，无人可能生还。这是事件发生后，马来西亚政府第一次为此失事客机所下的正式的阶段性结论。截至2014年4月底，有关MH370客机的任何关键和确凿的物证仍未找到。

图1-13 马航失联客机报道漫画"Who, What, When, Where, Why"[①]

图中文字说明："我们休息片刻马上回来向大家继续报告，谁对此一无所知，他们不知道什么，他们什么时候还不知此事，他们在哪些地方没能找到飞机，以及他们为什么不知道。"

事件发生后，包括中国在内的世界各国媒体从网下到网上展开了铺天盖地式的报道。细心观察这些新闻报道，特别从透视中国传媒表现的视角出发，可以发现什么特点和问题呢？首先来看，这是一个什么样的突发新闻事件。

第一，这是一件引起广泛关注的重大突发新闻事件，该机上搭载着来自世界各国的239名乘客，统统下落不明。第二，这是一起在国际航空史上极为罕见、极为复杂的意外事件，带有太多一时难于解释和理解的疑团悬问。第三，它发生在中国主权管辖区域之外，对该事件的调查和处理并不在中国政府的主持和掌控中。第四，该事件与中国关系极大，共有154名中国公民搭乘该机。因此，对该事件的报道和跟踪即刻

[①] 资料来源：http://gorrellart.com/index.asp?link=archive&id=1987，2014年3月21日。获取时间：2014年3月31日。作者：Bob Gorrell。

成为中国各大传统和网络媒体的头条新闻关注，并持续保持着极高的跟进性和灼热度，网上相关评论、跟帖及社交媒体转发数量也都达到了顶值水平。

这一事件发生后的第一和最核心的追问是：飞机到底在哪里？如果飞机失事坠毁，它的残骸和黑匣子在哪里？只有找到具体物证，人们才能推断出当时发生了什么。然而，在相当长的时间内，尽管有关国家和各方面竭尽全力，截至4月底对上述核心问题的真确回答仍然缺位。大量推测、猜想、虚报、误导消息和信息充斥弥散在网上和网下，海内外民众对新闻业界此次报道表现显示出一定的不满情绪。国内网民对媒体有"上午忙发布，下午忙辟谣，晚上忙竞猜"的调侃。那么，国内相关新闻报道运作对我们有什么启发呢？

第一，网络传播使得有关这次事件的信息传布和分享呈无死角覆盖，但是个体网民和个体网络发布节点在此次事件中的导向力和影响力明显缩小。原因是，这是一个国际事件，也是一个复杂事件，这是一个一般人无法自行获知核心事实信息的最新发现和进展的事件。几乎所有过往长于分享信息的"大V"、新闻传播爱好者以及众多网络播报节点，在此情境中都失去了昔日轰动爆料的能量光环。相比之下，有关国家政府及高级官员、国际性机构组织、国际媒体机构以及它们派往调查前沿的专业记者，则包揽了几乎所有最核心的新闻信息的初始发布。如此现象和特征提醒人们看清网络新闻信息的传播特点和源流区别，认清真正有实力的专业新闻机构节点，在关键时刻所具有的强大的源信息发布能力。

第二，中国正规传媒群体迄今很大程度依靠转播或转引境外权威发布和新闻机构的相关报道和最新进展消息。这说明，中国新闻机构在整体上还是"国内媒体"，还不具备覆盖全球报道、拥有深广信息资源和强大执行应变的能力。惯于传布而弱于原采供应的国内网媒机构，此次的表现同样未能出色。至于转播中的以讹传讹和盗版掠美等问题，这里暂且不论。

第三，这次突发事件中，国内传媒固然提供了相当多的事实性报道。但是，围绕一个重要新闻事件的相关事实报道，是分层级分主次的；其中有些是核心性关键性的，有些仅是边缘性陪衬性的。新闻报道的规模以及引发出的热闹和关注，并不直接等于质量和影响力。各家媒体的实力和口碑最终还是集中在对核心事实信息的可靠提供上。面对此次新闻信息供需间存在巨大缺口的情形，国内新闻传播侧重在"转播""议论"和"抒发"等信息交流领域下功夫。国内某主流媒体网站2014年3月24日报道"马航一客机因故障降落香港，迫降前要求局部戒备"的消息时，循例贴上"以上内容来源于网络转载，看看新闻网未证实其内容的真实性或赞同其观点"的"免责声明"（见下图中红圈）。这种处理或态度带有一定的普遍性，显出传媒专业审慎和高度尽责精神不足。由此而生的失实或偏颇也就难于避免。

专业新闻机构——不论是网上的还是网下的，首先要核实所获所报信息的真确性。这是新闻专业机构的第一职责要务。网络传媒机构在这方面也不能打折。任何建立在不确、不实、不明情况基础上的网上传播或议论，只有聚众、消遣或邀骗点击量的作用；不仅增加太多的杂音噪音，混淆视听，更大幅推高有效信息流转的社会成本。

马航事件报道对国内传媒业界是一次检验。反思不足和欠缺，现行行业体制有相当大的型塑责任。

首先，从中央到地方，媒体行业是层级式金字塔架构，新闻报道方向、作为和重点受中央和各级宣传报道方针指令的行政式约束统管。于是，媒体长期形成向上求找重点、要诀和方案的惯性思维，缺少自主审时度势，自行统筹和落实报道方略的实际锻炼，也难有培育和建立自有信息渠道和关系网络的长远考虑。当马航事件发生时，上下一时皆不知如何参与或如何展开国际性新闻服务竞争，表现得相当被动和边缘。

其次，国内网络传媒业界长期以大规模转播为主流新闻导向的标准样态。这种传播策略鼓励内容复制和数量扩张，却严重抑制了原采新闻和自主源发的生机与能力。面对马航事件，包括国家级新闻机构在内的国内传媒单位表现出"力不从心"，只得主要依靠"转播"。

最后，内地传媒机构，比如网媒在营造氛围和煽情方面颇有经验，但是在提供确凿事实，以客观和冷静的态度，有序、扎实和平衡地报道事实等方面，还需要更专业更长期的培育和训练，特别是当新闻竞争在世界范围和跨国层面展开时。马航事件有助于国内网上网下传媒机构及管理部门切实看到现存的距离和欠缺。

新闻机构面对核心事实缺位和信息真假难辨的局面，尤其需要把提供"信度服务"放在首位。此次马航事件的后续搜索一直由外国方面主导和指挥，依赖国外先进设备进行探寻，国内传媒在抢报有关最新核心信息方面，显然难有很大作为。但是，即使做跟从性播报，国内媒体也完全可以展示出专业能力和专业水准。网络传媒还可以发挥独特优势，在信息不确不明而播报时效压力又很大的情况下，给所播报的信息的"可信度"分级和标示。例如，把已经确凿的事实、官方权威发布等，放入某一标志明确的栏目或区域；把有部分证据但还未确证的信息，归入另外一栏目；把众人推测、分析和建议等信息，放到低信度标志栏目中，仅供参考。上述分类新闻和信息，还可以根据现场搜寻发现和后续事实的补充，做类别和信度的调整，从"信度认证"的角度给用户提供更周到和更可信的新闻服务。此次，国内许多网络传媒机构都开设了马航客机事件报道专题或专区，但极少对其播报的新闻信息做上述信度筛选和分类呈现。

马航事件发生在境外，但它与中国的关系极为紧密。国内媒体应多关注中国在此事件中的各方表现和作为。例如，除了正规新闻发布会披露的情况之外，中国政府和有关官方部门近期还有什么特别的努力、计划、安排及细节？中国高层怎样从中马关系、政治地理和亚太周边关系等高度来审视和处理此次意外灾难事件？中国在运用其国际影响力，在动员和促使有关国家、政府和国际机构配合和参与搜寻失联客机方面，做了哪些工作？中国协调本国外交、海军、空军、搜救、民航等各部门力量的临时应急指挥中心及其运转情况如何？这些都是中国传媒机构可以也应该充分报道的。除此之外，国内传媒的报道还需要放开眼界和展现胸怀。比如，中国媒体对马航370客机上其他国籍乘客的家属们的后续情况报道非常少。有关国家（包括马来西亚）对他们乘客家属的事后接待、抚慰安排和协助情况如何呢？中国传媒群体在这方面的报道欠缺，不仅是处理失衡和不公的问题，还暴露出视野狭窄和心态欠妥等问题。中国传媒机构如果真想"走出去"，就必须认真克服这些毛病。

第二章
新闻站点类型、标识体系与版面呈现

专业网络新闻机构的服务通过设立网络站点来实现。网络新闻服务站点的样式近年来有了多种丰富和变化。不过万维网站仍是目前使用最大量、最普遍和最主要的。

万维网（WWW）是环球信息网（World Wide Web）的缩写，简称 Web，由众多的网页组成，是互联网上的一种资源查找工具①。万维网具有两大功能特点：一是它突破了平面文字的限制，可以传送图形、动画、声音、影像等信息，成为多媒体的信息网络；一是它的超文本链接。它通过超文本标记语言（HTML）定义标记网上传输文档之间的关系，以提取、存储、管理和链接信息。用户点击链接关键字时，万维网工具会自动与用户所请求的文档的宿主计算机建立链接，并且检索出该文档；而且这种检索提取是超媒体的，所检索的文档可以是文本，也可以是图形、声音或影像。据统计，2010 年 6 月中国政府发布的《中国互联网状况》白皮书说：中国境内网站达 323 万个，比 1997 年增长了 2152 倍。②

图 2-1 万维网（WWW）图标

说到网络新闻，几个近似概念经常混杂重叠在一起。例如，网站和万维网服务混在一起，网站和兴办网站的主体混为一谈，同样提供新闻但性质不同的网络实体被混为同类，等等。事实上，网站是网络传播主体机构在网上运行的呈现存在样态之一；

---

① 万维网常被当成因特网的同义词，但万维网与因特网有着本质的差别。因特网（Internet）指的是一个硬件的网络，全球的所有电脑通过网络连接后便形成了因特网。而万维网更倾向于一种浏览网页的功能，20 世纪 90 年代初由欧洲核子研究中心（CERN）开发成功。

② 中华人民共和国国务院新闻办公室：《中国互联网状况》，人民出版社，2010 年版。http://politics.people.com.cn/GB/1026/11813615.html。2001 年中国大陆地区有大约 2000 多个由国内新闻媒体机构设办、以独立域名运行的新闻网站，这一数字比 1999 年年底时大约增加了 1300 多家；当时在国内运行的还有大约几万家商业网站，其中多数有传布新闻信息的行为。参见邓炘炘等主编：《网络传播与新闻媒体》，北京广播学院出版社，2001 年版，第 56 页。

在网站中，万维网服务只是基于万维网技术的网站信息服务方式之一，此外，还有适合手机终端、移动平板终端等其他网络站点服务等。在中国大陆地区，根据目前管理规定，允许兴办网站的主体，或者说能够创建网络新闻传播实体机构的主体，包括正规的传统媒体机构、政府新闻宣传主管机构，以及经过专项资质批准的商业实体机构等。这其中还包括申请不同类别网络服务的牌照等。按照规定，有正规资质的新闻传媒或政府主管机构主管的各种网站，可以直接自主地在网上发布原创性新闻讯息；而经登记批准的商业机构主办的大型门户网站，只能转播转刊来自前者的（时政类）新闻报道。换言之，后者没有专业意义上的新闻实地采访报道权。这是中国大陆地区不同性质的网络传播主体，在新闻传播地位和权限上的区别。

　　研究者对网络新闻传播服务站点的分类，多种多样各不相同。学者闵大洪认为，国内网上影响力较大、新闻服务性较强的网站可以分成三类：一是由传统新闻媒体，如报刊、广播电台、电视台、通讯社所建立的新闻性网站，即通常所说的媒体网站；二是虽然没有传统新闻媒体为"母体"、但以发布新闻为主要业务的网站，包括纯粹独立的网络报刊、网络广播电台、网络电视台、网络通讯社等；三是国内的新浪、搜狐、雅虎等商业门户网站或者综合性网站的新闻频道。[①] 根据闵大洪的分类，凡是由媒体创建和发起的网站都可以归入第一类。由于新闻体制和管理等原因，第二类网站在中国大陆地区比较难于生长和发展，数量较小。第三类网站大抵是经过批准允许的商业公司在大陆地区开设服务的综合性网站。它们数量不多但实力雄厚能量不小，获得有关管理部门颁发的转播新闻信息的许可证后，加入到国内新闻传播活动中，发挥着重要的作用和影响。

　　闵大洪的划分法比较重视网站创办主体的身份。实际上不同创办主体建立的网站，尽管带有"媒体"或"商业"等不同标签，但它们的传播模式样态往往区别不大。近年来国内第一类和第三类网站模式和新闻服务供应正日趋相同。除此之外，独立网络个体发布的新闻性信息正成为国内新闻传播的某种初始信息来源和供应，即所谓的"网络爆料"。这些"爆料"一旦经正规传媒机构转发，也经常产生重要反响。

　　本书将机构性新闻网络站点服务归为网络版、原创型、综合类以及广播电视站点等类项组别，所涉样态包括万维网、WAP 网[②]、移动平板服务等。此种分类尝试意在帮助网络新闻工作人员，辨识网络新闻所赖以依附的各种网络传播模式、样态、功能和定位。

　　[①] 闵大洪著：《数字传媒概要》，复旦大学出版社，2003 年版，第 78~79 页。
　　[②] WAP 网，即 WAP（Wireless Application Protocol）是无线应用协议的缩写，一种实现移动电话与互联网结合的应用协议标准。WAP 是全球统一且开放的标准，最新的 WAP 版本是 WAP 论坛于 1999 年 12 月发布的。

一、网络站点类型

网络版是国内传统正规媒体上网最初采取的在线形式,网络版(或称电子版)在十余年前曾一度风行,许多以独立域名运行,技术支持和网页表现单一实用,所刊内容是相应母媒体内容的网络化照搬。内容类型主要是文字和图片,音视频服务极少也极简单,很少提供在线互动服务。《人民日报》1997年1月1日正式上网时,就采用网络版形式。

2002~2003年时,新闻传媒机构的网络版式的万维网站在国内还有相当存在,特别在地方性、行业性或企业传媒群体中。例如,地方性的浙江《萧山日报》(电子版)、云南《昭通日报》、山东《寿光日报》等,行业性的《石油管道报》(网络版)、《人民邮电报》《中国交通报》(电子报)等,企业性的《葛洲坝集团报》(网络版)等,都以独立域名运转各自的网络版服务。全国性媒体当时有《解放军报》(网络版)。现在,这些网站大都变化了或者消失了。由单一网络版站点走向大大小小的综合性门户站点模式,似乎是国内正规新闻媒体近十年来网上发展和膨胀的普遍趋向。

2005年,浙江杭州萧山区委宣传部、萧山日报社、萧山广电局联手改造《萧山日报》网络版,创办了萧山网(www.xsnet.cn),将其定为萧山地方综合性门户。数字化呈现的《萧山日报》,现在只是萧山网中的一个子项内容。①

图2-2 《萧山日报》电子版首页截屏图(2003年)②

---

① http://www.xsnet.cn/#。
② 《萧山日报》原网络版网址是www.xsdaily.com/,已弃用。检索时间:2012年7月20日。

1999年由解放军报社创办的网络版，一直是基于本报社资源的报刊电子版网站实例。2004年10月，"解放军报网络版"（www.pladaily.com.cn）改版更名为"中国军网"（www.chinamil.com.cn），向国防军事综合信息服务方向转变，汇集军队所属报纸、杂志、画报、图片社、出版社的多种服务内容。不过，中国军网基本保持了内容的单一性质，其服务覆盖大抵只相当其他大型综合网站的军事频道。

事实上，网络版模式至今有它存在的价值和作用。这种网络传播模式最主要的优点是建设投入相对较小，可以利用本媒体自身现有的信息资源。网络版思维在现今海外媒体以及海外华文媒体的网上相当普遍。北美著名华文报纸《世界日报》《侨报》等的网站，基本都属网络版模式。

图 2-3 《解放军报》网络版首页截屏图（2003年）

图 2-4 《光华日报》万维网站首页截屏图（2012年）①

图 2-5 "世界新闻网"万维网站截屏图（2012年）

近十余年来，内地媒体网络版模式的转变出路有两个：一是由单一媒体网站"升格"为本地新闻信息门户，一是并入当地政府部门主导的综合网络信息平台，成为后者内容中的一个组成部分。如河南《安阳日报》网络版扩大为安阳市委网络门户"安

---

① 马来西亚华文报纸《光华日报》的网站（www.kwongwah.com.my）在报头标出"电子新闻"字样。获取时间：2012年8月2日。该报由孙中山于1910年创立，是现存历史最长久的海外华文报纸。

阳网"①；湖南《张家界日报》网站2006年扩展成"张家界新闻网"②，为该市"唯一新闻门户网"；1950年创办的新疆《喀什日报》现在新疆维吾尔自治区重点新闻宣传网站"天山网"③ 上提供 PDF 版服务，而在新疆喀什地委宣传部主办、由新疆天山网支持的"喀什新闻网"④ 上却找不到《喀什日报》网络服务内容。

图 2-6 "张家界新闻网"万维网站首页截屏（2012 年）

总体而言，国内新闻媒体——特别是省级以下媒体机构，大多数从初期的网络版电子版站点，变身扩大为当地的综合性门户或者综合新闻网站。这种扩张主要是新闻传播权和地方行政管理权结合的结果。现在国内新闻媒体机构的网络版站点已经很少。

网络版是一种思维方式。人们通常认为互联网传播的场域是无边际的广大，网络版思维体现了对有限的认可和尊重，在实操层面强调谨慎和负责，注重用自有自控资源和原材料做起。近年，网络手机报、平板电脑、电子书等移动终端新闻服务样式兴起，各种新闻服务客户端的下载，其实都是"网络版"思维产品的翻新再现。

---

① 安阳网（www.ayrbs.com/）是中共安阳市委门户网，由安阳日报承办。《安阳日报》数字化呈现服务是该网站中的一个栏目。资料获取时间：2012 年 8 月 2 日。

② 张家界新闻网（www.zjjnews.cn）2006 年 9 月成立。

③ 天山网（www.tianshannet.com）于 2001 年 12 月 18 日正式开通。

④ 喀什新闻网（www.xjksxw.com/）2009 年 4 月 28 日正式开通。

图 2-7 《南方周末》iPad 网站首页① 　　图 2-8 《京华时报》Android 版手机报②

原创型网站在用户终端呈现上，与其他类型网站并没有什么本质不同，主要区别在站点主办者的身份上。"原创者"没有通常传统正规媒体机构所具有的入行资质。这种资质批准限制，一是源于必需资源的稀缺，如广播电视机构，另一是缘于行业准入的行政控制需要。互联网络打破了前者的限制，但并不能消除后者的管控。因此，没有传统新闻媒体为"母体"或为主管保障者，并以发布新闻为主体业务的纯网络媒体，受现行规制所限，在大陆地区极少。

原创型新闻站点的一个经典实例是台湾的网络原生报《明日报》（*Tomorrow Times*）。它 2000 年 2 月 15 日在台湾创建，2001 年 2 月 21 日宣布关闭，历时整一年。《明日报》作为一个纯网上报纸，最初完全没有纸介版。它最大的特点是抛开以传统媒体机构为依附，以网络为第一和唯一的渠道发布其原创采编新闻。它提出做"网络原生报"的挑战，并身体力行地大胆试验，一时众人瞩目。《明日报》有勇尝螃蟹的试错胆量，以失败为业界换来借鉴，是一个"不以成败论英雄"的实例。

图 2-9 《明日报》网站首页截屏图（2001 年 1 月 1 日）

---

① 南方周末移动平台（www.infzm.com/mobile/ipad.shtml）提供彩信版手机报、iPhone 版、Android 版、Nokia 版、iPad 版。

② 京华网（news.jinghua.cn）提供有《京华时报》电子书阅读、手机报、电子报、iPad 阅读、iPhone 阅读、Android 阅读等多出口服务。

《明日报》失败的原因之一是，它虽然去掉了纸张，但新闻采编方式仍用传统报社模式。《明日报》强调原创和追求一流的专业定位，使得其运营成本极高，入不敷出难以为继。这从一个侧面提示人们：网络平台的长处在于传播、分享和储存信息，而不在原采或原访信息。新闻信息在本源上来自现实社会，而非赛博空间。《明日报》动用大量人力物力在现实世界中采集消息、开展活动，再到网络空间去发布，迫使它要在现实和网络两个场域中花费气力和大量投入。这是《明日报》难以长久支撑的根本难点。

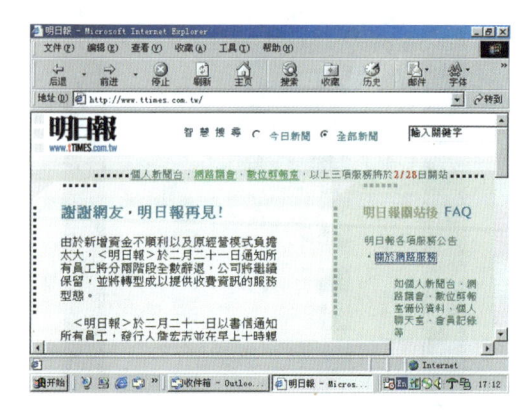

图 2-10 《明日报》网站关闭声明页面（2001 年 2 月 21 日）

在互联网上，发布新闻不再是传统媒体的专利，某个组织或者个人利用网络平台或网络工具定期或不定期制作发布新闻，从而形成新的新闻供应源。这种现实可行性正越来越大。个体新闻发布的弱点是资源有限和吸引力较弱，但它们有可能被转发放大，甚至成为传媒机构的初始信息线索。几年前兴起的"博客"（Blog or Weblog），正在这方面产生一些推动，成为一种原创型网络新闻站点模式。这种新闻博客站点以成为新闻传布的权威节点为理想追求，借用网络技术手段征集、筛选、编辑、提供多种类新闻信息，是编汇整合特色极为突出的网络新闻服务的原创型样式。美国著名的《德拉吉报道》（www.drudgereport.com）和《赫芬顿邮报》（www.huffingtonpost.com）可算现今运行影响较大的网络原创型新闻媒体。①《赫芬顿邮报》网站架构和网页编排样式，与现今美国传统媒体网站偏向的"网络版"风格定位相比，没有什么大的区别。

图 2-11 《赫芬顿邮报》万维网站截屏图（2012 年）

---

① 2011 年 3 月，美国在线（American Online，AOL）宣布以 3.15 亿美元收购在线新闻与评论网站《赫芬顿邮报》。

综合类站点是目前中国大陆地区新闻性网站中的最大多数。这一类型的大致定义是：一须有突出的新闻服务，二须有超出新闻以外的较丰富的其他业务服务，三须由传统正规媒体机构主办，或由新闻传播管理部门发起、主管，或经正式批准的其他网络传播机构所办。

新闻综合类型阵列近 10 年来迅速膨胀，缘于几个不同来源的供应推动。一是个体媒体网站升级扩大为当地综合门户，例如，前面举例的"张家界新闻网"现由张家界市委宣传部主管、由张家界日报社主办；除了该报的网上服务，还提供当地政府、公安、旅游、经济、民生等多种信息服务，推出多个外语平台，内容综合性相当明显。这类地方媒体网站在世纪初还很微小，但近年间已拉开了大架势。

二是中央新闻机构主办的重点新闻网站集群，包括新华网、人民网、中国网、国际在线、中国日报网站、央视网、中青在线和中国经济网等。这一群组中各主持主办者的媒体机构身份显赫，其中最突出、最典型的当属同在 2000 年实施战略改版的人民网和新华网。两家网站时下的服务状况是：一方面开展多媒体传播，全方位地覆盖社会各个领域；另一方面在全国各地布设记者站点，开通相应地方频道，搭建从中央到地方、上下连通的立体架构。这两家还分别提供多种外国语言、少数民族语言平台服务，具备较强大的非汉语传播功能。它们服务的"综合性"在国内新闻网站中，达到顶级程度，从两家网站首页导航区的类项可以直接感受到。不过，不论怎样"综合"或如何"跨界"，这组重点网站始终深烙新闻印记，被锚定为新闻网站。

当重点新闻网站有意识地不断扩大运作规模和活动范围时，其膨胀张力很快就超出原本依托的母媒体自身所能提供的资源支撑能力。相比之下，网络版运行始终与母媒体有良好的兼容性，并在逐步与母媒体的融合过程中，逐步完成本媒介机构的数字化网络化的脱胎升级，整体转化成为新媒体样态，成为新兴媒体机构。国内重点网络传媒机构现在的做法，则是尽量冲破母媒体的模式、资源、支撑和能力，大有脱茧化蝶之意；结果是新闻原创力和自我特色减弱，转载转帖越来越多，新闻信息服务的同质和重复泛滥。这是一种传媒身份自主定位的丧失。

图 2-12　人民网、新华网首页导航区截屏图对照（2012 年）

三是地区重点新闻（门户）网站。这类网站的性质和情形与中央重点新闻网站集群情形类似，只是在行政级别上稍低，在行政覆盖范围上更地方化。根据中央主管部门"每一个省建设一个重点新闻网站"的政策规定，各地这类新闻综合网站或者地方网络门户实体，自 2000 年以来陆续成立；从最早的北京千龙网、上海东方网、天津北方网、广东南方网、湖南红网、武汉长江网、安徽中安网等，到 2003 年年底成立的内蒙古新闻网和云南的云网①等，都属于此种类型。这类网站有的主办体由当地若干省级媒体机构联合构成，有的由主管机关、省级媒体和商业公司联手操办，等等。这些站点机构大都采用公司制或股份制等方式组建，直接受当地省委或政府有关部门领导和监管，成为当地网络新闻传播的中枢节点，其运行和扩展带有较强的地方色彩和行政能量，享受地方扶持和优惠。

图 2-13　中国江苏网截屏图（2003 年）

例如，有"江苏第一门户"之称的中国江苏网（www.jschina.com.cn）于 2001 年 12 月 29 日开通，由江苏省委、省政府主持组建、报经国务院新闻办公室确认。中国江苏网由江苏省级媒体机构、电信公司、国有企业、政府管理部门等共同组成的公司掌管运营，注册资本 9000 万元。② 某种程度上，中国江苏网的情况具有相当的代表性；事实上，中国省级重点新闻门户网站机构，基本是行政+媒体的运作体。

中国江苏网提出"最新闻、很江苏、大服务、全媒体、广参与"的目标口号。如图 2-13 显示，2003 年，该网频道设计尚侧重服务内容的横向覆盖扩展，而其 2012 年

---

① 内蒙古新闻网和云南的云网的网站地址分别是：http：//www.nmgnews.com.cn/news/column/index/index.xml；http：//www.yunnan.com.cn/。

② http：//www.jschina.com.cn/intro/。

频道安排（见图 2-14）已见添加了纵向的下属各市县频道。这种横纵维度的伸展扩大，也是近 10 年来国内省级及省级以下门户网站发展的基本套路。

图 2-14　中国江苏网截屏图（2012 年）

在国内各省区直辖市，由地方党委、政府管理部门、报刊社、电台电视台、电信公司、大型国企等共同组建和支持的省级门户网络机构及其站点，不但具有强大的政府行政背景、新闻传播实力，还具有超越单一媒体机构局限的多重优势，往往敢于去做一般媒体机构做不到的事情。例如，2001 年，上海东方网股份有限公司联合上海文化广播影视集团投资公司、上海信息投资有限公司等六家单位，以国有资本控股，并吸纳社会资源，发起成立股份制企业——上海东方网点连锁管理有限公司；经上海市主管部门指导协调，在全市建立起"东方网点"连锁加盟体系。[①] 上海以东方网为主干在全市经营连锁网吧的做法，体现了省级门户网站在"本辖区"内，超越新闻类业务服务的强大的跨界操作能力。

四是著名商业网络机构——如新浪、搜狐公司等，拥有的大型门户或综合性网站中的新闻频道。这些新闻频道的运作规模如此之大，完全达到一个强大的新闻信息传布平台的能力，在国内的影响力不容忽视。这些新闻频道的最大特点是，它是各自综合门户整体运转的一个不可或缺的组成部分，虽然在各自整体业务中占据相对小的份额，但对提升其网络整体知名度乃至获取正向社会收益方面，发挥着决定性的作用。这点与前述综合型新闻媒体网站中，新闻作为业务主体和营收主力的情况有较大不同。

---

① http://news.eastday.com/epublish/gb/paper213/1/class021300003/hwz880759.htm。

此处将大型商业门户网站的新闻频道服务归入新闻综合类型，是因为它们对现存国内网络新闻传播格局和特性有着相当深刻的影响。首先，网络新闻传播（转播）权是国内有关管理部门给予某些商业网络传播实体机构的一种特许。一旦获得，身为非典型传媒的商业网络机构，就可能在新闻终端服务和供应样态上，不输于任何正规传媒机构的网上运行。目前国内四家最重要的、获得新闻传播权的商业网络服务公司——新浪、搜狐、网易、腾讯，都在 20 世纪 90 年代末初涉网络新闻传播，取得了较大的社会覆盖和影响力，其中新浪最为典

图 2-15 "新浪网" 万维网站首页截屏图（2000 年）[①]

型。自相继获得资质许可后，它们的新闻传播运行就正式成为了中国网络传播中重要的组成部分；拿掉这一部分，中国网络新闻传播就难以成立。

其次，各级重点新闻网站都有描红和学习商业门户网站模式的承继关系。若干商业门户网站在世纪之交，成为中国大陆地区最重要的网络新闻服务站点，吸引了绝大多数的网民群体。网上转刊转播新闻，竟然能超越原采首发新闻者的传播范围和影响面！这背后不仅因为商业机构有资金和技术方面的强力支持，还因为商业机构身处传媒体制之外，在新闻服务和呈现细节上较少受到体制内自我约束的迫压。两种传播力影响力的较量和反差，促使高层管理部门在 21 世纪初决心"占领网络新闻宣传阵地"，并参照商业门户网站模式，下大力扶持和建构中央及省级重点新闻网站阵列。

最后，商业网络公司因在新闻传播中只能提供汇集和转载服务，因此多源和大量成为编辑处理的基本追求。结果，商业网站上的集合新闻服务，远远超出了任何单个正规媒体机构网络版内容的供应量和丰富度。这种做法"启发"了随后组建的各大型重点新闻网站，传统媒体主持的网站之间也开始竞相转载拷贝彼此的报道，在各自的新闻供应上全面冲破自有自采的边界限制。这种思维和模式现在已经成为国内网络新

---

① http://www.sina.com.cn/。

闻传播的缺省方案，致使国内绝大部分网络新闻主体的内容大量重复，缺少特色和独家，许多报道仅有标题、篇幅或呈现上的细小差异。

在国内综合类新闻服务站点中，前三类的数量最多。这种现象和趋势的出现，主要是行业建构、规制、管理及政策指令的合力结果。当一个行业中某一实体类型数量过多，并占据垄断地位时，该行业的结构平衡、环境秩序、竞争活力，乃至可持续发展动能等元素和条件，都会受到很大的负面制约，其未来良性和有活力的前行将遭到阻碍。

音视频类站点最早由国内广播电视机构开办，当初仅将节目表、文字报道、图片等静态文本内容推上赛博空间；它们真正开始提供网上音视频内容服务，还要等到21世纪第一个十年的末期。

图2-16 《辽宁广播电视报》网站截屏图（2003年）[①]

正规广播电视机构发起或主办的网络音视频站点服务，有两个问题绕不过去：一是音视频内容和文字平面内容的比重和搭配，二是正规电台电视台的站点和其他网络平台提供音视频服务的关系与竞争问题。

中国国际广播电台网站——"国际在线"（www.cri.cn）是该台多语种对外文字、音视频网上传播平台。总体而言，"国际在线"万维网站上中文频道的文字、平面图片内容，依然占据较大比重。

---

① http：//www.lnbtv.com.cn/，获取时间：2003年10月。

图 2-17　"国际在线"中文简体字首页（2014 年）①

在国际著名广播电视新闻媒体机构中，BBC 网站是比较纯粹的广播/电视站点，它在新闻服务、文字/音视频兼顾、内容覆盖等方面，始终地位突出，示范性强。在其网站首页右上端的导航条中，用户可以方便地发现"新闻""体育""天气""旅行""电视""广播""搜索"等频道点击入口，服务的综合性、平衡性和清晰性非常突出。近似 BBC 网站模式者，还有香港电台万维网站（www.rthk.hk）等。

图 2-18　BBC 万维网站截屏图（2012 年）②

---

①　http：//gb.cri.cn/。获取时间：2014 年 2 月 9 日。
②　http：//www.bbc.co.uk。获取时间：2012 年 8 月 13 日。

40

国内电视台长期是强大的传媒机构。电视台资源丰厚，如何在网络传播方面发挥其优势，成为一个现实问题。中央电视台网站——央视网（www.cntv.cn）是国内最早成立的正规视频网站之一。央视万维网站现在已经成为一个综合性门户，囊括了许多视频新闻服务以外的内容。中央电视台的电视核心业务主要集中在"中国网络电视台"（tv.cntv.cn）的分站和频道中。2012年央视TV平板移动终端服务改版，全面回归"网络版"服务样态。

图 2-19　央视网 iPad 版首页（2012 年）

独立的商业网络机构开办的网上音视频服务也广泛地进入了内地音视频新闻传播，特别在视频传播方面。这些平台提供众多国内电视台新闻节目和其他内容的直播（转播）及精选回播，它们在内容选择的丰富度以及使用的便捷性方面，都大大超过传统电台电视台的网络站点。比较知名和活跃的国内平台有"优酷""乐视网""PPTV""直播电视""搜狐视频""腾讯视频"等。和网上文字新闻传播情况类似，拿掉这些商业音视频平台服务，中国大陆地区的网络传播图景将残缺不全。

总而言之，网络新闻站点的不同类型、模式和格局，说到底，体现着不同的传播意图、建构思维及功能侧重，也是网络传播宏观规制的组合结果。对用户而言，新闻万维网站、新闻 WAP 网站或者移动平板终端的缺省展现，只是不同的传受界面，通过这些界面，可以通向巨大无朋的超级门户，也可以仅仅连接着极为有限的网络版新闻内容，或者透过手机狭小屏幕观看贴身送达的微博新闻微信消息。对于网络新闻编辑来说，了解和把握每日为其工作的网络站点的类型和特色，是十分重要和实际的事情。前述各类站点类型和样态本身没有高低贵贱之别，一切以主掌者意图、目标、规模和可支配资源情况而定，而这些具体元素直接决定日常运转和未来发展。

二、网站结构搭建

网站结构因站而异,主要由专业人员根据具体情况来设计和搭建。不过,站点框架结构与站点内容呈现的范围、方式和逻辑有着密切关系,新闻编辑人员适当了解不无裨益。

(一)结构分类

网站结构主要指组织网站内容和提供信息服务的逻辑框架和众多站内内容之间的关系安排。概括地说,站点内容架构可以有如下几种通用模板:

1. 树状结构

这种网站架构有清晰的结构脉络,具有层次鲜明的特点。上层页面数量比较少,越向下层发展,同层网页数量越多,具有正金字塔的结构特性。这种框架思路比较适合使用者步步深入的探索逻辑,是简单而规整地组织内容的方式之一。如果站中内容种类较多,每一种类中信息的层次也很多的话,那么过于机械地硬套这种结构安排,有时会很笨拙和繁琐。使用者可能需要多次点击和跳转才能抵达所需查看的目标界面。在碎片式的闪阅情境中,这是婉拒或推辞用户的一种办法。

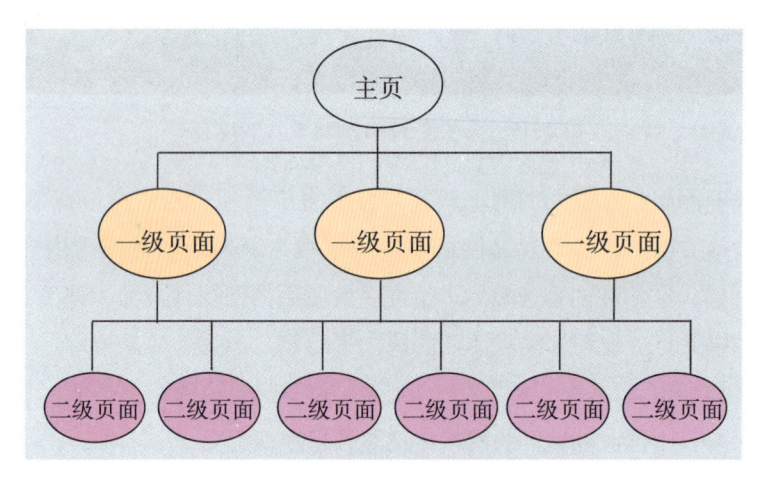

图 2-20　树状结构图例

2. 立体蛛网结构

这种结构没有分明的层次和中心,而是把众多网页界面尽可能地勾连和贯通起来。用户可以通过导航和链接从某一页面跳转到其他的页面,而且可以经由不同的路径访问同一网页。这种结构中的网页界面是相互联通的,共同构成立体的网状体。在这种结构中,网站设计者需要在网页之间尽可能多地设立导航和链接接口,在多向贯通时,兼顾重点和设定锚点。

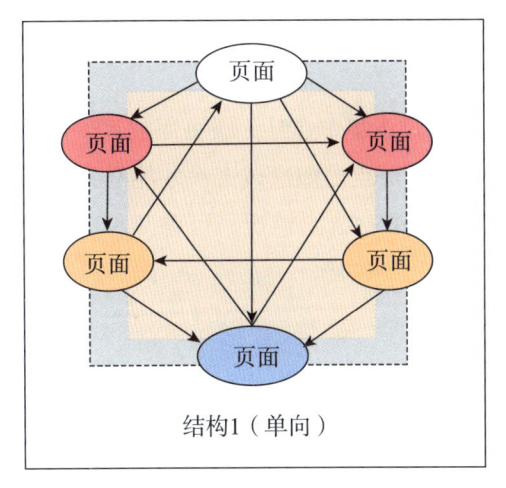

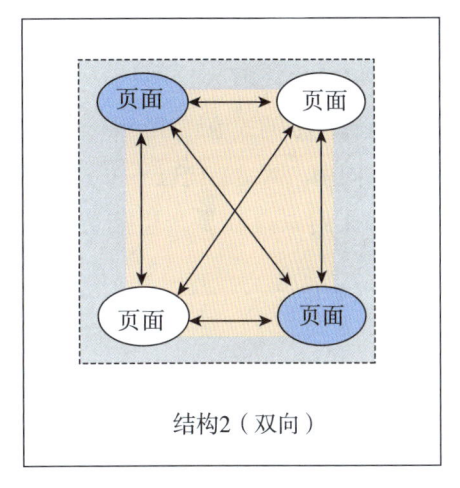

图 2-21　立体蛛网结构

3. 线性结构

在线性结构中，网页之间的关系为顺序的线性排列，依次递进，直去直回。下图中展示的是横向连接关系，其实它也代表纵向递进关系。在网站的整体骨架中，一般不采用这种模式，因为网页连通的路径过分单一，同时也容易使多层次信息的网站架构过"深"。但是，在局部结构中，这种方式经常可见。

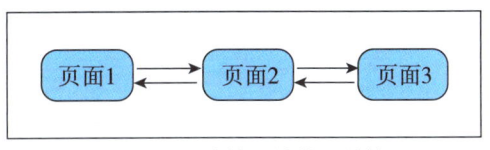

图 2-22　线性（链状）结构

4. 表格结构

表格结构的页面关系其实是树状结构和线性结构的混合。它既有层级的特征，又有线性的脉络。网页之间按照一定的规律进行连接，看上去有些刻板，不过，由于这种结构兼有层级和线性的特点，可以作为一种设计思路选择。

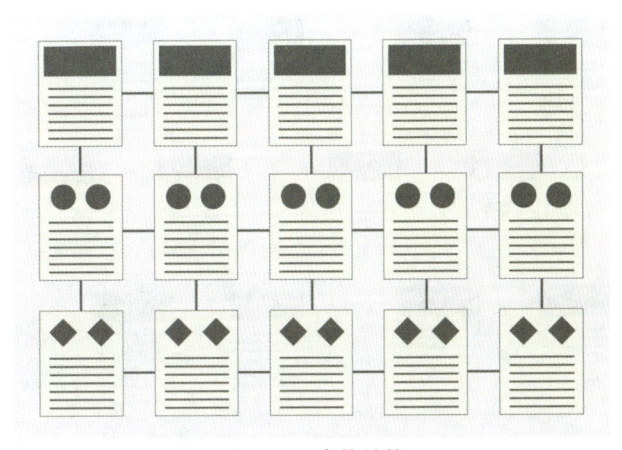

图 2-23　表格结构

(二) 站点设计提示

1. 网站结构不可太"浅"

不宜过于平铺式地展开；那样会导致导航接口过于集中在某一级页面或者少数几个页面上。同理，网站结构也不可太"深"。如果从首页点击四次或五次才能看到想看的内容，那么用户很容易产生疲劳感。过浅或者过深的结构情况，可参见图 2-24 和图 2-25。

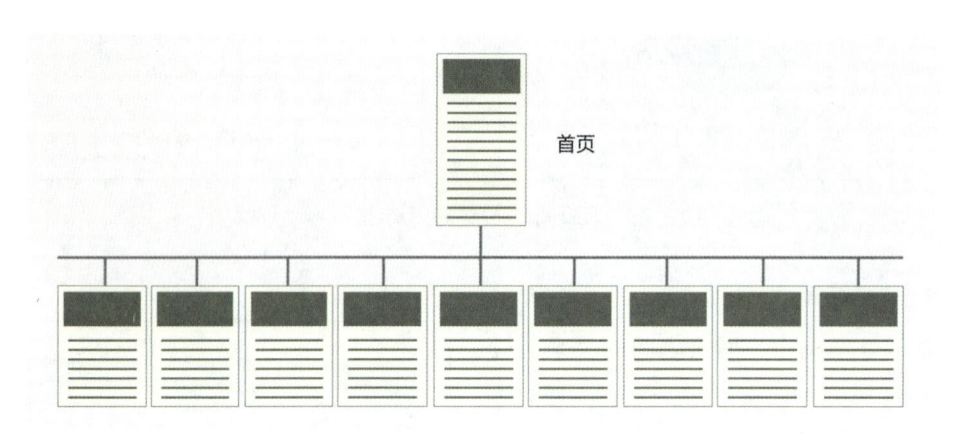

图 2-24　"浅"结构图例

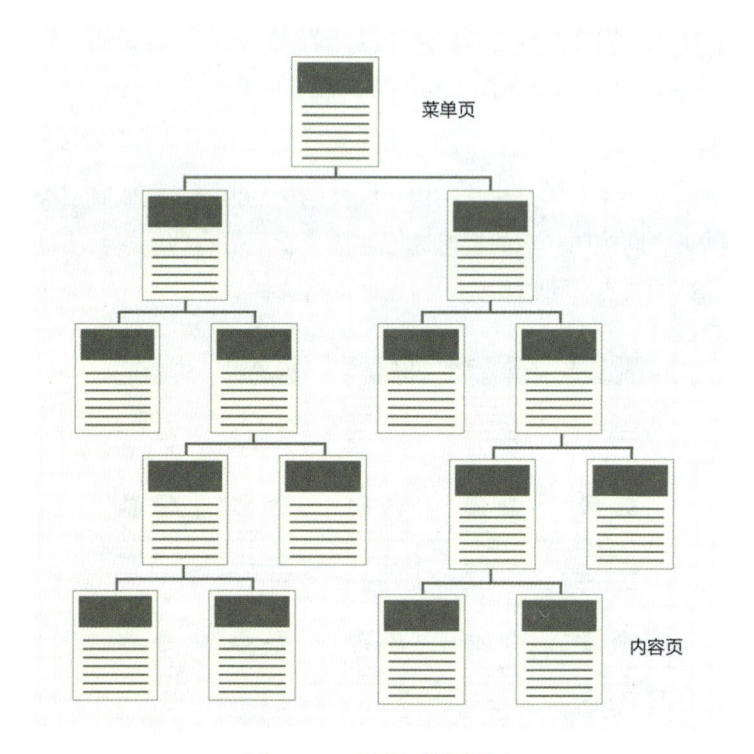

图 2-25　"深"结构图例

2. 用户访问网站鲜有先研究清楚路径结构，再"上路"的

他们往往"边走边看"，随时依照"路标"提示，"跟着感觉走"。所以，网站应该尽量做到"道路指示"清楚，帮助他们"进退自如"，不要都是"直进直出"，或者经历太多的"原路退回"。要注意将同类内容的纵深导航和跨类内容的快捷跳转结合起来。

3. 前述各种结构各有特点和长处，在实际中经常混合使用

只是有些比较多地用在骨干框架层面，有些常用在局部结构方面。通常首页和一级页面之间多用网状结构，一级和二级页面之间常用层次结构。网站的架构最好兼顾"深""浅"。

简易网站的结构往往包括多种链接关系，图2-26只是大略示意，因为立体网状连接结构在平面图形中很难清楚展现。建议读者结合实例进行具体分析和比较。

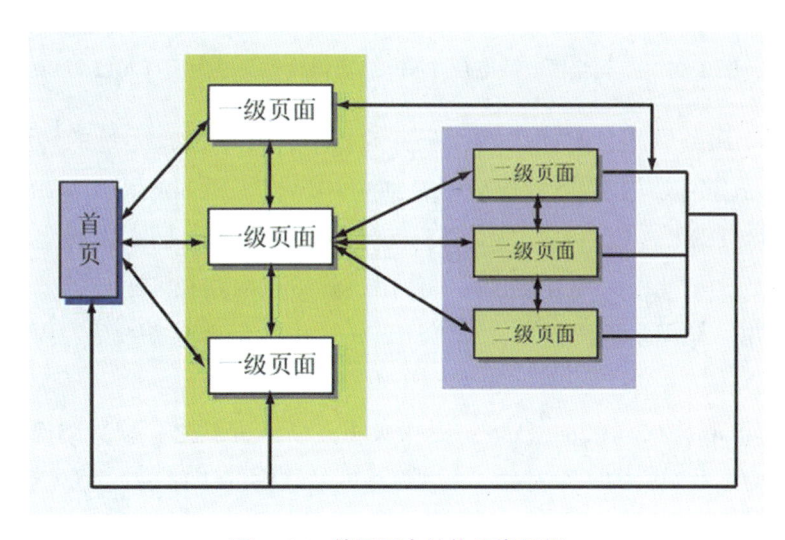

图 2-26 简易网点结构示意图例

（三）实例举析

广播电台优势资源是新闻和音乐。美国全国公共电台的万维网站（www.npr.org）紧紧围绕核心服务，网上内容呈现既不枝蔓，又具有辐射和延展性，是广播电台站点中可资借鉴的结构设计实例之一。该网站地图（见图2-27）放在网站缺省首页最下端，用户只要下拉到页面底端，就可一目了然地掌握整个站点布局和类分情况，并可由此选择点击，直接跳转往各类内容分主页、具体节目以及服务界面。该网站的结构紧凑，服务集中，条目清楚。

这种在首页"置底"安放网站地图的布局（有的还配有搜索引擎服务），在国外新闻万维网站中比较常见。这种安排避免了导航横栏"置顶"，霸占首页首屏大部黄

金面积（这正是内地网站首页的通病）。访客原本期待"美丽风景"，不料迎面砸来一大堆导航标牌，岂非超级败兴？

图2-27　美国全国公共电台（NPR）万维网站导航地图（2012年）

NPR网上服务以其自有品牌新闻服务为核心，并不依赖大量的转播转帖或者其他外延业务。网站内容的结构分项，如"NEWS"（新闻）、"PROGRAMS A-Z"（节目）、"LISTEN"（收听）、"MORE"（其他）等，是对同一内容集群的不同分割和不同进入，如此极大地方便了网民使用，其站点内路径通道四连八达，通畅性和交互性突出。该网站地图显示，"MUSIC"（音乐）是其服务大项，内容既集中又丰满。

央视网（http：//www.cntv.cn/）是中央重点新闻网站之一，其结构特点及设计思路，可作为细致观察的一个对象。央视万维网站结构设计有三个主要特点：

第一，它有规模庞大的外延服务部分。在央视网地图页面中，右上矩形显要区域是所谓"外网矩阵"。这些"外网"，如中国政协网、国家数字图书馆等，多与中央电视台没有直接关系，或者关系相当疏远；点击这些链接，或者跳入新的独立网址，或接入央视网的子网子频道。这些"外网"运行多数由央视网提供网络支持或其他支撑，所以也就成为央视网整体的组成部分。这种外延式扩张的做法，还有新华网—中国政府网、人民网—中国共产党新闻网等。

这种做法的优点是，凭借这种延伸可提高本体核心网站的地位和影响；其缺点是，这种"借力"做法也会模糊甚至异化本体核心品牌的可辨识性，并有可能带来潜隐的投入产出成本把控问题。网站地图如果覆盖太广，一来会导致内容过于庞杂，二来会造成分类难度过大。不论哪种原因，就服务用户而言，均难以做到简明方便。

图 2-28　央视网网站地图（2012 年）①

第二，相对其他中央重点新闻网站，"央视网"有突出的网络版运行思维。在"中国网络电视台"的红字栏题下，访者可找到中央电视台的所有频道和节目内容，可见它仍然难以彻底抛弃网络版内核。这一点在央视网 2012 年新推出的移动平板终端版本服务中，得到比较明显的强调。

---

① http：//www.cntv.cn/map/。

第三，传统广播电视媒体负担着新闻、娱乐"兼项"的传播服务功能。央视网设计在平移中央电视台全部服务时，并未体现出对这种新介质关系和新情况环境的考虑和调适。麦克卢汉认为[1]，当新的传媒样态出现后，原本传媒的分工责任将面临重新洗牌的变化和挑战。电视媒体除了原有功能的分解或转移之外，还要将新的网络传播通道和方式——新闻信、RSS、社交媒体等纳入视野。这种处理可参见 NPR 网站地图最上端的接收方式选择条。总体来说，在网络场域中，传统广播电视媒体面临多媒体传播的抉择。国内传统广电传媒运行能否在网上实现全面的和实质性的多媒体传播呢？这点尚待观察。

手机报（微博新闻、微信新闻）的视觉版面呈现普遍受到现有移动终端显屏的限制，其样式主要为纵向线性，类似扑克牌接龙，长长的一条，版式变化不多。它的显示单元面积小，阅视只能依次纵向或横向触划视屏。除了内容提示页，一般没有导航链接和非线性跳转。目前，一般手机视屏最大为 5 寸多，迷你平板的最小显屏面积为 7 寸。这中间似乎存在着一条分界线，即移动终端因视屏尺寸不同而导致它们版面模板不同。未来跨越这一类别"鸿沟"的主推力，很可能来自可折叠式显示屏技术的突破与应用。到那时，"手机"（即移动智能处理终端）和平板电脑、笔记本电脑之间，在显屏尺寸和版面模板上的分野，将不复存在。图 2-29 是目前众多手机报版面样式中比较典型的例子。

图 2-29　广西手机报截屏图（2012 年）[2]

---

① 马歇尔·麦克卢汉（Marshall Mcluhan，1911~1982），是加拿大著名传播学者，主要著作有《机器新娘》（1951 年）和《理解媒介》（1964 年）等。

② http：//www.gxnews.com.cn/staticpages/20120816/newgx502c5dda-5870230.shtml。

三、站点标识系统

一个新闻网络服务站点标识系统中最重要的要件是站名、站头、LOGO 和标识推介短语。

（一）站名

网站标识系统的核心，是站点名称。就像新生婴儿要起名字一样，如果中途不更名改姓，这名字就是伴随一生的符号代码。网站的名称也如此，它代表和体现着机构品牌信誉及其产品，并且发挥着远比人名对本主来说更为重要的长久作用。与中文站名有关的两个重要概念是域名和西文译名。

域名来自 IP 地址。IP 地址是每架主机进行互联网通信时必须具有的、全球唯一的字符串地址。这种字符串不易记忆，也不易在日常生活中扩展使用。于是，人们用西文字母加上阿拉伯数字，组合出简单易记的实意符号来代替 IP 地址。这就是域名。域名和 IP 地址是表里关系，域名和 IP 地址之间的翻译转换由网络域名系统（Domain Name System，DNS）服务器自动完成。一般用户只使用域名上网查找网站或主机，完全忽略它们的 IP 地址。不过，电脑真正读取的还是 IP 地址的字符串。

一个 IP 地址可以由一个以上的不同域名来代表。例如，人民网的 IP 地址是 202.99.23.208，它的网络域名可以有若干个，如 www.people.com.cn 和 www.peopledaily.cn。键入这两个域名都可以访问到"人民网"。再如，新华网的 IP 地址是 202.108.119.194，新华网的域名则有 www.xinhuanet.com、www.xhnet.com、www.xinhua.org 等多个。由此可见，IP 地址只能是全球唯一的，但替代该 IP 地址的域名却可以有若干个。

西文域名已经是文字化和表义化的，但中文用户仍感觉不方便。于是，通过域名服务器的翻译，人们再用汉字化的网名来替代和简化西文字母和数字串形式的域名。这就产生了网络站点的中文站名。现在谁还会去记"淘宝网"的 IP 地址或者域名呢？经过上述翻译、转换、替代和简化过程，中文站名在网上指代和凝集某一网络服务运行的价值就非常明显了。中文站名可以有语义，具有指称和代表作用，在传播中，具有网上标识的重要功能。

西文域名大多是英文的，至少是西文拼音文字（或与数字组合）形式[1]。域名由三或四个部分[2]组成，分别是：资源查找指示、主机（站）名称、计算机网络类别

---

[1] 目前网上已开发出中文域名系统，但那只是在西文域名和汉字域名之间增加一道计算机翻译工序。IP 地址和域名的关系没有变。这里暂且搁置中文域名问题。

[2] 也有只由两部分组成的域名，如著名的法国《世界报》（Le Monde）www.lemonde.fr 和德国《世界报》（Die Welt）www.welt.de。但是，它们背后对应的 IP 地址依然是分成四段的数字串。如法国《世界报》的 IP 地址是 210.12.243.7。

名、国别代码。以人民网的域名 www.people.com.cn 为例，www 是万维网资源查找，people 是要访问的主机（站）名称，com 指属于商业性计算机网络类别，cn 是互联网上中国国别代码。域名中最可主观变化和创意调整的部分，是本机（站）名部分。这部分内容与网络站点名称的关系也最密切。如果域名中的本机（站）名恰好能够和相应站点的中文名称直接对应，那将是一件值得庆幸的事情。因为，这样的域名将把传播主体的辨识标识直接延伸到网络上。

海外英文传媒机构在这方面有天然的优势。如美国的《今日美国报》（*USA TO-DAY*）的域名是 www.usatoday.com；《华盛顿邮报》（*Washington Post*）的域名 www.washingtonpost.com；英国 BBC 的域名 www.bbc.co.uk；路透社（Reuters）的域名 www.reuters.com；《泰晤士报》（*The Times*）的域名 www.the-times.co.uk，等等。其中许多著名媒体机构的名称缩写也都早已是众所周知的标识，如英国的 BBC、FT（《金融时报》），美国的 CNN、WSJ（《华尔街日报》）、NBC，日本的 NHK 等。这些品牌的网上网下贯通挪移毫无障碍。

中文网名（站名）是大陆网络媒体机构在中文传播环境中运转必须有的。许多国内网络新闻传播机构纷纷使用和推广 cn 国别后缀的域名，为域名和站名设计提供了新的可能空间。网名一旦确定，就和本主以及它的所有活动融为一体，成为网站最重要的标识之一。精彩的网站名称始终具有很高的传播价值和商业潜力，如"中华网"（www.china.com）等。

中文网络站点名称和西文域名中"本机（站）名"之间的重合，有时比较幸运，有时则比较困难。解决尚好的例子有：《人民日报》的英文译名为 *People's Daily*，中文站名正式定为"人民网"。其网站长期使用域名 www.peopledaily.com.cn，后增加使用新域名 www.people.com.cn、www.people.cn，中文站名、英文译名和西文域名比较一致。人民网目前主要用中文网名和英文域名进行推广。新华网是网名、译名和域名都印上自己烙印的中文网站。它的中文网站名称是新华网，英文译名是 Xinhuanet，现在使用包括 www.news.cn 在内的多个西文域名。

中国国际广播电台英文缩写为 CRI，中文网名"国际在线"略显含糊，英文译名 CRIonline，现用西文域名 www.cri.cn，曾用域名 www.china-broadcast.cn，倒是更具表意性。中央电视台在站名和域名选用方面，一直摇摆犹豫。它的网站名称原用"央视国际网络"，后改用"央视网"，并与"中国网络电视台"名称重叠互换。域名曾长期使用 www.cctv.com.cn 或 cctv.com，现主要使用和推介 www.cntv.cn[①]。CCTV 在国内知名度很高，但在英文中通常指闭路监控电视（Closed Circuit Television），略有歧义。

---

① 这些域名指向的 IP 地址都是 202.108.249.206。

有些新闻网站的中文名称、英文译名和西文域名之间的对应关系逻辑关系未能一目了然。如济南综合门户网站"舜网"的域名为 www.e23.cn；"温州网"的域名为 www.66wz.com。"舜网"与济南之间的直接对应和逻辑关系都不算很强，而"六六大顺"虽然吉利，但 WZ 可以指浙江温州，亦可指代广西梧州。北京"千龙网"早先域名用 www.21dnn.com，2000 年 4 月改用 www.beijingnews.com.cn，现

图 2-30 新加坡《联合早报》iPad 版 PDF 服务（2012 年）

用 www.qianlong.com。这一变化轨迹显示，域名核心词设计在简明性、地域名、服务类别乃至创建新名等各种选项之间摇摆游移。"千龙"与北京没有什么刚性联系。不过，有时无根由的概念通过使用和培育，也可能成为品牌。

一些中文网站喜爱使用汉语拼音构成其西文域名，如河南"大河网"（www.dahe.cn）等。"百度"（www.baidu.com）也是一例，并在美国上市成功。新加坡《联合早报》网站"联合早报网"自 2000 年起使用 www.zaobao.com 域名，一直顺利。不过海外非汉语用户和国内方言区用户对拼音仍有一定困难。除此之外，在域名中使用汉语拼音头字缩写的做法，也需慎重。

国内网络新闻媒体站点名称的组构大致有如下若干组别，各类网名和其相关域名之间的对应程度各异，读者可自行对比分析。

（1）由所依托的传统媒体名称演化而成，通常加上"网"或"在线"等字眼。如"光明网"（光明日报，www.gmw.cn）、"法制网"（法制日报，www.legaldaily.com.cn）、"京报网"（北京日报报业集团，www.bjd.com.cn）、"新华月报"（www.xhyb.net.cn）、"央广网"（中央人民广播电台，www.cnr.cn）等。

（2）根据所在区域起名，通常为"××网"。如"西部网"（陕西，www.cnwest.com）、"东北新闻网"（辽宁，www.nen.com.cn）、"齐鲁网"（山东，www.iqilu.com）、"正北方网"（内蒙古，www.northnews.cn）"荆楚网"（湖北，www.cnhubei.com）、"天山网"（新疆，www.tianshannet.com）等。这一类数量较多。

（3）以本省或本城市名称为主体，如"每日甘肃网"（www.gansudaily.com.cn）、"中国江苏网"（www.jschina.com.cn）、"南海网"（海南，www.hinews.cn）、"河北新闻网"（www.hebnews.cn）、"天津网"（www.tianjinwe.com）等。这一类数量较多。

（4）重新起名，与母媒体和所在地无直接关联。如"水母网"（烟台日报传媒集团，www.shm.com.cn）、"大江网"（江西日报社，www.jxnews.com.cn）、"华龙网"（重庆日报报业集团和重庆广播电视集团，www.cqnews.net）、"星辰在线"（长沙晚报报业集团，www.changsha.cn）、"尚一网"（常德日报，www.cdyee.com）等。这一类数量不多，比较独特。

广播电台网站的名称和域名安排有一个特殊的优势，即可以直接使用广播频率。美国洛杉矶的公共广播电台SCPR下属三个广播频率——"89.3 KPCC""89.1 KUOR"和"90.3 KVLA"，就是直接把频率嵌入名称[①]。北京音乐广播（FM97.4兆赫）曾将"北京音乐台"的名称、台标和FM974整合应用，并启用独立域名www.fm974.com.cn。现在，该域名转而指向北京新闻广播频率（AM828、FM100.6），殊为可惜[②]。"北京交通广播"和"北京交广传媒"现合用独立域名www.fm1039.com，其中包含北京交通广播的调频广播频率。"豆瓣音乐"（豆瓣FM）域名（www.douban.fm），贴切地借用.fm后缀。.am和.fm分别是亚美尼亚（Armenia）和密克罗尼西亚（Micronesia）的国别域名代码；因它们分别与调幅（AM）和调频（FM）广播缩写语相同，世界各地广播电视类网站域名都喜欢使用。这两个国别代码在此分别转化为站点类别标识。目前，.am和.fm域名后缀都已经在国际范围内开放注册。

图2-31 豆瓣FM万维网首页（2012年）

[①] http://www.scpr.org/about/。
[②] 2012年9月检索发现，该域名已经指向"北京新闻广播"。资料获取时间：2012年9月10日。

（二）站头

网络新闻站点在首页首屏上有一个相当于报纸报头的"站头"，发挥着直观的标识作用。网络站点站头的样式和所包括的内容各种各样，突破了传统报纸报头设计思维。把网站名称及其万维网域名直接写入站头，是常见的一种处理办法。如"中新网"站头（见右图）就包括站名、简称和域名三项元素。

南方网（www.southcn.com）、千龙网（www.qianlong.com）的站头，除了站名、域名之外，加上了年月日信息。东方网（www.eastday.com）站头加上星期几和简明天气报告。人民网站头添加了英译站名、手机网站地址，以及年月日和星期几。新华网站头还特意添上农历年份和阴历日期。越来越多的媒体网站喜欢在站头设计中插入各自的宣介语，如北青网（见右图）（www.ynet.com）和北方网（www.enorth.com.cn）等。

有新闻转播资质的商业门户网站，非常重视本公司形象宣传，其站头的核心元素通常是简明醒目的公司标识。新闻频道主页在这类网站中，经常是二级主页。这些频道主页上的站标，往往是公司LOGO、域名和"新闻"或"新闻中心"字样的设计，如Tom网、搜狐网等。"腾讯新闻""网易新闻"的站头还附上其新闻频道的宣传语。

国外著名新闻媒体机构网站的站头设计大多比较简单，一般将本机构原有名称和标识直接或稍加转换放到网上，使品牌和知名度资源自然延伸到网上，如《纽约时报》、BBC、路透社等。

在许多新闻网站首页上，站头通常放在网页最顶端，左上角横置或者居中偏左位置。站头位置偏右的例子在境内外都不多见。旧版的中国国际广播电台网站英文频道，曾把站头放在首页的"腰部"，是迄今发现的唯一一例。它的站名不显眼地放在右上角，而站头横栏位于首屏中视线上像一条"腰带"。从未见过站头放在网页底端的例子。

在万维网和手机报版面安排中，首页最上端的站头会因下拉滚条的扯动，在屏窗中消失，当用户查看首页中部或下部内容时，通常就看不到站头标记了。这一情况在近年平板电脑版面设计中有所纠正。《今日美国报》iPad 版的站头就始终固定显示在屏窗左上角，任用户手指上下左右播滑翻看页面内容，站头始终原地不动，成为醒目的提示。这无疑是一种有意识的版面显示设定。

图 2-32 中国国际广播电台网站"国际在线"英语频道首页（2001 年）

图 2-33 《今日美国报》iPad 版首页（2012 年）

许多新闻网站将日期与站头放在一起，借站头的醒目来强调其内容服务的当日性时新性。国内商业门户网站经常把日期放到新闻频道或新闻中心主页的要闻栏题旁边。在互联网络上，传者对日期的标记，对于不同时区的用户来说，有一点换算的耽搁。有的网站在日期旁加上星期几的重复提示。缺少醒目日期的新闻首页布置，总给人服务不周全的感觉。

手机终端或者平板电脑服务对上述要件的处理会更简便。除了站名、LOGO 等必不可少的几项，其余的都退出首页显示。在平板电脑上，本地实时时间由用户终端本机自带自显。移动网络终端淡化固定的日期概念，更突出实时和当下。美国《日报》（The Daily）的 iPad 版首页就没有任何日期显示。国内《南方都市报》iPad 版也如此。

图 2-34 《日报》iPad 版首页（2012 年）

（三）LOGO

LOGO 是一种视觉标志，指用文字或视觉形态组成的大众传播符号，以最精练之形符传达特定的涵义和讯息。许多国内新闻网站有 LOGO，还有些没有。许多人经常把 LOGO 与网络站点的站头设计混淆，独立认识和使用它的意识还不强。

境外一些著名报刊在上网时，顺理成章地拿原来报头设计当作其网站的站头，甚至网站的 LOGO。《纽约时报》就直接用花体字的报名做网站站头，该站名下面原来还有"ON THE WEB"的字样，现在已经取消。

相比《纽约时报》报名，BBC三个字组成的LOGO形象更是简单鲜明，网上网下使用效果一致和强大（图2-35）。

国内传媒机构有请名人名家手书名号的习惯，这些手迹转为机构标识LOGO，后再被搬到网上。没有这样历史积累的机构，只好走美术设计的道路。前者如《中国青年报》的"中青在线"，后者如"中华网"。

图2-35　BBC White City办公楼前标识

LOGO与站头的一大区别是，前者可以"独立出战"，在其他情境和场合中成为其本体最简约的视觉符号代表，比如LOGO可以用在服装、会场或纪念品等其他非新闻传播的众多环境中。LOGO的图形化越彻底、越鲜明、越简约，越能独立和广泛地适用，越能以少胜多。国内网络新闻媒体机构现在流行的LOGO，可大致分为如下几类：

第一类是美术字或手书体LOGO，如"人民网""千龙网""中国新闻网"等。这类标识中的"字"已经图形化。还有一些属部分图形化的，如"中国网""中国经济网"等。福建日报报业集团主办的"东南网"，采用纯美术字设计；类似者还有"中国广播网""中国日报网"等。美术字LOGO设计的关键在于"美术"和"美化"，这方面的可为空间远未穷尽。

第二类是网名文字+设计图形。它们的数量很多，可算国内网络媒体机构标识设计的主流样态，如重庆"华龙网"、湖北"荆楚网"、南京"龙虎网"、山西"黄河新闻网"、山东"大众网"、河北"长城网"、上海"东方网"、广东"南方网"、武汉"长江网"，等等。

美术化变形的网名，加上标志性图示，构成两个标识元素，如何统一协调地使用它们，需要斟酌和平衡。目前通常的情况是：网名文字LOGO的辨识度较高，设计图

56

形 LOGO 的单独代表性往往偏低。这种多标识元素情况也可视作一种多元 LOGO，一个主体也可以有几个不同样式的 LOGO。中央电视台就同时使用字母式和图形式 LOGO。多 LOGO 策略适应多路出击，但也会分散力量，造成有强有弱的结果。

通过下面的小测试，人们可以检测一下时下主流新闻网站图形 LOGO 代表其自身的能力。读者能否直接说出下列图标所对应的新闻网站机构的名称？答案见注释①。

第三类在 LOGO 中融入了英文单词"news"，以突出新闻服务特性。新华网是其中一例。新华网的 LOGO 设计下过功夫，不过若剔除其中的中文网名，此图形的本体专指性将打折扣。新疆"天山网"取"天山"两字拼音打头字母，是汉语拼音缩写+英文字，走"中西合璧"的路子。"中国农业新闻网"（农民日报社主办）LOGO 以英文缩写 CAN 为核，采用比较规整方正的印章构图。上述实例各有可取之点，也存在缺憾。

在过去五六年间，中国网络新闻传播机构开始重视 LOGO 设计，有不少改进。精彩的 LOGO 设计很难一步到位，需要不断尝试、修改，一旦抓住一个好方案，还要坚持和培育。麦当劳"m"的"金色拱门"（the Golden Arches）LOGO，在世界各地代表着与麦当劳有关的一切。在其网站（www.mcdonalds.com）上，"金色拱门"LOGO 始终是最夺人眼目的标识。

---

① 这些网络新闻媒体站点 LOGO 从左向右依次是：第一排"深圳新闻网"、上海"东方网"、广东"南方网"、山东"大众网"、浙江"浙江在线"、湖北"荆楚网"、广州"大洋网"；第二排贵州"金黔在线"、安徽"中安在线"、山东"胶东在线"、天津"北方网"、辽宁"东北新闻网"、湖南"红网"、江苏"中国江苏网"。

图2-36　麦当劳万维网站首页（2004年）

在国内进行新闻传播活动的商业网络公司非常重视LOGO设计。但是，它们的LOGO是公司标识，而非旗下新闻传播业务的代表符号。新浪公司黄红色的"大眼睛"、搜狐公司红黑色的"小狐狸"、TOM公司绿色的"五瓣花"、腾讯公司的"小企鹅"等LOGO，在网上和网下都发挥着明显的品牌辐射作用，值得网络新闻媒体机构参考。

网络新闻传播机构的LOGO设计一般需要专门和专业人士操刀，多数网络新闻编辑难是个中里手，不过适当了解和关注这一问题，对自身工作也会有帮助和启发。

（四）广告推介短语

以画龙点睛式的短语来推广介绍本机构，是品牌营销宣传的常用手段之一。过目不忘和入耳入心的"广告词""推介语"，也是新闻传媒机构标识系统的重要组成部分，网下网上皆然。

新中国成立之后，正规传媒机构长期没有各自标识性的"推介语"。顶级权威传媒如《人民日报》《求是》《解放日报》《北京日报》、中央人民广播电台、中央电视台、新华通讯社等，至今都没能在公众心中留下与上述机构融为一体且朗朗上口的标识性宣介短语。

改革开放后创办的报纸，特别是新兴都市报刊，开始重视本报标识语或推介词。《海南日报》推出"与海南共同成长"；《南方周末》自称"在这里，读懂中国"；《南方都市报》宣称"办中国最好的报纸"；《华商报》标榜"奉献最有价值的新闻和信息"；《中国经营报》断言"经营成就价值"；《经济观察报》鼓吹"理性·建设性"；《京华时报》打出"公信力/传播力/影响力"旗帜；《北京晨报》宣称"开启每日新生活"，等等。这些标识语的一个共同特点是：宣扬和强调某种指向、功能或者担当。至于它们各自文词和目标追求到位与否，众人可慢慢品，细商量。《新京报》曾用"负责报道一切"作为标识语，口气

很大，2012年改用"品质源于责任"。①

中国改革开放以后，雀巢咖啡一句"味道好极了！"的广告词曾经风靡一时，成为流行，刻入一代人的记忆。耐克的"Just do it"，充满张力，高度契合体育品牌特性。这一英文广告语在中国内地推广时，有意不加翻译，保持全球推广的一致性和信息原味。新浪网的"You're the one"，中文译为"一切由你开始"。这里两种语言的表达都包含强烈的直接性和肯定性。网易推广语强调"网聚人的力量"。中国电信属下的21CN（www.21cn.com）是国内最早从事新闻传播的网络机构之一，一度使用相当夸张的推广语"有了快感你就喊！"，现在改用"享受宽带生活"，回归电信网络服务商的本色定位。

国内新闻机构对于网络标识推介短语的认识和使用还比较初步，尽管也有这样或那样的种种尝试。如"人民网"的"上人民网，看天下事"；"东方网"的"家事国事天下事，事事看东方"；"深圳新闻网"的"深圳事，中国事，天下事，尽在深圳新闻网"；"千龙新闻网"的"关注世界每一刻"等，都有一定的传播度。天津"北方网"当年将"我们了解中国"字样，嵌在网站站头设计中，可见对其看重的程度。现在此语被中规中矩的"权威媒体 天津门户"取代。目前，国内大多数网络新闻传播机构会在站头位置或旁边直接打上"主流媒体××门户"字样。这种"类标识语"虽然样式相似，却神采全失，一旦堕入此窠臼，就显得既单调又涩滞。

用户用浏览器打开网络站点时，浏览器标签会显示当前访问站点的名称，并且缀上简短推介片语，如果该网站点自撰和提供的话，这是网络推介宣传的另一个"微通道"。如"中国广播网"的浏览器书签片语"一网听天下"、"新华网"的"传播中国 报道世界"、"国际在线"的"向世界报道中国，向中国报道世界"、"中国经济网"的"国家经济门户"、"中国网"的"网上中国"、"香港文汇网"（www.wenweipo.com）的"文以载道 汇则兴邦"等，各有特点和侧重。更多的书签片语采用"主流传媒""某地门户"等通用提示，有的重点新闻网站甚至完全不用书签推介语。目前，内地传播机构对浏览器书签片语或推介词的使用，大多还停留在一般化、套路化的层面，其可改进和可创意的空间其实非常广大。网络新闻编辑应该多关注标识语元素，借助这些"片语只言"来传递有吸引力的传播品质、态度定位和专业价值观。

说明一点：在Pad等移动终端上，用户如果使用浏览器调阅万维网页，仍然可以看到地址栏中站名后附带的简短推介语；但是如果使用App客户端连接，往往就看不到了。原因是，App客户端已经在传播者和终端用户之间建立起直接的联系。如新华网Pad版就是如此。

---

① 本节所提报刊标识语情况是2012年9月查核的。

四、网络版面特点

新闻版面问题最早来自报刊。版面是组织和条理内容的手段。一张报纸或一份杂志的每一页面，都是一个视觉传播界面。在这些页面中，编辑需要把不同的内容有机地集汇在一起，有序地展示在读者的眼前。一张报纸或一本杂志可以包括很多页，其中有主有次；它们在整体上也构成一个展现集合。

广播电台和电视台的内容传播通常没有版面问题。无线电音视频传播是线性的，按时间轴方向进行。在一般情况下，一个人不能同时收听两段不同的广播节目或者同时收看两段不同的电视节目。不过，深究起来，国内无线电广播台和电视台往往手握多个广播频率或者电视频道，可以通过这些传播通道同时传送多套不同节目。这些不同的节目内容在共时和逻辑上，有搭配和呼应关系。不过，这些广播节目和电视节目不能同时作用于同一个体接收者，也不能在受者的听觉和视觉感官上产生共时性的横向组合效应。总之，版面是一个共时的和空间的概念。版面问题主要研究一特定界面内，多种内容信息的组合及视觉效应的规律。

网络传播内容的显示，最终要落实到终端显屏上。所谓网络视觉接收界面就是指那些具体的、大小有限、渐趋标准化的可视屏面。目前主流显示屏面有电脑显屏、平板电脑显屏、手机显屏等。

（一）网络版面特点

网络新闻传播的呈现界面，和传统报刊版面情形相比，有如下不同的特点：

首先，传统报刊的版面样式可以每期不同，但网络新闻站点的版样格局安排一旦确定和完成，就不能随时随意变化；每次更新内容时，并不允许改动布局、框架和表现格式。通常情况下，网络新闻编辑只是通过软件系统，在原有呈现架构中进行信息替换，只限于在"旧盘"里装上"新菜"。一些国内著名网络新闻服务站点的版样调整周期，往往以年来计算。

其次，网络传播站点的页面没有页码编号，也不能编号。这因为网络用户调看或使用页面，并不按照某一固定的顺序或路径进行，而是随意跳转，按"超链接"的方式进入或离开网页。如果给每个网页一个固定编号，反而会增添混乱。

再次，报纸杂志的版页大小和可视面积是同一的。网络界面的可视单元则分为"屏"和"页"两种概念。"屏"（screen）指在一次访问请求之后，当不挪动竖拉条或横拉条时，终端显示屏幕上的缺省可视面积。在缺省显示状态下，用户操纵翻页键（PAGE UP 或 PAGE DOWN），显示屏窗内的内容相应更换；那些相应变换、彼此相连的"屏显"内容总和，就是这一网页（page）的全部。换言之，"屏"像个放大镜，"页"好比是一张大画图；透过"屏"去依次阅看图画的全貌，就是网络视觉呈现中

"屏"和"页"的关系。网络呈现的可视界面的最小单元是"屏",最短小的"页"等于一"屏",更长大的网页就是多屏的。

网页理论上可以很长,也可以很宽;不过一般情况下,万维网站点的长网页居多,宽网页比较少见。现在平板触屏电脑风行,手指点触,上下左右拨划随心,这给网页设计提供了新的自由度。"屏"是网络版面的基本单元。编辑应有意识地关注和思考"屏"与"页"的关系。

最后,网络页面需要设置醒目的进出、跳转或导航的指示、通道及点击触点。网络站点内部的所有呈现或者网页内容,依靠多向和方便的链接来连通。这些联系、转换和接口,需要在页面上显示或突出,以实现网页内容的跳转和变换,顺畅地实现非线性阅读。

(二) 网络新闻版面设计要点

以貌取人固然片面,但脸面形象对第一印象的形成,至关重要。网络新闻传播需要高度重视它的"脸面"——缺省首屏呈现。当传播服务者接到访问请求后,首先提供的版面形态,就是"缺省首屏"。所谓"缺省"是指用户没有给出特定规定,没有进行任何后续操作时,传者服务器自动给出的呈现结果;所谓"首屏"就是相关网页最上端的"屏显单元"。"缺省首屏"是观察和研究网络版面思维和呈现情况的基本单元。

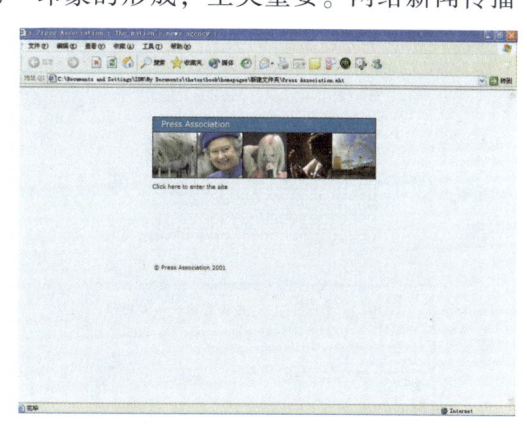

图 2-37 英国报联社网站缺省首屏(2001 年)[①]

网络版面设计的目的有三:一是有序化。即在单位可视界面内,有次序、有条理地安排内容,以方便网民使用。二是评价。有重点地突出和介绍所提供的服务内容,在引导和鼓励用户使用之中,表达传达者相应倾向与评价。不过,这种评价是潜隐地通过版面位置、字号、色彩和空间关系等版面处理,来表达出的倾向和趣味。深谙此道的专业网络新闻从业者,经常在普通用户并未知觉的情况中,发挥表达和引导作用。三是吸引用户的注意力,调剂和美化他们的可视性感受,提高传播互动兴趣。

网络新闻版面设计除了满足一般原则,还有自己的特点。第一,新闻服务是核心。对于新闻性网络站点或以新闻为主打内容的频道和栏目来说,新闻是核心服务类

---

① 英国报联社(www.pressassociation.com)成立于 1868 年,至今是英国主要的多媒体新闻信息供应者。其 2001 年网站缺省首页设计极为简单,连一屏的面积都没有占满。

项。网络新闻服务优于传统媒体之处是，用户可以方便地对已经发布过的"旧闻"进行检索和查阅，高效率地利用网络媒体提供的在线材料资源。新闻网络站点的新闻信息质量越高，它的访问量就越大，其信息资料的回溯检索量也越大。这一点认识正受到越来越多的国外著名新闻传媒机构的重视。近年，英国《泰晤士报》《星期日泰晤士报》和《金融时报》，美国《新闻日报》和《纽约时报》，法国《世界报》等，已经把它们网络深度阅读或回溯检索新闻，纳入收费使用范畴。①

第二，突出特色。所谓突出特色，就是显示出本网站与其他网站不同的整体素质和格调。传统报刊版面在这方面早已如此。网络新闻的版面风格和视觉呈现，同样需要注意突出自身特点和视觉标志。对此，网络编辑可以从两个角度来切入。一是从自我定位出发。例如，中共中央机关报人民日报社主办"人民网"的首要作用，就是作为党中央、中央政府在网上发布官方消息和新闻的权威出口。人民网版面安排自然围绕这一基本身份。事实上，如果将人民网首页和《人民日报》头版并置对比，不难发现两者在版面思路趣味上的相通。两个版面呈现都偏向文字密集型，整体侧重沉稳，横平竖直，都使用大片黑颜色字体中点缀红色字，来强调或突出自我标识或者政治重点内容。人民网目前版面首页首屏右上角，红颜色字标出的"高层动态"栏目，实时动态地报道中共中央政治局诸常委最新活动，凸显中央第一党报网站的独特地位和功能。

图2-38 《人民日报》头版与人民网首页对比（2012年8月21日）

---

① Michelle Meyers；*British Times papers to charge for Web content*；March 27，2010. http：//news.cnet.com/8301-1023_ 3-20001311-93. html. Retrieved Aug. 21，2012.

通俗化大众化新闻媒体及其网站通常以强烈的具有视觉刺激风格的报道或娱乐为基本卖点。这类网站版面的冲击力和节奏感往往更强，色彩明艳、时尚风格浓郁，如英国著名通俗小报《太阳报》万维网站首页。图2-39是该报相隔10年的版页截屏图，它们都使用了大幅主图、夺目标题、方格布局、特写式人像照片等手法。不管外人如何褒贬，其版面均是风格稳定、特征突出。

图2-39　英国《太阳报》万维网站截屏图（2003年和2012年）[1]

另一定位切入视角是寻找和填补空白。美国在相当长的时间内没有全国性报纸。《今日美国报》创办伊始，就刻意填补这一空白。其报道风格简洁、明快、概要，专为旅行中的美国人提供当日全国和世界要闻、各地天气情况以及重要的财经资讯。该报万维网站亦追从这一定位风格，首页中天气和股市信息栏框放在首屏右侧偏上位置，比《纽约时报》《华盛顿邮报》等大报网站相应内容的版位更靠近页面视觉中心吸引区。

同传统媒体机构一样，网络新闻传播机构同样需先确定服务方向、服务定位和核心受众群体，据此构思版面呈现风貌。党报、党刊和党网须重视宣传和导向，商业传媒需赢得市场，财经媒体侧重经济金融

图2-40　《今日美国报》万维网站首页截屏图（2012年）

---

[1] http：//www.thesun.co.uk/sol/homepage/。

信息服务等，这些都是找准定位，以专长和深度服务取胜的做法，不在一般性综合新闻的覆盖面上过多地消耗自身能量。在目前情势下，网络新闻传播似乎没有非新闻类网络传播的可拓展空间广大和宽阔，表现在版面设计安排上，许多都没有特色，缺乏个性，可辨识度不高，优秀实例相对较少。

第三，合乎逻辑。这一要点有两种落实方式：一是适应用户的习惯；一是导引用户的需求。网络版面布局需要有次序、有章法，合乎逻辑。网页版面作为传受界面（interface），既是内容展示界面，也是导航跳转界面，所集汇的信息需经统筹安排，实现高度的有序化。第一种思路是以特定读者群的需求、爱好、趣味和习惯为基准。第二种思路是以传播者的意向为主导，努力吸引用户关注传者所发布的信息内容。前者强调供需之间的基础前提，后者侧重传者信息优势。两种版面设计思路彼此常有交叉。

第四，美观大方。网络版面可利用文字、图片、版式、色彩、动画、音视频、活动字幕等多媒体手段，来美化和丰富版面呈现。美化版面不仅可以吸引用户，令用户喜爱，还可确立网络站点风格标识，构建品牌形象，扩大网上知晓度美誉度。线条、色块和色调的独特搭配和创意协调，是版面美化最关键的要件。在这方面，国内新闻网络站点版面设计还有不小的差距。

第五，版面设计还要考虑到网络使用习惯和接受心理。网络用户在浏览网页时，首先看到大致的形块和颜色。他们先快速粗略地进行整体扫描，然后进行选择或寻找，最后再盯着某一局部细看。视线扫描点通常沿着由上而下、由左向右的线路移动。目光的切入一般从屏幕水平中线偏上、左右中分线偏左的位置开始扫描活动。视点移动由此开始，先向右，再往下，并随着向下拖拉网页的动作一路向下移动，最终完成整个网页的浏览过程。

针对上述心理习惯，网络版面设计应该把最重要的内容，放在读者视点切入的第一落点附近，并借助版面手段在此创建一个中心吸引点。头条新闻标题或头版新闻图片大都安排在这个点附近。首页首屏的版面安排，应突出以少胜多原则。另外，在首页上要慎用闪动元素。

网页上的"动元素"包括快速替换的标题、闪动标识、漂浮广告、小动画以及各种提示或弹出框。网页上闪动、飞行或自动弹出的告知内容，是一种贴身紧逼式的强推传播方式。在重要或突发新闻服务中使用它们有一定的合理性。但不当或过量使用，就不好了。某一内地著名新闻媒体网站的主页首屏上，共有15个活动点在飞行或闪动，令人头晕反感。相比国外正规媒体网站，国内新闻网页存在"动元素"使用过度问题。这些动闪物件往往干扰用户读网的视觉落点和路线，很容易激起用户心理上的厌烦之感。目前许多电脑或杀毒软件已经专门设置了阻挡各种自动小弹窗的功能，但"闯入式"内容展示依然有相当的泛滥。

新闻站点类型、标识体系与版面呈现 | 第二章

五、版面样例分析

用户面对一个网络界面，首先看到的是视觉板块和色彩组合，然后才定睛辨别其中的具体信息。对于一个网络界面呈现，用户总是由整体到局部，由板块到内容，由图像到文字，自上而下，从左到右，先注意活动目标，然后细查静止内容。"阅读"经常是先看图片，后读文字，先粗扫大意，再细读语句。

网络用户的绝大多数时间，花在浅层翻阅快速浏览信息上面。这种浏览和检索习惯，使得"版面呈现"成为网络新闻传播的"第一脸面"。所有网络内容——不论图片、文字还是音视频——界面的最初视觉呈现，在用户眼中都是色彩和图块的组合。因此，网络新闻编辑需要高度重视这个传播的"第一落点"。

万维网站点首页顶端第一屏是缺省首屏。首屏由于第一个"出场"，带出本网站点视觉呈现的基调状态，在网络版面设计和表现中地位独特。手机和平板电脑网站首页和首屏情况也基本相同。随着首页页面被向下拖拽，网页呈现的具体位置和状态就非传播者所能决定了。经常在显屏内，一篇文章被盖住上半部，另一张图片只露出底边，版面视觉传播的完整性和有序性不易把控。不过，专心拖动网页一直看到最底部的用户读者少而又少，此种专注大抵只在内容，不特别在意版样形式的美化。通常万维网站主页和一级页面内容众多，版样精美，链接繁复，色彩丰富；向下拖拽浏览或转入网站内层页面，其版面结构、样式和链接关系等元素都渐趋简化和实用。

网络新闻站点首页和首屏内容最多最挤，"头重"情况是常态，协调起来最困难。首页首屏通常包括站头、站标、导航链接横条，以及最主要的内容展示（诸如新闻头条、首页主图、要闻标题板块、最新滚动播报、主打栏目提示、广告横栏等）。首页长短无定，版式格局各异；

图 2-41 美国《大西洋》杂志万维网站首页[①]（2012 年）

---

① http://www.theatlantic.com。

65

自首屏往下，内容重要性依次递减，版面视觉冲击力也相应减弱。首页下部布局相对疏散，色彩处理趋于平稳淡化。有的首页底部也放置本站地图、重要导航链接等。最底部横栏通常放置"关于我们""联系方式""版权说明"等介绍性说明性信息，网页版面设计可以列出若干原则。有教科书说，要注意导航区、图片、广告的大小和空间位置与文字之间，注意把握它们平衡、对比和统一的关系；应把握好内容疏密安排的节奏，实现视觉上的节奏变化和呼应。有的观点认为，网页设计要把创造性和功能性结合起来，实现平衡性、易读性和统一性的整体融合，提供视觉美感，等等。还有人强调主页、导读页和正文页在版面设计上的不同要求。要点和原则归纳终是务虚，最终都要落实在成品上。总体言之，网络新闻传播版面设计一般上重下轻，上繁下简，上博下专，重视首页及首屏的视觉布置安排。这些要点原则普遍适用于万维网站网页情况，在手机和平板终端页面呈现时略有不同。

（一）新闻主页

新闻网站或新闻频道主页的版面样式没有固定和公认的模板规程。万维网新闻主页版面样式大致可分为：竖式、横式、单图式和万花筒式等类型。

1. 竖式

竖式版样是万维网站页面设计中使用最广的一种。比较典型的竖版是"Ⅲ"型，如图 2-42 所示 BBC 新闻主页（全长 2 屏）。2012 年日本共同社"共同网"中文主页（全长 6 屏），是比较规整的"竖Ⅲ"式。这两个例子的首屏以及当日头条新闻和主图，都获得强势处理。

竖三栏版式有多种变形。如果竖三栏版式中最左边的一栏比较短，就成了不规整的竖三栏。左边一栏如果短，就留空很多，网页在视觉布局上就接近"Ⅱ"字形。2000 年 BBC 网站新闻主页曾使用过类似的布局。

竖式版样还有"T"型布局。T 型布局不太强调对左右两侧竖栏空间的利用，而是

图 2-42　BBC 网站新闻首页（2001 年）

把主要内容突出地排列在中间。为方便读者，设计者在网页的最下端设立了超链接导航条和返回页首的快速键。现在，网页视觉设计普遍趋密趋挤，这种留白留空较多的做法多被抛弃。

手机报网页大多可归入单栏竖版式。手机的显示屏窄小，整个网页只能通过下拉

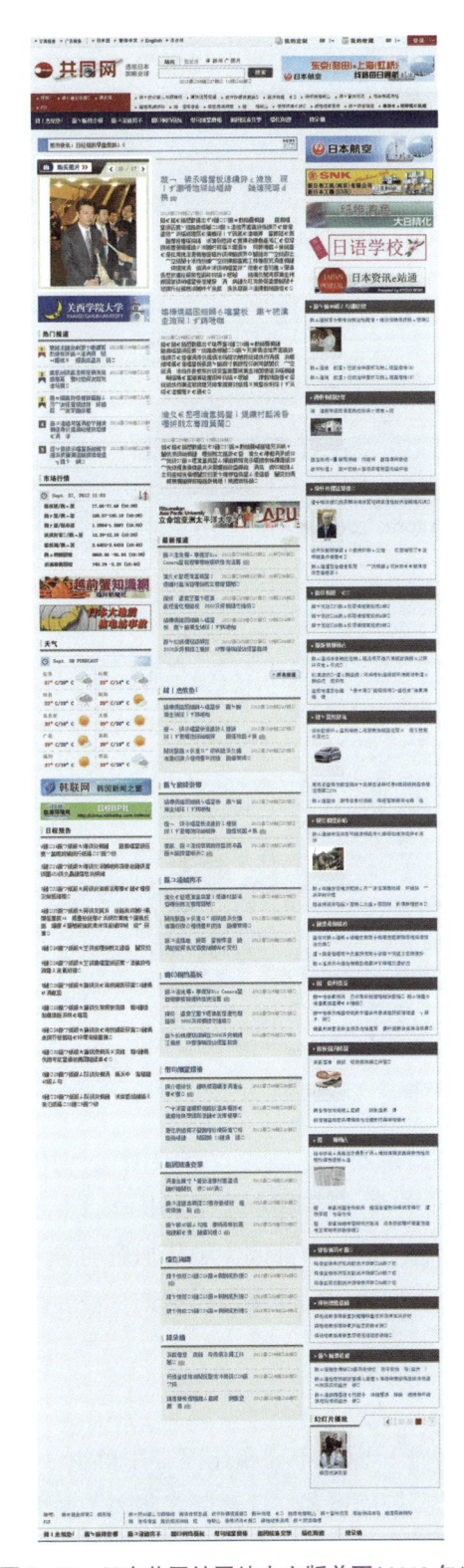

图 2-43　日本共同社网站中文版首页（2012 年）　　图 2-44　新华网手机报《新华炫闻》首页（2012 年）

来阅看全部内容。纵向延伸的手机网页成为一条长带，版式变化和调整受到极大限制。这种局促源于时下软硬件发展的局限，随着未来移动网络终端和显示技术的升级换代，情况注定会变。图2-44是比较典型的手机报版面实例。

竖"Ⅲ"型版式的中间一栏，可以破成两栏，也可以扩成较宽的横栏。南非最早上网的报纸《邮卫报》（www.mg.co.za）网站首页（图2-45）是中栏一破二的例子，视觉印象竖四栏。

图2-45 南非《邮卫报》网站首页（2004年）

上述几种版面布局，在实际应用中经常混搭产生新意，成为"非典型"。美国犹他州的"Deseret News"（www.deseretnews.com）首页（图2-46）7屏长。首屏三等分横向板块安排，突出头条新闻、主图和要闻标题。首页中部改为中栏加宽的竖三栏安排。下部变成宽竖栏版式，两侧大量留白，并加大图片尺寸来吸引阅读。最底部放置简明的导航区。整体安排颇有韵律感。

2. 横式

横版式以横向安排文字和图形内容为基本特征。横式布局相比而言用得少一些。典型的横式网页版式是一些网站提供的"纯文本"版面模式。这种版式删去了网页中的图片和其他页面设计，缩小了网页文件，方便使用者在电信传输条件不太理想的情况下，也能比较容易地接收到网站发出的新闻内容。参见图2-47。

新闻站点类型、标识体系与版面呈现 | 第二章

图 2-47 《芝加哥论坛报》突发新闻 iPad 版
首页首屏（2012 年）

横版式的优点是横条分区，每区内内容统一，自成板块，读者下拉网页，依次浏览页面，一目了然。缺点是同一栏的内容横向延伸，需要读者视线焦点上下移动的同时，还要左右扫描，比较麻烦。此外，横栏若一味到底，好似一条"斑马线"，容易产生视觉疲劳；栏与栏若一色到底，板块之间不易区别，如果频繁换色，统一风格又难把握。这些小问题其实都不容易处理妥帖。

图 2-48 台湾《苹果日报》网页是一个横版样例。设计者在首屏区域内的头条、主图尺寸和重点新闻栏等元素上做了差异性搭配。为了避免读者眼球频繁地横向滚动，设计者有意把网页重心放在网页左侧；并用不同颜色和图片提示"财经""娱乐""体育"等报道类项，采用了许多过渡性的小处理。

3. 万花筒式

这不是一种准确的概括，只是大致的描述。当前述竖横版式元素混用时，会出现五花八门的结果，充满新奇和创意。万花筒版式体现的是一种独特构思或搭建。澳大利亚《每日电讯报》

图 2-46 "Deseret News" 万维网站
首页（2012 年）

69

（The Daily Telegraph）网站首页（图2-49）（全页长2屏）的视觉中心聚焦在头条新闻图片上，围绕着这张主图片，呈半月形散布着提示各个栏目重要内容的"邮票照片"，众星捧月式地簇拥着中心，内容虽多但并不散乱。这一设计突出新闻图片在组版中的核心地位。2014年该网站已经改用矩形屏幕式的版样安排，转而突出视频新闻服务①。

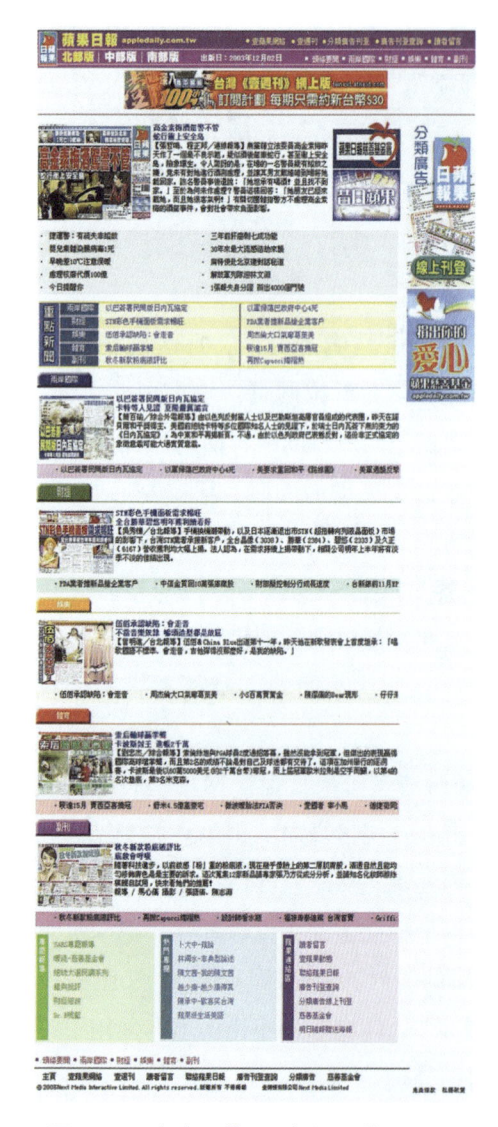

图2-48　台湾《苹果日报》万维网首页（2003年）

图2-49　澳大利亚《每日电讯报》万维网首页（2003年）

---

① http：//www.dailytelegraph.com.au/。检索时间：2014年2月11日。

新闻站点类型、标识体系与版面呈现 | 第二章

2012 年 BBC 万维网站的新闻主页（图 2-50）（全长 6 屏）是其最新报道内容的缺省首页。它最主要的功能是呈现、提示和分导。版面安排是先横后竖，加上许多细小搭配和微调，避免因过分规整而造成死板。将 2012 年 BBC 网站新闻主页和 2003 年澳大利亚《每日电讯报》网站首页做一对比，也可以看出国外新闻网站设计在近 10 年间发生的一些取向变化。

4. 单图式

单图式是指那些首页仅一屏的网页版式。这种设计过去大多是单图，主要起分导作用。新闻站点采用这种模式，通常有以下考虑：（1）作为展示窗口，给用户一个独特的初始印象。（2）该首页是一个多选项导航页。如"BBC 世界"电视台网站首页上，只设置了"选择国家"一个对话框，让用户点击选择所在国家名，以便进入相关语种服务。中国国际广播电台网站（CRI，www.cri.cn/index1.htm）首页也属此类。

图 2-51　CRI 网站首页（2012 年）

英国现已停刊的《世界新闻报》网站曾使用单图版式首页。它的版式也被称作方格版式。广播电视类媒体机构的万维网站

图 2-50　BBC 万维网新闻主页（2012 年）

71

使用单图式首页的较多，如台湾东森电视（www.ebc.net.tw）等。其主要作用在视觉冲击和吸引点选方面。

图 2-52　英国《世界新闻报》万维网站首页（2004 年）

图 2-53　东森电视万维网首页（2012 年）

自从以苹果公司 iPad 为代表的平板电脑出现后，适应 10 英寸屏尺寸的单图版面设计成为时髦选择。最具代表性的尝试是默多克旗下的《日报》（THE DAILY）。这种版式设计具有比较多的杂志版面特征，横向拨划翻换，就能跳转页面，代表着平板版面设计的新思路。

图 2-54　《日报》iPad 版首页（2012 年）

这种单图式首页设计，现又有了新变化。许多新闻传媒机构网站的平板电脑界面，在单图框架内，添加了可横拉或下拖的延伸内容，使得单个网页的容量延展扩大。《今日美国报》iPad 版面左侧"天气""精彩图片"等栏都可以上下拉动，查阅所需内容；右上部是各版头条，读者可以横向拨划翻看。新闻主图和右下方的要闻标题是一个整体区域，也可以上下指拨浏览。参见图 2-55。

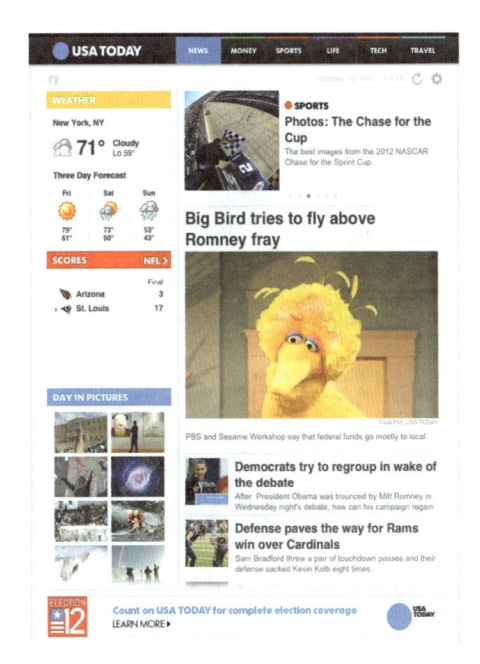

图 2-55 《今日美国报》iPad 版首页（2012 年）　　图 2-56 "4 频道"电视台万维网首页（2012 年）

英国"4 频道"电视台网络站点（Channel 4）长期偏好单幅大图版式，不喜多屏长页。它的 iPad 版页设计也如此。图 2-56 和图 2-57 是它 2012 年万维网首页和 iPad 版首页对比，可见它版式风格的一致性及新变化。

5. 版面设计的相互影响

传统报纸版面对网络版面设计产生过重要影响，反过来网页布局也影响到现今纸介报刊的版面安排。在国内，后者影响主要落实在都市类报刊版面上。图 2-58 和图 2-59 显示的报纸版面标题和版位处置，都带有强烈的网页味道。现在一些英美著名大报在平板电脑终端上，重现报纸版面风格和阅读方式，使得移动电子读报和手捧报纸阅读几无差距，还附加上搜索、放大、回溯等多种前所未有的服务便利。参见图 2-60。国内报刊的网络版阅读服务也在朝着这一方向推进。

图 2-57　"4 频道"电视台 iPad 版首页（2012 年）

73

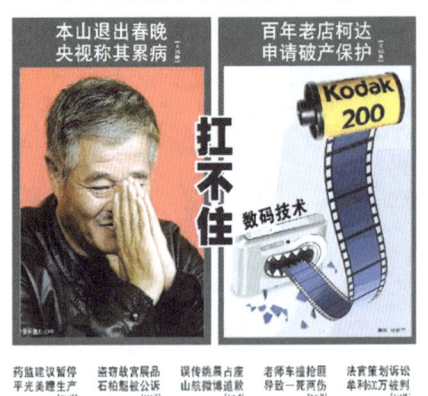

图 2-58　《京华时报》头版（2012 年）　　　图 2-59　《华西都市报》头版（2012 年）

图 2-60　美国《萨克拉门托蜜蜂报》A18 和 B1 版（2012 年 9 月 28 日）

6. 主页设计误区

近 10 年来，国内新闻网站首页版式思维，深受新浪、搜狐等商业门户版面设计框架的束缚，至今没能彻底跳出和创新改变。除去细部问题，这种首页模式最大的毛病是：首页顶部安置了太多的导航、旗帜广告，大大压缩了首页首屏最主要的本体服务内容，主图和头条新闻位置大幅度下移，突出性下降，甚至不能在首屏完整显示。这种版式处理令网页顶部沉重，视觉压抑感极大，加上一些弹出或移动信息或广告小框闪烁飘晃，令使用感受非常不爽。这种网页如采用竖式版面布局，顶部众多横向条块就如同过分沉重的门楣，横压在读者眼前。

图 2-61　湖南"红网"首页首屏（2004 年）

图 2-62　湖南"红网"首页首屏（2012 年）

图 2-63　广西"桂龙新闻网"首页首屏（2004 年）

图 2-64　"广西新闻网"首页首屏（2012 年）

本书初版曾收录了 10 年前的一些实例，意在引起注意。然而，10 年过去了，情况不但没有改善，反有加剧趋势。这里将相关网站的首页首屏和当年的网页图片做一对比，希望有关行业人士和读者能看到不妥不美之处。需要声明：这里举出的现象并非孤例，没有提及的其他主流新闻媒体网站，并非没有类似的毛病和缺陷，有些甚至更甚。

导致上述设计欠当的原因可能不止一条。比如，对网页顶部位置过分看重，对内容分类的处理不当，什么都想放在突出显眼的位置；或者迫于创收营利压力，让新闻为广告让路；还可能是网页版面设计水平不高。无论如何，过分"头重"的版面设计做法，肯定会降低而非提升传播效能。

（二）标题和正文页

新闻标题页延续主页指引的方向，但是分导和提示更细致和具体。新闻正文页通常是阅读访问的"终点界面"，用户在此获得想要的信息内容。新闻正文页也会安排标题、栏目、频道导航等，帮助用户返回或者链转到其他内容。上文提到的竖式和横式版面安排，在新闻标题页和新闻正文页中都有使用。以外，标题页和正文页还有Γ型、反Γ型、匚型、T型、工型等版式类型。

1. Γ型和反Γ型

Γ型格局是在网页最上端和左侧竖栏固定放置站头、导航区、广告区等内容，其余空间处放置新闻标题或者正文内容。相反，反Γ型格局将站头、导航区、广告区等功能性内容放在网页最上端和右侧竖栏里，余下的矩形区放置标题或新闻内容。Γ型和反Γ型版式的优点是有比较宽裕的空间排印标题或者正文内容，同时又能妥善安排一些导航链接和服务性内容。

2. 匚型

这种设计是通过网页顶部、底部和左侧竖栏的内容板块和色调板块，构成一个边框，并提示读者出现在"框子"中间的，是不断变化和更新的报道内容。同样，也有反匚型的版式。

3. T型

T型布局指网页顶部区域内容相对固定，单独纵列排列标题或正文内容。这种安排的特点是两侧留白较多，主体内容比较突出。这种设计在讨论主页时介绍过，这里不赘述。

4. 工型

其布局与前述T型版式类似，只是底部横栏安排若干相对重点处理的内容。

5. "口"型

顾名思义不难想象，可参见图2-65美国《芝加哥论坛报》网站页面。

新闻标题页的内容可以非常密集，也可能相对疏朗。新闻标题的排列顺序，可以按照新闻性和重要性排列，也可以按照发布时新顺序排列。通常新闻主页、新闻标题首页上，由编辑按照新闻性和重要性原则编排安置新闻，在较次要的标题页或正文页上，往往按发布时新顺序排列各条新闻。后者一般由电脑自动处理生成。图2-66武

汉"长江网"的"武汉新闻"标题页按时新顺序排列发布新闻。此标题页和其相关正文页都采用反 Γ 型版式布局。①

图 2-65　美国《芝加哥论坛报》网页截屏图（2004 年）

图 2-66　武汉"长江网"新闻标题页面（2012 年）

---

① http：//news.cjn.cn/sywh/。

（三）版面色彩与传播态度

国外著名媒体机构非常重视网页版面色彩的设计安排，国内在这方面的表现普遍水平不高。网络新闻传播和编辑人员应该多了解一些美术知识，按照色彩搭配规律去构建有创意的网页色彩表达。

颜色通常分黑白、彩色两大类。黑白为非彩色，其中再分黑、白、灰系统色。每种彩色都有色泽（即颜色）、饱和度（纯度、鲜艳度）和明暗度的特性指标。非彩色只有明暗度特征，没有色泽和饱和度的区别。彩色分混合色和原色，各种色彩之间的关系可以分为同类色、邻近色、对比色、互补色。颜色又按冷暖分为暖色、冷色和中间色；这种冷暖感是人们看到颜色后产生的内心感觉和体味，往往与社会生活中人们的习惯倾向和自然体验有千丝万缕的联系。图 2-67"东方网"旧版设计用黑色作侧边颜色，收窄了用户视野宽度，有不小的压抑感，整个网页宛如引人进入一条漆黑的隧道。部分区块黑底白字的安排也让读者颇费眼力。

图 2-67 上海"东方网"首页（2004 年）

网页色彩设计和调配，是专业美工的职责，但新闻编辑往往是这种设计安排的最早接触者和经常感受者。他们可以从新闻传播和普通用户的视角，欣赏和品评网站及其网页的美学呈现。一般来说，品评（站点）网页色彩美学特点，可以从以下几个方面入手：

（1）网页色彩搭配应以简明为宜。色彩过于繁杂浓烈，容易疲劳视觉。要考虑用户长时间阅读显示屏的情况，所以最好慎用视觉冲击强烈的色彩，特别是强烈色块的大面积使用。

（2）颜色设计要把握基调，选好主色，然后围绕主调，调整明暗度、饱和度以及引入对比，使得整体色彩既有统一感和层次感，又有变化。

（3）注意所用颜色的位置调剂、面积大小、浓淡冷暖等关系，务必使它们协调和富于美感。

（4）既要考虑单页效果，也要照应网站中所有网页在色彩上的呼应与协调。从主页到底层网页在色彩安排上的连续和微调，网页之间色调浓淡主次的设置和节奏，都需符合视觉传播逻辑和规律。

网络新闻传播版面的色彩编辑是一个复杂工程，需要兼顾多种元素，也考验主持者的品位修养。在统筹协调这些元素时，首先要从新闻服务的基本功能、特征和风格定位入手。一个权威新闻媒体网站和一个通俗娱乐报刊网站的定位区别不仅在于内容，也在色彩风格上。色彩是重要的标识元素，例如红黄两色与"麦当劳"连锁店的标识锁定关系。此外，色彩搭配应力求简洁大方，避免过分刺激或耗费用户的眼力。

图 2-68　"中红网"首页首屏[①]（2012 年）

---

① http：//www.crt.com.cn/。

时下国内新闻媒体网站色彩设计方面存在两个主要毛病：一是美术设计人员的地位和话语权还不够。内容传播和视觉呈现本是鸟之双翼。翅膀是不能一大一小或一主一次的。二是国内主流网络媒体过度地使用红颜色。一遇重大主题或重要报道，网上一片红海洋，几成"色彩暴力"，容易引发视觉疲劳甚至阅读抵触。这些网络传播的毛病常在"政治正确"思维掩盖下，被有意或无意地忽视和容忍。

传播态度指新闻机构通过网络版面呈现出的拟人气质、风度和素质。网络上每一个专业新闻站点及其每一个网页都是人为之产物，它们都是活生生的群体集合行为、品格、素养和心态的展现。如此说来，网络新闻传播站点和版面就与诸如"人格""态度""风格"和"品味"等人文修养挂上了钩。传播态度和风度是实实在在可感可品的。"在因特网上，没有人知道你是一条狗"（图2-69），是一幅流传很广的漫画的解说词。其实，网络传播归根结底都是人与人之间的交往与互动，正是在这种交往互动中，见出形形色色的人的本性和嘴脸。

图2-69 《纽约客》杂志漫画："在因特网上，没有人知道你是一条狗。"

网络信息中包含着传播主体的"人格""人品"。网络新闻传播者的姿态应是俯视、平视还是仰视？传播立场是不盲、不党、友好、嫉恨，还是旁观、嘲讽、阿谀、挖苦？预设的传受之间的距离是贴近服务、厌而拒之，还是礼貌或专业的相对疏离？传播心态是"众人皆醉我独醒"，还是尊重常识、理性和洞见？网络新闻版面布置相对稳定，网络用户在接触网站浏览页面时，就随时随地感受着新闻传播机构的"人品""态度"以及其他品质。对此，网络编辑不能不格外用心和注意。

网络版面折射出的传播风格与素质问题，相对传统新闻版面更有特殊性。比如，在国内新闻网站上，有时重要的时政新闻和事件报道和诸如男女不孕症治疗、女性整容或泳装照片、性保健品广告等内容，并列展现在同一网页界面中，构成扭曲的"互文"关系。这种"冲突"情况在传统纸介报刊版面中很少见，但在时下国内网络新闻传播站点上则相当普遍。

图 2-70 "湖南在线"新闻头条正文网页截屏图①

---

① http://hunan.voc.com.cn/article/201210/201210100723005257.html,获取时间:2012年10月10日。

上述版面冲突反映出编辑部内部运行管理的隔离，专业把控力差等问题。这种现象令网民直接低评相关新闻传播主体的专业能力和素质品位。在国外正规严肃的媒体机构网站上，很少见到类似的情况发生。需要指出的是，一些带有此类毛病的网络新闻作品，甚至报送全国性新闻奖项的评选，可见业界上下普遍的迟钝。前例"不搭"现象看似"软问题"，实际反映了本质，即相关专业机构自尊意识差、责任感不强。这种现象值得重视和警惕，并应注意及时纠正。

第三章 网络新闻标题、文稿编改与专类报道编辑

一、网络新闻标题

拟制新闻标题不难,难在如何做到准确、妥当、精妙。不同的编辑拟出的标题,往往各有侧重,各具神采。作标题需要技巧和练习,但是供编辑挥洒创造的空间也很宽阔。

(一)基本特点

网络新闻传播在很大程度上要依靠标题的不断导引和提示。网络新闻传播的展示界面偏小,一般只能先列出标题,读者几经点击深入,才能看到正文。网络新闻编辑对新闻标题的拟写和修改,就好比"导航"。网络新闻标题有以下特点:

1. 题文分家

在报纸版面上,标题和正文排在一起,一眼全都可以扫到。但是网络新闻标题和正文分别安排在不同层次的网页界面上。就此而言,网页标题更像书籍、杂志的目录,而与报纸拉开了距离。网络新闻传播和广播电台或电视台的新闻传播也有区别。广播和电视是时间线性传播,也就是说,接受者如果开始接触时听不懂或看不懂并不要紧,只要跟着听下去看下去,可能就明白了。网络新闻标题如果不吸引人,没有引发点击,传播过程就不能启动。

针对"题文分家"问题,网络编辑必须通过提炼和突出标题来提示新闻要点。比如,一位中央领导在全国农业工作会议上讲话。全篇讲话很长,其中除了在这种场合经常会重复的说法和要求以外,特别提到中央为了农业的长期稳定发展,结合粮食生产和流通体制的调整和改革,决定年内增加国家农业风险基金的款额,并增建国家粮库。网络新闻编辑抓住这两点新信息,压缩和精编会议和讲话内容,配上"稳定农业:中央增加农业风险基金增建国家粮库"的标题后发布。该标题虽然不算精彩,但直接突出了新鲜要点,舍弃了"全国农业工作会议召开"或"某某领导讲话"等会议新闻标题的惯常模式。

2. 大多单行

网络新闻标题多是单行题。报纸标题有引题（也称肩题、眉题、上副题）、主题（也叫主标）和副题（也叫子题、下辅题）等几种。引题一般排在主标题的上面，起概括、提示或渲染等作用，引题经常是虚题，与主题搭配使用意思才完整。主题是介绍和概括新闻核心内容的标题，一般是直陈事实的实题。没有主题，整个标题很难成立。副题排在主标题的下面，内容较多时还可有多行副题。副题通常起说明、补充和解释等作用，扩展和丰富主题新闻内容，多数用实题。多层题的标题方法用在报刊上，可以充分发挥标题的提示内容、吸引阅读和变化版面排列的作用，是很有效的编辑手段。

在网络版面上，通常不允许一条新闻标题占位过于宽大，也不宜使用多行题或过长的标题。网络新闻编排对标题的处理，经常是若干条新闻标题排列成一个矩阵，形成标题板块。这种版式处理不允许其中某条标题的形式过分"特殊"。

近些年，网上单行题情形也发生一些变化，主要表现在新闻首页对头条新闻标题的处理上。例如，单独安排头条新闻和二三条"次头条"新闻的标题。其主要样态是打破栏长和字数字号限制，并增加多个副标题。①

新华头条 谁降低了我们的宽带速率
追问"宽带不宽"调查｜缺斤短两不能一说了之｜运营商称全世界用的都是假宽带｜技术主管揭内幕｜靠什么未终结"假宽带"｜打破运营垄断是关键

人民日报：论十六大以来中国特色社会主义政治发展道路
[中国立法步入平民时代][民主政治的中国脚步][切实保障人民当家作主][紧扣民生主题 直面社会热点][十年大事记][更多]

外交部：日方必须承认钓鱼岛争议
[中方回应日本研究改善日中关系方案:日方必须正视现实][视频]

望海楼：封杀华为中兴凸显美冷战思维
[商务部强烈反对美调查报告的无端指控][华为中兴驳斥美报告]

周小川[等缺席]IMF年会挫日锐气
[中国稳坐IMF"老三"][IMF总裁：全球经济难承受中日对抗]

3. 长短有限制

通常情况下，一条网络新闻标题不可过长，也不能过短，这是网络版面呈现方式所限定的。在"竖三栏"的版式布局中，如果新闻标题排在中间一栏，每一行的标题

---

① 新华网和人民网头条实例来自各自网站。

字数受到行宽的限制。标题如果过长或过短，就会被迫折行或空出半行，既不协调也不美观。现在，不少新闻网站把两三条不相干内容的短标题排在一行，填补空白。这是一种不专业的做法，不应提倡鼓励。

以 2012 年 10 月 11 日人民网首页要闻标题板块为例。其首页单行标题最多 25 个字，大多数标题在 18～24 字之间。在当日首页标题中，编辑将【开盘：沪指跌 0.27%】【欧美股市持续走低】【要闻】【行情】四标题就排在同一行，尚属"远关系"组合；而【魏宏广任广东阳江市委书记】【六周内五架国内航班遭恐吓】两条毫无关联的标题也排在同一行，就有点生硬而为了。这些"将就"做法，新闻编辑内心未必情愿。网络新闻标题不能太长也不能太短的限制，使得标题变化和出彩的难度加大。

修改、提炼和压缩标题文词有时只动一两个字，效果却大不同。下面是若干网络新闻标题实例和修改意见，供对比参考。

原题：外交部发言人孔泉评台湾宣布与蒙古互设代表处

修改：外交部发言人评台湾蒙古互设代表处

点评：这里的修改追求更精炼地表达同样的意思。外交部发言人是官称，发言人表达的是国家和官方立场，发言人具体姓名可以省略。"孔泉"两字可以去掉。另外，互设代表处一事，究竟是宣布要设还未设，还是宣布之时已经设立，可以根据新闻内容微调个别字词。

原题：江泽民接受三国新任驻华大使递交的国书

修改：江泽民接受三国新任驻华大使国书

点评："递交的"三个字可以删除。

原题：我国各界人士举行活动纪念抗日战争胜利 57 周年

修改：中国各界人士纪念抗战胜利 57 周年

点评：以"中国"代替"我国"是更清楚的表达。国内网民一般知道"抗战"指抗日战争；如果希望表达得更精准，也可用"抗日战争"全称。用"各界"来代替"各界人士"通常也没有大歧义。

原题："鹿莎"台风肆虐韩国 已造成 113 人死亡 71 人失踪

修改："鹿莎"台风肆虐：韩国 113 人死亡 71 人失踪

点评：稍微改变句读方式。

原题：阿根廷西部安第斯山区雪崩致 14 人伤亡 2 人失踪

修改：阿根廷西部山区发生雪崩 14 人伤亡 2 人失踪

点评：报道境外遥远地区发生的一般性事件，点出大致的地理位置已经足够。

原题：可口可乐公司将进一步拓展我国西南市场

修改：可口可乐欲拓展在华西南市场份额

点评：用其产品名来代替公司名。

4. 宁实勿虚

网络新闻标题要宁实勿虚。由于题文分离，虚题常令用户摸不着头脑，许多阅读过程到此中止，新闻正文就"难见天日"了。"感冒病毒可杀人"很像卫生健康知识文章的标题①，实际是2004年年初香港即将进入流感高发期的报道的标题；标题为"草莽军事部落的终结"的报道，说的是广西偏远山寨之间的械斗问题，但是单从标题上看不出一点线索。

（二）制作要点

1. 明示内容

为了达到这一目的，新闻编辑首先需要准确地提炼新闻主体内容，然后认真斟酌标题词语的表达。明示内容的操作方法有：（1）实题明义；（2）尽量使用主动语态；（3）以主谓或主系表句式为主；（4）突出动感动态；（5）少用疑问句式。新闻具有强烈的告知性，新闻标题应少兜圈子，编辑更不要把解惑答疑的任务推给读者。一言以蔽之，得当的新闻标题应告知实情，紧扣焦点，语态直陈，凸显动态，言简意明，避免设问。当然最重要的是，编辑恰当地提炼出新闻精华；不能很专业地做到这一点，制作好的标题就没有了前提条件。请看下面的实例②：

* 戈尔布什等待联邦高院最后裁决

* 台海基会官员访金门准备小三通

* 欧盟首脑会议第四天意见仍分歧

* 国际人权日台湾活动多

* 上海研成 DNA 计算机

* 5000 自驾车春节游海南

* 中国将强化水务管理

* 逾六成大学生赞成试婚

* 穗飞车党春节猖獗

* 沪出现罂粟壳火锅

* 台官员抨击当局政策不稳定

强调"简"，不能忘记"明"。标题要让人看得明白。比如，有的标题作成"被

---

① 见2004年1月29日香港《文汇报》。
② 前4条选自2000年12月10日"美国之音"（VOA）网站新闻标题，后7条选自2004年1月29日香港《文汇报》网站新闻标题。

盗物品'回家过年'";"轻着点 别炸了";"季语窗外'有雨'"等，让读者看不懂。有时简化过度，还会造成意思不清楚。例如，标题"高速全封"①，指高速公路是全封闭式的，还是指高速公路全部被关闭了呢？再如，"独董表现令人失望 边缘化趋势露出诸多漏洞"（《上海证券报》网络版），用缩略语"独董"来代替上市公司独立董事，但"独董"和"边缘化趋势""漏洞"是什么关系呢？语焉不详。网络是语言创新的市场，但网络编辑在新闻标题中应慎重使用网络流行语、缩略语等，因为新闻报道话语应是中性客观的，对小众和时髦趣味要保持合理的距离。

2. 评价表达

编辑制作的标题中包含一定的评价表达。这种评价和一般的新闻评论有区别。它不是直接表达论断和看法，而是通过选择和排列等手段，引导读者更好地理解新闻事实。这一评价工作的前提，是全面和准确把握有关新闻的事实内容。

有时，首发某新闻的媒体标题已经给出了重点，网络编辑在转载或编改新闻时，是原样照搬还是另行调整呢？这需要具体分析。如《北京青年报》一则消息的标题："卫生部出台有关互联网管理办法（引题）/禁止网上看病（主题）"②。原题在报纸版面上按双层题排版，主题用大号黑体字强调，视觉效果突出。在网页上，编辑把标题改成单行题："禁止网上看病：卫生部出台管理办法"；用祈使语方式，来突出管理规定的变化。

网络新闻标题的评价，要特别注意客观中性的立脚点。用词尽量以"中国"代替"我国"，以"中国共产党"代替"我党"。这种用词的变换在互联网上并不是毫无意义的。传统大众传媒和它们的受众，在覆盖范围或地域阻隔方面有比较具体的接近性关系，彼此的了解和默契较多，但是在网上，用户的构成和类型变化较多，地理和社会距离遥远，这些都要适当考虑。所以，新闻编辑遣词用字应该尽量客观居中平实规范，甚至在传统新闻编辑可以稍许放松的地方，网络新闻编辑都不能懈怠。譬如标题"我提高军队部分高级专家待遇"③，就是一例。"我"，在一般情况下没有理解上的困难，但是境外华文读者在网上看到这条标题，就可能会对"我"的所指迟疑片刻。如果编辑把此题改为"中国提高军队高级专家待遇"，意思会更清楚，有助消除"对外传播"的障碍。

编辑在处理标题时，不但要注意新闻事实的精确传达，还要注意传播立场的公允和平和。"情人节黑玫瑰俏 老板心比玫瑰黑"一题④，在语气方面似可商榷。该标题

---

① 北方网，2001年1月7日。
② 《北京青年报》2001年1月12日。
③ 东方网，2001年2月14日。
④ http：//202.108.33.206/east/page.cgi？webid=&word=情人节黑玫瑰俏。

前半句陈述事实，后半句则直下定论，认定卖花老板赚了"黑心钱"。实际情况如何呢？这则新闻讲的是，罕见品种黑玫瑰在情人节时售价飙升，有的花店老板见机用黑墨水黑颜料把普通玫瑰花瓣染黑，冒充黑玫瑰高价出售。这里的问题是，有的卖花老板根据市场行情提高紧俏商品售价，有的商贩以假充真违法欺诈经营，这是两种不同性质的问题。这则标题把不同问题掺和在一起，容易误导读者。

3. 提示吸引

标题除了表意和评价之外，还要力求吸引读者的注意力，吸引他们点击和阅读新闻。新闻标题强化吸引力有如下几种做法：

一是点出新闻中的新奇事实，例如，"农民驾机穿桥洞"[1] 标题朴实无华，但新奇性很充分。农民弟兄能开飞机的不多，能驾机钻桥洞的更是闻所未闻，其中悬念足以抓住读者。

二是紧扣最新动态最新进展。例如2004年年初，亚洲禽流感似有逐步扩大蔓延之势，中国内地的情况备受关注。香港《大公报》2004年2月1日报道，中国内地禽流感疫情正在小范围内扩散，继湖北武穴市出现疫症后，该省鄂州市又发生疑似疫情；粤省潮安县也怀疑出现疫情[2]。"大公网"当日标题为"内地禽流感局部扩散"，点出这一新进展。英国调查凯利自杀案件的《赫顿报告》公布以后曾导致了BBC一系列重量级人物辞职。英国广播公司（BBC）理事会主席和总裁先后辞职之后，凯利事件主角之一的英国广播公司记者吉利根也宣布辞职。"大公网"相应报道以"赫顿报告冲击英伦越演越烈"为题。上述两条新闻的标题，都具有较强的跟进性和诱读性。

三是披露虽然听说但知之未详的细节或内幕。例如，"中澳曾达成协议：'神舟五号'若出意外可降澳洲"[3]。这条标题点出在"神舟五号"发射过程中不为人知的备急预案。

四是再现形象和气氛。2001年的1月1日，台北市民在新年元旦这一天争相乘坐贯穿市区的高架轻轨列车观赏节日街景。对这一条节庆新闻，台湾《明日报》标题："挤爆了！台北捷运系统运量'创世纪'"。该标题用词和口吻生动地反映了跨世纪之日城中节庆的热烈气氛和景象。吸引用户是传播活动的持续追求，但同时也要防止忽视专业品位与专业尊严。新闻编辑尤其需要警惕。时下传媒业界牟利庸俗氛围愈加浓重，新闻编辑正需坚守专业底线。

---

[1] 《北京晨报》2001年1月19日。

[2] http://www.takungpao.com/。

[3] http://news.eastday.com/eastday/news/news/node4938/node9567/userobject1ai51319.html。

五是适度点明编辑手法。一些新闻标题中常见"快讯：……"，"组图：……"，"［直播］……"，"……（图/简历）"，"搜狐视角：……"，"两会视频：……"，"高清：……"，"［国际］……"，"［聚焦］……"，"……（图）"等编辑术语。这类前后缀词通常标示和交代此条新闻的时新性、栏目归属、传播样态、资讯类别、多媒体形式、报道主题等信息，以吸引用户点击阅视。这种标题中的编排提示元素，全部是编辑添加上去的，属于技术性编辑处理，对读者的帮助也不可小觑。

4. 避免常识错误

新闻标题尤其要避免出现常识性错误！《扬子晚报》标题"前联合国秘书长加利受聘为南京大学名誉博士"[①]，就犯了这种不该出现的错误。人们知道，名誉博士学位是授予的，不是"聘"的。聘请某人担任某一职务，通常有聘约期限；而学位一经授予，终生拥有。常识性错误有各种类型，出现常识性错误的原因也是五花八门。杜绝这类错误，编辑只有靠学习、经验和责任心来把好关。

（三）标点、空格的应用

网络新闻标题中常见标点符号，如逗号、问号、惊叹号、引号、冒号以及空格等。标点符号在此除了发挥它们通常作用外，也有一些特殊功用。下面结合网络新闻标题使用较多的"冒号"和"空格"实例，分别举例说明。

1. "冒号"的几种用法

（1）起分隔和提示作用，在标题实践中比较常见。"冒号"前的部分是发言或动作的主体，"冒号"后面的部分介绍发言的内容或动作的情况。发言主体可以是人，可以是机构，也可以是其他。比如，"卫生部出台新规：移植器官需全国统一分配"（央视网）；"江苏：用人失察要追究责任"（千龙网）；"专家：艾滋病正在变成一种慢性病"（中国广播网）等。

（2）点出或强调报道中某一新闻要素。例如，"城市贫民：中国没有被遗忘的人群""毕淑敏：淡出文坛投身心理学？"这两题中"冒号"之前的部分，都是正文报道的主要内容。如果说前述第一种用法中，"冒号"前面的部分是"主格"单元，那么在这一类中，"冒号"前面的词语则处在"宾格"位置。再如，在"香港：40万佛指舍利瞻仰门票供不应求"一题中，"香港"是"冒号"后面新闻事件发生的地点，属于状语。编辑在此把地点专门提出，起到强调作用。"中青在线"网站的标题"江苏：举报热线开通首日电话不断"，也属此类。

（3）用在新闻机构名称、新闻报道体裁样式名称或者新闻栏目名称的后面，说明冒号后面的文章是谁刊播的，或是以何种新闻报道体裁、样式或通过哪个栏目刊播

---

① 《扬子晚报》，转引自 http：//www.sina.com.cn，2002 年 5 月 6 日。

的。例如,"光明日报:干部财产申报制度不能再拖"(光明网)、"新闻分析:对朝外交西方唱的是哪一出"(新华网)、"通讯:'红军街'七十年记忆变迁"(中新网)、"快讯:今年第一季度美国经济的增长率为4.4%"(新华网)、"焦点访谈:解开宁夏中医医院的奖金之谜"(人民网)、"组图:陕西周公庙遗址又有重大考古发现"(新华网)等。

(4)在标题中间起隔离作用。由"冒号"分割的前后两个部分,分别相当于传统报纸中的引题和主题或者主题和副题的关系。例如,"国内首笔水权交易:浙江义乌向东阳买水"(北方网)。前半部"国内首笔水权交易"是点出该新闻事件的特殊意义,但是看了这一部分,读者还不能完全理解说的是什么。只有看了后面的部分"浙江义乌向东阳买水",才会知晓事情的全貌和"冒号"前后两部分的关系。"上海大师赛三巨头登场:费德勒最火爆穆雷运气好"(中新社),"冒号"分隔的前后两部分,大致为主题和副题的关系。

2. "空格"的几种用法

(1)与"冒号"的第四种用法相近。如"教学赛连败　红金龙洋帅遭到质疑"(北方网)、"心系乒球一生难舍　张燮林'退职不退休'"(北方网)、"长期网上扮美眉　网虫出现心理障碍"(河南报业网)、"鲍威尔授意　美国台海智库低调访台"(台湾劲报),这些标题中的前半部分,点明新闻的意义,作用类似传统报纸标题中的虚题引题。

(2)将两个并列或相关的语句分隔开,构成单行排的双题,使标题容量增大,形式富于变化。例如,"罗姆尼偷袭奥巴马地盘　瞄准对手当年获胜县市"(国际在线)、"首次购房免征契税　不包括高档商品房"(人民网)、"北京将分类处理小产权房　在建在售立即叫停"(中国经济网)、"今最低12度　勿忘添衣"(《东方日报》)、"维吾尔族少女被拐张家口　边防警察相救回新疆"(新疆新闻网)、"年广久宣布退出江湖　傻子商标一分钱转让"(人民网)。在这些题例中,由"空格"分开的标题的前后两部分,分别表达了相对完整的意思,彼此分量平均相辅相成。

以上实例和分析不能概括穷尽所有网络标题问题和现象。标点及空格在网络新闻标题中的应用,还在不断演进和变化,需要继续观察研究。目前,有些网站新闻标题,用"逗号"替代"冒号"分隔标题,不过尚不普遍。"空格"在分隔两个语义单元时,通常比使用其他标点符号更中性、更自由,因为空格没有任何实义,"绝缘性"较好。在只能采用单行题、字数有限制的情况下,网上"单行双题"形式是不变中求变的标题法,有渐趋普及的苗头。

(四)社交媒体新闻标题

社交媒体在新闻传播中应用日益广泛,且种类样式很多。这里主要以微博和微信

新闻的标题使用情况为例，从专业新闻编辑和传播的角度来做一点观察和归纳。

当社交媒体作为新闻传播推广工具时，有时发布的只是一则加上链接的新闻标题。参见下例：

微博（或推特）发布新闻内容，也可完全不要标题。国内有这样使用的，但在国外则更常见，特别是正规新闻机构的官方微博或推特发传消息时。这种处理安排的原因之一是，微博和推特发布的内容已经是简要提示，与导语规模相近，用户可以一目了然，再添加标题的必要性有所减弱。参见 CNN 腾讯微博截图：

微博中用两个"#"号框起来的简短文字，是内容主题和话题的发起或参与的标志，如中国之声V：#历史上的今天#、新华社发布V：#搜索马航370航班#等。这种提示虽有告知作用，但并未涉及具体新闻事实，所以只能算"准标题"或"类标题"。社交媒体新闻的标题通常放在【】中。有时黑括号也替代双井号，作话题或类别短语的提示符号。还有双井号和黑括号联合使用的。如下图：

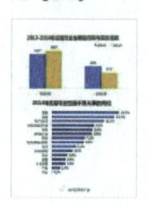

国内社交媒体新闻标题有的直接拷贝新闻源标题，有的做或增或减的编辑处理，也有完全自创重拟的。除了双井号和黑括号，空格和其他标点符号在微博新闻标题中的用法，与本章前面讨论的网络新闻标题的情况大同小异。

总体而言，微信中媒体订阅号在推送新闻时，其新闻标题与站点网页新闻标题差异不大，大多照搬新闻源标题，其标题方式与微博新闻发布基本类似，在此不做更多示析。与其他新闻传媒标题相比，微博新闻标题的实操规则比较自由随意，样式更为个性化、网络化和情绪化。此外，表情符号进入了微博标题，这是过去网络新闻标题所没有的。

表情符号是微博发布工具中自带的，很多微博将这些符号插入其新闻标题中，起到表达倾向、强化情绪、调剂味道的作用。这是传统网络新闻标题中原来没有的元素及用法。

网络流行语在微博新闻标题中也占有一席之地，增添了微博的趣味性，拉近了微博传受之间的距离。社交媒体重在交往和互动，而流行语代表着在知识、信息、价值观、趣味、时尚等方面的网上生活交集，自然成为了社交媒体传播过程中的润滑剂和美容品。

微博新闻标题的字数没有硬性限制；虽然不乏长题，但总的倾向还是简短。实义实题仍是主流选择。编辑拟制微博新闻标题时，需要关注的当下问题有：不用标题，往往也是不错的选择；照搬源标题虽然省事，但特色风采稍差；标题的情绪化表达需要控制分寸；迎合和贴近用户，不等于放弃专业品格。

（五）新闻提要

将吸引和导读的担子都压在单行新闻标题的肩上，有点压力过重。为了使传播过程更流畅平稳，编辑用新闻提要来辅助标题。新闻提要排在标题下面，用简短文字辅助和解说标题提示的内容。它的样态介乎标题和导语之间，但是通常比新闻导语更简练浓缩。在版面上，新闻提要和相关标题排在一起，提要的字号通常比标题字号略小。请看下面新闻提要实例[①]：

* 秘鲁可能再坐产毒头把交椅

  秘鲁有可能再次成为世界最大的可卡因生产国。对此，秘鲁表示极为担心。

[①] 新闻标题和实例来自 2001 年 2 月 18 日英国 BBC 中文网。引用时有删节。

* 美将对沉船事故做法庭调查

美国海军宣布，他们将就格林维尔号核潜艇撞沉日本渔船爱媛九一事展开法庭调查。

* 台塑拟投资大陆建石化厂

台湾的大企业公司台塑集团决定在中国大陆投资三亿美元兴建四座石化厂。

* 中国异见者求与奥委会对话

两名中国异见人士的家属发表公开信，要求国际奥委会委员到北京市考察期间和他们对话。

* "世界经济增长可能减慢"

七国工业集团的财政部长承认，今年世界经济增长可能减慢。但是他们说，许多工业发达国家仍然保持未来经济增长的基础。

* 英国公众对欧元拿不定主意

英国大多数选民说，他们对欧元了解不够，不能就英国是否加入欧洲单一货币做出合适的决定。

* 法国南部搁浅船只船民获救

一艘破旧货船在法国南部的圣拉斐尔镇附近搁浅。法国当局已经救起船上的732人。

* 美国考试中心起诉"新东方"

美国教育测试服务中心（ETS）在北京起诉有"出国考试培训中心"之称的北京新东方学校，指称该校涉嫌非法获得美国"研究生入学考试"（GRE）的题目。

* 专家警告：远离食盐

一项研究指出，即使对那些不属于高血压危险人群的人来说，高盐也是一种危险。

* 中国任命杨洁篪为驻美大使

中国国家主席江泽民周六任命与美国总统布什家族友好的杨洁篪为驻美国大使。有政治观察家指出，中国此举是希望与布什新政府改善关系。

* 中国计划大幅改革医疗保健

中国政府表示希望建立一套新医疗保健系统，为中国众多人口服务。

* 布什：美墨关系进入新时期

正在墨西哥做正式访问的美国总统布什与墨西哥总统福克斯表示，两国将就非法移民和毒品走私等问题展开最高层会谈。

* 三菱将召回100多万辆汽车

日本汽车制造公司三菱将召回100多万辆汽车进行修理，这是三菱公司在不到一年时间里第二次大规模召回产品。

* 轻微心脏病不宜服阿司匹林

最新研究表明用阿司匹林治疗轻微心脏病人可能有害。

* 印度向俄罗斯购买大批战车

印度同意向俄罗斯购买310辆俄国制造的T-90型战车，这笔合同是苏联解体以来，俄罗斯最大的军售案之一。

* 英国规定互联网收费新方法

英国电讯管理局要求英国电讯公司（BT）对使用网络服务的消费者收取统一价格之后，无限上网的收费标准有可能降低。

新闻提要应本着简练明晰的原则，适度补充说明标题无法囊括的内容。其作用细分起来大概有以下几种类项：

（1）平衡标题的传播倾向，细化标题的内容范围或者趣味分寸。比如，读者粗看标题"秘鲁可能再坐产毒头把交椅"时，或许会得出错误的印象，因为标题没有说明秘鲁对"再坐产毒头把交椅"报什么态度。新闻提要弥补了这个缺点，点明"秘鲁表示极为担心"。再如，有的标题比较"夸张"，如"中国异见者求与奥委会对话"。它的用词和口气都比较大也比较笼统。然而，细读新闻提要发觉，提要把标题的"夸张"架势拉回一点。

新闻提要可以微调标题表达的趣味分寸。例如，"英国公众对欧元拿不定主意"这条标题给读者的初步印象好像英国民众都懵懵懂懂。而提要解释说，英国人是对加入欧元的利弊取舍难下决断。

（2）扩展标题词义，补充相关内容。提要可以"还原"标题中的"缩略语"。例如，在"美将对沉船事故做法庭调查"的新闻提要中，"美"扩展为"美国海军"，"沉船事故"被扩展为"格林维尔号核潜艇撞沉日本渔船爱媛丸一事"。

新闻提要的补充，经常是增加一些类似"定语"的细化修饰成分。例如，标题"台塑拟投资大陆建石化厂"的意思已经很明确，提要把"台塑"还原为"台湾的大企业公司台塑集团"，再加上"三亿美元"和"四座"等信息，都属补充性内容。"中国任命杨洁篪为驻美大使"标题的提要中，特别加上"与美国总统布什家族友好"的定语，来说明杨洁篪的个人情况。一些知识性提示也可以起到很好的补充作用，如"即使对那些不属于高血压危险人群的人来说，高盐也是一种危险"，"用阿司匹林治疗轻微心脏病人可能有害"等。

（3）提供背景信息。背景是解读和判别信息的钥匙。标题"世界经济增长可能减慢"，用直接引语作标题，它的提要首先就交代这句话的"发言者"，是"七国工业集团的财政部长"；然后为该标题的沮丧表达，补上一句"工业发达国家仍然保持未来经济增长"的话。像"这是三菱公司在不到一年时间里第二次大规模召回产品"，"这笔合同是苏联解体以来，俄罗斯最大的军售案之一"等提要内容，都是重要的背景，将它们放到新闻提要中，可以显现有关新闻的价值。

撰写新闻提要在许多方面与导语写作十分相近，首先需要"提炼"。网络新闻编辑需要把握新闻全篇，做好提炼、挑选和概括等工作。提要的文词必须简洁明了。下列原则可以参考：

（1）首先确定提要和标题、导语三者之间的分工承担任务，然后再斟酌具体措辞。新闻提要与标题、导语的传播目的是一致的，但彼此有主次和分工。标题和提要在传播次序上有前后上下之别；在内容上，后者是前者的补充和支撑。提要和导语接近，但通常比导语更简单。

（2）做细化和补充时，要有取舍有侧重，择要而言，不可面面俱到。

（3）可补充交代标题中缺少的新闻"W"元素。

（4）通常省略时间，因为"现在时"应该是新闻当然的"缺省"时态。

新闻标题+提要的呈现方式在境外著名英文新闻网站中比较常用。英国BBC中文网也专门开辟了"标题+提要"的"简要新闻"栏目。下面是《纽约时报》新闻标题及提要实例，可供参考[①]。

NATIONAL

Cardinal Law Wins a Delay in Release of New Transcripts

A judge ruled that transcripts of the deposition of Cardinal Bernard F. Law could not be released until the cardinal had a chance to review and amend the transcripts.

Former F. B. I. Agent Gets Life in Prison for Years as a Spy

Robert Hanssen was sentenced to life in prison for spying for Moscow during and after the cold war.

DNA Tests Show Girl's Body Is Not That of Miami Child

DNA tests have ruled out a match between a slain girl known as Precious Doe and a missing 5-year-old, Kansas City police said.

INTERNATIONAL

In Church of Nativity, the Refuse of a Siege

A tour of the Church of the Nativity on Friday revealed that the building was undamaged, but in need of a major cleanup, after 39 days under siege.

Not Only in America: Gun Killings Shake the Europeans

The assassination of the Dutch politician Pim Fortuyn and a series of mass shootings have shaken the European notion that such incidents happen only in America.

BUSINESS

Summer Fliers Likely to Face Endurance Test at the Airport

A confluence of factors this vacation season could test air passengers'patience in ways they have never experienced.

---

① 资料来源：美国《纽约时报》2002年5月11日电子邮箱版新闻。本书引用时有删减。

Energy Trader Cancels Deal; Shares Tumble

Reliant Resources, a big independent power producer and trader, canceled a $500 million bond sale amid questions about whether all of its trades are real.

TECHNOLOGY

Family Armed With Chip in Medical First

A family became the first to be implanted with tiny computer chips that researchers hope will someday enable emergency rooms to obtain medical information on patients more easily.

Possibility of Big Spinoff Seen at Sony

Sony said that its entertainment businesses were worth $14 billion to $19 billion, prompting speculation that the company planned to sell stock in them.

POLITICS

Army Liaison Who Lobbied Congress for Weapon Resigns

The Army accepted the resignation of a midlevel official who aggressively lobbied Congress to support an $11 billion artillery system.

Officials to Speed Start of New Student Visa Tracking System

Bush administration officials said they were hastening the start-up of a vast computerized system for tracking foreign students.

SPORTS

Nets Plan for Playing Without Kidd

The status of Jason Kidd, who has a swollen eye from a collision in Game 3, is in question for Game 4.

Bryant Leads Lakers Down the Stretch

Kobe Bryant scored 31 points to power the Lakers over San Antonio, 99-89.

ARTS

A Man Who Would Shake Up Science

Stephen Wolfram is finally publishing his masterwork, "A New Kind of Science," and his claims surpass the most extravagant speculation.

Met Is Ready if Pavarotti Isn't

With Luciano Pavarotti still undecided about what might be his last Metropolitan Opera performance, the Met on Friday flew a young replacement from Milan to New York.

"谷歌新闻"中文版给"焦点新闻"（实时头条）及"国际/港台""内地""财经""娱乐""科技""体育"等新闻头条配上内容提要。"谷歌新闻"的排列和呈现依靠电脑程序自动抓取生成，其新闻提要的完整性和编辑程度，受到一些影响。内地网络新闻服务长期采用单一行新闻标题页，较少使用"新闻提要"形式。近年来，一些中央重点网站开始给新闻头条或前3~5条要闻配上新闻提示，但处理做法仍然比较

粗放。目前，国内网络新闻信息供应正走向数量上的超级膨胀，在此情景下，突出精确精细的提要服务会越来越有吸引力。

（六）标题阵列编排

众多新闻标题排列在一起，就形成标题板块或阵列式编排。它们的排列次序和呈现方式主要有两种：一是按上网发布时间的先后，自上而下排列，可由电脑程序自动处理。一是按照新闻的重要性排列，最重要的新闻排在最上端，其余的按照重要性递减次序自上而下排列，这种排列通常需要新闻编辑手工操作定期更新。

按照上网时间先后来排列新闻标题，简单易行，但是人们关注和使用新闻的程度，并不绝对依从新闻发生或报道的时间次序。换言之，最新的新闻不见得是最重要的，或者是人们最关心、最希望首先阅看的新闻。于是，按照新闻的重要性和影响度来排列和展示新闻标题，就有意义了。传统报纸上的头版头条，电台或电视台的头条播报等，都按照重要性排位。

标题板块编排原则

排列整齐的新闻标题板块在网站主页或重要栏目推介界面上出现，都须经新闻编辑的手工处理，集中体现了网络传播主体的编辑方针和传播意图。在网络上，当一条标题的优劣可能直接决定该新闻的阅读命运时，新闻首页的要闻标题板块质量很可能就决定了整个网站的新闻访问量。

网络编辑在处理站点首页或新闻主页上的新闻标题板块时，需要注意两个要点：一是分类，一是节奏。分类要点指在阵列板块内部，标题要注意二次分组分类。下例新浪网新闻中心2012年10月15日［要闻］板块中，第一分隔区是"今日头条"，第二分隔区是"今日要闻"，第三、四区分别是"国内"和"国际"，第五区是"财经、科技、体育、文教、娱乐新闻"。各分隔区内"同类项"集中，同类新闻再按照重要性优先次序自上而下排列。这就是标题板块编排，也是网络新闻编辑的专业能力的体现。

在上面的新浪要闻板块中，"今日头条"和"今日要闻"的标题群，都添加了相关标题、视频和图片报道等内容，这些都是"强势处理"的手法。板块内标题总条数不能太多，一般十几条到二十多条；每一分隔区内的标题数大约在5~8条左右，最重要的标题趋前排，一般性的可以稍押后。

所谓"节奏"要点指板块内的标题排列搭配要有逻辑性和节奏感。前述的"分组"和"分隔区"处理，也包含逻辑和节奏考虑。标题排列的节奏考量是从电台电视台新闻播报中借鉴来的。在半小时或一小时内顺时序播出的广播、电视新闻之间，总有一种前后、轻重、起伏的内在联系和结构关系。新闻传播讲究重要性。重要新闻排在前面、上面或者最突出的位置上。然而，重要性又可以从不同的立场和视角来定义和处理。如果将重要性等同于政治地位，那么凡是高层领导人及其活动的新闻标题，都须排在最前面最顶端（见右图）。如果重要性意味"国内"优先，那么国际新闻即使再重要，也要排在国内新闻后面。如果重要性指突发性意外性，那么一些不太重大的突发事故或者灾祸消息，也可排到事关全局的重大时政新闻之前。不同的重要性优先，在不同的传媒、不同的编辑那里，甚至在不同的时间条件下，都可能有不同的强调，出现不同的编排组合结果。重要性固然是关键元素，但同时也需要综合考虑兼顾其他情况。

网络编辑要把新闻标题板块当作一个整体来看待，注意调剂标题之间的强弱搭配和疾缓节奏，不应一强到底或者毫无张力。在标题排序中，也应照顾可读性和轻松性因素，避免板块中的所有新闻标题都是硬消息，造成用户心理上的紧张压抑。整体新闻标题板块的排列模式可以是：排在首位的头条具有最强的冲击力和吸引力；排在其后的2~3条要闻，要保持一定张力，但不宜以分量"渐强"的大力度进行。处于板块中间位置的标题蕴含的内容强度不易很大，但应保持一定的悬念张力，以便尽量黏住用户。再接下来的标题，应该与用户的

[要闻]　　　　　　　北京时间：2012.10.15 周一

西哈努克在北京逝世 图集：传奇一生
[终年90岁 柬国王与首相将赴京迎回遗体 将以传统方式安葬 专题]
[接待刘少奇西哈努克亲自当司机 生平：创作多首颂中柬友好歌曲]
[生前影像：亲自唱自创歌曲《怀念中国》《我亲爱的中国》]
[周恩来1971年设宴招待西哈努克 柬庆祝西哈努克90寿辰现场]

· 中方抗议加纳军警枪杀中国公民要求严惩
· 四川劫持者被催泪弹逼下车遭击毙 曾要吸毒工具
　[女人质曾与劫匪同居生子 警方击毙嫌犯全程 开枪画面]
· 媒体称舰载机在我国首艘航母多次触舰复飞 高清图
· 莫言接受央视采访被追问幸福吗 回答称不知道

· 黑龙江集贤自来水公司4层办公楼坍塌 疑有人被埋 滚动
· 人民日报：宁夏黄河大桥撤销收费站后封路系乱作为
· 郑州黄河大桥结束收费后河南交通厅研究补偿经营方
· 杭州称烟花事故系操控问题：事发前已有小意外
· 公务员考试恶意报名5年不得报考 弃面试将入诚信档案
· 部分乡村医生因医改收入锐减选择改行
· 报告称半数应届生预期月薪不超4千元
· 较强冷空气影响我国大部局地降温12℃ 查天气
· **喜迎十八大** 党在百姓心中 人民日报谈司法改革 励志

· 野田出席自卫队阅服式：准备迎接各种可能事态 专题
　[日外相称见美副国务卿 再称钓鱼岛无主权问题 日美频繁军演]
· 冒险家自接近3.9万米太空边缘超音速跳伞 高清图
· 罗姆尼抨击中国是"骗子"抢美国人就业岗位 专题

· 北京郊区斗狗赌博现场暗访：两狗搏命通体鳞伤(组图)
· 重庆教师为500元当网络水军合成发布官员艳照
· 记者采访遭捧相机强行拖离 现场警察未施救
· 陕西1名警察参与绑架勒索162万仍撕票
· 上海大师杯—小德逆转穆雷夺冠 NBA中国赛上海站热火负
· 9月CPI同比增幅再次回落至1.9% PPI创35个月新低
· 日系车占全球问题车八成 召回频繁损害品牌形象

· 大片 独家《I AM》搜索 新白发魔女　　　更多要闻>

关切、态度和生活状态有比较密切的贴近度。而排在板块下部或从属位置上的标题，应该比较有特色，有比较浓厚的知识性、趣味性、新奇性或人情味。整个浏览标题板块的过程，用户应从充满期待的高度关注开始，几经起伏和转折，最后以轻松平和的心态退出或结束。这样的过程就是充满节奏感的传受互动过程。

下例"国内要闻"标题板块（"华声报"网站，1999年9月10日）在处理安排时，注意了重要性元素，有意识地按照由"宏"到"微"、由"硬"向"软"的内容行进、变化和搭配，顺势导引用户阅读的专注度。自然，这种编排之道和操作技巧并没有固定的模板，要靠经验尝试和不断总结。这里想提醒编辑注意，凡要提供容量限定的"新闻标题套餐"时，精心的搭配和编排，是不可忽略的要点，而大的标题板块

又往往由较小的板块组合而成。

* 中美入世贸会谈获进展
* 对台军事行动进入第二阶段
* 违规经营不思悔改：保监会撤销怡和保险北京代表处
* 内地外汇管理坚持三不变原则
* 人民币新百元券十月全国发行
* 中国建罪犯 DNA 数据库
* 涉嫌五亿港币诈骗：香港廉署拘扣艺员陈奕诗
* 广东武警全面查处假武警假军车
* 台北将建慰安妇纪念馆
* 万块辽金石经板重返地下永久保存
* 上海月饼工场苍蝇蟑螂出没

国内网络传播首页新闻标题板块呈现各有特色，有些编排也尝试突破陈规旧套，种种探索都有其价值，值得期待和品味。下图是中国新闻网（2012 年 10 月 12 日）首页要闻标题推介板块实例（左侧栏）。要闻标题板块中，四条大号加黑字显示的标题，从内容来看，是当日要闻。它们分别穿插分隔标题阵列，起到分组和版面装饰作用。每个小板块内的标题，从内容和次序来看，都没有明显的分类规律；它们之间在不同类别或软硬类型之间"随机"转换，令用户的扫描和阅读经常处于跳越和刺激状态中。这是否是网络新闻标题呈现的新尝试新样式值得继续观察和琢磨。总之，编排探索、尝试和改进的领域和空间还相当广阔。

最后，时下国内标题处理中有一种"流行"现象值得提醒注意：有时用户点击位居显要和突出位置的新闻标题后，并不直接跳转出相关正文内容，而是进入另一子标题阵列界面；这种跳转有时需要经过"二级跳"甚或"三级跳"，才能抵达"目的地"。这种做法在十年前网络初兴之时普遍流行，目的是多赚点击次数，刷高网站访问量数据。现在这种做法则带有较多营销成分或目的，想把用户"拖粘"在自己的产品或服务站点上。这种做法或设计多少带有"强拉硬拽"的味道，对用户的接受心理是一种调戏。国外严肃认真的新闻媒体机构的网络新闻服务，极少见有这样做的。

二、新闻文稿编改

网络新闻编辑面对的稿件一般有两种大类：一类是本机构人员自己采制的，包括所有自有原创报道。另一类也是数量更大的一类，来自网上下载或其他渠道的转发内容。编辑时时阅看、挑选、编删和加工处理各种稿件，最后把加工处理好的稿件发给上级编辑主管，或者直接上网发布出去。

国外正规新闻媒体机构主要把自己采编的新闻内容放到网上，很少大范围、大数量地转载其他传媒的新闻。换言之，多数国外正规媒体的网络运行，在本质上都是"网络版"模式。相反，不论国内主流传统媒体所办的综合性网站，还是在国内登记注册的商业公司所办的门户网站，在新闻传播业务中都尽可能多地汇集、转播转发众家新闻资源为基本追求。它们通过购买或交换方式，获取大量新闻"成品"，然后经过加工编改后，发表在自己的站点平台上。在追求数量规模和访问量的压力下，网络新闻编辑需要时刻保持敏锐的辨析筛选新闻和核实事实的能力，以及加工剪裁修改稿件的能力，工作负担格外繁重。

（一）审阅全篇

新闻正文通常由导语、主体和结尾组成，它们各有作用。新闻记者在采访之前、采访中间和采访之后，始终萦绕思考的问题是：此新闻的核心内容应是什么，如何准确恰当地表达？新闻编辑对新闻稿的整篇阅读、判析和把握，是所有后续编辑判断和处理的前提。领会和把握新闻全篇，首先要发现并抓住稿件中的核心性内容。请看下面的实例[1]：

×××六盘水5月12日电　28016次列车今天上午9时45分缓缓驶出贵州六盘水车站，西南地区人民期盼已久的内昆（内江—昆明）铁路全线开通运营。中共中央政治局常委、国务院总理朱镕基对内昆铁路开通作出重要批示。朱镕基的批

---

[1] 江泓、张福纯：《内昆铁路全线开通运营　朱镕基总理作出重要批示》，http：//news.xinhuanet.com/newscenter/2002-05/12/content_ 389306.htm。

示是:"内昆铁路建设,条件困难,工程艰巨,四年完成,实属不易,铁路职工厥功至伟,尤其对促进云南经济、社会发展,帮助民族地区脱贫致富,作用巨大。敬表祝贺。"

中共中央政治局委员、国务院副总理吴邦国也作了批示:"内昆铁路的建成开通,对完善西南地区路网结构,促进西南地区经济发展和社会进步具有重要意义,广大建设者在地势险峻、地质复杂、工程艰巨的情况下,克服困难,艰苦奋战,实现了四年建成开通运营的目标,向全体参建职工表示祝贺和感谢。希望你们再接再厉、加强运营管理,提供优质服务,保证安全运输,为实施西部大开发战略和促进国民经济发展再立新功。"

修建内昆铁路是党中央和国务院的重大决策。这条铁路北起四川内江,南到云南昆明,北接成渝铁路,连通襄渝、成昆、宝成等铁路,南接贵昆、水柏铁路,连通湘黔、南昆铁路,是沟通云、贵、川、渝三省一市的又一条主要干线,成为西南地区南下出海的便捷通道。内昆铁路的建成对改善沿线交通状况,完善西南路网布局,实施西部大开发战略,促进西南地区经济和社会发展,加快沿线人民脱贫致富,增进民族团结具有重要意义。

据了解,内昆铁路全长872公里,其中北段四川内江至安边、南段梅花山至昆明于20世纪60年代建成。这次新修建的中段起点为云南水富站,终点为贵州梅花山站,全长358公里,途经四川、云南、贵州三省的宜宾、昭通、毕节、六盘水等四地市的10个县。同时,宜宾至水富段进行了电气化改造,扩建了六盘水铁路枢纽。

据介绍,这条铁路从四川盆地攀至云贵高原,山高谷深,地质复杂,气候多变,工程浩大,任务艰巨,仅新建隧道达148.86公里、桥梁41.8公里,桥隧总长占线路总长的53.9%。新建线路一次实现电气化,设计最大区段货流量密度为每年1400万吨,客车每日8对,总投资为120亿元,1998年6月开始兴建,2001年9月全线铺通。

上例消息是正规媒体发布的,内容和风格都四平八稳,具有一定的典型性。阅稿后,新闻编辑头脑中直接跳出的问题可以有下面几点:

一是为什么从六盘水开出的这趟列车标志着内昆铁路全线贯通呢?六盘水站是起始站点,还是全线完工的最后一个站点?全文没有给出相关解释。这条消息如果交代说,"六盘水至某某段的铺轨完成,某日某时某次列车驶出六盘水车站,标志着建设四年之久的内昆铁路全线通车",那么读者可以看得懂。现在这样,似乎缺少了必要的背景交代。

二是该消息重点介绍国家领导人对全线开通的批示,这个点的处理是否篇幅过多呢？新闻报道对领导批示的处理，需要具体分析，不应不加区别地都做详细报道，更不需大段直接引述。

三是报道称内昆铁路难修，却很少介绍为什么难修还要修，以及该路建成对当地区域经济和生活的直接关系和具体情况，如当地经济交通现状、铁路对区域物资和人员流转情况的改善等，以便解说为什么当地民众对之"企盼已久"。

四是此消息写作基本没有跳出官式新闻稿的窠臼，未见到能证明记者身处现场或随车沿线观察的目击描写细节。这类写作很多靠新闻发布会材料或公关新闻稿编改成篇，属于二三手新闻。网络编辑在日常审阅和处理稿件时要有辨识力。

新闻编辑阅稿，还应注意观察稿件中新闻元素是否具备，有时最重要的信息并没有放入导语中，编辑要有"淘金"能力。请看下例：

> ×××北京4月29日电 外交部发言人孔泉今天在这里表示，日方将于近日对东海沉船进行水下调查，中方将根据国际法和国内有关法规，对日方的调查活动予以监管。
>
> 发言人表示，东海沉船位于中国专属经济区内，中方根据《联合国海洋法公约》以及相关国内法规，对该海域拥有主权权利和管辖权。为此，中日双方就这一问题进行了多轮磋商。日方承认中国根据《联合国海洋法公约》对本国专属经济区拥有主权权利和管辖权，并派遣工作组专门来华，就中方关切的一系列问题作出了说明和解释。日方还向中方提交了水下调查作业方案，依据海洋法和中国相关国内法，履行了必要程序，并承诺采取有效措施确保不对海洋环境造成污染，向中方通报水下调查作业情况和结果。鉴此，中方决定对日方此次水下调查不持异议。

这则消息的导语粗看没有太大问题。通读全篇发现，该新闻中最重要的内容是，"中方决定对日方此次水下调查不持异议"。换句话说，就是中方有条件、有保留地同意日方在中国东海区域进行水下沉船调查作业。这一重要信息本应直接写进导语，而不是放在消息的结尾部分。不但如此，消息还应该对"有条件的同意"或"予以监管"的细节所指作出说明。上则消息写作的毛病是：一没有抓住重点，二没用平易语言把重要内容说清楚。外交部发言人的表达和用语属"外交辞令"，有时还故意绕弯子搞"语词游戏"。新闻报道虽然可以直接引用"套话"，但是绝不应照搬发言人的表达框架或思维方式，以"外交文体"报道新闻。如果那样做，新闻就偏离了本行，站错了角色位置。

一条有质量的新闻，不仅要紧紧围绕核心内容，还要有恰当准确的表达；不仅基本意思要准确，分量和力度也需适当。例如，中国和越南两国于2004年6月3日上午在跨越界河的北仑大桥上举行仪式，宣示联手打击跨国拐卖妇女儿童犯罪活动的决心。此次行动是中越两国在预防和打击跨国拐卖妇女儿童方面首次正式合作[①]。这条新闻的导语只说"中国、越南有关方面在位于广西东兴和越南芒街之间的北仑大桥上举行了一个特殊的跨国仪式，呼吁全社会共同关注和反对拐卖妇女儿童的行为"。这有点概括不全。因为该新闻的核心内容不但包括双方采取共同行动，还包括双方在这个特定领域第一次正式合作的价值及情况。导语应该围绕这两点来设计。总之，编辑在阅读新闻稿的同时，也在分辨和掂量文中的新闻元素，并不断地生发出种种思考和追问，检核相关重要内容是否都已包括并被准确地表达出来了。在审读新闻稿件时，编辑常边读边在自己头脑中实时提炼拟写导语，并与眼前文稿的处理思路进行比对。

(二) 斟酌导语

导语是新闻的核心锁钥。一篇新闻报道构思和最先落笔成句，都始自新闻导语。搞定导语，新闻标题的提炼和全篇正文的展开，就会比较顺畅。编辑眼前的新闻稿虽有导语，但它未见得是最合适最精当的。编辑如果发现导语不理想，时间和材料又允许，他们可以自己动手修改。新闻导语写作在本质上强调直指主题，它的基本类型有：

直述式。这种导语最常见最常用。它把消息中最主要、最新鲜的事实，简单直接地概括表达出来。例如，新华社（2003年8月31日）这条导语："第三届中国新闻名专栏评选31日揭晓，38个新闻专栏荣获中国新闻名专栏称号。"直述式导语很适应网络传播。刚刚上手、经验不多、把握不大的编辑，在处理稿件时，可以先从这种类型入手。这种类型的导语可能没有什么特别的光彩，但它非常实用。

渲染式。这种导语通常先进行概括性陈述营造背景气氛，然后再报道最新动态事实。例如《北京晚报》（2003年12月23日）的这条导语：

> 北京2008年奥运会的主题就是"绿色奥运"，北京作为首都，环保问题越来越受到关注。为了减少行驶车辆造成的污染，为了提高北京行驶车辆的环保性，北京市政府从2000年开始逐步加强北京地区汽车环保要求，逐步淘汰老旧车型。北京市政府部门工作单位有计划有措施的逐步淘汰政府所用的"环保未达标"车辆。2003年年底开始淘汰未达到欧洲一号排放标准的车辆，以后随着车辆环保排放要求越来越严格，淘汰车辆逐步进行，确保政府部门用车环保要求。政府计划在两到三年时间内完成5000余辆政府用车的更新，为北京的绿色奥运带好头。

---

① 新华网，2004年6月4日。

在这一大段中，具体的动态新闻事实放到了后面，突出的是北京对"绿色奥运"的态度和落实。这样的导语叙事，从大到小、从虚到实，有一个变化过程；缺点是读者触及实质性新闻事实的过程稍显长。上例消息的导语段偏长，也非佳作，在此只是当个样例。

与渲染式导语类似的还有点题式、故事式、比兴式等。它们大都以不同的方式由"外"及"内"、由"表"及"里"地开头，然后再把最新鲜、最重要的新闻内容托出。这类做法的得失利弊需要根据具体情况来分析判断。这类导语掌握起来有点难度，编辑可以通过大量阅读导语和消息来慢慢揣摩体会。

设问式。这种导语先提出问题摆出疑惑，引起注意和兴趣，让接下来的阅读充满悬念。"一架飞机能从宽仅 14.62 米的巴黎市中心的凯旋门门洞飞过吗？巴黎的英雄们正在做着他们的试验。"[①] 在这则实例中，读者先被问住了，而"巴黎的英雄们"究竟是谁，也颇费猜想。此时，读者就很想接着往下读，找出答案。再看《新闻晨报》（2004 年 6 月 11 日）的实例："尽管昨天放映的影片《美丽上海》将现场不少女记者弄得'一把鼻涕一把泪'，但是擦干眼泪后，她们仍然质问导演彭小莲：你觉得王祖贤演得像上海人吗？为什么一定要找个港台演员来演上海人呢？"设问式导语用在这里，自然独特。设问式导语的优点是能制造悬念，但一旦用得不好，就可能弄巧成拙。

引语式。直接引语用作导语是传统媒介常见的样式之一。在网络环境中使用，需要多加小心。这里有几点特别值得提出。首先，所用引语一定是加引号的、严格的直接引语，转述的间接引语已经等于改编，不属于这里讨论的问题。其次，所用引语应尽量挑选"点睛"语句，起到一语胜千言之效。再次，所用引语应该明了易懂。最后，引语式导语不宜频繁使用。

修改导语有时就是重新撰写。在下笔时，各种导语类型都可以纳入考虑范围。具体采取何种类型或样式的导语并不重要，最重要的是符合具体情况和报道需要。在构思和改写过程中，经验不多的编辑新手可以从拟写直陈叙述式导语入手，然后再进行加工、调换和推敲。

一些新闻采写教科书还提到"评论式"导语。对这种样式，业界存在不同的看法。按照行业惯例，新闻报道中不应该直接出现执笔记者的主观评论和判断，但在实践中这种情况也常有出现。一般来说，记者的主观评论进入新闻事实报道的冲动应该抑制，因为这会影响事实传播的客观质量，也是专业服务水平不高的表现之一。《深圳晚报》（2003 年 12 月 14 日）导语：

---

① 徐国源、江浦编著：《新闻采访与写作》，苏州大学出版社，2002 年版，第 215 页。

本报讯 昨天，出席中国晚报峰会的15家著名晚报的社长、总编辑和中国晚协领导聚会鹏城，围绕"媒体资本运作和跨地区合作"主题，开展深入的交流，思想火花闪耀，充满创新精神，经验十分宝贵，充分显示中国实力型晚报具有无限的生机和活力。

这则导语的开始部分属于客观介绍，后面则是夸张的自我宣扬，不像出自合格的专业新闻工作者之手。

编辑阅审或编改新闻导语时，有若干经验性技巧可供参考：

（1）抓住和突出最主要的内容，不可主次不分，把一堆信息都塞进导语；

（2）遣词用语要直接准确，不要抽象含混，拖沓啰唆；

（3）可强调内容、结果、状态、意义或特点等任何要素，不纠缠过程或次要枝节；

（4）注意信息来源的可靠性，对内容信息尽可能做多方核对，不轻易主观认可或否定离奇的、或者看似合理或者不合理的内容；

（5）要有批判意识，不要不加辨析就接受新闻稿件内提供的内容和结论；

（6）要把事情和问题讲清楚说明白，不要把自己都没有搞懂的，或者和目标受众关系不大的内容或信息甩给读者；

（7）要注意客观、公允和平衡，不直接进行主观评论；

（8）审核语言的表达，杜绝出现常识、逻辑或用语上的错误；

（9）导语力求短些，短些，再短些。

（三）主体内容编改

有了导语以后，新闻主体主要是展开、支持、说明和补充导语中已经点明的新闻要点或者新闻主线。前述导语写作编辑原则，在这里也有适用性。新闻主体内容的展开方式通常有三种：

一是按照事件发生的时间顺序进行叙述。事件性新闻的报道主体经常采用这种叙事方式。这也是比较容易上手的一种叙事思路。只要按照事件的发生过程，文从字顺地把事情写清楚，就基本达到了目的。比如打工者春节前返家的报道，就可以采取跟随式观察采访记录方式，从购买火车票登上火车开始，一路旅途情况，抵达目的城市，再转换长途汽车，到抵达家乡见到家人等，进行顺序描写和叙述。体育赛况报道也经常采用顺时序叙事方式。如2014年索契冬奥会中国短道速滑选手李坚柔夺得金牌的新闻，其主体段落就从发令枪响选手起跑写起，然后依次说到对手中途接连冲出跑道或摔倒失误的情况，李坚柔抓住机会冲过终点，夺得金牌。[①]《人民日报》通讯

---

① http：//sports.people.com.cn/n/2014/0213/c369637-24353744.html。

"三名警察生命中的四十分钟"的叙事思路也属此类①。

顺时序叙事方法不难理解,在网络新闻中,许多"现场播报"都可采用这种方式。采用倒金字塔结构的新闻,在展开主体内容时,也经常按照时间顺序展开新闻事件的演进过程。

二是依照逻辑关系或重要性原则来展开新闻主体内容,叙事方式可以是顺序的,更多的是"非线性"的,还可以按照主次、因果等关系来排列事实。最常见的,是按照分解或归纳的方式来组织和处理事实信息;这在以问题为核心的新闻报道中经常出现。例如"市审计局向市人大常委会汇报审计结果 财政拨款资金闲置不少"一文的新闻主体部分如下②:

> 从去年 7 月至今年 6 月,市审计部门主要审计了财政局预算管理和组织预算收支情况、市政府 20 个部门决算草案情况、29 个重点建设项目以及教育、科技、农业、结构调整等 12 项重点专项资金(基金)的使用情况等。
>
> 在对重点建设项目的审计中发现,……
>
> 在对重点专项资金(基金)的审计中,审计部门发现了若干问题。首先是部分结构调整资金使用效益不高的问题。……
>
> 其次,审计部门在对中小企业、高新企业、高科技融资担保金的审计中发现,……
>
> 第三,审计部门审计了 2001 年收到市财政拨付的污染扰民企业搬迁专项资金的 37 个企业,发现……

三是将前两种方式混搭,将时序线索和逻辑关系结合起来,组织内容和表达。这种类型的样式不拘一格,没有标准定势;大多用于比较复杂和报道容量大的新闻播报。

新闻播报不管采用哪种方式来呈现结构内容,都需要有清晰的逻辑主线。编辑在审阅或者改编稿件时,也需要对表达内容的逻辑主线进行审视,看其是否合理和顺畅。请看对下面实例的分析③:

---

① 《人民日报》(2003 年 2 月 6 日)。此例并非范例,只在提供按照时间顺序叙事的大抵路数。该文中一些用词用语也有再斟酌之处,如被追捕者被称为"窃贼""歹徒"等,都属司法审判前的提前罪定。报道中对此类人的规范用词应是"犯罪嫌疑人"。

② 《京华时报》(2003 年 7 月 18 日)。

③ 中国新闻网(2004 年 6 月 11 日)。

【标题】纽约工地事故中死伤华工的身份已经确定

【导语】中新网 6 月 11 日电　据《美国侨报》报道，针对艾姆赫斯特发生的工伤事故，纽约皇后区地区检察官的发言人 9 日说，事故原因正在调查之中，蔡姓业主一旦确定有罪，将遭检察官起诉。

【背景】这起恶性事故发生在 6 月 7 日中午，纽约皇后区艾姆赫斯特一处建筑工地出现墙壁倒塌，导致一名华人男子死亡，两名华人男子受伤。

【主体：交代来龙去脉】据了解，死者是在一家中文报纸上看到一天工钱 70 美元的招工广告后，给工头打了电话，然后就过去干活了。施工期间没有任何安全保证措施，于是发生悲剧。

【主体：介绍受害者详情】在此起事故中罹难的男子为 44 岁的上海籍华人沈建国，受伤的两名华人，一位是 38 岁的吴贤进（音译），伤势轻微已经出院；另一位是来自福州 32 岁的陈天兴（音译），仍留院观察。

【主体：交代嫌疑责任人情况】此案中的关键人物即施工监工蔡永发（音译），是美国恒泰公司的负责人。他在事发后没有露面。有报道说他在过去的七年间在纽约皇后区买了至少三栋物业，此外在曼哈顿也购有一栋。纽约皇后区地区检察官的发言人称，如果有关部门证明蔡永发违法，他将遭到检察官起诉。

这则消息的导语开头就点出事件的最新进展，说明调查正在进行，嫌疑责任人如果确定有罪，将被起诉。在新闻导语和主体之间插入一个简要的背景交代，帮助原本不知道这一事故的读者能够看得懂。然后，新闻进入主体部分，先说事情来龙去脉，再介绍事故受害人的具体情况，最后交代嫌疑责任人的时下情况。整个叙事脉络和逻辑清楚明了。

新闻报道需要清楚明白。新闻编辑有时候会发现本机构自采稿件或转发其他媒体来稿中，有完全看不懂弄不明白的地方，甚至存在严重的常识或逻辑错误。这些"地雷"很可能是新闻采访或写稿环节埋下的，是记者编辑没有认真动脑筋核实确证事实的结果。请看下例[①]：

【标题】卫生部公布消毒管理办法

【导语】新华社北京 5 月 14 日电　医疗卫生机构使用的进入人体组织或无菌器官的医疗用品必须达到灭菌要求；各种注射、穿刺、采血器具应当一人一用一

---

① 新华网（2002 年 5 月 14 日）。

灭菌；凡接触皮肤、黏膜的器械和用品必须达到消毒要求。如果医疗卫生机构违反这一规定，县级以上地方卫生行政部门将责令其限期改正，并可处以5000元以下罚款；造成感染性疾病暴发的，可处5000元以上2万元以下罚款。

这是卫生部公布并将于7月1日起实施的《消毒管理办法》做出的规定。

读了这条消息，人们不禁心头一惊，难道我们国家从来没有相关的医疗用品灭菌消毒的要求和管理规定吗？难道此前所有的这类医疗用品在使用时都没有经过严格的灭菌处理吗？显然，事情搞拧了。这条消息的问题是，写作者没有把新的管理规定和现实运行情况做一番对照，只是简单地把有关机构发布的新规做了技术性处理，变成了新闻样态。结果，这则报道传递出的讯息，就显得十分荒唐。此外，根据这条消息的内容，即使有的医疗卫生机构完全忽视医疗用具的消毒处理，还可以限期"改正"，就算被罚款，也不过区区5000元人民币。如此说来，民众的医疗安全和健康保证从何谈起呢？这类糊涂新闻报道在当下并非个别。有些新闻报道之离谱荒诞，比相声或小品段子还要搞笑。这类问题通常并不难发现，编辑的责任就是要截住、剔除诸如此类的残品、次品，甚或废品。

网络编辑发现了问题，如果条件允许，应立即设法核实、补充或修改，或者呈告上级主管处置，尽量消除或者挡住稿件中的不实和含混，确保发出的新闻报道真实准确、公正平衡，经得起专业质量检验。

（四）新闻结尾

新闻报道可以没有正式的结尾。在倒金字塔结构中，新闻按照重要性优先的原则展开，报道可因篇幅或通讯条件所限随时结束全篇。新闻报道素有"追新弃旧"的特点，开始时的"轰轰烈烈"和报道结束时的"戛然而止"，都平常自然，"虎头蛇尾"甚至"有头无尾"，也可以接受。所以，新闻结尾——尤其对于动态消息报道而言，通常不是记者、编辑关注的重点。

教科书对新闻结尾写法有各种归纳，比如，小结式、评论式、抒情式、引语式、设问式、号召式、展望式、背景式、预见式等，五花八门。业界对结尾的处理共识是：写不写结尾，怎样写结尾，根据新闻报道实际而定。这里需要明确一点：不同新闻报道体裁，对结尾的重视程度不同。如果是硬消息，结尾一般是可有可无的。如果是通讯或特写，一定会考虑如何结尾的问题。如果是篇幅稍大的深度报道或新闻分析，结尾经常是全篇中分量不轻的重要环节之一。

消息结尾的写作和编改比较简单。第一，该说的说完了，随即收笔。第二，如果认为有必要安排一个结尾，可以参考下列样式：

交代背景式。以背景信息交代作为结尾，是消息报道中常见的样式。在这一类中，又分几个小项。如消息"胡锦涛飞抵罗马尼亚进行国事访问"①的结尾是："罗马尼亚是胡锦涛此次欧亚4国之行的第三站。他还将对乌兹别克斯坦进行国事访问，并出席上海合作组织塔什干峰会。"这种结尾是交代接下来的行程计划。再如，消息"我国2.8亿农民户'看电视难'将在明年得以解决"②的结尾，介绍该项目未来使用的、由法国制造的直播卫星的主要技术参数。这种以背景知识作结尾的方式，也很常见。

预告式。消息"奶粉被污染引发中毒/贵州卫生部门紧急收回"③的结尾说："这批奶粉被污染的原因正在进一步调查中"。消息"'铁本'案首批8名犯罪嫌疑人被批捕"④的结尾交代："目前，案件正在进一步侦查中"。这类结尾提示新闻事件的"进行时态"，提示后续报道将随即跟上。值得提醒的是：如果宣称要跟进，就一定真有后续报道。时下不少报道，把这种"预告式"结语作为固定模式到处乱用，而允诺的后续报道却根本没有。假如这样，空吊胃口的结尾不如干脆不用。在网络新闻传播中，上述预告式结尾的价值更小，因为网络可以实时滚动跟进，及时地推出新的跟进报道就是了。

扩展式。这种结尾往往引入新维度，扩大读者对此报道的关注视野。例如，中国专家对在阿富汗枪杀中国援阿工人的元凶，提出三种分析：一是东突势力，一是塔利班势力，一是阿地方军阀武装。《中国青年报》在消息的结尾处说："另据最新报道，据称是塔利班发言人的哈米德·阿迦10日说，塔利班没有策划或参与10日对中国驻阿富汗工程人员的袭击行动。"⑤整篇文章都在交代和分析谁是可能的凶手，结尾处突然引入新信息，扩大了该报道的范围覆盖，同时提醒读者关注事态的发展。这里结尾提供了新线索，提高整个事件报道的悬念和张力。

（五）编稿实例点评

新闻消息力求直接、准确、平实、简明，下面的点评主要围绕这几个特点展开。从专业能力上说，编辑应头脑清醒，思路清晰，眼光敏锐；从技术上讲，消息永远要短些，再短些。

【江泽民下周访意瑞奥】

应意大利总统奥斯卡·路易吉·斯卡尔法罗、瑞士联邦主席吕特·德赖富斯、奥地利总统托马斯·克莱斯蒂尔的邀请，江泽民主席将于3月20日至30日

---

① 人民网（2004年6月12日）。
② 新华社（2004年6月12日）。
③ 新华社（2004年6月12日）。
④ 《中国青年报》（2004年6月11日）。
⑤ 《中国青年报》（2004年6月10日）。

对上述三国进行国事访问。

外交部发言人说，上述三国国家元首分别于1998年、1996年和1995年访问了中国。江泽民此次是回访，也是中国国家元首对瑞士、奥地利的首次国事访问。

【点评】此消息大概"平移"了外交公告。读者从上述消息中得知的唯一确切信息，只是某领导人某段时间将不在国内而已。除此之外，为什么此时出访，出访的意义和目的等情况和背景都没有交代。对高官活动的公告性消息，编辑应在力所能及的范围内尽量去掉冗词赘句，提高信息量，少用或不用令人"望而生厌"的官话套话。目前，这种文稿的写作需要突破和更新，要避免"外交部发言人"把住记者的手笨拙写稿的情况反复出现。

【中国十亿美元债券在港上市】

中国财政部18日与香港联交所签订协议，国家发行的十亿美元全球债券已正式在香港上市。

中国财政部部长项怀诚表示，虽然受到亚洲金融危机及国内百年不遇的洪水影响，但中国政府采取了连串及时的宏观经济政策，去年中国经济增长率仍达到7.8%，实现了去年年初确定的经济增长目标。

自1993年至今，在香港联交所首次挂牌的中国债券共有七只，包括刚于去年12月中旬上市的一批十亿美元债券。昨日签署的上市协议将取代1993年所签的协议文件，内容已因应最新情况作了若干技术修订。

特区行政长官董建华于签署仪式前在其办公室与项怀诚会晤。董建华说，祝愿国家债券在港上市成功，这令香港债券资本市场有更加兴旺的发展。

【点评】此消息内容的核心是国家债券在香港上市，其余部分都是背景；编辑按照不同背景信息与核心新闻的关联紧密度排列顺序和依次交代。文字风格简明。

【北京一灯具市场大火损失两百万元】

截至9日晚上7点30分，于当日上午11时发生在北京市丰台路口的华龙灯具批发市场的大火已基本被扑灭。

据悉，火灾现场没有人员伤亡。有关人士估计火灾给灯具市场带来的损失超过两百万元人民币。目前起火原因及财产损失情况正在进一步调查之中。

记者9日晚在现场看到，大火已基本被扑灭，但仍有滚滚浓烟和白色水蒸气从火灾现场冒出。公安消防人员正在进一步清理火场。

位于北京市丰台路口的华龙灯具批发市场是北京城最大的灯具批发销售市

场。整个市场建筑面积万余平方米,有一百五十多个摊位。

据悉,火灾最初是从位于市场西南角的一平房燃起的。

【点评】写好编好事故或突发灾祸新闻的关键,是把事情说明白,把普通民众关心的基本情况,如人员伤亡、事故起因、事故处置进程等交代清楚。这条消息基本达到了叙事清楚的要求。其不足之处是,"有关人士估计"的身份未有交代,而该身份直接涉及估计的准确性和可靠性。紧接下来的"财产损失情况正在进一步调查之中",似乎有些重复。当突发事件发生时,有关方当场或者在很短时间内就给出的损失"估计",可以是新闻报道的内容,但是报道应避免赋予这类"估计"过分的肯定性,更要避免"估计"高度精确化。因为,这有悖常识经验。上述失火消息没有采访当地公安部门以及直接参与救火的消防机构人士,是个小缺漏。

【上海暖冬:春秋冬花齐放】

入冬以来,上海由于暖冬现象,出现了罕见的春、秋、冬花一齐开放的植物奇观。

上海最大的植物汇集地——有着三百多种植物的上海植物园,到农历冬至时节,呈现在人们面前的仍是一派花团锦簇的景象:不少杜鹃花竞相开放,红彤彤的花煞是好看;几十株大桂花虽已轮番在秋天二度吐放,但现在枝头上仍然缀着金黄色花朵,幽香阵阵;本该在冬季落叶的不少树种,如柳树、槐树、麻栎、紫藤、铜钱树等,仍然黄叶满枝,秋意正浓。

元旦前后,上海暖冬中的植物奇景更加壮观。上海植物园内往常只在夏秋季节开花的芭蕉,有二株同时绽放出嫩黄的花朵,开花时果实还高挂枝头。在另一边,冬季开花的大批蜡梅准时怒放,并且花叶并存,一反过去蜡梅开花不见叶的常规。白玉兰、迎春花等本应在春季开花的乔、灌木,也花蕾满枝,似乎春天已经到来。

据园林专家介绍,上海冬季出现一系列的花卉错季开花现象,在历史上不多见;出现这一奇妙花景的主要原因是今年暖冬少霜、无冰冻以及有雾等因素。

今年冬季上海气温持续偏高,上月平均温度达到了9.4摄氏度,比常年温度高了3.4摄氏度。1月7日起,上海开始受到入冬以来最强的冷空气影响。8日申城在冷空气的控制下,最高气温仅6摄氏度,市区最低气温零下0.8摄氏度,郊区奉贤、崇明等地的最低气温零下3.3摄氏度,并普遍出现了薄冰,这也是入冬以来上海市区首次出现零度以下天气。有关专家估计,植物反季节现象会暂告一段落。

【点评】这是带有综述性质的报纸软消息，后在网上转发。其中景象描写渲染，与冬季气温偏高情况报道相配合，不失为一种巧切入。

【国家发改委宣布：清退教育乱收费1.6亿元】

本报北京12月16日讯　国家发改委今天通报了全国治理教育乱收费专项检查的情况。据对20个省（区、市）的初步统计，今年9月至11月，各级价格主管部门共派出检查人员14623人次，组成3033个检查组，对63484所大、中、小学和教育行政部门进行了重点检查，共查出教育乱收费案件12634件，违规收费金额214001.54万元，已实现经济制裁18117.61万元（其他问题正在处理中），其中已退还学生16013.48万元，清退金额约占实现经济制裁金额的90%。

检查结果表明，随着体制改革的不断推进和治理教育乱收费工作的深入开展，教育乱收费行为受到了坚决查处，乱收费蔓延的势头得到一定程度的遏制。但是，由于教育乱收费的普遍性、严重性和复杂性，教育乱收费行为在一些地区、一些学校和单位仍然存在，有些违规金额还较大、性质比较严重，个别单位甚至出现屡查屡犯、屡禁不止的现象，应该引起高度重视。国家发改委有关部门负责人表示，任何单位和个人，发现教育乱收费行为，均可拨打12358价格举报电话向当地价格主管部门投诉。

这次专项检查中执行教育收费政策较差的单位有：北京市中医学校、河北省张家口市第一中学、内蒙古乌拉特前旗第一中学、黑龙江省牡丹江市一中、江苏省泰州市明珠实验学校、安徽省安庆市怀宁县第二中学、江西省都昌县第二中学、湖北美术学院、广西壮族自治区北海市合浦卫生学校、重庆市奉节县新民初级中学。

【点评】该新闻导语不理想，没有抓住最主要的新闻核心。导语应该首先直接点出国家发改委专项检查，发现教育乱收费高达21亿多元。此消息导语应该先交代结果，不应把"公布检查情况"放在首位，也不必繁琐地列数细账，让读者在一堆数字中自行搜索有用信息。消息第二段也比较空洞和啰唆，最后一段有"示众"意味。请注意：如果不是有关管理部门特意公开点名批评那些乱收费的具体机构，网络新闻编辑可以采取概述方式粗略带过；如果有关管理部门刻意要"公开点名"，文中需要明确交代"点名"主体，如国家发改委等。此消息的写法给人留下媒体"点名"的印象。此外，文中"违规收费金额"高达21亿多元，已经退还学生的仅有1.6亿元，两者之间的巨大差额，文中并没有妥善解释和交代。对于这点疑问，编辑仅靠稿件字面内容难以解决，可能需要向有关新闻发言人或主管部门采访查询。

【国家发改委：全国教育乱收费 21 亿元】（编改版）[①]

　　历时两个月的全国治理教育乱收费专项检查近日结束，全国违规收费金额达 21.4 亿元。这是国家发改委在今天召开的新闻发布会上通报的。

　　今年 9 月至 11 月，各级价格主管部门对全国 20 个省（区、市）的 63480 多家大、中、小学校以及教育行政部门进行了重点检查。初步统计显示，此次清查共查出教育乱收费案件 12634 件，违规收费金额 21.4 亿元，其中已退还学生 1.6 亿元。（有待补充下一步退费的步骤安排及保障等信息）

　　本次检查在全国范围共派出 3033 个检查组，派出检查人员 14623 人次。检查结果显示，教育乱收费行为屡查屡犯、屡禁不止，有些个案的性质比较严重。国家发改委有关部门负责人在今天的新闻发布会上，重申了严格监管的决心，并呼吁社会各界通过 12358 价格举报电话，主动投诉违规单位机构。（有待补充发改委对遏制"屡查屡犯"的针对性措施安排情况）

　　在今天的新闻发布会上，北京、河北、内蒙古、黑龙江、江苏省、安徽省、江西省、湖北、广西、重庆等省、市、自治区的 10 所大、中、小学校，因违规收费被点名通报批评。

　　总而言之，编改新闻文稿时，有些共性原则必须遵守。第一，新闻基于事实，"努力提供真确事实报道"的原则不能动摇[②]。有时，新闻报道因各种无力抗拒的原因，未能穷尽新闻的真相，但绝不能编造、杜撰或"策划"新闻。第二，新闻报道本质上沿用一种基本思维模式，即客观和简明的叙事方式，即先交代最重要的内容，然后再交代其他次重要的信息。新闻特稿（feature）的写法和约束稍微自由一点，但仍然有很强的新闻性质限定。第三，新闻表达始终要把目标受众放在重要地位，要确知接收新闻报道的对象特征和基本需求是什么。这一点直接关系新闻内容的取舍和报道用语的把握。

　　本节列举的实例有些来自传统媒体机构，不过它们蕴含的新闻工作思维，适用所有形态新闻报道活动。未来不论工作方式和手中工具如何变化更新，新闻工作者的劳动始终具有"公共性"或"利他性"色彩，即他们不应是所提供的新闻信息服务的直接受用者，他们的服务的直接和终极的对象始终是整个社会。新闻工作是社会实时变动的机警的守望者和报告员。这一社会专业职责在相当程度上具有其自在客观性。每当这一工作条件受到干扰的程度加大，新闻工作的社会价值和可信程度，就会受到负相关的影响。

---

① 此参考版仅就该消息提供的内容进行编改。
② [美] 杰克·卡彭著：《美联社新闻写作指南》，新华出版社，1988 年版，第 259 页。

三、专类报道编辑

新闻报道分为不同的类别。有按内容划分的，如时政新闻、经济新闻（有时称产业新闻、财经新闻等）、文教新闻、医卫新闻、环境新闻、社会新闻、警法新闻、体育新闻、娱乐新闻等。有按地理区域划分的，如国际新闻、地区新闻、全国新闻、本地新闻或本市新闻、社区新闻等。有按播报方式或媒体来源划分的，如突发新闻、滚动新闻、特别报道，或广播新闻、电视新闻、网络新闻等。还有以新闻风格、样式和讯息浓缩程度来分类的，如简讯、深度报道、专题报道、硬新闻和软新闻等。[1] 从目前网络新闻传播情况看，分类主要通过栏目设置来实现。分类标准是大多数栏目根据内容分类法来设置，少数按照地理区域分类法来安排。

"谷歌新闻"（Google News，HK）的栏目分为"焦点新闻""国际""香港""两岸""财经""体育""娱乐""科技"八大栏目，其中"国际""香港"和"两岸"栏目是按照地理概念来集纳相关新闻的。[2] MSNBC的新闻栏目导航在首屏第三行列出，它们分别是："主页""美国""世界""政治""商业""体育""娱乐""健康""科技""旅游""本地""天气"等一级栏目；用户鼠标移至"美国"栏题上，网页自动下拉出细目，展出更多内容分类。[3] "美国"也是地理元素栏目。

国内主流新闻媒体网站，在栏目栏名设立上，标准并不统一；一些网站首屏导航横栏中，有的栏目标题加黑突出，有些则没有，不同的栏目之间并无类属和大小关系。从总体来看，网络新闻大略可以分为时政、经济、社会、体育、娱乐、科技等"纵向"内容大类，当然也有国内、国际、港澳台、地方等"横向"类分。以"新华

---

[1] 李良荣著：《新闻学导论》，高等教育出版社，1999年版，第21~22页。
[2] http://news.google.com.hk/，资料获取时间：2012年10月31日。
[3] http://www.nbcnews.com/，资料获取时间：2012年10月31日。

网"为例①，其2014年首页导航栏上约有50多个栏目名。其中按内容分类者为大多数，如［时政］［新闻］［高层］［人事］［法治］［军事］［悦读］［汽车］［财经］［股市］［保险］［科技］［教育］［家电］［家居］［食品］［书画］［信息化］［资料］［能源］［家居］［出国］［网评］［华人］［人才］［社会］［纪检］［体育］［传媒］［访谈］［房产］［旅游］［健康］［时尚］［摄影］［公益］［舆情］［收藏］等。按地域概念分类的有［国际］［台湾］［港澳］［地方］［城市］。按媒介样态分类的栏名有［视频］［手机版］［论坛］［社区］［博客］［播客］［微博］［图片］。按播报时新性分类的栏名有［直播］。"新华网"的内容分类方式和特点在国内主流新闻网站中具有代表性，当然它的所有栏目的内容的覆盖，在不同程度上存在着横向或纵向的重叠，它们也并不都是新闻性的。为了简便起见，下文分别就时政、经济、社会、体育等专项网络新闻报道做点讲解和分析。

(一) 时政新闻

时政新闻是一种大致的归类。"时"，指时事新闻报道，有突出的时新性和重要性，受关注程度高。"政"指政治，实际含义还稍宽一些，通常也包括外交、军事、国际问题等。"时政新闻"，狭义上指高层政务及相关活动要闻，广义上指重要政治、军事、外交、国际以及事关全局和全社会的热点热议问题的报道。总之，重要性显要性是时政新闻的基本特征。

时政新闻大体包含高层领导的政务活动、礼仪活动、重要讲话、重要反应，以及重要事件、重大突发事件报道等。时政新闻报道经常要涉及国内高层领导的政务或礼仪活动，如何处理这类报道呢？首先，这类内容通常是重要的新闻来源，需要重视。其次，这类时政新闻数量多，出现频率高。再次，这类报道很容易掺进一些官式套语或程式化表述，普通民众或者不感兴趣，或者难得要领。网络新闻编辑在原则和情况允许的情况下，要尽量挤压"虚"的内容，做点"减肥"工作。具体做法是：一聚焦、二减肥、三充实。

【李长春会见哥伦比亚参议院代议长】②

新华网波哥大4月23日电（记者 尚军 侯熙文） 当地时间4月23日上午，中共中央政治局常委李长春在波哥大会见了哥伦比亚参议院代议长、第一副议长安东尼奥·格拉。

格拉首先代表哥国会授予李长春哥伦比亚共和国国会金十字勋章。李长春感谢哥国会给予的崇高荣誉，表示十分珍惜这一殊荣，这一荣誉不仅是授予他本人

---

① http://www.news.cn。检索时间：2014年2月15日。
② 新华网，http://news.xinhuanet.com/world/2012-04-25/c_111838071.htm。

也是给予全体中国人民的，体现了哥伦比亚人民对中国人民的深情厚谊。

李长春感谢哥方的盛情邀请和周到安排。他说，这是我的第一次哥伦比亚之行，一踏上哥伦比亚国土就深切感受到两国深厚的传统友谊。长期以来，中哥两国通过各种方式加强交流，增进互信，在各领域合作成效显著。李长春说，中国全国人大和哥伦比亚国会之间的交流合作是两国关系中的重要组成部分。中国全国人大高度重视同哥国会的友好交往，愿进一步加强两国立法机构之间多层次、多渠道、多领域的交流与合作。

李长春说，政党交流是国家关系的重要组成部分，对于增进人民之间的了解与友谊，促进国家关系的发展有着不可替代的作用。他表示，中国共产党愿进一步加强与哥议会各主要政党的友好交流与合作，不断夯实两国关系的政治基础。

格拉热烈欢迎李长春到访。他说，哥中虽相距遥远，但两国人民始终保持了友好情谊。在两国政府、议会的共同推动下，双方在各领域合作都取得令人满意的成果。格拉赞赏中国共产党的执政成就，认为中国经济社会的快速发展为发展中国家提供了可供借鉴的宝贵经验。他表示，李长春此访不仅加深了两国政治互信，而且有利于促进双边经贸务实合作。哥方愿以此为契机，进一步加强两国议会、政党间的友好交流与合作，共同促进哥中国家关系向前发展。

会见结束后，李长春与哥伦比亚外长奥尔古因共同出席了两国有关经济、文化、教育等合作协议的签字仪式。

当天下午，李长春在下榻饭店会见了由哥伦比亚民族团结社会党、保守党、自由党、激进变革党和绿党组成的执政联盟五党主要领导人。李长春高度评价五党执政联盟在积极发展对华关系上的高度一致，并表示，中国共产党愿进一步加强与执政联盟五党在各领域的友好交往，不断深化治国理政经验交流，以促进各自国家发展。

当天，李长春还亲切会见了中国驻哥伦比亚使馆工作人员、中资机构和华侨华人代表。

这则报道对于普通读者来说，只告知了一次官式会见，说了一些在类似场合经常重复的原则性话语，事件自身的独特性及实质内容并不多；中哥合作协议的详情、价值如何，哥伦比亚执政联盟五党背景和情况也无清晰交代。这类信息量稀薄的新闻稿有时是自上而下的"指令稿"，当班新闻编辑的处置权限也许非常有限。不过，在情况允许时，编辑应该尽量压缩空话，剔除冗言，用民众能懂易解的语言交代，适当增添有关国家、社会、历史和政党等背景知识，以及与中方交往和互动的由来和情况，使报道尽量丰满些实在些。一些会议新闻、会见新闻、官式活动新闻等，大抵都可以从这样的思维角度来审视和调整。事实上，经过"瘦身"处理的新闻，由于突出了实质性信息，反而能够更清晰地转达主体新闻内容。

下面两例分别是"中国共产党新闻网"和"新华网"就"十八大新闻中心网站开通"发出的新闻报道。同样的官方发布，详简程度差别很大。

【中国共产党第十八次全国代表大会新闻中心网站正式开通】[1]

2012年11月01日00：12 来源：中国共产党新闻网

中国共产党新闻网北京11月1日电（记者 权娟、王燨旋） 中国共产党第十八次全国代表大会新闻中心网站（http：//www.cpcnews.cn/）今日正式开通。十八大新闻中心网站着眼于服务境内外媒体记者，服务功能完善，页面设计人性化，充分考虑记者不同使用习惯，便于记者更加快捷、方便查询所需信息。

十八大新闻中心网站由人民网·中国共产党新闻网承办，共设中文、英文、手机适配版三个版本。网站将及时发布大会文件、大会新闻，媒体采访公告通知等重要的新闻服务信息；并对新闻发布会、记者招待会进行直播报道。外国记者和港澳台记者可以直接通过新闻中心网站提交所需的个别采访申请和参观采访活动申请。

十八大新闻中心网站主要分为服务、信息、资料三大板块，其中，服务板块主要为记者新闻采访提供各种服务和支持，包括公告通知、今日议程、代表名单、服务指南、记者采访申请等；信息板块主要发布大会的最新消息、公告通知等，包括大会新闻、大会文件、新闻发布会、记者招待会、记者活动等；资料板块主要介绍中国共产党基本情况、党的代表大会制度等相关新闻背景资料。

【十八大新闻中心网站今日开通】[2]

2012年11月01日08：41：29 稿件来源：新华社

新华社北京10月31日电 记者从有关方面获悉，中国共产党第十八次全国代表大会新闻中心网站（http：//www.cpcnews.cn）将于11月1日开通。

---

[1] http：//www.cpcnews.cn/n/2012/1101/c349994-19455449.html。检索时间：2012年11月1日。

[2] http：//www.bj.xinhuanet.com/bjzw/2012-11/01/c_113566958.htm。检索时间：2014年2月15日。

据悉，十八大新闻中心网站将及时发布大会的各项议程、动态、公告、通知等，用中、英文为中外记者和国内外读者提供有关中国共产党第十八次全国代表大会的信息，提供历次党代会的背景资料、党的理论知识等。

国内时政新闻中官方讲话和文件公布也占相当比重。对这类内容，传统处理做法是全文照搬刊发。把长篇报告、讲话或文件全文搬到网上是非常方便的事情，对用户日后检索和查对也很有帮助。但是，作为新闻报道，编辑应该努力把长篇报告和讲话变为受众容易消化、简明易懂的消息。这不仅是内容的剪裁，也是呈现方式的转变。编辑可以提炼要点或者突出其中某些重要内容，因为多数用户都没有时间细读整个报告或讲话全文，也不见得对报告或讲话涉及的所有问题都很关心。对于国内新闻编辑来说，"减肥"做法可资参考和借鉴。

重要事件或突发重大事件也是时政新闻报道的主要内容。除了有关管理部门特别禁止报道等不可抗拒的情况以外，网络可以非常及时地反应，从第一时间起实时跟踪事件的进程和发展。在这种动态突发报道过程中，新闻编辑需要既积极主动又谨慎细心。在突发情况下，本编辑部往往不一定有报道人员在现场，也无法即刻得到详细全面的信息；在信息不完全、未核实的情况下进行报道，错报误报的风险很高。此时，网络编辑要十分注意随时和反复地核实新闻信息源、新闻事实，调动一些可用资源和线索，迅速联系事件目击者或发生地的"可靠线人"。当暂时无法核对信息真确性而事件本身又极为重要的情况下，编辑要在内容发布中加强说

图 3-1 《社会管理综合治理网络舆情周报》①

---

① 2012 年 11 月，新华网网络舆情监测分析中心推出了《社会管理综合治理网络舆情周报》，专供政法综治领导干部参阅。资料来源：http://www.news.cn/politics/，资料获取时间：2012 年 11 月 3 日。

明和提示现有信息的未核实性质，提醒用户在使用这些信息时持审慎保留的态度。编辑一旦发现或者获得新的确证信息后，应及时发布更正、更新及补充报道。作为动态传播者，网络新闻机构无法做到百分之百的准确和永远不出差错，关键要坚持负责的职业精神和专业的严谨态度，执着地追问事实真相，同时及时纠正任何失误和偏错。

时政新闻经常涉及复杂性和综合性程度很高的内容和议题。在这类新闻的编辑处理过程中，新闻编辑常常发挥着潜在或间接的解释引导作用。譬如，编辑如何排列新闻事实的顺序，添加什么背景信息，把背景信息放在什么位置上；不同的编排和叙事处理可以对受众解读新闻起到不同的影响和左右作用。在处理国际新闻、外交新闻、军事新闻等复杂时政议题时，新闻编辑的专业敏锐和知识能力尤为重要。没有编辑经验和综合能力的支撑，时政新闻报道的专业质量就无法稳步提高。

（二）经济新闻

经济新闻是一个大类，包含许多子类项。笼统地说，经济新闻包括财经信息、商业运作状况、业界趋势、行业规制、市场变化等许多方面的新闻性报道。在经济新闻报道中，技术性的问题无须讨论。网络编辑需要注意的，恰恰是思维方式方面的问题。例如，新闻采编者是否在报道中显性或潜性地流露出这样或那样的偏见。这些偏见流露出来时，有时连作者自己都意识不到。比如，有报道暗示，无业者肯定受的教育少或者不够聪明，普通人对经济问题没什么透辟见识，有钱人名人肯定比普通人知道得多懂得也多，美女与名车或奢华生活总是必然地联系在一起，等等。有教科书指出：新闻编辑应该注意确认：记者采访的对象除了生活在漂亮的豪宅里、买昂贵的艺术品、穿漂亮的衣服以外，是否有专业知识和一技之长；采访稿件是否反映了对有关财经运行变动的事实或信息的深入认识①。

经济新闻报道除了报道事实，还可提示读者。下面的例子是新华网的一则报道。它从央行对一则关于人民银行即将加息的报道的辟谣声明说起，在报道中把"正式辟谣"和以往"从未正面否认"对比，启发读者的思索和联想，提高进一步阅读有关新闻报道的兴趣。

> （辟谣）声明的落款是6月19日。<u>这是央行第一次公开否认关于加息方案的传闻。在此之前，包括行长周小川在内的央行官员从未正面否认过加息猜测，而是婉转表示</u>："央行正在评估5月份的经济数据，如果5月份的数据不太好的话，中国央行将采取进一步的举动，包括可能采取全面上调利率的行为。"

---

① ［美］伊丽莎白·威斯纳-格罗斯著，郭瑞等译：《最佳编辑要领》，新华出版社，2001年版，第199~200页。

> 央行从去年起屡次出手收紧银根，到 5 月末货币政策效果已经显现出来，金融机构各项贷款增长偏快的态势明显减缓。但加息的压力依然存在，财政部某副部长曾在讲话中表示："希望货币政策能够更强硬些。"市场上对央行加息的预期更是有增无减。①

对同一事件，不同媒体的报道侧重、角度和趣味倾向可以很不同。譬如，有媒体这样报道 2004 年北京国际汽车展：

> 为期七天的北京国际汽车展今天傍晚落下帷幕，迄今为止展会已吸引了约近四十万名观众。本届车展共有二十个国家和地区的一千四百余家整车及零部件商参展，规模为历届之最。

也有媒体说：

> 可映入眼帘的，却是一眼望不尽的攒动的人头和对着模特快门频闪的相机。没有技术人员的专业讲解，没有厂商进行细节的展示，只有品牌表演、美女作秀。

还有的这样写：

> 刚刚闭幕的 2004 年北京国际车展也在某种程度上印证了北京市民高企的消费热情和消费水平。来自车展组委会的数字显示，超过五成的汽车未下展台就被订购，尤其是一些顶级豪华车悉数卖出。可以预见的是，宾利、迈巴赫、世爵等即使在发达国家的大街上也不多见的超级名车，不久将出现在北京的街头。

面对这些角度和风格各不相同的报道，以转发为主的网络新闻传播将如何取舍和编改它们，并构造出本网媒的财经新闻报道呈现呢？这要看各自机构的新闻理念原则、报道专行定位以及编辑人员的专业取向了。时下，财经新闻的整体文风正向时尚新闻或者软消息（软广告）的风格靠拢。比如，2004 年夏，美国通用电器（GE）前董事长兼首席执行官杰克·韦尔奇来北京举办演讲。有报道这样写：

> 今天，有"全球第一 CEO"之誉的 GE 前董事长兼 CEO 杰克·韦尔奇将出现在北京中国大饭店，接受千位中国工商界人士的考问。据悉，韦尔奇是上周六中午乘私人专机悄然抵达北京的，这比他原定的来华时间提前两天。与其同

---

① 《央行郑重声明：加息方案报道纯属捏造》，新华网（2004 年 6 月 22 日）。文中下划线是引者所加。

行的还有他的新婚妻子、《哈佛商业评论》的前主编苏丝·韦特劳弗及四个孩子。

韦尔奇此次来到中国是参加由北京瀚天诚信汽车技术咨询服务有限公司等机构主办、本报参与协办的"2004年杰克·韦尔奇与中国企业领袖高峰论坛"。主办方北京瀚天诚信汽车技术咨询服务有限公司告诉记者,在今天的活动结束之后,韦尔奇将立即乘他的私人专机飞至上海,在那里与中国工商界人士见面。

主办方表示,为了保证这次对话活动是一场货真价实的互动性的交流平台而不是韦尔奇一个人的演出,此次论坛活动将以问答形式进行,所有问题均由主持人和其他在场的与会者提出,然后由韦尔奇现场回答,其目的是为了保证双方能够进行充分的交流。据悉,韦尔奇事先就中国工商界人士可能提出的问题进行了充分的准备。

据介绍,本次高峰论坛的单场入场门票为4800元人民币,钻石VIP套餐门票高达3万元人民币,而韦尔奇的出场费可能高达100万美元,由于售票情况良好,主办方在付给韦尔奇百万美元的出场费后还可能略有盈余。

这则消息被某一国内重点媒体网站放在"经济新闻"频道内,在一定程度上类似"名人秀"的软闻广告。这种做法以及这类报道在经济新闻中的地位等问题,值得掂量和讨论。

经济新闻会牵涉"经济"以外的许多其他问题。经济新闻报道是否需要把受众的目光引向更广阔的领域,去关注更深层次的问题呢?这也取决于新闻编辑的判断、识见和勇气。下则消息就提出了这样的问题。

首钢出于良好愿望,邀请被收购的秘鲁铁矿公司工会代表到北京访问。但未料到:其工会领导人一返秘鲁,就要求按社会主义企业的模式给秘方员工免费医疗、免费教育、免费居住和免费水电。

中国首钢秘鲁铁矿股份有限公司(简称首钢秘铁)位于秘鲁首都利马以南520公里的伊卡省马科纳地区,占地面积达670.7平方公里,是南美洲屈指可数的大型铁矿企业之一。虽然秘鲁铁矿素有"矿业天堂"的美称,但是在为这个标价仅为4000万美元的铁矿付出上亿美元之后,就连首钢人自己也觉得有种难言的尴尬。

然而现在,让首钢心烦的并不只是这点困扰,纠缠不断的劳工问题让首钢秘铁头疼,并且会不时突然发作。6月1日,首钢秘铁矿工宣布开始无限期罢工。据首钢秘铁公司初步测算,公司因此次罢工而遭受的直接经济损失达到351万美元。虽然首钢秘铁目前已经恢复正常生产，但是劳工问题隐患依然存在。这或许就是首钢为拓展海外事业，对秘鲁铁矿志在必得所付出的沉重代价。……①

这则消息引出的追问是：首钢当初为何决策购买"秘铁"？今后又打算如何处理这只烫手的"山芋"？这宗海外购买案的背后有没有其他不为人知的问题？这些疑问仅用"拓展海外事业""付出沉重代价"等字眼，能解释清楚吗？这些都是编辑人员需要自问和追查的，因为读者们会问，尽管可能没人回应他们的质疑。

不论国内主流媒体网站还是商业门户网站，目前对网络新闻报道的框架模式，都是尽量多地汇集新闻信息，令传播供应"阵势宏大"，但大量汇集很容易成为简单堆砌和重复，难以培育和形成各自独特的风格和传播力。目前在经济新闻报道方面，各家所获的原始信息在口径和供应上差别不大，真正可以显出差异的地方在解读、识见、信度和趣味等呈现方面。在这一层面的竞争上，经济新闻编辑的专业素质和能动作用将发挥非常重要的作用。

（三）社会新闻

国外报纸通常开设"社会"或"社交"版，刊登订婚、生日、结婚等启事，对聚会、慈善或社交活动也有常态化报道。"社会"一般指"体面社会"的社交活动；想跻身其间者，向往在"社会"或"社交"版中露面。如今媒体的"社会"版或栏目，常指有关社会问题的报道，甚或非正襟危坐的闲话文章或内容②。现在国内新闻网站的"社会"频道内容，通常包容相当宽泛的内容，从内容到风格都偏离时政和严肃焦点，其中常见栏目的名称有："法庭传真""真情时刻""奇闻逸事""奇趣放送""饮食男女""社会万象""社会万花筒""百姓民生""公安新闻""社会与法""心情排行"等。

这些栏目中的新闻标题常见下列类似内容："戒毒中的阿三渴望有工作"；"父母出租子女随乞丐行乞每年可赚6000元"；"两男子按妻子年龄补差价'公平'换妻"；"日本一学生因上课打瞌睡被要求写血书道歉"；"不肖子因老妈'饭量太大'乱刀砍死亲娘"；"女子因心烦4天内狂打110报警电话900余次"；"成都警察体能测试结果让人大跌眼镜"；"酒楼女主管当顾客面吞下菜里的死蟑螂"；"浓硫酸泼进公交车17位乘客被不同程度灼伤"；"驯虎女郎与老虎同床共枕 公虎为驯虎女'吃醋'"；"交警追击车祸肇事者群众无人帮忙嫌犯逃逸"；"英少年化身女特工借MSN鼓动他人

---

① "首钢秘铁大罢工暂告段落 首钢公司进退维谷"，原载于《国际先驱导报》，引自www.homeway.com.cn，2004年6月22日。

② [美]伊丽莎白·威斯纳-格罗斯著，郭瑞等译：《最佳编辑要领》，新华出版社，2001年版，第206页。

谋杀自己";"贤妻10年真情治愈瘫痪丈夫　爱的力量战胜病魔";"孙子落水　奶奶情急跳河救人　不幸双双丧生",等等。不难发现,这些新闻中有相当多的内容是罪案新闻、警事消息、丑闻或奇闻报道。

许多社会新闻涉及社会治安、刑事侦破以及司法裁判等方面的事件或问题,在报道这些消息时,是细致地描绘犯罪的过程和离奇的细节,还是从法制建设和社会公正的角度来着眼和落笔,产生的社会影响和传播后果是不一样的。

"社会新闻"旗帜下"涉警""涉法""涉案""涉性"等内容,在国内网站相关频道和栏目中数量较多;一些"可读性"强的内容都被塞入,致使"社会新闻"大类经常成为奇闻、丑闻、秘闻及恶俗内容的代名词。突出"性元素",也是处理社会新闻的流行手法。比如,"驯虎女郎与老虎同床共枕　公虎为驯虎女'吃醋'"一文,说马戏团一女驯虎师工作中经历甜酸苦辣,情节和内容并没有什么特别的地方。然而编辑拟写标题时,用"同床共枕""吃醋"等暗示男女关系的用语,把报道打扮成另外一种样子。网站新闻排行榜上,"社会新闻"往往占据多数,许多包含"性"或"男女"元素[①]:

　　董洁被曝多次与王大治亲密同行　两人因戏生情
　　飓风桑迪袭击美国　纽约现"末日景象"
　　歼31战机首飞成功　为中国第二款隐形战机
　　莫须有的"经期禁忌"
　　重庆"爱情天梯"女主角去世　享年87岁(图)
　　台湾淫少李宗瑞一审判刑14年　继母也是受害人
　　孔令辉马苏恋情再生变　女友与吴奇隆逛街到深夜
　　飓风袭美　鲨鱼趁势游上街头(图)
　　哈登37+12+6+4成史上第一人　三项数据创生涯新高
　　老公性技巧远不及前夫　我忍受了整整两年

国内社会新闻报道是否一定或者只能由"警""法""性"来当家呢?这是需要新闻编辑琢磨和探索的。国内正规网络机构的社会新闻频道中,还常见暴露式的人体照片,特别是比较暴露的女性照片,例如女明星、女模特或女泳装照片等。这类图片照片与前面提到的"性元素"文字一道,共同构成"社会新闻"中的"性暗示""性内容"。在网络新闻传播中,"性"成分不仅在社会新闻中活跃出现,也经常在时尚、女性、生活或娱乐报道中活跃,并有进一步扩大活动规模和领域空间的趋向。参见

---

① 下例为"网易全站新闻排行榜"(2012年11月1日),http://news.163.com/rank/。

图 3-2 示例①。

性问题是人类历史上最古老最普遍最复杂的问题之一。性观念和性文化在人们的社会生活中扮演着极其重要的角色，涉及历史传统、文化认同、社会规范以及道德观价值观等。国内对于性以及相关问题的研究和认识，至今依然比较初级。有研究学者指出："女性裸体只是从中世纪末期起开始与欲望联系起来，观看裸体才具有了我们今天所了解的色情成分"；人们"每天遇到的平常事并不是一个平常的主题，而是一个至为重要的社会过程"。② 网络新闻编辑应该将其视为一个重要的"社会事实"，注意观察和思考，并在新闻实践中捕捉和把握其意义和处理分寸。

图 3-2 "资讯快播"弹出窗框

（四）体育新闻

体育是国际性大产业，体育传播在全球互联网络上的扩展和蔓延正如火如荼。有报道称，美国体育产业 2010 年产值高达 4410 亿美元，牵涉职业比赛、休闲、健身、器械制造、媒介传播、娱乐时尚等众多行业，其体量接近当年全美 GDP 的 3%，是同期汽车产业产值的 2 倍、影视产业的 7 倍。受世界经济增长放缓影响，2012 年美国体育产业产值下滑，但市场估算其总产值仍可达到 4350 亿美元左右。③ 体育节目和相关报道既充斥着电视屏幕，也是报纸、杂志的主要内容卖点④。体育传播在全世界各地普遍铺开，并延伸到司法、诉讼、罪案、健康、商业、时尚、娱乐以及国际政治等许多"非体育"领域。现今奥运会和其他国际重大赛事的报道，早已超越了国界阻隔。随着经济的发展，人们休闲时间越来越多，传媒手段也越来越丰富，体育活动和体育传播蓬勃高涨，并吸引了越来越多的女性和以前不太关注体育的广大人群。

网络传播从诞生之日起，就与体育报道和传播结下不解之缘。新浪网的前身四通立方网站最早就从报道和评论 1998 年法国世界杯足球赛开始起步，最后竟然从一家

---

① "资讯快播"（2012 年 11 月 3 日），获取时间：2012 年 11 月 3 日。此栏新闻内容显示了当时新闻软化、俗化，以及突出娱乐和性元素编辑意向的基本特征。
② [法] 让-克鲁德·考夫曼著，谢强等译：《女人的身体，男人的目光》，社会科学文献出版社，2001 年版，第 5 页。
③ 《美国：充满活力的体育产业》，《经济日报》（2012 年 8 月 8 日），第 11 版。
④ [美] 布鲁斯·加里森等著，郝勤等译：《体育新闻报道》，华夏出版社，2002 年版。

小技术公司网站发展起来，成为现今在美国纳斯达克上市的大企业。

传统媒体在重要体育赛事一线，经常派出强大的新闻采集发传力量，网络传媒机构现在也越来越重视一线到场。网络编辑把体育新闻和报道发送到网上，需要依靠一线新闻信息的采集和供应，不过网上传播可以汇集和总成所收集的丰富信息，实现更生动更精彩的剪辑、精选、传布与扩散。

图 3-3　朱德庸的奥运体育漫画

网络体育传播大致分四个部分：一是体育新闻报道；二是体育赛事直播转播（分文字、音频、视频等方式）；三是体育评说与讨论；四是各种体育欣赏与娱乐。网络体育新闻报道可以分为几个类项：一是体育动态新闻；一是体育人物报道；一是重大体育赛事报道；一是深度的体育问题讨论。

首先，体育动态新闻包括赛事结果报道、赛事过程跟踪、赛场人物采访、赛事数据统计、赛事整体分析等。2004年欧洲足球锦标赛，"黑马"希腊队战胜上届冠军法国队，题为"欧洲杯希腊1∶0征服法国"的消息就属结果报道。赛事比分和结果报道，是体育新闻中的大宗内容，受众和用户对这类新闻有热切的需求。如何报道这类新闻呢？从编辑部处理稿件的角度来看，首先要把相关比赛的胜负和比分情况搞清楚报清楚。不同种类的赛事，有不同的结果比分形式。对于比分数值较小的赛事，如足球等比赛，需要对得分的具体情况多做些交代和描述。例如在对以1∶0的比分结束的一场足球比赛的报道中，受众期待这个唯一进球的情况和得分手当时的表现，希望详细了解当时细节。此时报道就要多围绕这个点来介绍和描述，提供"进球镜头回放"。这一思路原则不论对纸媒、广播电视还是网络都适用。下例是2004年欧洲杯足球锦标赛的赛况报道，文字导语入题较慢，拖延到最后部分才报出比分[①]：

东方网北京时间6月26日　本次欧锦赛的最大黑马希腊队在阿尔瓦拉德球场迎战卫冕冠军法国队，这是一场世界排名第2和世界排名第35的球队之间的较量，但比赛的结果却并非如排名看上去那样没有悬念。尽管齐达内往往能够拯救球队而亨利的状态也开始爆发，但法国队后防线上存在的伤病和球员的状态也

---

① http://sports.eastday.com/eastday/sports/node12705/node12917/node21205/node21851/user-object1ai322869.html。

受到了媒体的指责。希腊队在小组赛中已经向人们展现了"黑马雄姿",没有压力的他们在比赛中发挥出最佳的状态。最终,希腊队1:0战胜法国队。赛后,欧足联也对本场比赛作出快评。

这条消息直到全文快结束时,才慢腾腾地描述这粒关键进球的过程细节:"比赛中第64分钟,希腊队队长扎格拉迪斯轻巧地挑过利扎拉祖,将球传给埋伏在禁区的查里斯特亚斯,后者大力头球得分。"入题慢是因为稿件处理者的思维不对。相比之下,BBC的消息就写得简明直接①:

在葡萄牙举行的欧锦赛1/4决赛爆出大冷门,夺魁呼声很高的上届欧锦赛冠军法国队以0:1负于希腊队,而黯然出局。

下半场时,希腊队的前锋查里斯特亚斯以头球得分,使希腊队史无前例地打进了欧锦赛的半决赛。

上半场虽然两队均未进球,但希腊队仍然踢得积极、顽强,相比之下,法国队却乏善可陈。

下半场,法国队表现较佳,有了更多的生气,但希腊队一点也不示弱,坚守阵地,使法国队无懈可击。

在这场比赛中,法国队身穿传统蓝色球衣,希腊因而改穿白色球衣。

当比赛进行到第65分钟时,希腊队中场传球,扎戈拉基斯右路挑过利扎拉祖,趟入禁区之后右脚传中,法国门前一片空虚,查里斯特亚斯在门前8米处非常轻松地头球顶进右上角,最后,法国以0:1被淘汰出局。

希腊队将在7月1日与捷克队与丹麦队之间的胜者交锋。

报道比分值小的比赛,需要将最精彩的瞬间过程转成"慢镜头",让受众慢慢享受和品尝。对于得分数值比较高的比赛,例如篮球赛或者排球赛,则需要对于一些关键的得分或者关键的场景加以描述和突出,把长过程和高分值转为若干精彩片段的精致组合。这就需要精选提炼和结构式呈现。譬如下例②:

北京时间6月16日,NBA本赛季盟主产生,活塞队主场以100:87掀翻湖人,自1990年之后再圆总冠军之梦。同时第一次创下自NBA总决赛采用2-3-2的赛制以来中间三场比赛取得主场三连胜的历史……

湖人开局不错……但比赛重新开始后,活塞队又成为场上的主宰……首节结

---

① BBC中文网(2004年6月25日)。
② http://sports.sina.com.cn,2004年6月16日。

来时，湖人以 24∶25 落后。

第二节开始不久，活塞队将优势扩大到 6 分……

第三节湖人终于崩溃……

本节最后 2 分 59 秒，湖人队 5 投全失，一分未得，活塞队连得 10 分，在本节结束时以 82∶59 领先，湖人队的大限即将来到。

……

最后一节落后 27 分，湖人队已经绝望了。活塞越打越放松，而湖人队只有不断地出手投三分，但为时已晚。活塞队一度将优势扩大到 28 分。14 年来的首个总冠军就攥在他们手中。

对于以过程为特征的体育赛事，如围棋、体操、冰舞、长跑等赛事项目，新闻报道除了要告知重要信息，还要突出重点，注意节奏起伏，把过程跟踪和重点突出结合起来，建构出一个有头有尾有起有伏的叙述框架。下例就有重点地依次展开棋赛进行的过程。

在这盘比赛中，执白先行的叶江川对开局进行了精心准备……此番交手，叶江川以其人之道还治其人之身，采用了当时阿尔马希所用的变招。此局的前 12 回合与 1997 年的那盘棋完全一样。

第 13 回合，叶江川主动变招，阿尔马希似乎也早有准备，很快做出了应对。第 17 回合，叶江川长考 20 多分钟，挺起中心兵，将局面打开。经过一番子力交换后，双方局面大致相当。此时，也许是连续 5 天鏖战了 12 盘棋、体力难以为继的缘故，叶江川提议和棋，对手欣然接受。这样，叶江川两盘慢棋一负一和，被淘汰出局。

在体操、冰舞、花样游泳等运动员自我展示表演为主的比赛中，报道要对关键环节和精妙之点加以提示、"放大"和说明。下例是 2003 年世界花样滑冰锦标赛决赛报道，可供参照。

关颖珊的出场顺序并不有利，被抽在最后一组第二个上场……（她）在长达四分半钟的表演中，沉着镇静，充满胜利的信心，后外点冰三周跳、勾手三周跳等五种三周跳都完成得不错，尽管她没有采用自己把握不大的三周连三周的高难跳跃，难度略低于索科洛娃和科恩，但她的全套动作优美流畅，没有出现任何失误，节奏感和艺术表现力也很好。有的裁判毫不吝啬地给她的艺术分打出 6 分。关颖珊最终如愿以偿地获得冠军。

其他类别体育新闻报道，例如体育人物报道、重大赛事整体报道和有关体育的深度报道，虽各有特点，但通常也有规律可循。体育人物报道实质上是人物报道的一个分支。重大赛事报道，如世界杯、奥运会、全运会等，需要集合式、立体式的整体设计和运行，需要调动各种手段和形式，就网络传播而言，应属全息式集纳式的集体报道行为。有关体育主题的深度报道，通常涉及体制、运作、管理、组织乃至价值观等层面的问题，往往不局限"体育"本体范围，而深入更广阔的社会场域和社会运行。这类体育报道在本质和样态上，与典型的新闻深度报道或调查性分析性报道，并没有根本性区别。有心者可以参考相应实例，进行分析和比较。

图 3-4 "更高、更快、更强"①

在体育传播中，还有一点值得强调：体育新闻报道如何体现和弘扬体育精神的问题。体育本身是一种规则性极强的竞争性较量，但是体育是无杀伤性的、和平的和在规则范围之内的竞赛。奥林匹克运动"更高、更快、更强"的竞赛追求，是与公平、诚实、友好的和平竞技态度紧密相连的。体育比赛还是规则至上的价值观的推广和教化过程。"更高、更快、更强"下面的"分母"，是尊重规则，尊重裁判，尊重对手。然而，在时下几乎所有体育报道中，人们见到太多的"军事术语"和"战争场景"；从增加报道的生动性和可读性来说，这也许不足为怪。但是，包括网络编辑在内的体育报道人员，难道不应警惕或反思上述心理倾向和潜在意识的根源吗？把体育简单地当作战争，是人类文明进化的退步！编辑人员在审阅稿件和编辑稿件时，对此不可不察。下面是 BBC 中文网关于 2004 年欧洲足球锦标赛上英、葡两队比赛的一则评论，其中提到的问题值得新闻编辑注意。

---

① 图片来源：http://www.nipic.com/show/4/129/3878160kc01759cc.html。

英葡大战的第二天，英国报纸《每日镜报》的整个头版就一个英语单词：ROBBED（被劫）。意思是假如瑞士主裁米埃尔不判坎贝尔第89分钟那个进球无效，英格兰本应获胜。有些英国报纸的主旋律也类似。

但是在当天赛后的新闻中心，英国记者们的思维却不是那样的。

记者们当时是一片责骂英格兰球员的声音，其用词之狠毒，比骂娘还厉害！即便是刚出球场的英国球迷，也批评英格兰球员的球踢得"臭不可闻"。

显然，出于种种考虑，记者们在坐下来写搞的时候，并没有把自己的真实想法写出来，也没有把场上的真正情况描述出来。

电视转播镜头一般只跟着球走，场上无球球员的表现，虽然往往更加重要，但是电视画面却不会显示出来。

因此，如果重点不是英格兰球员的表现，而是把坎贝尔那个因为同伴特里犯规在先而无效的进球作为重点，从新闻原则上来说，是不真实的。

当然，你也不能说那些记者们在说谎话。新闻的客观性永远是个说不清的东西。张三说的是事实，李四说的也是事实。关键在于你选择报道哪些事实，那玩意儿就叫编辑了。谁都知道，这里面的讲究太大了。

当英国整个国家都处于停顿状态，政治经济消息全部让位给这场比赛的时候，这里面的讲究就更大了。

不幸的是，在圈子里，事情并没有了结。新闻中心内，我亲眼目睹了某记者在责问另一位记者为什么那么写，而不这么写。

当然，体育记者都是些充满激情的人。英葡大战时，坐在我前排的一家体育电台解说人在波斯蒂加为葡萄牙扳平的一刹那，从座位上跳起来，双拳猛砸在小屏幕上，砸得那台显示器直摇晃！

不过，激情归激情，职业归职业。假如报道角度的选择倾向性太强，被"抢劫"的或许不是比赛结果，而是球迷读者。[①]

体育记者和网络编辑都有自己的感情倾向，但他们不能把自己混同为普通的体育迷，因为他们是传播新闻信息的专业人员，社会对他们的工作质量有专业上的期待。他们的报道应该准确可信地提供事实，传达积极的体育精神和生活态度。体育很可能是从古老的战争中脱胎出来的，把流血的"战争"转化为不流血的"游戏"（games），成为一种有规则的娱乐与狂欢。战争没有规则，没有裁判，只有胜负，只有你死我活的杀戮和残忍的征服。面对经体育而产生的诸如"游戏""象征""荣誉""国运""精神""奖励""奋斗""健康"等指向联想，体育传播在21世

---

① "BBC中文网"（2004年6月26日）。

纪的中国，是更多地融入民众的生活，成为快乐元素；还是正日渐远离我们，成为一种虚幻的景观或精神的背离？这也许是体育记者和新闻编辑们应该私下反思的。[①]

其他网络专类新闻报道处理，读者可以举一反三地类推。各专类报道都有自己聚焦的领域，也有各自的专业特点和特性，同时它们都需要遵循新闻报道的基本规则。专类报道编辑要根据不同的报道领域和报道对象，搭建好既能及时准确地覆盖所负责领域的各种信息变化，又能充分发挥网络传播优势的内容服务框架，逐步完善符合新闻专业规则的日常编辑原则和处理流程。

常见某家网络新闻机构的某类报道，做得比较扎实出色，在网上确立了口碑。这其实与该机构的服务定位和编辑积累有密切关系。如何确定和突出本网媒服务的特色定位，在此基础上逐步培育自身特定的优势地位和服务专长，进而成为该领域新闻报道的网上权威节点，这应是网站编辑人员乃至机构高层主管努力和关注的方向。

[①] 邓炘炘：《是电影大片还是新闻直播？——旁观奥运传播中的规则制约现象》，"邓炘炘的博客"（http：//blog.voc.com.cn/blog_showone_type_blog_id_508600_p_1.html）；南帆：《盛大的游戏与象征》，《读书》，2012年10月号，第87~91页。

第四章 网络新闻评论

新闻评论，是针对新近发生或正在发生的新闻事件或新闻议题而发议论，讲道理，直接表达意见倾向的文体。它是社论、评论员文章、短评、编者按、专栏评论、述评等新闻议论文体样态的总称，属论说文范畴。新闻评论最早出现于报刊，后扩大为通讯社、广播和电视经常运用的新闻传播文体形式，现在又广泛进入网络传播。本章侧重从专业新闻机构和编辑的角度来观察和审视网络新闻评论，与一般个体网民评论在功能、性质和特点上略有不同。

一、概说

人们对新闻评论的特点有不同的归纳。有人认为，新闻评论具有强烈的新闻性，鲜明的政治性，广泛的群众性。[1] 对其新闻性和群众性特点，一般不难理解；但说到政治性，看法会有差别。如果断言新闻评论的摆事实、讲道理，就是"讲政治，讲政策，讲思想，讲革命和建设的道理，任何时候都是如此"，[2] 就不免有些偏颇。还有人认为，新闻评论的特征是：论题要有新闻性，论理要有思想性，论说要有公众性。[3] 这种概括包括了新闻评论的基本情况。新闻评论是论说文体，但与其他论说文不同，它所议论的问题或事件，一般具有突出的新闻性时效性，其论说内容更具现实针对性或关注性，它说理或议论的传播对象是社会公众、普通百姓，而非训练有素的理论学术人士。

新闻评论与以往所讲述的新闻采访和新闻报道有重要的不同。新闻工作者采访报道事实时，必须客观冷静，必须"置身事外"；而从事新闻评论，则要求新闻工作者要"旗帜鲜明"，从客观性写作转入主观性表达，必须在评论中注入立场、观点和情感倾向，而不是隐藏或遮掩它们。为什么在写新闻时，需要"客观"，而在评论时就

---

[1] 胡文龙等著：《新闻评论教程》，中国人民大学出版社，1998年版，第5~11页。
[2] 同上，第9页。
[3] 丁法章著：《新闻评论教程》，复旦大学出版社，2002年版，第27~36页。

需要"主观"呢？这是因为新闻事实报道和新闻评论各有不同的传播功能。

徐宝璜说：新闻纸"登载真正之新闻，以为阅者判断之根据"；而"发表精确之社论，以唤起正常之舆论"。① 他还解释：新闻评论是"编辑本自己之学识与热忱，细心研究各种应兴革之事，常著切实之论说，说明其理由与办法，以提倡之。初或无甚反应，然历时稍久，必能使社会觉悟，因发生正当之舆论，使应兴之事果兴，应革之事果革。然非编辑有纯洁之精神，高尚之思想，远大之眼光，不足以语此也"。② 新闻是告知事实，评论则是说清道理。它们是不同类别的新闻性信息，编辑处理时需要特别注意区别。徐宝璜强调说：编辑对新闻"如有意见，可于社论栏中发表之，或于新闻之后，加以附注，切不可将意见夹杂于新闻中，迷惑读者，否则亦为以假乱真也"。③

新闻评论是专业传媒机构主动发言的强力手段。报纸评论曾被称为"报纸的旗帜"。但是，现在读者对大报或官方新闻评论少有先睹为快的欲望。大家不爱看这些正规评论，或是因为它们常常大话空话套话太多，传播态度有问题；或属"钝刀子割肉"，不能一针见血地点明、剖析问题，缺少宽广和睿智。要改变传媒机构新闻评论受冷落受调侃的状况，可以从三个方面去努力：一是议题须切中民众普遍关心的热点和问题；二是要为受众答疑解惑，点出所评问题产生的症结和缘由；三是如有可能，提出切实可行的解决问题矛盾的方法和思路。总之，新闻评论因紧贴时事焦点发出议论，若想有力量有效果，就必须时常能给受众一个明白与公道。

图 4-1 新闻评论教科书

---

①② 徐宝璜著：《新闻学》，中国人民大学出版社，1994 年版，第 7 页。
③ 同上，第 11 页。

近20年来，我国大陆地区新闻评论有许多新的发展趋向[①]。首先，新闻评论由大型为主向大小结合，并逐步倾向小型化微型化。鸿篇巨制的大型新闻评论，特别是长篇政治性社论很少见到。其实，新闻评论也像消息一样，应以紧凑和短小精悍为常态特色。近年随着微博微信的普及，网络评论产品进一步微小化袖珍化。其次，评论和新闻更紧密的结合成为趋势，即新闻评论更加紧密地贴靠和围绕着有关的新闻报道而展开和扩大。在传统媒体上，编者按、编后、本台评论等是这方面的代表样式。在网络传播中，紧跟新闻报道后面的"我来说两句"的网友评议或跟帖，以及各种转发中的推介点评短语等，不仅贴近性和议论强度得到提升，而且议论主体也有变换。第三，新闻评论由原来的编辑部专业人员包办，到越来越广泛的社会成员和网民个体自由地参与进来。新闻评论主体的多元化、个体化和草根化，对国内专业新闻机构的发言是极其严峻的挑战。对此，后者的准备和应对似乎并不充分。最后，广播评论、电视评论曾一度丰富了新闻评论的形式，扩大了它的影响面。主流广播电视评论有"居高声远"的大众传播优势，但是文字性新闻评论依然地位稳固。在网络传播中，文字性新闻评论依然是主导和核心样式，而且是最直接最便捷的样态。今天的新闻评论不再只有一种大众传播状态，它在网上各种大大小小的交流圈、舆论场、朋友群中间，就各种共性或个性的话题和事情展开，时起时伏时热时冷，时而限于小范围，时而串联扩散，停无定点，动无常态。网络新闻评论已经成为国内网上最活跃、最普遍的信息传播活动之一，连带着各种各样"舆情研究"也热得烫手。面对这一切，专业传播机构的网上新闻评论活动将如何开展呢？

（一）传统新闻评论样式

传统媒体中，报纸新闻评论最为典型，它包括多种呈现样式。从大的方面来说，可以归为两类：一类代表传媒机构发言，包括社论、编辑部文章、本报（台）评论员文章、短评、编者按、编后等。这些评论文章通常不署名（因代表本传媒机构，不必署名），或者只署职务名，如本报评论员（或特约评论员）。另一类个人署名的，包括署个人姓名的评论、专论、来论、杂感、漫谈以及其他小言论等。这类评论虽然属个人姓名，有时也间接代表或表达编辑部立场。有人认为，以个人评论代表编辑部态度的做法，现在国内传媒已经基本不用了[②]，其实不然。《北京青年报》自2000年开始在"每日社评"旗号下，每天以"本报评论员×××"署名形式发表"社论"。这种做法的恰当性和合法性存在争议，因为它实为顶着"社评"帽子的"个评"。[③]

---

① 胡文龙等著：《新闻评论教程》，中国人民大学出版社，1998年版，第52页。
② 丁法章著：《新闻评论教程》，复旦大学出版社，2002年版，第46页。
③ 检核时间：2014年2月17日。

图 4-2 《北京青年报》的个人署名社论（2012 年）

>>社论

社论的定义有不少，归纳起来有几点根本性要素。一是代表传媒机构的立场和态度，而非某个人的看法和意见。张友渔说："社论者，代表报社之意见，对于时事，有所解释、批评及主张。"[①] 二是它是传媒机构最重要的评论样式，是规格最高、分量最重的新闻评论样式。三是社论不署名。社论者，代表本社之"论"，因早已公之于众大家皆知，故不必刊出作者名。事实上，"编辑部文章"、不署名的"本报评论员"文章等，都属于社论的变形。此外，其他若干要素是否应该算，业界学界存在争议。譬如，一些新闻教科书认为，社论内涵的要素应包括"对当前时事和重大问题"的议题选择的限定。其实，社论内容特别是评论的新闻由头，不一定永远都是"重大问题"。对软问题的讨论也可以入社论，它们也可能涉及社会文明或文化观念等，不一定都事关时事或重大议题。国外著名日报有时一天的社论不只一篇，常有领域不同、"软""硬"论题的文章搭配出现。还有人提出，社论的目的是指导受众，因此社论定义应标明它是"一种指导性言论"[②]。其实，社论有鲜明的立场和明确的态度倾向，当然希望影响他人的相关看法，但最终究竟能否指导或左右他人则是另外一回事。所以，强调社论的"指导性"，还不如说它是一种"含指向性说服意图"的言论更符合实际。

[①②] 丁法章著：《新闻评论教程》，复旦大学出版社，2002 年版，第 228 页。

20世纪初,徐宝璜曾说,"社论乃其正当发表对于时事之意见以代表舆论或创造舆论之地也。此栏与新闻栏,应严分界限,前者发表意见,后者专登新闻"①。他介绍说,"就吾国新闻界之现状言之,编撰社论之人,常即为采编新闻之人,且社论多为一人之意见,故大抵署名发表。在欧美之大新闻社则不然,新闻门与社论门,大抵为对等之机关,两不相属。社论门中,例有一总编辑,并有数编辑佐之。每日开编辑会议一次,由总编辑主席,以新闻部所供给之新闻为材料而讨论之,交换彼此之意见,决定本社对于各种重要时事应抱之态度。然后选定题目,指定某人担任何题,各自按照编辑会议所议决之态度而编撰之发挥之。撰就后,交于总编辑,斟酌其是否可用,如有修正之处,则修正之。因其为编辑部之公意,故发表时不署名。"②他认为,"此种办法,优点有三:一为能收集思广益之效,二为不似署名时之有所忌惮,三一新闻社之意见,常较一记者之意见,易为社会所重视"。③徐宝璜的话虽然是几十年前所说,但是对于今日国内传媒业界之运转仍有中肯切实的醒脑意义。

图4-3 新闻教育家徐宝璜(1894~1930)

按照徐宝璜的定义,社论首先是每日必发的,可以单篇也可以多篇;其次它必是不署名而公众都知道是代表谁的;第三它是编辑部集体智慧的结果,必代表编辑部,也由编辑部(传媒机构)来领受由此而生发的所有荣耀,担承由此而产生的法律责任。就此而论,国内长期没有此种规范评论样式。2013年1月4日,《人民日报》推出其历史上第一块专门常设的新闻评论版,但从其内容来看,依然是本报特约评论、署名评论、来论、来信等言论性内容的集汇而已,而非标准规范的"社论版"⑤。

境外严肃报纸的社论的每日议题或主题,往往和时事热点、民情关注相关,贴近时新要闻发表议论。一些权威报纸在社论版或社论栏上,专门刊明报名、地址、报徽和责任人姓名,以示本版或本栏言论反映本报立场和态度,由本报负全责。金庸曾

---

①②③ 徐宝璜著:《新闻学》,中国人民大学出版社,1994年版,第80页。
④ http://baike.baidu.com/view/144450.htm。
⑤ 《人民日报》2013年1月4日第五版。

说："有大新闻时，最好立即组织社评。大新闻配以无关小题社评，令读者瞧不起《明报》。"① 此即警告：当重要新闻发生时，负责任和有诚信的报纸不可默然无言。香港《明报》自1964年起，每天刊出社论，后来排版位置和字体字号也渐趋固定下来。《明报》社评向不署名，开始由金庸一人总揽；1980年以后，由几位高层按主题分工撰写，由社长或总编辑统筹把关、协调、润色。金庸说："社评不光要十年、八年之后看了不后悔，还得立场一致，立场鲜明。"② 有研究人员指出，当年《明报》社论能够保持一贯立场，是金庸对社评作者"身教"及明白指点的结果，社评执笔者在语言和立论主旨上也尽量模仿金庸，避免出现与金庸立场相左的结果③。

现在国内一些日报如《南方都市报》等，已经开始逐步规范其社论的运行形式，每日刊登至少一篇不署执笔者个人姓名的社论文章④。值得指出的是，每日面世的社论给传媒机构一个积极参与社会意见交流的窗口，利用并维持这样一个传播界面，是传媒机构影响力的长期培育和体现，缺少每日社论的运行，就放弃了很大的一块影响力空间。现在，当一些重要时政事件发生时，时有传媒社论缺位或迟缓情况出现，客观造成"视而不见"或"缩头无言"的局面，殊为难堪。其实，每日社论之运行非仅形式，它直逼出新闻传媒机构的正直、坦诚和专业见识。

>>评论

评论是一个很不具体的概念。从广义来说，它包括了所有的新闻性评论体裁的文章；从狭义来说，它指国内报刊刊登的规格介于社论和短评之间的"中型重头评论"，或者广播、电视台站的"台评"。具体而言，如果"评论"是以报社名字发表，那么它自然是社论性质的言论，如果以其他个体名义发表，可以归入来论、来稿一类。在大陆地区，署名或不署名的特约评论员文章是一种评论特例；"特约"表明此文章非由本媒介机构撰写，但本媒介机构完全赞同并力推这一文章及其立场观点。事实上，此种"特约"文章往往代表比本媒体机构级别和地位更高的机构或部门的立场态度，或者更权威更官方的观点立场。总而言之，评论的来源一是机构、一是个人。机构来源又可以分为本社媒体机构，或者本媒体之外的机构。在国外，报纸的评论一般都集中在社论版或者社论版对页上，不与新闻混杂在一起。社论版上有本报社论专栏，也有来论等文章。在社论版对页上，则多刊登来论、来信，甚至与本报社论立场观点相

---

① 张圭阳著：《金庸与报业》，明报出版社，2000年版，第348页。
② 同上书，第331页。
③ 同上书，第345页。
④ 《南方都市报》万维网和Pad版服务呈现。核实时间：2012年11月4日（http://epaper.oeeee.com/A/html/2012-11/04/node_523.htm）。

左的文章，以求言论的平衡及论断指向的多样化。

>>短评

短评通常是指篇幅短小、内容单一、分析扼要、使用灵活的编辑部评论[1]。它通常针对一事一题而发表简短评论，或者配合新闻报道，就事论理，就实论虚，引导思考。在社交媒体传播普及的今天，网络短评甚至寥寥数词的超短评，成为非常普遍的评论形态。

图4-4 法国禁止广播节目说出"Facebook"和"Twitter"[2]

>>编者按

编者按是报纸刊载在报道文章之前的按语、文中的按语及编后等评论形式。它们的主要目的是对报道进行贴近性评议和主导性提示，以导引受众对新闻的阅读和理解。这种评论形式与新闻报道直接结合，甚或成为报道呈现的组成要件，兼有直截了当和潜移默化两个层面的作用。

对传统媒体来说，编者按正像它的名称所提示的，是传媒机构手中专有的评论工具，受众是无法参与和使用的。在广播、电视传播中，编者按常混糅在主持人播报者的串联词中，转化为点评、插话或跟评等话语形式。在网络新闻传播活动中，类似编者按、编后这样的"贴近式"评论工具，有可能被网络用户拿来使用，尤其是通过跟帖、转发附言等形式，"用户"直接给某一新闻粘贴上自己的议论或解读表达，给源发新闻信息加上了"另类"（alternative）理解路径，甚至改变了传者的原设初衷。

---

[1] 胡文龙等著：《新闻评论教程》，中国人民大学出版社，1998年版，第239页。
[2] 法国行政机构颁布了新的条令，电台和电视台的主持人将不允许在广播节目中提到这两个词语，除非直接报道这两家公司的内容。商业新闻网，2011年6月7日（http://news.itxinwen.com/internet/international/2011/0607/298783.html）。获取时间：2012年11月6日。

>> **专栏评论**

专栏评论原指在报纸相对固定的版面版位上特设栏目中相对定期发表的评论。专栏评论可以大致规定议题范围，如"每周经济评论"，也可以周期固定但议题开放，如"今日谈"；可以是稿源开放的群言纵论，也可以由相对固定的作者群包办撰写，还可以是署个人姓名的"独家评论"专栏，如上海《新民晚报》"林放"的"未晚谈"[①]。专栏评论大多版位、刊期、风格、篇幅长短相对稳定。专栏评论在网络新闻传播中，有比较广泛的应用，有些网民的个人博客，也类似个人专栏。

>> **新闻述评**

新闻述评是一种交叉性特殊体裁，融新闻报道和主观评论为一体是其基本特点，换言之，就是叙评结合。从倾向性地表达观点的角度来说，新闻述评本质是评论。因为述评中直接加入了作者的主观判断，使得它不能完全归入客观事实报道的序列。新闻述评的传播目的在于说服，在于明确地表达倾向和观点，所谓"述"是为"评"做铺垫的。中国悠长的"文以载道""夹叙夹议"式文人话语传统，使时下新闻述评呈现日益蔓延之势。这种趋势的后果是，新闻机构在抢着表达自我判断的情境下，很容易弱化对新闻事实的认真关注和不懈探究。

（二）网络新闻评论

网络新闻机构的评论类型，在总体上不出上述新闻评论的大范围，但也有一些新的变化和发展。对目前国内网络媒体新闻评论的存在样式，有研究者依评论主体划分，将其分解为网站评论、专家评论、网民评论三个类项。网站评论指来自正规新闻机构的新闻性评论，包括来自本机构的原创产品或转载转发其他同类机构的各种新闻性评论。专家评论指由网站邀约和刊载的、专门人士对某个事件或问题发表的个体评论。网民评论指任何方式的网民意见表达在新闻机构网络站点上的汇集和呈现。另有人提出两分法，认为传统新闻评论样式在网上的延续，可算一大类，普通网民在网上园地和平台上就新闻和其他问题发表的意见和看法，可算另一大类。这种分类法突出了传媒机构"我要说"和普通网民"众人说"的供应区别。

有研究人士认为，网络新闻传播机构应有代表本机构立场的权威新闻评论。但现实情况是它们通常并没有可以与比较纯粹意义上的报纸社论相对应的、不署作者名而代表本传媒机构立场的"本站社论"。从发展趋向来看，国内网络新闻机构正试图改变传统媒体的一贯做法，尽量丰富新闻评论的表达样式，试图改变专业新闻评论的版

---

① 此短评专栏由资深报人赵超构以笔名"林放"撰写，曾在上海《新民晚报》长期连载。

图格局。从专业传媒的角度来看，国内网络新闻评论可以分为三大类，即"自主评论""汇集评论"和"自由评论"。

1. 自主评论

所谓"自主评论"是指网络传播实体自己组织、主持，并作为本机构立场表达的标牌性新闻评论。目前国内一些主流媒体网站多采用"××时评""××网评"作为此类品牌栏题名称，多采取每日更新的频率，显示出对评论的时事性时新性的重视。这类新闻评论的主流典型是人民网的"人民网评"、千龙网的"千龙锐评"、东方网的"东方时评"、光明网的"光明观察"及"光明网评"、江西网的"大江时评"等。

人民网 2001 年创办的当家评论专栏，栏名定为"人民时评"，2005 年获评"中国互联网站品牌栏目"，它刊登的评论文章多次获得中国新闻奖网络评论一等奖。现在，"人民时评"的名号转归纸版《人民日报》评论专栏使用，人民网主打评论的栏目名称，改作"人民网评"，沿用原栏目"网上第一评"的推广词①。"人民时评"和"人民网评"在"人民网"站点上都有驻留呈现，成为该平台新闻评论的旗帜性内容。

下面是 2012 年 11 月 6 日"人民网评"网页上的文章标题②：

政经国际　　　　　　　　　　　　　　　　更多>>
- 人民网评：从网友的"十八大期盼"中感受中国信心
- 人民网评：收入分配改革需要攻坚克难的勇气
- 人民网评：万圣节乐己骇人，传播外来文化应尊重国人习惯
- 人民网评：收入分配改革需要"跳出庐山看庐山"
- 人民网评：中国的"幸福地图"越琐碎越靠谱
- 人民网评：收入分配改革不应"犹抱琵琶半遮面"前行
- 人民网评：有钱不如有权？权力回归本位才能破除"官本位"
- 人民网评：严惩洋品牌"双重标准"应成惯例
- 人民网评：最美的"警察故事"，身边最美的风景

社会民生　　　　　　　　　　　　　　　　更多>>
- 人民网评：城市"挤出效应"让"憎恐族"频生
- 人民网评：重阳节里思尽孝，您家的老人幸福吗？
- 人民网评：为什么要体验饥饿，元芳，你怎么看？
- 人民网评：当"老摔哥"们让善良长出坚硬"外壳"
- 人民网评：食品安全，仅有应试"知法"难以"守法"
- 人民网评：破解"中国式过马路"的规则困境
- 人民网评：让"最严交规"唤起驾驶者的文明自觉
- 人民网评：汽车文明需要严峻执法

科教文娱　　　　　　　　　　　　　　　　更多>>
- 人民网评：麻将搓出文化味比申遗更重要
- 人民网评：祝贺莫言荣获诺贝尔文学奖！
- 人民网评：鄙视"升官发财"不如言传身教
- 人民网评：打破教师"铁饭碗"能否公平落锤
- 人民网评：教师的"至高荣耀"如何保障
- 人民网评：收费一路猛涨，告别"入园贵"需要源头治理
- 人民网评："邹恒甫事件"叩问微博举报底线
- 人民网评：后选秀时代电视节目的"正能量"突围

---

① http://opinion.people.com.cn/GB/204041/index.html。
② http://opinion.people.com.cn/GB/204041/index.html。资料获取时间：2012 年 11 月 6 日。

"人民网评"在目前国内由主流网络传媒机构自主发起的、最接近独立和原创性质的新闻评论中具有代表性。有研究者评价它的基本特点是：（1）每天至少刊播一篇围绕时事热点、重要新闻事件的评论文章，反应敏捷，时效性较强。（2）评议涉及众多领域和各类事件，事事均可为题，对象具体，针对性强。（3）篇幅紧凑，直入主题，少了居高临下的训责，多了平等说理。（4）撰稿队伍以人民日报社和人民网站内的资深编辑、记者为主体，保证了稿件的水准和可靠性。（5）版面处理醒目突出，提升和保证了网上浏览的方便度。① 从上面录摘的篇目可以看出，"人民网评"的选题正逐渐改变传统新闻评论高高在上指指点点的形象和腔调，紧扣每日每时的新闻信息报道，发挥答疑解惑深化思考的传播引导功能。这是值得积极肯定的努力方向。不过，"人民网评"模式也存在值得考虑的问题。

第一，这类"自主经营"的权威评论大都是个人署名评论，还不属真正的机构评论。事实上，传媒机构最权威的评论发言是去个人痕迹的。美国夏威夷州的主要日报之一《檀香山广告报》（*The Honolulu Advertiser*）在社论版的社论专栏中固定标明"本栏社论文章代表本报观点，本报编辑委员会由……组成"。该报社长兼出版人、总编辑和社论版主编是委员会的当然成员。该报 2004 年 7 月 5 日刊出三篇本报社论文章，循惯例皆不署名。另一家当地主要报纸《檀香山明星报》（*Honolulu Star-Bulletin*）在社论版社论栏中明确刊印"我们的观点"的提示字样，并在栏目底端列出该报董事会全部成员、社长兼出版人、总编辑、副总编辑和社论版主编的姓名。这种不署名评论的发言力度和责任担当显然胜过个人署名文章。

第二，这种"重量级"评论的分量和质量还要掂量。"人民时评"2004 年 7 月 22 日刊出的评论文章"令人忧心的'麻木'"开头这样写②：

> 据近日媒体报道，6 月 25 日，陕西定边县委组织部副部长张子栋因酒后驾车，将农民李怀招撞倒，李的腿被撞飞一条，倒身于滚烫沥青马路上，血流不止。肇事车中人见状拨打手机，唤来的不是"110""120"，而是驾车而来的当地乡干部。张子栋被接走，丢下李怀招在痛苦中流血，后因失血过多死亡。事后，张为息事，欲出 18 万元私了，镇人大主席、县教育局副局长等官员出面充当说客。
>
> 读这则新闻，笔者激愤之余，内心涌起阵阵悲凉，有两个字在脑中盘旋不去——"麻木"。
>
> ……

---

① 闵大洪：《中国网络媒体原创评论的典范》，吴恒权主编：《人民时评（2002 卷）》，中国书籍出版社，2003 年版。

② http://www.people.com.cn/GB/guandian/1034/2656084.html。

此文披露的情节触目惊心，从事发到此文评议有近一个月的时间间隔，其间当地媒体有无报道，有无及时的评论发言呢？如果"人民网"评论对此事件的正式评说属于首发，那么这一现象就太值得新闻业界深刻反省了。对于这种是非曲直分明的新闻事件的评议（假定文中事实完全属实），竟要延迟一个月的时间，主流权威新闻评论的干预意识和社会良心真该画个大问号了。网络新闻编辑对此应该有所警惕。

作家莫言获得2012年诺贝尔文学奖，成为国内一件不大不小的事情。"人民网评"文章"祝贺莫言荣获诺贝尔文学奖！"，立意平淡，论说用语也未见出新，① 显出"个人撰述"与"品牌评论"之间的不匹配问题。此事不大，但落笔写出令人佩服的即时评论，却不是一件容易事。评论者不但需要非常熟悉莫言作品及道路，也需对诺贝尔文学奖评选价值标准的历史演变有透辟的心得洞见，也许非靠集体智慧才行②。

第三，网络新闻机构的重头当家评论任务应该由谁来担负呢？按照一般办报惯例，社论级的评论文章由社长、总编辑、副总编辑或社论版主编亲自操刀，原因在于只有

图 4-5　莫言作品《蛙》

这些"高层"人士才能把握好诸如选题、立论、文风和观点等重要分寸尺度问题，拿出代表本报立场的"文本"。目前，国内权威网络新闻评论的撰稿者范围还是比较宽泛的，属于在一定范围内"组稿"，并编选和刊出比较合用的稿件。这种做法有相当的被动性和将就性，自主表达的准确性也会受到限制。事实上，新闻评论特别是本报社论，通常被称作是报纸的旗帜，是其专业诚信和良知的体现，网络机构新闻评论也是如此。

国内其他一些比较有知名度的网络新闻评论栏目，也大抵采用与"人民网评"类似的运行模式。不过，有些网络传媒的这类评论文章的作者名字前，常缀有"××网特约撰稿人"的字样。这种安排也值得商榷。正如上文所提到的，这种"特约"定语的使用对刊登该评论的网络传媒机构的能力有潜在的贬损影响。特约撰稿人一般指外部人士受邀撰稿，其文章所表达的立场观点被本机构认可、接受或推崇。当本机构人士来写，很可能写不好或者缺乏说服力时，特约执笔才显价值。这种新闻

---

① 人民网评：《祝贺莫言荣获诺贝尔文学奖！》，2012年10月11日（http：//opinion.people.com.cn/n/2012/1011/c1003-19234842.html）。

② 莫言：《我为什么写作——在绍兴文理学院的讲演》，《传记文学》杂志，2012年11月号（总第279期），第5~21页。

评论作为一种传播样式当然可用，但是它的评论效用距离"本报社论"或"本站评论"较远，给读者的潜在印象是该网络机构自有专业能力不足。多数情况下，读者和公众期望从"社论"中读到的不是美文，而是公平和正义的勇气，以及深入思考的诚恳与睿智。

图 4-6 "新华网评"首页①

国内著名网络新闻机构的常设评论栏目中，还有获评"中国互联网站品牌栏目"的"新华网评"（新华网）。该栏目内容主要是由新华社各地记者编辑所写的评论性和述评性文章②，属撰稿者个人姓名，是一种夹叙夹议式的新闻报道样式。从新闻分类来说，它们是带有立场倾向的评论文章，但这些文章一般并不能代表新华社的正式立场，也不具有新华社"社论"的地位。近年来，微博的兴起使得主流网络传媒机构重视并捡拾起这一工具，如"新闻网评"就开辟了官方微博。

商业综合门户网站因没有新闻报道的原创发布权，在理论上也就没有新闻评论的原创发布权，只能转载其他媒体机构的评论文章。因此，这些网站或网络新闻信息传播机构的自主新闻评论功能，并没有作为一种正式的社会期待进入网络传播领域。商业网络公司在国内新闻评论的传播方面也有相当的自创性和影响力。它们的做法和原

---

① http：//www.xinhuanet.com/comments/xhwp.htm。资料获取时间：2012 年 11 月 6 日。
② "新华网评"作者群中现有语文出版社社长王旭明、中国人民大学劳动人事学院副院长刘尔铎等人。资料获取时间：2012 年 11 月 6 日。

则与上文所述也大同小异。但是，对商业网络机构在国内的运行，人们始终不能单以新闻专业标准来衡量和约束。

2. 汇集评论

所谓"汇集评论"是网络传媒机构将各家媒体新闻评论汇集起来，集中呈现给用户使用。这种做法是国内网络传媒行业的服务特色，受到有关管理部门的鼓励。目前网上汇集各家新闻评论的做法分两大类型：一是在自己站点上汇集其他正规传媒机构或媒体网站的自主评论内容，一是在自己站点选刊转载网民自发议论文章。这两种做法在网站编辑运行中一般相互联系互相补充。

第一类的典型代表如"东方网"的"媒体评弹"[①]、"新华网"的"媒体精粹"和"焦点评论"[②]、"齐鲁网"的"媒体言论"[③]、"红网"的"媒体言论"[④]、"光明网"的"媒体观点撷英"和"百家争鸣"[⑤]、"千龙网"的"谈经论政"[⑥] 等栏目。这些栏目或频道的共性做法是集纳来自众多传媒机构和媒体网站的新闻性评论文章。有的网站将所汇集的文章按内容大致分类，有的则只是按照文章刊登的时间顺序排列，未做更多整理。转载转刊其他传媒的新闻评论文章时，网络编辑也通过取舍挑选表达出自己的标准和倾向，借他人之口说出自己的话。

第二类的例子比较多，开辟各类专区汇集网民自发议论文章，也涉及网络平台的编辑对话题、内容的筛选把关问题。人们在此区域常可见到"以上只是作者个人言论，不代表本网观点"的声明或提醒。这类汇集评论栏目，有的是在一个话题下，收集排列网上自发议论，过往多是长短不一的议论，现在则微博式短评数量愈见增多；还有的是在一个话题下设立正反两方的对峙，如"新华网"的"正方反方"，标题都是两两对立的[⑦]。不过，如此"机械"操作有时也会"因形害义"，把严肃或复杂的问题以及相关思考讨论，变为简单化粗糙化的排列摆弄。

编辑汇集评论，除了选稿，一般并不需要做什么。不过，在汇集新闻评论的同时，如果网络平台为网民提供阅后发表感想的机会和渠道，那么这些"感评"也就成了所刊评论文章的附加部分或延伸部分，驻留在网上供其他读者参阅。这也算"汇集评论"第二大类情况。这种"汇集"做法，更具主题性、开放性和吸引性。譬如，

---

① http：//pinglun. eastday. com/mtpt/index. html。
② http：//www. xinhuanet. com/comments/。
③ http：//pinglun. iqilu. com/meiti/。
④ http：//hlj. rednet. cn/Class/345. html。
⑤ http：//guancha. gmw. cn/。
⑥ http：//review. qianlong. com/20060/more/39088/more39088. htm。
⑦ http：//www. news. cn/comments/zfff. htm。

"人民网"转载《市场报》(2004年7月23日 第四版)评论"如何'奖励'与政策赛跑的'冠军'"。文章批评江西省丰城市为建"形象工程",不惜与国家政策"赛跑",非法征地近万亩,强迫干部群众融资。该市市委书记、市长事后还公开庆幸"抢在国家土地政策调整之前批了地"②。点击该评论文章下面的"查看感言"按钮,就能看到网民阅后的评议。该文有两条读者评帖③:

图4-7 湖北作协刘闻雯背错唐诗遭网评嘲讽质疑①

【主帖共2条 跟帖共0条】当前第1页
网友于 2004-07-23 17:08:00 发表评论
"奖励"两个书记市长大概不会太难。难的是那些与国家政策赛跑后的"成绩"怎么处理?弄不好这地方的后来"乘凉者"们还会在很长时期内感激这两位呢。所以说,这与政策"赛跑"后的成绩必须作废。即使是已做成的熟饭,也不能拿它喂这些人。不能让既成事实成为腐败的借口。
网友于 2004-07-23 16:12:35 发表评论
治乱世用重典,丰城这两个违法乱纪的主犯不杀不足以谢天下!!!!!

新华网转载的《中国青年报》评论"审计之后怎能不了了之",对国家审计署的审计报告发表后引出的问题进行分析。该文如下④:

"你找谁?关于审计的采访?你去采访李金华!"这是记者给浙江省审计厅办公室打电话时得到的回答。记者换打了办公室的另一部电话,另一位同志虽然比

---

① 湖北省作协作家刘闻雯"竟然对不上一句广为流传的李白诗句,遭到网友嘲讽,甚至有不少人质疑其作家身份;也有网友认为情有可原,不必穷追猛打。且看正反方之辩"。资料来源:http://news.xinhuanet.com/comments/2012-05/14/c_111944314.htm;http://news.xinhuanet.com/comments/2012-05/14/c_111944314_2.htm。
② "人民网"(2004年7月23日),http://www.people.com.cn/GB/guandian/1033/2661005.html。
③ 此"查看感言"已经无法打开。检核时间:2012年11月7日。
④ 《审计之后怎能不了了之》,原载于《中国青年报》,"新华网"转载(2004年7月23日),http://news.xinhuanet.com/comments/2004-07/23/content_1631652.htm。

前面的那位客气多了，但他也对记者说，"关于接受记者的采访，目前我们厅没有打算。"据介绍，国家审计署刚刚给各省、自治区、直辖市的审计部门下发了一道"禁令"：即，不接受除中央电视台、《人民日报》、新华通讯社以外的媒体的采访；即使是以上三家的采访也要经过国家审计署的许可。对此，国家审计署办公厅的一位工作人员向记者证实：确实有过，好像是口头"通知"。但对记者的提问，这位工作人员也是闪烁其词（据7月21日《中华工商时报》）。

政务信息公开是政府部门的义务，同时也是公众知情权的需要。所以，对拒绝或限制记者采访这种遮遮掩掩的做法，我向来是坚决反对的。但这一次，我丝毫没有责备审计署的意思。从那位工作人员的口气中，分明可以感受到其对李金华的不满。如果说下属的"怨气"尚且无关大局的话，一些"硬茬"的强烈反弹，则让审计署和李金华处在所谓"审计风暴"的风口浪尖之上。国家体育总局有关人士在"坦然"承认确实动用了中国奥委会资金之后，闭口不谈如何纠正问题，反而讲了一大堆动用的理由，还不忘告诫媒体"不要炒作"，因为中国奥运体育代表团马上就要出征雅典为国争光了，仿佛错的不是他们，反倒是审计署和媒体。作为此次被披露出来的问题最严重的部门，国家电力公司相关负责人竟然说，"在全体员工紧张工作应对电力短缺的多事之秋，国家审计署披露此事一定程度上影响了国电公司员工的士气。"更有甚者，长江重要堤防隐蔽工程建设管理局的一位工作人员，干脆怀疑起审计署的动机是为了"表功"……

"审计风暴"刮了近一个月，除掀翻了几个"芝麻官"（比如云南省大姚县因挪用截流救灾专用资金处理了几十个责任人）外，条条"大鱼"都还安然无恙，倒是审计署成了"围攻"的对象。

大家都是正部级单位，都属同一"重量级"。这就像是有个人在马路上同时发现了好几个小偷，他马上指了出来并拨打了110。按理说，小偷应该灰头土脸地仓皇逃窜，至少也不会反咬一口。然而迟迟不见警察的身影。于是，一个小偷回过头来，另一个小偷也转回了身；这个小偷说他偷钱是为了资助失学儿童，那个小偷说他行窃是为了抗洪救灾……警察仍然没有出现。一嘴难辩众口，双手难敌四拳，审计署能不焦头烂额吗？

审计报告公布后，李金华曾表示，党中央和国务院对审计工作"最大的支持就是不干预"。他说，我干审计工作快20年了，当上审计长都六七年了，从总书记到总理，到国务院各位副总理、中央的其他领导，迄今为止还没有一位跟我打招呼，说这个事你不能审，那个事你不能报。这种"不干预"受到了舆论的一致赞扬。

其实，中央领导对审计署的支持并不只是"不干预"。在那次访谈中，李金华还说，"我们审计的所有重大问题，我都如实向国务院汇报，而且国务院领导都有批示，要求有关部门严肃查处。"现在，这么多问题被披露了，一个月时间也过去了，"有关部门"都在哪里呢？（盛大林）

在该文的"读后感言"中不少网民留下评语①：

新华网友 发言时间：2004-07-23 22：34：40 网友来自：218.23.201.

＊此事，就能折射出本届政府反腐倡廉的真正力度，情况如何？大家拭目以待。

新华网友 发言时间：2004-07-23 17：46：38 网友来自：61.50.184.

＊上梁不正下梁歪，这次审计若得不到很好的解决。下边的省市的部委怎么想？下一级、再下一级……老百姓怎么想？

新华网友 发言时间：2004-07-23 11：27：38 网友来自：219.141.18.

＊有亿万百姓支持的李金华，竟成了"孤家寡人"？真不可思议。

新华网友 发言时间：2004-07-23 11：24：42 网友来自：219.141.18.

＊为什么在中国，正直的有责任感的干部，总要承受比任何人都大的压力，跋涉比任何人都艰难的道路，这究竟说明了什么？

新华网友 发言时间：2004-07-23 11：18：49 网友来自：219.141.18.

＊这场审计风暴，如果就此不了了之，百姓对反腐还有何期望？

新华网友 发言时间：2004-07-23 11：10：44 网友来自：61.49.150.

＊腐败不得人心，没什么可怕的。如今的条件比毛泽东上井冈山时强百倍。多行不义必自毙。

新华网友 发言时间：2004-07-23 10：51：56 网友来自：220.163.63.

＊审计署向全国常委会提出的2003年审计报告，暴露出来的问题至今未见结果，确实让人费解，一个多月过去了，特别是中央部委揭露的问题，为什么不向人民群众作一个答复呢？若都像这样，上行下效，长此下去，如何是好，更重要的是怎么实现温总理提出的让人民满意的政府呢？我以为不在问题多少，关键在于领导机关对问题认识和整改的态度和纠正错误的勇气，只有这样才能得到人民群众的支持和信任，才能无往不胜，才能逐步成为人民信赖的好政府。

---

① 此"读后感言"已被删除。资料来源：http：//comments.xinhuanet.com/comment?url=%20；http：//news.xinhuanet.com/comments/2004-07-23/content_1631652.htm。

新华网友 发言时间：2004-07-23 10：43：11 网友来自：219.238.210.

* 人们总说邪不压正，而当今是正压不住邪！有些事情越来越邪门。

新华网友 发言时间：2004-07-23 10：31：46 网友来自：219.148.63.

* 李总长这样干长久吗？很为李总长担忧，他触动了特权们的利益。世道变得很不正常，抓小偷的倒成了人人攻击的对象。

新华网友 发言时间：2004-07-23 10：22：51 网友来自：61.49.150.

* 公开了审计结果，就是进步。相信党中央会给全国人民满意的答复的。前进的车轮谁也无法阻挡。审计部门的同志们，人民是支持你们的，你们需要人民做什么，尽管说。

新华网友 发言时间：2004-07-23 09：59：50 网友来自：61.166.144.

* 大概又要用社会主义初级阶段来解释了。

新华网友 发言时间：2004-07-23 09：52：07 网友来自：61.185.47.

* 一个母亲生的几个孩子在打架，作为母亲该批评谁呀？这就是我们党的英明和伟大。

新华网友 发言时间：2004-07-23 09：47：53 网友来自：219.146.181.

* 较量刚开始，不合格的人有多少，严惩不贷。

新华网友 发言时间：2004-07-23 09：47：33 网友来自：218.70.228.

* 这才是中国特色……

新华网友 伍玲 发言时间：2004-07-23 09：30：19 网友来自：219.153.125.

* 现在国务院也应干预了，一个月时间也过去了，还要让国民期盼什么？这正与邪的较量，也潜映着中国的希望。

新华网友 发言时间：2004-07-23 09：29：23 网友来自：218.59.130.

* 记者也这么天真无邪？

新华网友 发言时间：2004-07-23 09：26：02 网友来自：61.48.129.

* 不知李金华署长及其家人现在过得怎样？真的很担心他及他家人的处境。我们经常号召爱岗、敬岗，对工作要有责任心之类。可是我们的政府机关表现真的令人失望。审计部门的工作职责就是看好国家财产，肯定会揭出一些部门存在的问题。然而看这些存在问题的部门不是沉默就是狡辩，也许还会有人指责甚至报复。希望我们的政府部门时刻处于居安思危的状态。正义总会战胜邪恶！9亿百姓是李署长的坚强后盾！

新华网友 发言时间：2004-07-23 09：21：35 网友来自：210.87.138.

* 炒这类审计出有问题官员的鱿鱼，中国有的是人，却（缺）谁也可以。

新华网友 发言时间：2004-07-23 09：18：06 网友来自：61.53.133.

＊审计之后不是不了了之，而是问题太多太大，有关部门处理需要一些时间。相信我们的党，相信我们的政府，一定会给人民群众一个满意的结果。

新华网友 发言时间：2004-07-23 09：14：50 网友来自：218.22.156.

＊但愿审计不"虎头蛇尾"，不"作秀"。

这样的评论汇集与互动交流超出了简单地单向传播的意义，成了网上观点和信息的交流的汇集点，成为了网络公共论坛。这种跟帖跟评有时因为种种原因暂时或者长久关闭；有的时政类新闻的跟评功能被关闭，但体育、娱乐等新闻的跟评区仍保持开放。从上述互动帖情况来看，网络言论互动的供应和需求相当强大，类似的表达意愿一定会通过各种方式各种渠道，以"原型"或"变形"的样态顽强地在网上出现和扩散。对网上评论积极宣释、引导和宽容，是构建健康良性的网络传播环境，实现充分和真实的民意表达的可取之道。

图 4-8　国家审计署年度报告经常备受瞩目

"汇集评论"还包括"专家评论"，有时以"评论员专栏"形式出现。对于"专家评论"，有研究者将其分为两种类型：（1）专家独立选题独立写作，然后将评论文章提交网站发表。（2）专家通过与网民、网站主持人或其他专家的在线（文字或音视频）互动交流，完成评论的生成过程[1]。需要指出的是，专家评论一般并不完全是自发性行为。他们出场的身份和资格往往得到邀请他们的网络传播机构的认可。有时，专家名单在相关网站上固定驻留，他们的评论文章在发表时得到相应的技术和编辑支持。这种安排本质上是组织和调动特约撰稿人资源的编辑工作思路。相比传统媒介来言，一个网络平台可以同时容纳比较多的"专栏评论员"来开设专栏发表文章。这是网络传播站点的优势。这种专栏评论员阵列的网上陈列，已经成为国内网络传媒的常规设置；著名人士专栏可以同时出现在多个网站平台上，并成为各家争夺的资源。人们一般将专家在线互动问答的活动，归入在线谈话或论坛主题讨论的范畴。从新闻传播的角度来看，它们更接近开通了场外互动渠道的、开放式电视访谈节目类型。

专家之所长大都有领域和行业的限制，并非行行通、样样精。有些网络传播机构在设立集合式专家评论栏目的同时，也采用"评论员专栏""特约评论员专栏"等栏题，以扩大评论领域和议题的覆盖面。事实上，这些评论栏目的基本运作情况彼此差

---

[1] 彭兰著：《网络新闻学原理与应用》，新华出版社，2003年版，第407页。

别不大，大都是一些相对固定的评论撰稿人在网络传媒的支持下，比较经常地以个人署名的形式发表新闻性评论。一些在网上比较活跃的、有号召力的网民也有被纳入这一评论队伍。

从网络编辑的角度来看，对于这类"专家（评论员）评论"栏目的管理一般没有很大的工作量。通常这些在线专栏都是将"专家"的姓名集中地放在网上，姓名链接有关专家的简介和所发表文章的目录等。对于编辑来说，联系、沟通或约请合适的人选是令专栏活跃和有较大影响力的关键工作。编辑需要经常和这些特约的评论员保持密切的沟通和协商关系，通过相互协调，使栏目的整体内容从选题、视角、风格、数量等诸方面都有合适的覆盖和平衡的呼应。这种编辑组织和协调工作与传统新闻编辑的活动没有太大的本质区别。过去传统媒介重视团结和集拢一批作者和撰稿人，现在网络传播媒体机构同样需要这样做。不过，和过去相比，网络传播的空间和内容承载容量都大大提升，这意味着可以有更多更专的专栏开辟出来，每个专栏内可以刊登更多的文章和评论，可以展开更为生动和广泛的讨论和观点的争论。这些都对网络编辑的组织、策划和协调能力提出新的挑战。

3. 自由评论

"自由评论"主要指网民自发式的网上议论和感想的成果，它们显现和驻留在网上，供其他网络用户阅看。网上评论以文字形式为主，但不限于文字形式。广义的网上"自由评论"泛指网友浏览 BBS 或网上论坛时的发帖，在网上与不知真实姓名也从未谋面的网民聊天交谈，参与网上各种主题讨论或互动，或者在网上发布各种想法和表达等。狭义的"自由评论"是网络编辑从广义的"自由评论"在本专业机构站点平台上的具体呈现。这种呈现结果主要是编辑对这些自由来论的"宽容"和接纳。专业新闻站点上自发性地来自网民的"自由评论"，除去网络编辑必须阻挡和剔除的以外，都自动成为该站点网络评论的有机组成部分。网民自主评论涉及的内容可以非常广杂，专业传媒机构平台只关注和容纳那些自己服务类项相兼容的，例如时事评论、经济评论、体育评论、文学评论、文艺评论、生活评论、时尚娱乐等。

国内网民自发性和自主性的新闻性评论，有时能打破社会惯常的传播秩序和议程步调，揭露出比较尖锐的社会矛盾和具体实情。这种传播冲击具有突发性和不可预料性，是网络管理机构努力想把控和掌握的。但是，要想让这种自发的网友评论表达完全受控，甚至直接阻挡民众意见的网上表达，一般很难做到。一定规模和比较集中的网民自发评论和转发，往往由某个新闻由头或突发事件引起。有时，个别网评也可引爆大量的网民议论聚集，称为关注焦点。

现在国内大多数网络用户固定地或移动地在线阅读其他网民留言评论，发表意见的方式多种多样，操作简单快速，几乎没有什么技术门槛，推广和普及非常容易。目前，网民自由评论已经可以有文字、图片、音视频元素等多种表达样态，当然最主要和最方便的还是文字。

BBS 不仅仅是简单的电子公告栏，而是可以有信件讨论区、文件交换区、信息公告区和交互讨论区等，可以实现简单的在线聊天、信息发布、

图 4-9 "天涯社区"新版推介页

分类讨论和信件发送。在线聊天是在网上一对一或一对多的对话，可以包括语音聊天以及互传影像的可视交流。网上交流在技术上一般不受限制，但为了交流的有效性，特别是一对多的在线交流，自然会逐步走向分出主题和范围。在 BBS 上是如此，在网上论坛是如此，在网上社交中也是如此。对某一共同主题或议题感兴趣的网民将会汇集到此，可以阅读，也可以分享意见，张贴自己的文章等。出于主题讨论区的有序运行的管理需要，产生了"版主"（斑竹）类的层级管控。版主对空洞和过时的文章和信件进行清理，对比较好的文章进行整理，挑选优秀佳作放在"精华区"内，还可以组织网民就有关问题进行讨论或投票等。挑选佳作评论文章的工作，如果不限于办好 BBS 或论坛栏目的需要，而是纳入整个网站的传播工作来考虑，就成为前述的"汇集评论"编辑工作的主要资料来源之一。

网上论坛一般都是分主题和围绕主题展开的。时事论坛最具旗帜色彩。它一般信息快，思想活跃，贴近时事政治事件和时新问题，受到网民的关注，其他内容论坛也常常受它的影响。不过来自社会、生活、科技、游戏、娱乐、情感、文教、影视、体育、财经、地方等分坛中的话题或帖子，有时也会成为热点。闵大洪归纳网上论坛三个特点：一是新闻集散地。一些突发新闻和重要新闻都在此迅速集中。二是观点集散地。各种观点和看法都可居一席之地，有长篇系统的，也有只言片语的。三是民声集散地。观点和意见的发表呈平民化和平等化特征，普通公众以及弱势、边缘群体都可在此实现一定的话语权。[2]

网络编辑需要关注本站点开放讨论区中的海量议论和信息，因为这其中时常有有价值的内容跳出。不过，网上散漫信息的可靠性和真实性极不确定。一些网

---

① http：//bbs.tianya.cn/。
② 闵大洪：《中国互联网上的民意表达》，《媒介研究》，2004 年第 5 期，第 38~44 页。

络新闻平台时常发表所谓"网传""据网上报道"等无具体源头或引据的信息，就是简单地放弃了新闻线索事实的核证工作，导致网上新闻的可信度一再被稀释。

网民自发地和自由地发表评论除了论坛区域，还可以通过紧跟新闻报道之后的跟帖和签名等方式来表达意见和看法。新闻跟帖的意义有两个：一是通过提升受方的主动地位和参与度，吸引受众接收和参与网站的新闻传播；一是受众对于新闻的评论自动成了传者的新的信息传播资源。因此，以新闻跟帖形式提供的网民评论服务是比较有规模的新闻网站和门户网站扩大影响和提升流量的可操作的运行手段。当一条新闻在网上刊登后，网民即可紧跟其后发表看法，当一些突发热点新闻出现时，跟帖的数量可达成千上万，很短的时间内就形成网上舆论声势。虽然，许多跟帖内容过于简单，看法也不一定很成熟和理性，但是跟帖代表的舆情指向一般比较明确，从中可以推出某种社会态度倾向。就此而言，网民自由评论是一个很方便的显示形式。但是对于网络管理者来说，这是一个复杂和棘手的难题。为了避免额外麻烦和分散导向，网络平台管理者往往在遇到或预感到挑战时，就迅速关闭跟帖服务。作为自发式评论方式的网络新闻跟帖，如果不能在空间和版面上紧紧跟着相关新闻报道，那么它就会借助社交媒体手段以疏离的方式在互联网络上扩散，新闻报道和各种相关评论最终还是在网上聚合碰面，虽然网络新闻媒体机构撇清了干系。所以，动辄关闭新闻跟帖以阻拦自发评论的做法是否得当，在业界中还存有争论。

网民自由表达意见或评议，还可以通过回应网上调查和网上签名来实现，特别是网上签名。有学者将网上签名称作网上意见表达的"升级"行动[1]，在若干年前曾经相当活跃，近年已经非常少见鲜有人提了。这种网上表达活动形式，有委托"代议"的色彩，即大多数个体无须单独阐述和表达对某一问题的立场观点，只对能够代表自己看法和意愿的网上倡议或决定表示赞同即可。这实际是一种"投票"，也是所谓"顶"或"踩"的简单式表达。这种办法可以使得网上倾向迅速形成，表达声势迅速提升，形成网上舆情势能。这种在线服务的开通或关闭，主要由网络传播平台控制者和编辑人员直接掌握。

目前，"自由评论"的传布渠道愈加广泛和多样，如博客、微博、"脸书"（Facebook）等社交传媒方式，使得网民自发议论的扩散路径主要通过横向传播和群体传播展开，避开了原来的自上而下的层级管控体系。在这种发展背景下，正规新闻机构网络站点上各种鲜活和多元的网民"自由评论"资源正在流失，因为它们有更多和更自由的发布渠道和分享平台可供选择。

---

[1] 闵大洪：《中国互联网上的民意表达》，《媒介研究》，2004年第5期，第38~44页。

(三) 网络新闻评论主持

这里所说的主持是编辑对网络平台上各种新闻评论活动和内容的总体管理及把握，包括选题、策划、原则、风度等。

1. 挑选话题

选题关系到编辑部发出的所撰评论文章或者约稿的"自主"评论文章的主题内容和评论范围。对于主流网络新闻传播机构来说，编辑挑选和确定的评论选题尤为重要。"人民网"的评论选题定位在"围绕舆论关注的焦点、民众关心的热点、党和政府工作的重点"。"人民网评"的办栏宗旨是："明白和公正"。"东方网"提出"天下大事，均可评论"，其核心评论栏目"今日眉批"决心"言人之所未言，发他人之所未发"。这些都是编辑选题定题的基准原则。

具体选题的确定一般有四种来源：一是上级命题。这属于指令式命题作业，编辑部对时机、话题、要求等都没有商量的余地，在此不讨论。二是常规选题。这指结合固定节庆和预知重要事件提前准备和先做安排，届时推出的评论选题。这与国内新闻业界在这方面的传统惯常做法相同。三是动态选题，指针对现实的新闻和时事情况及时反应而确定的选题。这类选题如果不属重大级别，其决定权往往在编辑部或执行编辑手中。当同时发生几个比较重要的事件时，是同时推出相关评论，还是选择一二进行突出处理，就需要编辑决断了。四是跟从选题。一般指那些原本没有进入编辑视野，但是随着事件的发展和网上传播的推进而成为热点问题的话题。编辑部对这类选题的最终确定，往往有一个观念转变过程。一些在网上"说"热的事件和问题，多数可以及时纳入网络平台"自主评论"的议论范围。网络传媒机构作为发言者，其评论影响力通常远大于个体网民，特别当它立论公允把握得当时。专业传媒机构也完全应该在网上争论热点出现时，参与其中并发挥中肯积极的作用。就此而言，这类选题可以说是根据网上信息和观点交流以及舆情起伏变化情况而被动地确定的选题，常由此见出网络传媒机构的专业能力和责任心。

对于常规和动态选题，网络编辑部及有关编辑需要有一个日常性和制度性的题目遴选、讨论和操作落实的程序。目前国内新闻网站的"本站主打评论"一般都维持在每天至少一篇的水平，这与传统媒体的做法比较相似。如前面所介绍的，传统报社在这方面已经有成规可循，而网络编辑部在这方面的运作，大都还不太固定和成熟。如果把一段时间内的网站主打评论选题汇总来看，其内在的连续性和与当时新闻大事以及社会民众热切关注的联系和一致性都还有待加强，有些比较受关注的事件和话题甚至没有触及。有人谈论网络新闻评论时说：现有的网络新闻评论一般是"自产自销"，网络新闻评论要得到受众的广泛关注和认可，并产生巨大的舆论影响力，需要在内容和形式两个方面不断努力①。这里所讲的问题，主要指前述"自主评论"，当然也牵涉编辑工作的改进和提高。

跟从选题是一个比较复杂的问题。它们在初始阶段往往不受重视，后经过一段网上发酵而急速升温。在此情况下，专业网络传媒是发声还是缄默？简单的肯定和否定的回答，都难以切合实际。除开不可抗拒的外来阻挠，网络新闻评论需要尽快反应，需要贴近社会关切，需要尖锐泼辣，但又不能盲目跟从，不能唯网上温度和倾向来决定自己的立场和作为。需要提醒的是，这种跟从选题问题在国内传统传媒的日常运作中，原来并不突出，但现在已经成为无法回避的日常课题了。网络传播提高了社会和网民（其实就是整体民众）对新闻传播专业机构和人员的即时反应的期待指数，相应的缺位或无言表现将直接扣减有关机构和人员的信誉度存量。

2. 把握分寸

把握好网络评论的分寸感，指编辑应该对所发表的评论（特别是重要评论活动）的议论角度、评议逻辑、表达分寸、态度口吻进行认真的审视和斟酌，务必达到较好的水平和状态。

除了标明的"站论"，网络编辑在理论上不对评论的内容直接负责，相应文责由评论署名者承担。不过，新闻编辑对在本站评论栏目中发表的文章仍应特别注意，不仅要注意文章的论点论据、立意文词，还要掂量文章发表后可能带来的传播效果。下例在一定程度上反映了这种问题。该评论文章以第一人称口吻写道②：

> 最近，国家计委又一次发出通知，要求各地立即取消对农民工的各种不合法收费。这样的消息，按照常理，对遍布全国大小城市大街小巷之中的八千多万农民工，无疑是一件好事。但我在听到这个消息之后，并没有替农民工感到多么高兴。
>
> 如果没有记错，这应该是国家计委四个月之内的第二次严肃通知。按照常理，只有在第一次通知下去之后有禁不止的情况下，才会有更加严厉的第二道禁令。不是我低看了一些管理部门的觉悟，但我的确不敢想象有些权力部门会依照国家计委的要求如期取消或减少对农民工不合法的、不合理的种种收费。要不，何需计委三番五次费力发文呢。这样想来，恐怕有经验的农民工也高兴不起来了。
>
> 所以有时候我会想，现在如果谁要来一种假设——假使没有农民工，肯定会被人认为书呆子气。因为这种假设压根儿就不成立，无论从逻辑上还是在现实

---

① 丁法章著：《新闻评论教程》，复旦大学出版社，2002年版，第319页。
② 人民网，http://www.people.com.cn/GB/guandian/26/20020430/720744.html。

中。远的不说，仅仅是刚刚过去的这个春节，北到京城南至杭州，无数的农民工只是为了抢在火车票涨价之前回家看看，就已经给这些城市习以为常的生活带来了多少意料之外的麻烦。先是餐厅里端茶递碗的人手不够了，接着是居民区的钟点工短缺了，接着楼道里的垃圾没人打扫了，再接着，也许下水道堵塞了就得等农民工返城之后来掏了。——农民工承担着这些最不为人道的鸡毛蒜皮的琐事，他们已经成为城市生活的真正保姆。

这个时候，或许用不着说农民工建起了多少高楼大厦、修筑了多少高速公路、架设了多少电缆光纤之类的这样的大道理了。但不说行吗？有的人就是只看见自己脚下的那点点小道理。尽管说起来谁都知道近亿的农民工是无论什么阻力都挡不回去的，而且这个数字随着城市化脚步的加快还将义无反顾地扩大，但一遇到具体问题，一涉及具体矛盾，有些人的小道理、甚至偏见与歧视就不由自主地冒了出来。

当然，谁也不会认为农民工的问题能够在一夜之间解决，但消除对农民工这个庞大的弱势群体的偏见与歧视，却是可以做到的，并且随着这种偏见的去除，农民工的地位与作用会在目前的城市中发挥得更好。

给农民工一个公平的环境吧，这不仅仅只关系到农民。

该文题目是"不仅仅关系到农民"，所谈问题比较宏观。文章的风格是感思自语式的。文章结尾发出"给农民工一个公平的环境吧，这不仅仅只关系到农民"，近乎告求，令人多少有些泄气。

编辑人员在处理类似稿件时，应对议论文章的传播视角和传播气韵掂量斟酌。论说大问题，要有全局在胸的气魄；抨击不平，要有正义在手的坚定；分析矛盾，要有直剖症结的犀利；感事怜生，要有火热的真诚。如果议论口吻风格与所论之事不搭，评说的力量和效果必打折扣，甚至滑稽荒谬。同理，对于日常议题和身边小事的评论，除了论点论据站得住脚，也应拿捏好与内容相配的传播口吻和表达分寸；此时如果高腔大嗓说空话，同样适得其反。

图 4-10　香港电台大楼(RTHK)[①]

编辑还要留心纠正把基本概念和实际问题搞混淆的毛病。这对编辑是学识和能力

---

① 此照片来源网上，出处不详。

的考验。"'吃肉'与'骂娘'岂可兼得？"一文就反映了这样的问题。该文这样写道①：

"端起碗来吃肉，放下筷子骂娘"。这句话描述的是一种近乎病态的行径。

十多年前，中国改革开始步入"攻坚"阶段，面对新旧体制激烈碰撞引发的众多难题，社会上出现了一种消极现象：部分人一方面尽情享受着改革的种种丰硕成果，一方面却对改革极度不满，横挑鼻子竖挑眼，甚至冷嘲热讽地给深化改革大泼凉水。"吃了肉骂娘"就是对这类人的逼真"素描"。后来有人"对症下药"，提出医治这种病的"药方"：既然那么"恋旧"，就索性开办一个封闭的"复旧特区"，请诸君"入区"："特区"里一切按改革前计划经济时期的"老规矩"行事，包括柴米油盐酱醋茶胶鞋棉布大白菜在内的所有日用消费品，全都恢复凭票定量供应。当然，没人愿意服用这剂苦药，"特区"也没办成。为了继续"吃肉"，"娘"倒是越骂越少了；而接受"改革中遇到的难题，必须用深化改革的办法才能有效解决"观点的人，则越来越多。

时隔多年，笔者在香港又看到了"吃肉骂娘"者的影子。最典型的要算某传媒机构。你瞧它有多"牛气"：一手潇洒地耗费着政府拨予的巨额公帑，一边却不断地寻找着骂政府的"茬子"，甚至不惜用支持恐怖主义的"塔利班"来恶毒影射香港特区政府。这不是"端起碗来吃肉，放下筷子骂娘"，又是什么？最近，行政长官董建华刚刚提出重大改革方案——主要官员问责制，那位刚退休的该机构前领导人就又站出来唱反调了，说什么"问责制"会"损害编辑自主权"，令它不能"如其他传媒一样尖锐批评政府"。她还加油打气地要该机构"坚持编辑自主的立场"。

正当的编辑自主权，无疑是应该充分尊重的；肆意干扰依法施政的权力，同样无疑是必须严加遏止的。在香港，有一些传媒，并未支领一毫公帑，但它们守持着"不偏不私"的原则，凭着传媒工作者的良知，坚持从香港的大局和整体利益出发，公正地进行报道和评论，对维护社会稳定、促进依法施政发挥了积极的作用。它们也对政府的缺失与错误及时给予批评，但都力争做到有理有据，绝不恶意攻击、谩骂。因为只有据实的批评才有助于工作的改进，攻击、谩骂只会加剧对立，并降低自身的"报格""台格"和公信力。

"吃肉骂娘"者，却起着恶劣的反面示范作用。本该以替政府依法施政"鸣锣开道"为主要职责的公营传媒，却经常扮演与政府"唱对台戏"的角色，其他传媒焉有自甘"落后"之理？既然"大嚼东坡肉"的都在放声放胆地大肆"骂

---

① 人民网，http://www.people.com.cn/GB/shizheng/18/21/20020430/720801.html。

娘",那么连"肉汤""骨头"都没沾上的就更有理由大骂而特骂了!好在以董建华为首的特区政府有足够坚韧的"听觉"神经,否则在"天天骂""时时骂"的嘈杂舆论环境中,根本无法正常施政。但是,必须看到,恶劣的舆论生态,也确实已经给香港造成了多方面的重大损失。

既然鱼与熊掌不可兼得,"吃肉"与"骂娘"岂有兼得之理?患上"吃肉骂娘"恶疾者,如果继续讳疾忌医,那也是有"药"可治的:放你个"自由"之身,从今往后也完全可以"如其他传媒一样尖锐批评政府",高调"骂娘",但公帑的这份"肉"就别再继续吃下去了。有"娘"一起骂,有"肉"一起吃。凭什么别人"骂娘"不给"肉",唯独你"骂"就给"肉"呢?不公平嘛。

该文章把"骂娘"和"吃肉"列为相互对立、不可兼得的两种选择,由此展开论理,从一开始就很费劲绕弯子。把传媒机构从政府处获得经费比作"吃肉",把传媒抨击政府政策的做法比作"骂娘",也比喻得生硬牵强。文中的香港某传媒机构即是香港电台(RTHK)。香港电台是当地唯一公共性质的传媒机构,秉承公共传媒报道原则,对于特区政府的做法和政策或赞或评,有一贯的传统和做法。文中提到的它的具体言辞和做法是否适当,这里无法定论。不过香港电台多年来在全港传媒公信度评价中,始终超过众多商业传媒机构稳居首位。上文搞错的一个重要问题是,香港电台虽然从政府手中取得经费,但是它的运行体制与国内各级政府主办传媒并给予拨款的体制安排相当不同。香港电台是公共传媒,由社会全体为它提供运行经费,并履行为全体社会民众服务的社会职责。它的经费虽来自政府之手,实际却是纳税人的钱,并不是政府的"私房钱"。所以,香港电台不是内地民众所熟悉的"政府台"。在这一点上,香港电台更接近英国BBC公营模式。BBC在某种意义上是英国的"国家台",而不是事事直接听命于"政府口径"。

这篇文章的中心立论是香港电台又"吃肉"又"骂娘",和其他未得政府经费的商业传媒比起来很不公平。这个判断恰恰是误读了香港的传媒体制。有类似见识偏失的文章如果作为个人网上评论无关紧要,但如果作为网络传媒的重要评论、主打评论,就需要慎重小心了。新闻编辑在主持和把关时需要注意。上文反映出的毛病不是大原则问题,但是编辑恰恰需要在读者甚至作者都忽视了的地方"把好关",特别在基本概念、基本观点和基础事实方面。网络编辑面对的评论文章,可能涉及各种各样的事情和问题,必要时或者在时间许可的情况下,多做点调研或者咨询请教工作。

3. 主持风度

网络新闻评论有相当部分是由网民的自发自由评论构成的,对比传统媒介来说,网络评论的数量和影响都不容忽视。报纸虽然也有来论或者读者来信，电台或电视台节目虽然也有通过电话热线的受众意见参与，但是都无法与网络传播的互动性和普及性相提并论。

网络用户自由发布评论意见的最初形式为论坛方式，即 BBS（Bulletin Board System）服务功能。从网络传播历史发展的角度看，跟帖、博客（Blog, Weblog）、播客（Podcast, Podcasting 或 Podcaster）、微博等自由发布形态，亦可看作论坛模式的衍生、变形或升级版。在 BBS 信息传布活动中，网络站点提供的是使这种传播交流得以实现的技术性平台支持。这个平台或网络服务提供主体并非毫无主动性。打个比方，如果说网络平台是路，那么来自各方的议论帖就是路上跑的车，而论坛管理者或版主就是保障和协调路况秩序的交警。他们的指挥、疏导及管理车流和行驶状况的水平能力自然各有不同。

图 4-11　"百度图片"中的 BBS 漫画[①]

在这类"自由"网络评论中，论坛和博客服务平台是网上自发评论汇聚和集散的基础空间，信息登上这样的平台，就可以实现一对多的"广播"。在论坛或博客频道运行中，论坛主持人或版主或博客频道把关编辑的作用可以非常重要和突出。对于论坛类传播的管理，有关管理部门有正式成文的规定，这里所讲的是版主等论坛管理者的日常主持。这里所讨论的原则，对于其他网络自由发布渠道的内容编辑，也有相通的参考意义。

从大的方面来看，国内重要的新闻媒体论坛目前由正规网络媒体经批准或备案后主办。这些论坛一般有比较严格规范的监管制度和程序，有用户实名或匿名注册登记以及使用管理约定和规章。这些管理约章通常要求网络论坛使用者承诺遵守有关法律法规，对自己网上行为及后果负责。网络论坛平台如果提供免费服务，则管理者和编辑对用户自由上传至论坛的内容有把关权和删除权，必要时可暂时或永久封杀其所认定的"无良"账户。如果论坛服务是收费的或与用户另有契约在先，管理者和编辑则须依法依规办理。

---

① http://image.baidu.com/。

论坛主持在日常运转中，承担着内容把控和论坛主持协调人的角色。这种角色可以是显性的，也可以是隐性的。除了对原则性违规情况的处理之外，版主要对日常的本论坛上的信息流进行监看和处理。如果有先审阅后上载的管理环节，版主需要对涌来的各色帖子进行筛选过滤，然后再全文刊出，或节选删削后刊出，或者扣住不予发表等。版主或编辑如此把关处理的原因，往往因帖而异各不相同。总体而言，不外内容性或技术性这两方面的原因。内容性原因大体属于政治问题、指令规定、主题不妥、内容不宜或表达尺度超限等方面的情况。一般而言，网络用户的自由发表始终在全方位地冲击现行网上发表自由的边界。事实上，网上发表的自由度的确比网下增大不少。这是不争的事实。但是，网络发表自由究竟可以扩展延伸到何种程度，则是一个极具挑战且动态变化的严肃问题。国内网络新闻机构根据现实社会情况，并从各自立场和服务出发，对网络论坛平台的自由发言的边界设定内部操作定义。所以，专业网络新闻机构必然对大量涌来的自发性评论内容进行把关处理。

从宏观来看，网上评论的自由状态离不开具体社会和体制的框架。从微观来看，网民、论坛和版主之间因功能角色定位差异而生的矛盾和摩擦，是永存的和持续的，要靠各方进行式的协调、磨合和碰撞，来化减或超越。论坛的技术性限制原因通常来自该平台的服务定位、服务规模、技术能力以及管理资源等元素的局限。一些论坛平台除了设定讨论主题的分类或内容限制外，还有服务时段的限制，或者用户地理位置范围的限定。这些也属于技术性管限。

中国大陆地区的网络新闻传播最早是从设立网友自由论坛开始的，此后网络新闻传播规模不断扩大，论坛式传播方式一直保留和延续。相比之下，国外一些著名新闻传媒机构的网络站点常常不设立开放式的、脱离本机构新闻报道的独立论坛服务。这些站点反之热衷在其新闻报道页面上，直接提供新闻跟评、转发、共享等"粘连式"互动参与服务。这是一种把自由参评和本机构新闻报道紧密和有机地结合在一起的做法，其互动性、相关性和主题聚焦性很高，编辑管理也易于操作。对比之下，国内把海量自由来帖议论散落或堆放在单独开设的论坛平台上，也许并不是一种有效率和建设性的互动方式。从新闻传播的视角来看，论坛编辑面对一条上传来的事实性帖子，其实很难判断其价值。如果有关编辑将条条内容都一一核实，工作成本会极高。但是采取放置不理的态度，也是一种"消极"传播处理。一旦因其失实失真造成了后果，论坛平台作为传播参与方，应该承担怎样的责任呢？即便把法律责任放置一边不论，新闻工作者的专业和道德责任也常令当值编辑纠结两难。在国外，超级市场式的网络论坛平台，通常由非新闻媒体性质的其他运营主体经办。

国内媒体网络机构设立的论坛大都有不同的大类分区，各大类再细分为小单元。第一，这种分类以及细化程度等，对网民是引导和提示。第二，论坛主持人或版主要善于沟通和协调。如何看待和对待网友，可见论坛管理水平的高低。网上论坛本质上就是为了让网民交流，管理员或版主虽然"有权"，但本质还是辅助者和服务者。否则，这种网络交流平台不如一关了事，何必开办呢？许多情况下，当网民和版主发生磕碰，或者产生分歧时，管理者或版主应该多做努力。诚然，尊重和服务网民，不是放弃论坛平台独立自主地做出选择、判断和迅速反应的责任。第三，主持人和版主负有挑选和推荐精彩帖文的工作。许多有质量的网上自由来帖不仅可提高阅读吸引力，也是网站资源供应的重要来源之一。网络论坛中的自发来稿经过编排和集中发布，组成集中和多元表达，必然提升论坛乃至整个网站的吸引力和影响面。国内许多网站论坛中的"精品讨论区""网友发言"等栏区，都属于此类。第四，网络媒体论坛中有越来越多的"做客嘉宾"，以在线答问的形式与网友进行交流。此时，论坛管理者或者版主或编辑有时以"显身"或"隐身"主持人的身份参与其中。从形式上看，嘉宾在线回答问题和网友互动时，主持人与原来的论坛版主没有什么特殊区别，但是从传播的角度观察，这种角色有其独特性。因为，网络论坛上的在线问谈形式虽然很接近电视的谈话节目或对话节目，但是它比电视节目的传受互动性强烈得多，网民有更多更直接的提问和发言机会。此时，网上访谈主持者虽然对网友来问的选取有部分参与权（嘉宾亦有选取权），但是他通常更低调，至少外表是更为辅助性的角色，陪伴和促进网民和嘉宾之间的交流。就此而言，网络交流主持的风度需要更谦虚更谦让。

二、网上民意表达

网上民意或网上舆情近年愈加受到关注和重视，研究机构、舆情发布以及定期简报刊物不断涌现，有方兴未艾之势。网上民意或网上舆情通常以评论、观点、意见或短评等议论为主的形式出现，并汇积力量，形成声势。所以，网上民意和舆情与网上评论文本的存在、呈现和累积有关。从网络新闻传播的角度来看，新闻编辑在关注网络评论时，无可避免地要涉及网上民意表达和网上舆情呈现等话题。不过，相对网络新闻评论，网上民意或舆情是更为广阔和复杂的领域。如果说前者是路上跑的汽车，后者则是众多车辆有方向性地开动起来构成的滚滚车流。网上民意或舆情事实上包括官方、正统、非主流、民间和草根等各方观点和立场的呈现，还是社会大背景和复杂交互关系的作用结果。对于网络新闻编辑来说，最值得关注的是时下网上舆情和民意表达的趋向和特点。

网络传播研究专家闵大洪认为①，哈贝马斯的"公众领域"概念对于社会民主具有重要意义。在现实中，除去政治、经济力量的干预以外，传统大众传媒本身的媒介特性，如单向传播、守门人过滤、报道空间有限、缺乏互动功能等，很难保障大众直接和充分发表言论意见进行广泛平等的交流。他认为，互联网改变了以往的新闻和信息传播格局，为公众提供了一个前所未有的自由讨论公共事务、参与社会政治生活的场域空间。不过，他提醒说，

图4-12 "表达意见的自由市场？"②

对中国网络传播运行特征要进行具体分析。面对国内网上民意或舆情问题，网络新闻编辑可以从以下视角切入来持续观察③：

1. 中国网络新闻传播业目前和传统媒体行业一样，处在政府管理部门强力的监管下。一些国内研究比较多地强调网络发表意见的自由，而没有深入涉及管制和自律的方面。事实上，网上把关有各种操作手段：对"自由来帖"进行滤帖删帖；在某段时间内暂停论坛服务，关闭新闻跟帖窗框；关闭某个专栏、某个专题、某个频道，或暂时封掉或彻底关闭某个博客或微博账户，乃至整个网站；在特殊或极端情况下，局部地区"整体断网"（切断该地区与外部的网络联系）等。开放和管限是一枚硬币的两面，不能孤立和割裂地看待，而应代入中国时下大环境大进程中进行观照。有关研究者只有对网络的开放和管限两方面的情况都进行深入具体的观察和研究，才可能得出比较接近真实的概括描绘，而且中国社会处理这对关系的种种做法也在磨合、调整和演进过程中。

2. 网上自发来论内容通常比较离散，而传统或主流新闻媒体将网上表达加以传布、强调和集中报道，起着重要的"放大"和"背书"作用。网上表达和网上舆情最终产生作用和影响力，往往是网上自发传播与传统主流新闻媒体合力为之而造就的。目前，公众利用网络和传统媒体参与社会生活和公共讨论的空间，比以往大大扩展了，新媒体和传统媒体在信息传递和交流中也经常互相呼应互相激发，常在

---

① 闵大洪：《中国互联网上的民意表达》，《媒介研究》，2004年第5期，第38~44页。
② 资料来源："环球网"论坛，（http：//bbsw.huanqiu.com/forum.php?mod=viewthread&tid=831654）。检索时间：2014年2月21日。
③ 此处参考并使用了闵大洪《中国互联网上的民意表达》一文的观点和内容，并有所补充和展开。

不同情况、不同层面和不同情境下发挥着此起彼伏的协同作用。不过，当中国传统媒体行业努力进入网络传播场域时，其历史和体制思维惯性依然是大众传播式和集中统领式的。这与网络传播的"多中心、无中心、传受同体"的传播特性构成冲突。这两者之间的融合并非易事，特别在制度机制层面。和网络传播发达国家相比，中国现在有许多个既交汇又离散的传播场域，以及更多互不交集的传播运行，"各自为政"的传播和分享是客观现实。这也是整个中国社会改革处在转轨进行时的重要表象之一。近年，微博和微信在国内风行颇能说明问题，并在提供初始新闻性线索和扩大传播关注等方面，都产生了巨大的"非主流""非典型"效应。

3. 中国网民人数正不断增加。尽管2003年被称为"网络舆论年"，但在中国构建"公共领域"仍路途遥远。从大的方面看，还需要整个社会的进一步的改革和发展；从新闻和网络传播方面来看，许多基础建设和共识规则还在酝酿和磨合中，行业和专业的发展尚不完善。网络在中国尚不能作为真实意义上的"公共领域"。在孙志刚被殴致死案件引发的全社会震动中，传统媒体报道和网上舆论压力的共同作用，最终导致了《城市收容法》的废除[1]。

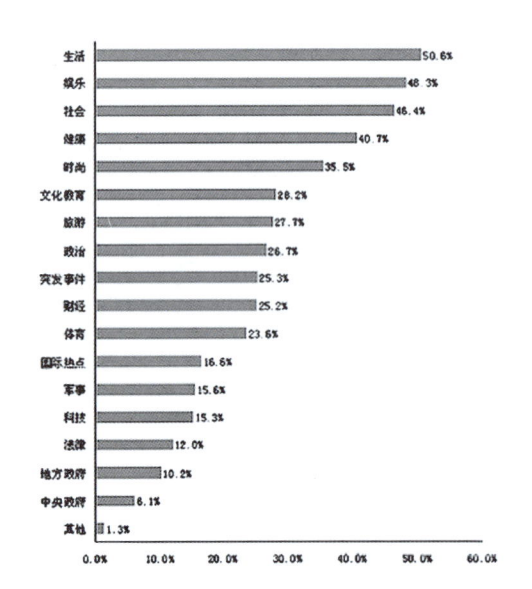

图4-13 网民参与网上讨论的议题分布[2] 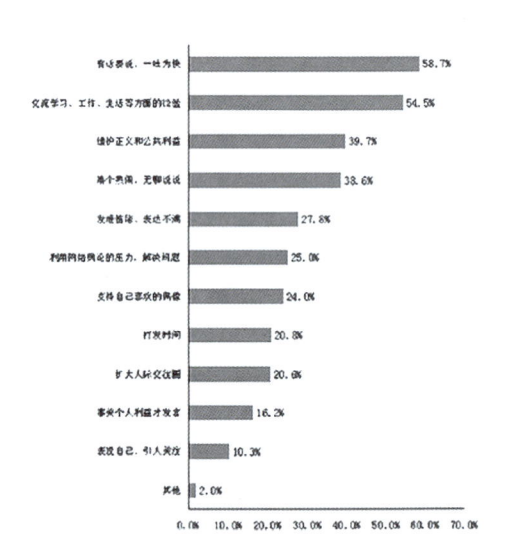　　图4-14 参与网上讨论的原因分布[3]

---

[1] 闵大洪：《中国互联网上的民意表达》，《媒介研究》，2004年第5期，第38~44页。
[2] http://cd.qq.com/a/20100610/004461.htm。
[3] http://cd.qq.com/a/20100610/004461.htm。

网络传播作为信息平台，为中国社会的民意表达提供了方便和通道。2010年一项研究显示①，国内九成网民曾参与网络讨论，年轻网民是网络讨论的主体，中高学历网民是参与网络讨论的活跃群体，农村及小城镇网民、学生群体、在职人员以及党政机关事业单位人员更倾向于在网上参加讨论发表言论。网络议论话题分布多元，民生问题最受关注。多数网民关注公共事务。网民参与网络政治活动形式多样，以理性参与为主。这些都是令人鼓舞的趋向。

近年，几乎所有国内重大事件、突发事件，都通过网上传播、交流、议论或"围观"，迅速形成舆论气场；网络上对一些"无良"事件和对象的排山倒海式的谴责和抗议，构成强大的压力声势。造成网上舆论表达热潮的原因有许多，其中之一是网下现实环境中缺乏有效和多样地吸纳和汇集民间意见的平台或者管道；正常和正当的民意反应很难经过通畅的制度管道，进入到民主决策和公共事务的协调中心或谈判过程。传统媒体提供的民意交流平台的空间容量和宽容程度未能跟上时代和社会的要求，未能符合言论充分交流、信息透明传布的要求条件。于是，网络在中国被寄予了过高的期待，成了社会舆情意见释放的重要阀门。这种"高估"的明显性与其背后存在的问题之严重性，具有重要的相关意义。

有学者认为②，在有网络舆论参照的情况下，政府和决策者在重要问题的判断和执行上将会更加审慎；网上负面揭露和现实批评也有助于和传统媒体的正面报道、成就报道，形成互补平衡。的确，从社会现实应对和维持整体舆论环境平稳来说，这种一主一次，一正一负的搭配设计，也许正是理想和现实的结合之点，企望不同指向的信息供应，可

图4-15 《网络舆情》Pad版宣传单(2012年)③

以拼合互补，构成更为真实和平衡的舆情现实全景。不过，信息之传播、不同层级视角和利益的表达，乃至正面赞扬和负面批评的呈现，都难以用网上或网下、主流或草根、正统或边缘等人为界线，轻松地划分或区隔开来。所以，问题远没有想象得那般简单。

---

① 原载于《光明日报》，转引自"人民网"（http://leaders.people.com.cn/GB/11846203.html）。获取时间：2012年11月18日。

② 闵大洪：《中国互联网上的民意表达》，《媒介研究》，2004年第5期，第38~44页。

③ 《网络舆情》是人民舆情检测室出版的国内唯一正式刊号但内部发行的参考资料（国内统一刊号：CN11-5803/D）。其Pad版在2012年年底试运行，2013年起正式推出。有关《网络舆情》的详细情况见http://www.peopleyuqing.com/about/products/opinion/。

网上舆情问题超出了网络新闻评论的范围，它牵涉更广阔的领域和更复杂的问题。不过，对于网络新闻编辑来说，网上舆情问题距离网络新闻评论不算太远，因此值得关注和了解。值得提醒的是，网络新闻编辑做的是"新闻"而不是"网络"。现在网上新闻信息与非新闻信息之间的区别渐趋模糊。自发的新闻性信息在网上有时并不以单纯和典型的性状出现。媒介的舆论形塑（shaping public opinion）过程自然包括观点、立场或判断的传播、强化，然而这一过程终究离不开对客观事实和真相的披露、挖掘和供应。目前国内网上意见或观点倾向表达的情况和格局日趋复杂。在组织机构运作层面，"网络推手"不仅包括正式和非正式的商业运营团队，也包括体制内的网络评论员建制群体。这些机构式组织化导向运作，有时直接造就了网络议论的热点或焦点，不为外人知晓的组织操作和设置产生出令人眼花缭乱昏头涨脑的网上喧闹。与直接、公开和严谨的舆情调查相比，有时网上热议的躁动更像山洞中燃烧柴火时投射到石壁上的晃动影像。所有这些都提醒新闻工作者，如欲提供真实、客观、公正和可信的专业新闻服务，就必须目光更锐利，视野更开阔，工作更扎实，头脑反应更灵敏，思考力和评判力更深刻。

第五章 网络新闻图片、图表图示与网上调查

广义的新闻图片包括新闻照片、新闻图表、图示以及新闻漫画等静态视觉表现形式。在传统新闻报道流程中，它们可能分属新闻摄影、新闻美术、新闻资料等部门的工作，在网络传播中，它们是近亲近邻，故放在一起讨论。网上问卷调查经常作为网络新闻站点的一种版面和内容调剂手段，具有游戏性质，它们的呈现样式与图表图示也非常接近。

一、网络新闻图片

新闻摄影图片，即使在网下，也早已不是文字报道的配角或附庸。新闻图片发挥着报道新闻、吸引读者、美化版面、发言评议等多重功能。传统新闻编辑如何处理和使用新闻图片呢？原则如下[①]：

第一，编辑要懂新闻摄影，要能辨识什么是好的新闻照片。概括地说，好的新闻照片应该新闻价值高，瞬间新闻性强，现场气氛突出，形象生动，形式新颖，图像清晰，图片文字说明简洁准确。

第二，编辑要少用或不用非新闻照片，禁止非新闻照片在新闻版面上"横行"。

第三，好的新闻照片优先，放在重要版位，给予强势处理。

第四，照片图幅不可过小，最好适当放大，增加新闻照片的版面视觉冲击力；注意适当剪裁，突出主体内容，务求同样图幅照片更有效果。

第五，提炼新闻照片标题，精编新闻照片说明。

上述编辑要点非常重要，也有很强的操作性，值得网络新闻编辑汲取和参考。不过，新闻照片和图片在网络环境中的应用，也要注意它的特殊性。比如，网络传播显示屏面积，一般比传统报纸版页面积要小很多，特别在移动终端狭小有限的界面内，

[①] 许林著：《读图时代的新闻摄影论说》，中国摄影出版社，2002年版，第25~29页。

如何放置和使用图片，要尊重特点规律，精心规划，扬长避短。

1. 网络图片用法类型

目前，国内网络新闻站点或频道的新闻照片一般有这样几种用法：

（1）站点首页上的主图，主要起调剂和美化版面视觉效果的作用。

（2）新闻主页上的头条新闻配图照片。

（3）栏目的题图照片，或者作为栏目标题页的提示图片。

（4）新闻正文的配图。

（5）独立的图片新闻报道。

在第一种用法中，站点首页或新闻主页上最大的新闻照片一般总是放在抢眼的位置。这类照片反映比较重要的新闻事实，但是它们并不一定是头条新闻。国内媒体网站比较普遍地在首页首屏上安置新闻主图，"新华网""人民网"等重要媒体网站都是如此。"搜狐""新浪"等商业门户网站在它们的首页首屏上并不一定放置新闻图片，但在它们的新闻频道主页首屏上通常都有比较突出的新闻照片。处理方式与"新华网""人民网"的做法类似。这种新闻主图现在经常不是一张，而是三至五张，以幻灯方式自动循环播放。图 5-1 "浙江在线"首页上的四张当日照片（自动翻换）都有新闻性，但并不与当日头条新闻内容直接挂钩。

图 5-1 "浙江在线"首页主图（2012 年）①

上例中首页新闻主图的安排，在目前国内主要新闻机构网站中成为通行做法。其好处是：一是调剂版面视觉感受；二是当今日头条没有优选配图时依然无碍；三是可以展示当日新闻的多个重点。首页上新闻主图区的位置和大小一般相对固定，不能经

---

① http：//www.zjol.com.cn/。获取时间：2012 年 11 月 19 日。

常改换，容易呆涩；几张略有反差的新闻图片依次自动替换，可起到改善和调剂的作用。

第二种用法是网页上的新闻照片与文字新闻直接和固定的配合，其位置核心且突出醒目，可以加强新闻报道力度和传播冲击力。在右边的截屏图中，CNN网站新闻头条是约翰·克里（John Kerry）在2004年新罕布什尔州民主党总统提名初选中获胜，网页中心的新闻照片是他得胜后向支持者招手致意的情景①。这种照片使用做法与传统报刊使用图片的情况非常相似。

图5-2　CNN万维网站首页主图（2004年）

第三种是新闻图片作为新闻栏目的题图照片，其兼有美化和提示作用。它的使用又可分为两类。一类是如图5-3所示《中国日报》网站的做法。它在其新闻频道或其他栏目如"国内新闻""财经新闻""国际新闻"等首页上，都安排一幅新闻照片，作为本栏主打新闻照片。它的主要作用是调节视觉感受②。这种照片的图幅一般比较适中，不会很大也不会太小。

另一类作为题图的"邮票图片"。它们通常用在网站首页或者新闻中心主页上，它们图幅虽小只能看清大致轮廓，但提示和美化作用却不可小视。图5-4是"谷歌新闻"（Google News）主页使用"邮票图片"的样例③。

图5-3　《中国日报》万维网站首页主图（2004年）

---

① http：//www.cnn.com/。获取时间：2004年1月28日。
② http：//www.chinadaily.com.cn/en/home/inter.html。
③ 谷歌新闻首页有"标题""现代""压缩"和"传统"等四种版样格式供用户选择，资料来源：http：//news.google.com/news? pz=1&zx=9t29qog3o80b。获取时间：2012年11月20日。

图 5-4 "谷歌新闻"首页"邮票图片"（2012 年）

使用题图照片是为了在单一网页上展示众多服务类项时，从视觉上给予某种区分和提示，同时平衡和改善文字符号过多过密的情况。"邮票图片"用在传统报刊版面上是不可想象的事情。但是，用在数字和网络界面上则神妙非凡，用户随手点触图片就可放大观看。这种操作在万维网页面、平板电脑和手机上普遍应用，大大提升了新闻图片在网络传播中的地位和作用。图 5-5 是 BBC 新闻网站首页，它在版面布置上混合使用新闻主图和"邮票照片"。

图 5-5 BBC 万维网站新闻首页主图和"邮票照片"（2004 年）

2. 新闻图片的安置

网络新闻主图在万维网站版页上有若干个安放点位。提醒注意，不管怎样处理，其位置须与整个网页——特别是缺省首屏显示——的视觉中心相配合呼应。因为主图版位一经确定，不可能随时或经常改动。"搜狐新闻"主页①、"千龙网"首页②、东方网"东方新闻"主页③等万维网站点皆把首页主图片，放在首屏十字中心偏左上方的位置。这个点位可算目前大多数国内编辑的共识选择。不过，由于国内新闻媒体万维网站点在首页首屏顶端放置了过多的广告或导航横栏，迫压"偏左上方"位置的主图向下移位到"偏左腰部"，甚至有的快被挤出缺省首屏区。

另一种首页主图的常见安放点在首屏右侧偏上位置，为调整视觉平衡，有时编辑会特意加大图幅尺寸。"百度新闻"首页和"大公网"首页④是典型的例子。图5-6中"百度新闻"图片框内收纳八幅自动翻换图片，其中有的是视频新闻⑤。

图5-6 "百度新闻"、"大公网"首页主图位置（2012年）

网站首页照片如果位置较偏，图幅又小，容易给人"边缘化"的印象，从而限制了新闻图片调节版面视觉的作用。不过，首页首屏图片如果过分突出，又可能造成另一种不平衡。面对两难，有的网站（如新浪）索性在站点首页上不放主图照片。目前新浪网首页文字信息过密，版式安排太紧，图片几无插足缝隙⑥。

首页主图也可居中安置，不过这种版位的图片要照顾两边栏目的宽度，一般不能太大。此时弃用单图模式，采取纵列安排多张稍小幅照片的做法，也可以有不错的版面视觉效果。国外媒体机构万维网站常有这样做的。图5-7英国《卫报》网站首页的图片安排值得参考：一张主图偏中间，接下来是图幅尺寸略大于邮票的连串图片，以

---

① http://news.sohu.com/。核实时间：2012年11月20日。
② http://www.qianlong.com/。核对时间：2012年11月20日。
③ http://news.eastday.com/。核实时间：2012年11月20日。
④ http://www.takungpao.com/。核实时间：2012年11月20日。
⑤ http://news.baidu.com/。核实时间：2012年11月20日。
⑥ http://www.sina.com.cn/。核对时间：2012年11月20日。

中心线为轴向下延伸，形成中区视觉强势带（含视频新闻集群），既有版面新意，也巧妙地引导阅读视线①。

图 5-7 《卫报》万维网站首页上端二屏图片布局（2012 年）

---

① http：//www.guardian.co.uk/。获取时间：2012 年 11 月 20 日。

首页新闻主图如果选取得当，即使放在一个似乎边缘的位置上，也能够起到醒目的作用，成为页面视觉的中心。图5-8英国《每日电讯报》网站首页（2001年3月25日）主图是一个很好的例子。

在整个页面中，新闻主图安排在首屏右侧靠上的位置。照片中老妇人深思状注视着网页以外的远方，视力焦点背离网页中心；

图5-8 《每日电讯报》万维网站首页主图（2001年）

在深蓝底色背景衬托下，她的面部特写一下子就抓住了读者的目光，尽管该照片图幅并不太大。图片说明词交代：这位68岁的津巴布韦白人老妪昨天（指事发时间）被乱枪打死在自己家门口，身中15弹。她的儿子是农场主，一年前也在当地动乱中被杀害。

《每日电讯报》现在早已舍弃深蓝底色的版页设计，2010年年底改版后启用黑白色为页面主色调，首页主图位置移到顶部偏中间的地方①。不过，该报万维网站图片编辑似乎对新闻主图和其他图片中人物视线指向的"反常规"处理和搭配颇为自信。参见图5-9《每日电讯报》万维网站首页截屏图（2012年11月20日）中各位图片人物的视线指向。这种细致的编辑处理在国内网络新闻站点中极少见到。

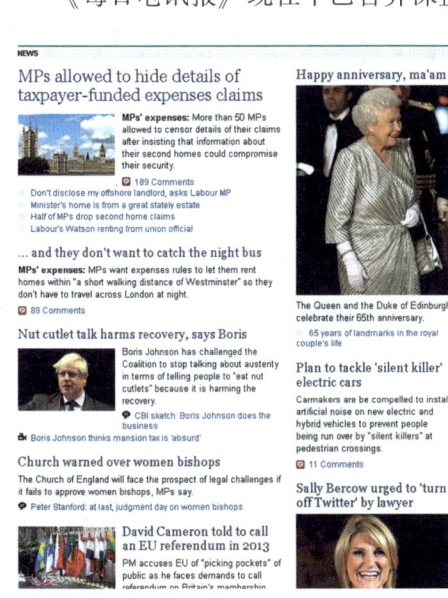

图5-9 新闻首页图片布局与图中人物视线指向（2012年）②

---

① 《英国每日电讯报网站改版 黑白色为页面主色调》，资料来源：http://news.sina.com.cn/m/news/roll/2010-11-10/111221447100.shtml。核对时间：2012年11月20日。

② 英国《每日电讯报》2012年11月20日（http://www.telegraph.co.uk/news/?source=refresh）。

171

如前所说，网页上主照片的位置和大小一般相对固定，这迫使编辑必须屈服这一版面特点和规定，努力找出合适的图片。这无疑是日复一日的工作和挑战。

在新闻文本内页界面上，国内新闻媒体网站普遍喜欢把照片放在标题和正文文本的中间。如果同时有两三张新闻图片要登，就按从上到下顺序排列。这种图片安置办法简单粗暴，生硬机械地把题文隔开。还有一些国内新闻媒体网站索性不在新闻正文页面上放置任何照片。这当然是更潦草敷衍的做法。一些外国媒体网站在刊登比较长的新闻报道正文时，经常排版穿插若干相关照片，以调和因文字过长而带来的视觉沉闷。

平板电脑或智能手机等移动终端不可能像万维网站那样，有较大的页面空间来摆放和安排图片。在显屏较小的手机终端上，相关的文字新闻和图片新闻一般难以实现同屏显示。平板电脑终端在同视界页面上安排图文，就稍微宽余一些；有时索性用当日新闻主图作为首屏背景底图。这种平板电脑上的内容呈现新设计新安排，兆示着移动终端传播的新趣味新路径。参见图5-10《南方都市报》Pad版首页（2012年11月20日）。

图 5-10　iPad 版新闻首页主图作背景底图（2012 年）

现在，新闻主图、邮票照片等元素在平板电脑终端显屏上的创新使用与组合，已经与万维网版页设计思维拉开了一定距离。图 5-11《今日美国报》iPad 版首屏上图片和其他视觉元素的地位极其显豁，文字反而成了组版配角。平板电脑普及将给显屏版面设计带来新的"阅图时尚"浪潮。

3. 新闻照片的选择

新闻摄影照片的精髓是，力求在记录瞬间时最大限度地囊括抓取相关

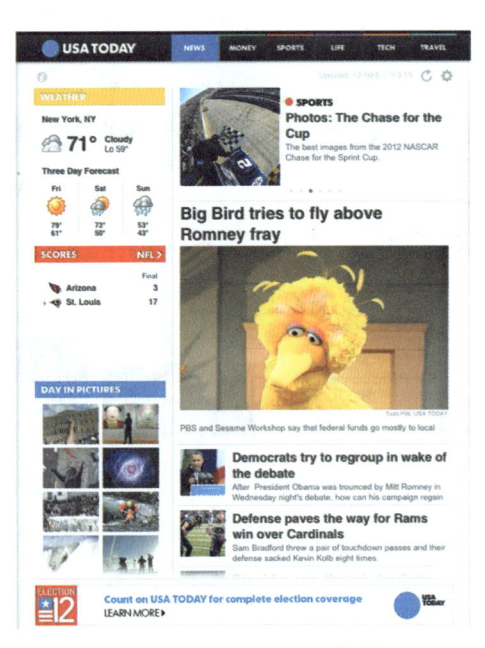

图 5-11　《今日美国报》iPad 版首页（2012 年）

新闻信息。业界资深人士指出：我们的新闻摄影还只是停留在拍内容、拍事实的层次上，而对是否"抓出"了内容，是否"拍出"了事实，以及所拍到的瞬间是否具有新闻性，却不大深究。而没有抓住新闻性瞬间的照片，不是新闻照片[①]。

著名新闻摄影记者卡帕（Robert Capa，1913~1954）说："如果你的照片不够好，那是因为你靠得不够近。"（If your pictures aren't good enough, you're not close enough.）新闻摄影的记录具有现场性、即时性、瞬间性、形象性、直观性等特质。这些也是新闻摄影图片的基本要素。新闻摄影记者不仅要亲临新闻现场，还要动脑筋思考，对发生、发展、运动着的客观现实情境进行观察和判断，选择和捕捉其中的新闻信息和视觉形象。

图 5-12　著名新闻摄影记者唐纳德·麦卡林[②]

编辑看到的照片只是摄影记者采集记录到的结果，这些摄影成果是否实现了捕捉和记录瞬间新闻形象和事实信息呢？编辑要审阅和判断，要善于发现和挖掘优秀的新闻摄影作品。

国内新闻摄影界近年在评选优秀新闻照片时，时常提出争论和感到为难的一个问题是：究竟是评新闻照片本身，还是评其中所映照的情势（事件）的分量。换言之，能不能既重视照片事件本身的重要性、新闻价值和社会影响，又尊重新闻摄影规律，重视照片所反映的事实的真实性、准确性，照片说明的表达，照片反映出的现场气氛，照片提供的瞬间形象信息，照片的构图、用光、影调，尤其是照片所摄取的瞬间形象的感人程度和不可重复性呢？捕捉到的瞬间形象感染力是新闻照片的活的灵魂[③]。

网络编辑应该尽最大可能挑选和采用生动的新闻照片。新闻摄影报道常有一些"规定动作"，如图 5-13 和图 5-14 例子。

[①] 许林著：《读图时代的新闻摄影论说》，中国摄影出版社，2002 年版，第 52 页。
[②] 唐纳德·麦卡林（Donald McCullin，1935~　），英国著名新闻摄影记者，尤以其战地摄影照片闻名于世。他说，他从来不喜欢所拍摄的那些照片，也从来不喜欢被称为战争摄影记者，但他的照片记录了许多震撼人心、历久难忘的战争场景和瞬间。人们称他的作品极具新闻性。
[③] 同①，第 79 页。

图 5-13　新闻照片

图片说明：2019年4月9日，中国外交部副部长孔铉佑在北京会见文莱外交部常任秘书诺瑞珊。（外交部网站图片）

图 5-14　新闻照片

图片说明：2019年8月11日上午，浙江省委副书记郑栅洁在鄞州东吴镇生姜村检查指导抗击超强台风"利奇马"的抢险救灾工作。（浙江在线图片）

如果说，图 5-13 中正式外交会见的照片只能拍成中规中矩的"标准版"，那么一些报道领导干部活动和工作的新闻照片，应减少"官气"，提高信息量，努力捕捉和记录自然生动的瞬间。图 5-14 的优点是新闻性和现场性突出，画面有动感；美中不足的是图中几位领导干部涉水实地查看灾情时，一律身着纤尘不染的雪白衬衫，十分抢眼，引人遐想。记者抓拍时，也许来不及多想，但新闻编辑应该有更强的专业敏感性。业界人士始终呼吁，新闻摄影记者要独具眼力；任何一位在场记者都能拍出的"套路"照片，不应成为新闻摄影照片的主角。这方面情况——特别是在"官式活动"摄影报道中——的普遍改善，还需持续努力。

编辑应该善于发现新闻照片捕捉到的、非常直观且无法重复的瞬间所蕴含的新闻价值。有人说，摄影记者要竭尽全力保持目击者的角色，通过照片把受众带入当时的现场，充当不在场受众的一双明亮的眼睛[①]。下面几幅照片捕捉并定格了新闻事件中转瞬即逝的视觉场面，含有突出的信息传达力和感染力，具备良好新闻照片的基本质素。

图片说明：2004年7月24日，法国马赛的埃斯塔克山附近发生大火后浓烟笼罩天空。当天，马赛地区大风，风助火势，大火席卷了该地区200公顷的松林。（新华社）

点评：受众可以清楚地看到和感受当时大火浓烟扑来的恐怖景象，传递出一种被笼罩迫压的感觉。

图 5-15　新闻照片

---

① 许林著：《读图时代的新闻摄影论说》，中国摄影出版社，2002年版，第109页。

网络新闻图片、图表图示与网上调查 | 第五章

图 5-16　新闻照片

图片说明：2004 年 7 月 11 日早晨，以色列特拉维夫市一个公共汽车站发生爆炸，造成 1 名妇女死亡，至少 20 人受伤。一名受伤的以色列妇女正在发生爆炸的公共汽车站接受治疗。（新华社）

点评：照片记录了爆炸后的即时情景：受伤妇女、警察、救护人员、破损车站、尚可辨认的公交站牌、满地的爆炸碎片、弃于地上的食品袋等。这些都显示爆炸造成的惨状、狼藉和紧张。

图 5-17　新闻照片

图片说明：2012 年"十一"长假，各地景区游客人满为患。杭州西湖涌金桥上拥挤不堪。（《南方都市报》）

点评：照片以远山和近水为衬托，突出当时一道窄桥上游人拥挤异常的险况和荒唐。这种反差和反常在特定时间点上定格。

175

图 5-18 新闻照片

图片说明：2012 年 8 月 15 日下午，香港保钓人士乘坐的"启丰二号"在钓鱼岛附近海域遭日方海巡船只夹击。（《纽约时报》）①

点评：照片记录当时紧张危急的瞬间：两艘日方海巡船正开足马力，船尾螺旋桨翻卷起团团浪花，猛烈挤撞处在停驶状态的"启丰二号"。该照片由日本《读卖新闻》记者从空中拍摄，美联社转发。

图 5-19 新闻照片

图片说明：1960 年 10 月 12 日，日本社会党前委员长、前众议员浅沼稻次郎（1898-1960）在东京一次选举会上演讲时，被一名日本右翼分子刺杀身亡②。

点评：照片记录了刺客冲上讲台持刀刺杀浅沼的刹那间，浅沼、刺客以及其他人各自的动作、状态和神情。

网络编辑还应该敏锐地读出新闻照片中反映出的深层问题和复杂关系。为了做到这一点，摄影记者和图片编辑要锻炼自己的专业意识、全局意识、社会意识、历史意识，要勤于动脑和思考。美国记者爱迪·亚当斯（Eddie Adams，1933~2004）1968 年在越南拍下题为"枪毙越共"（Execution of a Viet Cong Guerrilla）的著名新闻照片，

---

① http：//rendezvous.blogs.nytimes.com/2012/08/16/east-asias-see-disputes-scar-tissue-from-war-wounds/。获取时间：2012 年 8 月 16 日。
② 图片来源：http：//gensun.org/。获取时间：2012 年 11 月 29 日。

成为越战时期最令人震惊的新闻照片之一①。右图是英国记者唐纳德·麦卡林在越南战场拍摄的照片。

20世纪60~70年代的越南战争期间,美国媒体发表的《枪毙越共》和《火从天降》等来自战地前线的新闻照片,帮助唤醒美国社会集体反思越战的正义性正当性。在公众舆论的压力下,美国政府被迫调整政策,最终退出那场战争。众多越战经典新闻照片因促使越战提早结束而得到历史的肯定。在这之后,新闻照片的宏大使命仍未完结。2004年4月,美国媒体刊登出揭露伊拉克美军虐待战俘的照片,掀起新的冲击波。美国哥伦比亚广播公司4月28日将所获得的虐俘照片公开,使这些"内部"图片成为震惊世界的新闻照片。有研究者指出,假如哥伦比亚广播公司的编辑出于美国一己利益对这些照片沉默不言,那么还会有"虐俘门"事件吗?如果不是哥伦比亚广播公司有高度职业精神的编辑勇于揭丑将照片公开,人们也许永远不会知道虐俘的存在及其背后隐藏的丑恶和阴暗③。

图 5-20 "投掷手雷"（1968 年）②

图 5-21 驻伊美军虐俘照片（2004 年）④ 　　图 5-22 驻伊美军虐俘照片（2004 年）⑤

---

① http：//www.digitaljournalist.org/issue0309/lm12.html。
② http：//news.bbc.co.uk/today/hi/today/newsid_ 8492000/8492777.stm。获取时间：2013 年 5 月 7 日。
③ 许林：《美军残酷虐待伊拉克战俘：假如媒体沉默不言》,人民网,2004 年 5 月 26 日。
④ 四川新闻网,2009 年 4 月 27 日（http：//world.newssc.org/system/2009/04/27/011844629.shtml）。获取时间：2012 年 11 月 28 日。
⑤ 视界网,2009 年 4 月 27 日（http：//fm968.cbg.cn/content/2009-04/27/content_ 741482.htm）。获取时间：2012 年 11 月 28 日。

新闻照片可以推动历史，也可改变历史进程的走向。与 40 年前越战时期不同：伊拉克虐俘照片一不是专业摄影记者拍摄的，二不是传统新闻摄影方式采集和制作的，而是美军士兵出于与新闻传播毫不相干的目的，用手头普通数码设备拍摄的。这些照片像素和画面质量都不高，但却提供了刺激强烈、震撼世界的真实图像记录，成为最具新闻性的照片[1]。有时，非新闻图片和新闻图片之间的性质转换只在不可思议的一瞬之间。

今天，各种新闻照片的来源随着数码相机、手机拍摄的普及而日见广泛，人人时时处处都可拍下某一突发、偶遇或重要程度不同的新闻瞬间，照片更可即时发传

图 5-23　央视新址大楼失火(2009 年)[2]

上网广泛流传。网络为这些"非主渠道"、技巧不太高但很可能具有新闻价值的照片，提供了传播平台与扩散支持。图 5-23 中几位路人正手持相机拍照央视新址大楼着火情景，图片注明的上网时间是 2009 年 2 月 11 日凌晨 1 点，距该火灾发生的时间只隔几小时。

大量非专业、非新闻性目的的"业余"照片的采摄和上网，对正规网络新闻传播机构的编辑来说，既是可喜之事，也是严峻挑战。编辑如何尽量快速和准确地发掘、挑选和推出包括网民自发拍摄图片在内的新闻图片"佳作"，把新闻讯息及时、准确、客观和全面地传递给受众，以显示出专业新闻传播工作的价值和意义呢？

网络新闻编辑也要警惕"过度解读"新闻照片。静态影像有其传递信息的优势，也有劣势。当新闻照片不能提供"全息"信息和确凿直观的事实时，编辑的解读和使用应慎重和有节制，力戒想当然地过度引申推断或妄下结论。2010 年 8 月 19 日，名为"挟尸要价"的一幅照片获评中国新闻摄影"金镜头"奖的最佳新闻照片奖[3]。此结果一出，立刻引发质疑，不少人对此照片反映的究竟是"挟尸要价"还是"牵尸靠岸"，看法不同。8 月 20 日，"金镜头"组委会宣布成立专门调查组，当天即收看材

---

[1]　许林：《美军残酷虐待伊拉克战俘：假如媒体沉默不言》，人民网，2004 年 5 月 26 日。
[2]　图片来源：http：//www.lpfrx.com/archives/1104/。本文获取时间：2012 年 11 月 21 日。
[3]　http：//www.zynews.com/soc/2010-08/19/content_ 747526.htm。获取时间：2012 年 11 月 29 日。

料，21 日前往照片拍摄地点湖北荆州，22 日展开调查，23 日对外公布结果。调查组"认定'挟尸要价'不存在造假问题"[①]。

图 5-24　引发争议的获奖新闻照片"挟尸要价"（2010 年）[②]

此事件的事实真相至今模糊，最后不了了之。这里提请注意的是：组委会调查组关于"不存在造假问题"的结论说法存在一定的含混性。人们不知道，这"不假"的背书，究竟指照片拍摄本身，还是指拍摄者所强调的主题意义。如果说的是前者，那么只要该照片不是 PS 的拼接产品，即可无争议地成立。但如果指后者，则有点问题。静态照片传播的弱点和局限性在此凸显出来。首先，要判断拍摄者本人看法结论是否"真"，必须涉及很多该"照片"之外的事实、情况和因素。标题"挟尸要价"的主题概括，是拍摄者本人的判断，但该照片本身记录的信息，不能提供足够充分的证据支持，不能证明船老大当时扣压溺水者尸体，正就打捞费在讨价还价。这张静态照片的画面可视元素与"挟尸要价"的定性判断之间，存在着直观证据缺失的沟堑。所以，身为第三方的普通网民仅从这张照片中，不能毫无疑问立马认同拍摄者的结论判断。换言之，这张照片对其所反映的事件的信息的视觉提炼和事实凝集，远远达不到其结论所要求的程度。当捞尸事件的事实尚且不明时，该照片就被评为"最佳新闻照片"，实在有些操之过急。这个实例提醒新闻编辑，面对类似情况的处理，应该保持专业冷静和客观报道的态度，切不可轻信或草率下结论。

4. 新闻照片集库

网络传播站点常以图片库或照片库方式提供服务，这是网络传播的优势。譬如，

[①] http：//www.bjd.com.cn/10yw/201008/t20100824_634246.html。获取时间：2012 年 11 月 29 日。

[②] http：//culture.022china.com/2010/08-21/322512_0.html。获取时间：2012 年 11 月 29 日。

人民网"图片"频道、新华网"图片频道"、上海东方网"东方IC图片"、大洋网的"图片新闻"频道等。它们规模不同，各有特点。图5-25是中国新闻网"图片频道"网页①，基本代表了国内网络媒体网站图片频道的基本风格和呈现方式。

为了有序管理和展示图片，各家新闻网站的图片频道也分设子栏目。如人民网的"图片"频道就细分出国内、国际、社会、军事、娱乐、探索、档案、视觉、纪实、故事、趣闻、体育、论坛、滚动等栏目。为了清楚提示用户，该频道在显要版位设有"24小时点击排行榜""图片日报""热门搜索"等区域。这些都是国内网络新闻媒体机构对图片频道的常规建构。

图5-26是新华网"图片频道"中"一周看点"栏目中的"一周国内"图片新闻报道界面。这种集群式图片新闻展示方式，以系列视觉图片替代文字标题阵列，用户鼠标点击中心图片区就可依次观览。

图5-26 "一周国内"（2012年10月27日-11月2日）②

新闻图片集汇的思维用到 Pad 终端上，所有图片集纳的浏览就变成了轻巧的点触和拨划动作。《京华时报》Pad 版"影像"频道就汇集了众多新闻图片，是一个定期部分

图5-25 中国新闻网的"图片频道"首页（2012年）

---

① http://www.chinanews.com/photo/index.shtml。获取时间：2012年11月21日。
② http://news.xinhuanet.com/photo/2012-11/03/c_123906844.htm。获取时间：2012年11月21日。

更新的图片新闻报道中心，用户点触屏面即可随意翻选阅看。网络新闻图片呈现有时也按照像素质量来分类组织，如"高清图集"，尽管这种强调高画质的编辑处理稍稍偏离新闻的"主场"，而倾向艺术、美学或娱乐等趣味方向。

有的新闻图集中还包含众多主题单元，每个单元内图片的数量不等，但都围绕同一主题，具有整合报道的味道。这就是新闻图片专题。新闻图片专题通常有独立标题，编辑通过编排组合照片，集中地表达某一新闻性的主题、事件、意向、情绪、倾向等。所选用的照片可以是本机构记者采集拍摄的，也可以是其他传媒机构公开发表的新闻照片。没有新闻原采权的网络传播机构更

图 5-27 《京华时报》Pad 版 "影像" 专栏（2012 年）①

喜欢通过二次编排来整合和转发新闻图片资源。搜狐"新闻大视野"栏目选取新华社、中新社等机构 2012 年以来发表的 36 张新闻照片，编辑成题为"信封内的照片 敬请部长留意"的图片专集②，在 2013 年"两会"期间（3 月 19 日）推出，提醒环保部、教育部、交通运输部、住建部、卫生和计生委、食药监管总局、外交部的部长们认真关注。这种精编精组的新闻图片专题（集）具有很强的冲击力和影响力，是网络新闻图片传播的重要手段。

新闻图片专题是编辑部的表达，它所整合的图片中的新闻元素含量有高有低，组合切入视角也可多种多样。题为"今天你'航母 style'了吗？"的专题组合图片③，就是与传统媒体编辑方式迥然不同，但在现今网上已是司空见惯的处理。此单元图集总共包含四张组合图片，图 5-28 是其中之一。

此图具有明显的娱乐搞笑性，不过网友模仿动作、自拍照片、上传网络并因此聚合出"关注"热度，显示这种网上网下的活动或运行可以源自某事，并迅速成为一时话题。网上娱乐和围观聚集，往往都有新闻性由头。结合此图发表前不久中国首艘航

---

① 获取时间：2012 年 11 月 28 日。
② http：//pic.news.sohu.com/group-423236.shtml#0。检核时间：2013 年 3 月 19 日。
③ 中新网，http：//www.chinanews.com/tp/hd 2011/2012/11-26/151144.shtml#nextpage。获取时间：2012 年 11 月 28 日。

母"辽宁舰"刚刚成功起降歼-15舰载机的新闻报道，这个小图集包含的新闻性元素不言而喻。

具有雄厚新闻照片资源和版权的网络媒体机构，通常开辟网上图片销售服务。中国新闻网的"图片库"就开辟了这方面的服务业务。目前，国内网络新闻传播机构越来越重视照片的使用或转载的版权问题。许多新闻照片或者打上版权所有机构的 Logo 标识，或者打上本机构名称或网址水印。一些网络新闻传播机构还对小尺幅图片采取不打图标，但点击放大观看时则显出版权标识的做法。打上版权标识，有时会影响到图片观赏的完整性。不过，它对新闻照片网上销售是有效的管理办法之一，对用户了解网络新闻照片来源，也不失为一种提示。

图 5-28 中国首艘航母"辽宁舰"成功起降歼-15舰载机，这个下达起飞指令的动作也火了！被网友戏称为"走你"，掀起了网络模仿热潮。该动作要领是"侧屈腿，食指和中指指向飞机起飞方向，其余手指握拳，脸背对起飞方向"。今天你"航母 style"了吗？这是一个有力的动力，这是一个自信的动作，这是一个自豪的动作。（图片来源：新华网）

近两年，在线显示或观看静态新闻图片，又有了新的技术发展：照片可以动起来！这种动态的或活动的照片整体看上去与普通静态照片没有什么两样，但画面中的某一小部分会动，如飘动的头发、衣摆，眨动的眼睛，挪动的身姿等，栩栩如生。这种静态照片的表现能力向视频图像跨近一步，但又不如视频图像那样能够完全活动起来。它的局部活动有点像 Flash 动画，但又比动画动得更精细、逼真和自然。这种技术手段目前在线新闻报道中应用还不太多（需进行后期数字化编辑处理），但它可以在一定情形下丰富在线新闻图片的展示、强调、说明等方面的功能①。

---

① "活照片"，优酷网（http：//v.youku.com/v_show/id_XMjkxNTE2MDky.html）；"照片也会动！动态影像的迷人效果"；"环球网"（http：//photo.huanqiu.com/society/gallery/2011-06/1748195.html）.检核时间：2013 年 3 月 19 日。

二、新闻图表与图示

传统新闻媒体普遍利用图形、图示和图表（包括地图）来报道和传播新闻信息。网络传播与这些手段也有天然的亲和关系。

新闻图表图示是视觉传播形式，它通过直观的表格或图形，传递新闻性信息。一般来说，它的应用可以分为以下几种类型：

1. 展示数量关系的美术化表格。这种报道方式在财经报道中比较常见。图5-29是"彭博网"的"市场数据"界面，各类数据皆以表格方式显示。

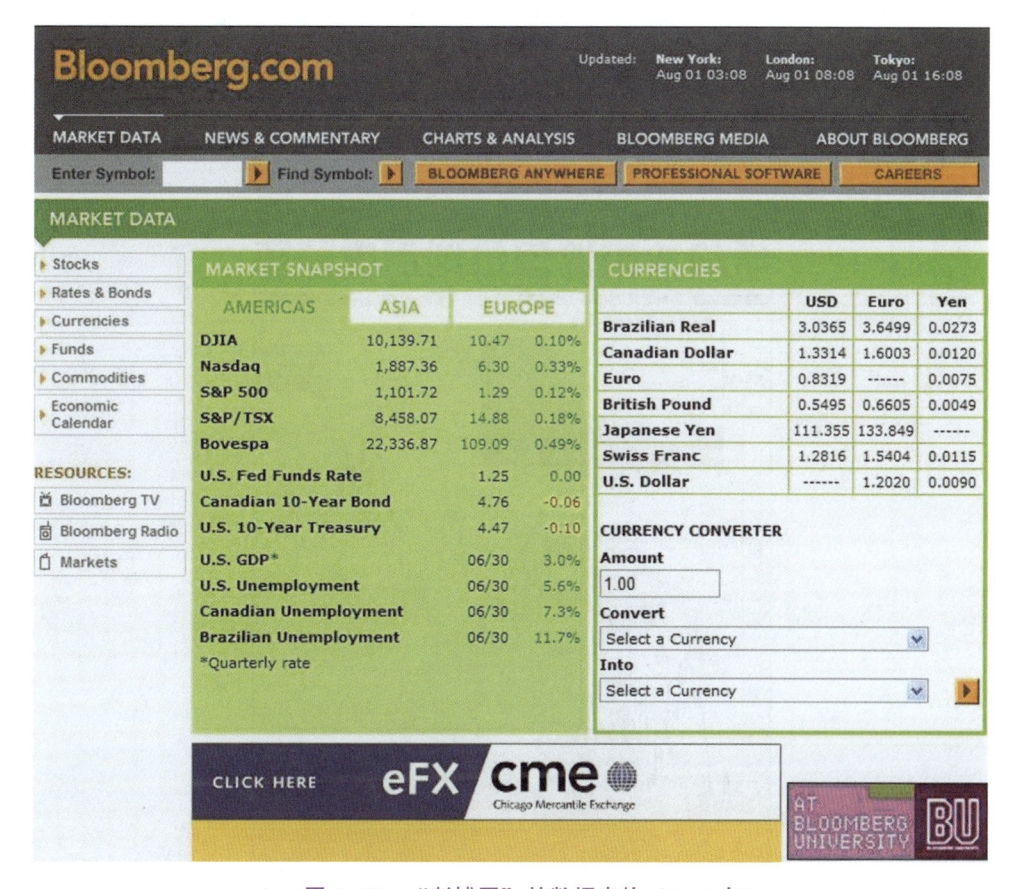

图5-29　"彭博网"的数据表格（2004年）

2. 新闻数据还可以做成图形样式，直观地报道数据密集型新闻内容。图表报道在传统媒体上长期普遍使用，网络传播自然乐意接过这种形式，有些网上图表新闻做得非常形象化美术化。英国《泰晤士报》2012年4月24日iPad版"全球儿童营养品市场增长迅速"，就是一例。它采用一系列图示来展现内容。

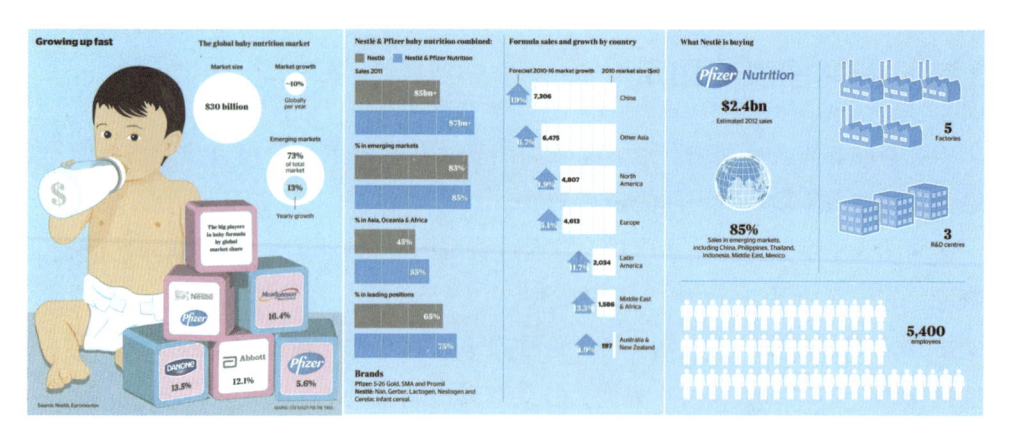

图 5-30　《泰晤士报》图表新闻（2012 年）①

图 5-31 所示新华社"纽约油市收盘价创历史新高"②，是国内网络媒体上常见的新闻图示报道样例及风格。目前国内媒体使用的图示图表报道，大多由新华社绘制始发，其新颖性和视觉美感与国际水平还有差距。

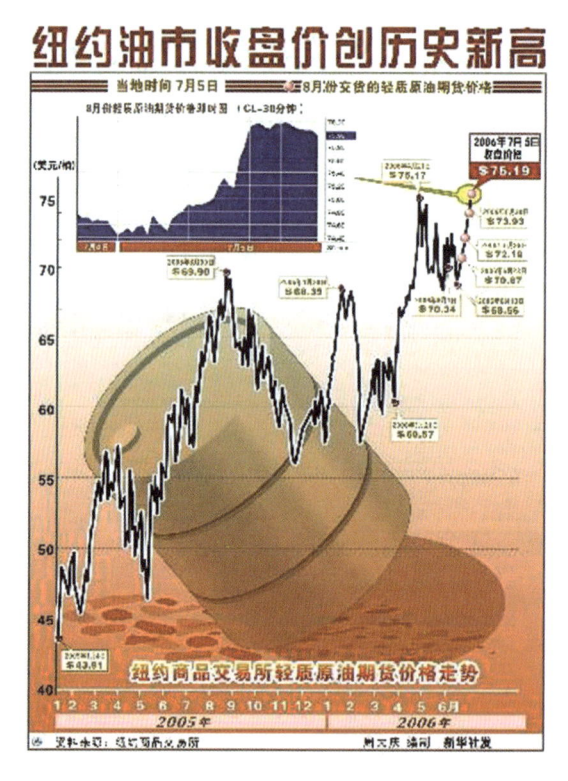

图 5-31　新闻图示报道（2006 年）

---

①　英国《泰晤士报》（*The Times*）iPad 版，2012 年 4 月 24 日。
②　http：//news.xinhuanet.com/fortune/2006-07/06/content_ 4801153.htm。获取时间：2012 年 12 月 2 日。

3. 网上气象预报也越来越多地采用图示方法。网络图示气象预报不但容易实现，而且还可增加更多选项和深度服务。图5-32《今日美国报》网站的天气预报频道，不仅有即时天气播报，还有雷达图像和卫星云图等多种显示；不但有全国气象报道，还有供用户自选的各地气象详细情况。许多服务都是互动的、用户自定义的，非常方便直观。

图5-32　《今日美国报》万维网站天气预报（2012年）[1]

4. 地图也是新闻报道中的重要内容。过去报刊刊登的配合新闻报道的地图基本是编辑人员当时手绘的。现在编辑人员可以在网上或数据库中随时调出、编辑并配发各种地图或位置图，帮助读者了解与新闻报道有关的地理位置信息。

2008年12月，台湾地区决定改行政区划为"三都十五县"[2]。这种行政地理变动在新闻文字表述中，不容易说清楚，使用地图示例则一目了然。

地图报道在国际政治、地区冲突或战争

图5-33　台湾地区行政新区划（2008年）

---

[1] http：//www.usatoday.com/weather/。获取时间：2012年12月3日。
[2] 联合早报网，http://www.zaobao.com/special/newspapers/2008/12/hongkong081228d.shtml。获取时间：2012年12月3日。所涉"三都"，即台北都会区（台北市、县、基隆市，2014年合并）、台中都会区（台中市、县，2010年合并）、高雄都会区（高雄市、县，南部县市长争取2011年合并）；"十五县"为桃园、新竹（新竹市、县）、苗栗、彰化、南投、云林、嘉义（嘉义市、县）、台南（台南市、县）、屏东、宜兰、花莲、台东、澎湖、金门、连江。

报道中，得到极为充分的应用，成为网络新闻编辑处理重大突发报道的特殊手段之一。图 5-34 是 2003 年 3 月 20 日战争打响当天，美英联军 20 余万人多路攻打伊拉克的进攻线路图解。这样的图示还可添加互动和链接，加大信息提供深度和广度。不过，那样的编辑安排和网络界面呈现，在理论上虽然可行，但在实际操作中需要和技术、美工人员专门设计和协调方能实现。

图 5-34　美英盟军多路进攻伊拉克路线图解（2003 年）①

2012 年 12 月 3 日英国《泰晤士报》刊发报道"以色列铁盾防御系统警告伊朗"。该报 iPad 版的压题图将有关资料、图示、地图结合起来，身兼题图和报道二职。类似做法和设计在国内网络媒体报道中还未见过。

图 5-35　《泰晤士报》iPad 版用新闻图示作压题图（2012 年）

---

① 香港明报图，转引自东方网，2003 年 3 月 20 日（http://world.eastday.com/epublish/gb/paper3/20030320/class000300012/hwz2356.htm）。获取时间：2012 年 12 月 3 日。

三、新闻漫画

新闻漫画的定义很多,这里采用其中一家之言:"新闻漫画是一种借助新闻传播载体,运用夸张和幽默的造型语言,报道或评议国内外新近发生的时事、社会问题的绘画。"[①] 新闻漫画首先是漫画中的一类。其次,它与新闻报道有关系,是配合新闻传播的。第三,它与新闻媒介活动紧密地缠绕在一起。

新闻漫画的特点与功用

新闻漫画与其他漫画的主要区别在于:(1)新闻漫画属于新闻报道的范畴,通常具有报道新闻和评议表达的双重功能,属于图画式的"夹叙夹议",重点在"议",是新闻评论的"近亲"。(2)新闻漫画通常围绕一个新闻事实、新闻事件、新闻人物或新闻话题,其所指对象必须具体。(3)新闻漫画比其他类型漫画有较强的时效约束。(4)新闻漫画的传播载体主要是新闻媒介。(5)新闻漫画是对客观事实的反映,其真实性要求很高。新闻漫画借助网络传播的力量而无远弗届;它在网上的功用与在传统媒介上的功用差别不大。

告知性的新闻漫画侧重知识性信息的传播。在 1984 年洛杉矶奥运会上,新中国体育运动员首获奥运金牌,沈天呈创作的新闻漫画"'零'的突破"[②];2003 年中国

图 5-36 新闻漫画(2011 年)[③]
漫画解说:该漫画作者商海春,原标题是"媒体称中国五年室内控烟承诺失败"。

[①] 刘一丁著:《中国新闻漫画》,中国青年出版社,2004 年版,第 303 页。
[②] 同上书,第 330 页。
[③] 漫画中国网,2011 年 1 月 4 日(http://www.mhzg100.com/CaricatureDetails.aspx?Cid=6048)。获取时间:2012 年 12 月 3 日。

大陆地区爆发 SARS 疫情，一些宣传和普及有关防治知识的新闻漫画等①，都可归入此类。图 5-36 新闻漫画报道性较强，也有一定的评议倾向。

还有的新闻漫画具有公益性或宣教性，构思和用语相当巧妙。如下例国外漫画"关注防治乳腺癌"。

图 5-37　新闻漫画（2012 年）②

漫画解说：该漫画作者是 Steve Greenberg。图中文字自上而下写道："你应当关注乳腺癌研究的两点理由：A（女性符号），如果你拥有它们；B（男性符号），如果你喜爱它们。

新闻漫画最主要的功用不是报道而是评议，特别是批评性评议③。漫画家华君武说，"漫画是一种批评的艺术"，"漫画还是要发挥它的战斗性"，"少数报纸以消闲漫画为主的现象，值得注意"。④ 他还说，"我觉得漫画家对世界上、社会上发生的重大事情应当有发言权和批评权。"⑤ 换言之，新闻漫画是用艺术的手法来评论，甚至是深刻抨击有关新闻事实或事件中反映出的问题和倾向。漫画的这种新闻评论功能目前在国内传统媒体和网络媒体中都还比较弱小。华君武分析说，过去国内报刊上国际时事漫画比较多，社会生活漫画比较少；现在恰好相反，是社会生活漫画比较多，国际时事漫画少了。个中原因比较复杂，但最主要的一点是缺乏相对应的研究，加之问题错综复杂，不容易把握分寸⑥。事实上，不论传统媒体还是网络媒体，现今真正缺少和孱弱的部分是及时直接具体地评论新闻时事、重要事件和热议问题的新闻漫画作品。下面是美国近年几例新闻漫画作品，可以作为参考材料。这些漫画直接针对美国各种国内问题和毛病，批评表达都非常鲜明直接。

---

① http://web.jsszzx.com/student/geren/shengming/fd.htm。获取时间：2012 年 12 月 3 日。
② 《南方周末》，2012 年 10 月 15 日；该漫画源自"社论漫画网"（2012 年 10 月 7 日）。
③ 邓炘炘：《新闻漫画的表达》，《邓炘炘的博客》http://blog.voc.com.cn/blog_showone_type_blog_id_30507_p_1.html。
④ 华君武著：《漫画漫话》，中国工人出版社，1999 年版，第 59、235 页。
⑤ 同上书，第 158 页。
⑥ 同上书，第 128 页。

图 5-38 美国新闻漫画①

漫画解说：坐在桌上、胸前写着"富人"字样的白人男孩抱着写着"减税（TAX CUTS）"字样的玻璃饼干罐，正在大嚼大吃。站在桌旁的小布什总统手拿写着"余款"字样的空盆子，对站在一边、代表美国少数族裔群体的三个孩童说："吃的都没了！你们几个孩子只好分那一块饼干了！"漫画家对布什政府推行的减税政策的批评和解剖，全都在这幅漫画中了。

国外新闻工作者常把新闻漫画，特别是时政性漫画算作新闻评论的一个重要组成部分。许多国家的报纸常在社论版上固定刊登新闻时事漫画。这些漫画虽然在"社论栏"之外，但是由于所占版面位置又大又显要，并经常由相对固定的漫画家绘制，所以在表达本报意见倾向方面起着非常重要的作用。图 5-39 是美国夏威夷《檀香山明星报》上由漫画家科济（Corky）创作的一幅"社论版漫画"。

图 5-39 美国新闻漫画②

漫画解说：该漫画的题目是"越来越高的警报级别"，抨击美国政府安全机构设置叠床架屋。图中坐在最下面的是美国中央情报局长，骑在他肩膀上的依次是联邦调查局长、国土安全部长和新近提议设立的国家情报安全部长。

---

① http：//newscartoon. chinadaily. com. cn/prizes/pics/david/6. html。
② Corky's Editorial Cartoon. Tuesday, August 3, 2004. Corky's cartoons are a daily feature of the Honolulu Star-Bulletin（http：//starbulletin. com/columnist/column. php? id＝7261&col_ id＝33）。

美国知名网络媒体《赫芬顿邮报》（The Huffington Post）2012年4月获得普利策"国内报道奖"。这家2005年创办的新闻博客网站，曾在美国《时代》周刊评出的"25个最好的博客网站"中排名第一。2011年2月，它被"美国在线"购并，《赫芬顿邮报》的创办人阿里安娜·赫芬顿（Arianna Huffington）担任"美国在线"高管。创办之初，《赫芬顿邮报》的立场和观点偏向保守右派，现今已倒向自由左派。有漫画家就此作画讽刺。

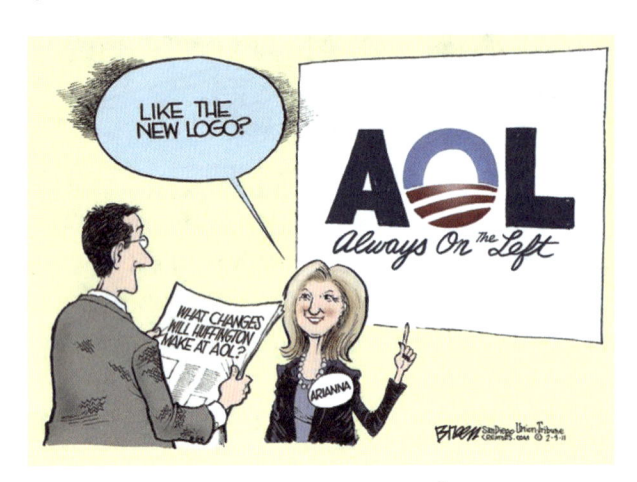

图5-40 美国新闻漫画①

漫画解说：该漫画作者是普利策新闻漫画获奖者Steve Breen。图中男士手中报纸写道："赫芬顿在'美国在线'将有何变革作为？"阿里安娜·赫芬顿手指身后的显示板说："就像新的LOGO那样？"（图中AOL下的斜体小字是"始终站在左派一边"。AOL是上述短语的头字缩写，也是"美国在线"的缩写。）

上述美国新闻漫画中的时事主题和针砭指向，都非常具体和集中，很少虚说或泛泛而议。这一点与时下中国新闻漫画的趣味趋向非常不同。事实上，在20世纪前半叶，中国最早出现的一批著名新闻漫画大都紧贴时政时事有感而画而评，产生过相当大的社会影响。例如，"瓜分中国图"（1903年）、"恭祝中华民国万岁"（1911年）、"国民大会"（1920年）、"民众自治的一个场面？！"（1936年）、"新生活运动在广州"（1936年）、"切断敌人的'血管'"（1939年）、"诱降"（1942年），等等，②都形象鲜明风格泼辣。

但近几十年间，新闻漫画和画新闻漫画者命运多舛。当前国内改革开放发展日益推进，社会民主政治生活稳步改观，新闻时事漫画作为一大类项几近缺席，实在不是一件令人鼓舞的事情。华君武在20世纪八九十年代反复提到的"社会生活漫画多，国际时事漫画少"的现象，至今未有大变。华君武曾在《讽刺与幽默》年会上发言

---

① 图片来源：http：//image.baidu.com/。获取时间：2012年12月3日。
② 刘一丁著：《中国新闻漫画》，中国青年出版社，2004年版。

说:"人们生活在社会上应不应该有个立场呢?漫画是要讲战斗性的,漫画作者总要有个立场。国家有国家的立场,民族有民族的立场,你个人也应该有个立场吧……对于'休闲文化'我们漫画家不要随波逐流,丧失自己的品格。"①

客观地说,国内大量的社会生活题材的漫画也涉及各种复杂和尖锐的社会问题。但是,它们和新闻时事漫画的最大差别在于,绝大多数漫画的评论或针砭对象含糊笼统,没有一针见血的犀利和明白,给人"钝刀子割肉",不痛不痒的感觉。下例是曾经在国内获奖的一幅漫画作品。

图 5-41 漫画"怎么才能从桥上下去呢?"②

漫画点评:从新闻漫画的角度来看,这幅作品虽然构思不乏机巧,但是"批评"很不到位。该画作者究竟想嘲笑开车者的智力和能力,或批评立交桥设计者的粗心和疏忽,还是批评城市规划管理者无知和失职呢?对此,读者很难结论。上述指向似乎都在作者温柔嘲讽的范围之内,但又不专指点明,谁都不得罪。这类漫画通常只原则性地指出一类问题或批评某种现象,但由于没有聚焦而失掉了锐度,成为似有实无的空说。

2003年年底,刚创办的北京《法制晚报》似乎想在新闻漫画方面做点尝试。它以"晚餐画廊"为标题,开设了每日一评的新闻漫画报道。该栏目漫画每日上网发表,也成为网络传播的内容。特别值得指出的是,《法制晚报》新闻漫画放置在第二版的评论版面上,直接针对本地当天发生的新闻进行批评议论,这在当时是一种新突破。图5-42是该栏目2004年的一幅新闻漫画,直接批评北京拆除违章建筑的机构,在一夜之间将一所打工子弟小学拆得无影无踪。③

---

① 华君武著:《漫画漫话》,中国工人出版社,1999年版,第160页。
② http://newscartoon.chinadaily.com.cn/app/detail.asp?ID=16181。
③ 漫画作者为谢峰,载于2004年8月5日《法制晚报》。

图 5-42 《法制晚报》新闻漫画（2004 年）

2012 年年底再次检索《法制晚报》发现，该漫画评论栏目虽然还在，但所刊漫画的针砭对象和所涉问题大都与北京无直接关系。其评议性漫画的模糊性或他指性系数大幅提升。这是新闻漫画十年之间退步的又一遗憾表现。《法制晚报》2014 年在 A3 版开设了"漫画评论"专版，每日新闻性漫画供应量有了较大提高。但漫画的犀利性和直接针对性并无明显改观。新闻漫画是网络新闻传播中的重要方面军，其传播空间和影响力都非常可观，作为一种新闻传播样式，它不应该长期疲软孱弱。

国内新闻漫画频道做得比较好并长期坚持者，是中国日报网站下属的"中国新闻漫画网"（简称"新漫网"）[①]。该网于 2001 年 7 月 18 日正式开通，是国内第一家专业新闻漫画网站，由中国日报网站主办，中国新闻漫画研究会（中国大陆地区唯一的全国性漫画社团，China Journalistic Caricature Society，英文缩写 CJCS）协办。"新漫网"提供各种新闻漫画作品，供媒体机构有偿选用，出于版权考虑，该站上绝大多数漫画图片都打上水印。普通网民可以游客身份自由观看。"新漫网"经常公布国内外参赛和获奖的漫画作品，推动漫画业界的沟通与交流。

四、在线问卷调查"游戏"

网上在线调查——特别是"网上简易调查"，在时下主要是一种传播呈现样式，甚至是吸引用户参与和关注本站点的手段之一。它们穿插和出现于各种网络主题报道中。网上在线调查借助问答互动形式，在突出传播主题和活跃版面等方面，发挥着一

[①] "新漫网"同时采用独立域名（http://www.newscartoon.com.cn）和中国日报的频道域名（http://cartoon.chinadaily.com.cn）运转。

定的作用。鉴于这种问卷调查并不打算获得严格统计学意义上的科研结果，它们往往就是一种互动游戏，并经常以图示图表的形式在网络版面上呈现。因此，这里把新闻服务站点的在线问卷调查的编辑问题，也归入本章。

1. 网上调查及其特点

网上调查或网络调查，包含几种不同的类型和含义，这里不详述和展开[①]。本文所说的是与网络新闻传播关系较大的网上调查。它主要指网络媒体或网络新闻机构在自己的站点放置调查问卷，供用户点击和回答的互动问答活动。这种形式的调查与其说是"调查"，不如说是一种吸引网民关注的、简单的"问答游戏"。这种网络活动的启动和呈现主要是一种编辑设计和主导的传播互动。

这类网上问卷调查的特点是：

（1）常以在线问答形式进行，问卷放在网上，网民可以在线点击回答，方便简单。

（2）网上调查开展起来比较快捷，反馈速度快，成本低。

（3）多数网上调查在答问者提交回答后（甚至有时无需回答问题），就可点击查看截至当时为止的调查统计结果，作为参与行为的一种鼓励。

（4）网上调查不受时间和地域的限制，网民可以在调查期限内的任何时间、任何地点参与调查答问活动。

（5）调查的科学性、代表性和真实性一般不能（也不求）保证。

（6）网上调查给参与问答的网民匿名、安全、放松，甚至游戏的感受，调查无法（一般也不想）有效控制网民参与过程中的偏差因素。

2. 网上调查的类型

国内媒体网站和网络新闻传播机构近年来越来越普遍和经常性地进行网上问卷调查。这些调查的常见类型有以下几种：

（1）服务反馈调查。这类调查主要是网络传媒机构为了改进工作，策划改版，征求建议，了解服务对象需求而开展的网上调查。图5-43是"电脑报2003年读者有奖调查"页面。这种网上调查在当年相当普遍和火爆，不过现今在网络传播机构的日常运行中越来越少见。这种调查可繁可简，但是如果登录填写内容过于繁琐，又不能立刻看到整体结果，网民参与的兴趣就不高，除非采取有力度的奖励刺激方式。

[①] 柯惠新：《互联网调查研究方法综述》，《现代传播》，2001年，第4期、第5期。

图 5-43 《电脑报》2003 年读者有奖在线调查页面

（2）问题舆情调查。这种调查分两种类型。一种类型是综合舆情调查。它们通常选题宏观，篇幅稍长，询测问点较多。下例人民网"2004 年，你期待什么？"专项调查①，共设 15 大项，每大项含 6 小项。这类调查如果做成正儿八经的网上问卷调查，例如中国消费者协会为推进市场明码实价，促进商业诚信，在"新华网"上开展的"'我看明码实价'网上问卷调查"②，就有些形式和目的脱节的感觉。这种调查因参与范围和参与身份不可控，至多只能算开放式的"网上意见箱"而已。有人也许随手点击几下，多数人会冷眼旁观，甚至不以为然。

另外一种类型是只围绕某一简单和具体的问题进行网络意见收集。中国共产党新闻网的"网上调查"是一个常设调查栏目。这种简单直观的点击调查及查看结果，其实是网络编辑人为建构的某种关注、报道、呈现或设置。如"网上调查：'小官大贪'如何造成？怎样遏制？"及其投票结果显示③。图 5-44 是"凤凰网"的"热门调查"结果，并对最突出的选项结果加注了文字解释说明。

---

① http：//vote.people.com.cn/await2004/view.asp。
② http：//www.xinhuanet.com/fortune/2012mmsjdc.htm。获取时间：2012 年 12 月 24 日。
③ http：//cpc.people.com.cn/GB/78779/130590/131404/15463412.html。获取时间：2012 年 12 月 24 日。

图 5-44 凤凰网"热门调查"结果（2013 年）[①]

---

① http://comment.ifeng.com。获取时间：2013 年 1 月 4 日。

这样简单的问卷调查通常都可点看结果。这一点与正式和规范的社会舆情调查不同。因为，正规调查需要事后综合分析，处理所收集的全部数据，才能得出相应结果和结论。而这类"简易调查"不但不考虑答问者个人的人口统计学资料，所问问题又非常简单，可选答项也非此即彼，可查看的结果只是简单的数字加减。这样采集的信息很难有实证和科学的价值。[①] 所以，这样的调查旨在吸引网民参与和表态，借以丰富本网站点的相关内容供应，只是一种围绕热点问题的人气聚集或者热度加温而已。

网上简易问卷调查不仅可以用于时事时政话题，更常见于一般生活服务问题。这类调查可以由网络媒体机构独自策划，也可以和其他机构联合主办。"腾讯网"的"7·21 北京涉水车维修调查"中嵌入若干"小调查"板块[②]。其中"您觉得本期策划如何？"的小调查，是问对本次调查选题的评价；"您的爱车是否购买了'涉水险'"，是了解身为车主的网友的车险购买情况。

图 5-45 腾讯网"小调查"及结果（2012 年）

网上简易调查是"主动选题调查"，因为它们基本是网络编辑主动选定或设计出的调查方向及调查问题。不过，如果所选择的问题内容有争议或者比较复杂，如食品安全、房价高企等，就不是一个简单的小调查所能对付得了的。此时，网络编辑如果有意把复杂问题化为几个简单提问，那就恰恰表明此调查的本意只是一种互动表达或传播游戏。上例"您觉得本期策划如何？"的调查，用户就可刷屏后重复点选。其调查结果的客观真实性可想而知。

简易调查还可作为一种评议形式，引诱网民表达意见倾向。譬如上海东方网"纪念邓小平同志诞辰 100 周年"的网上专题报道中，就设有若干调查询问板块，请网民

---

① 《新闻调查：网上能否评出"央视十佳主持人"》，新华网，http://news.xinhuanet.com/news/2001-12/10/content_154664.htm。

② http://auto.qq.com/zt2012/news360_45/。获取时间：2012 年 12 月 24 日。

在线回答①。2013年新年伊始，新交通法规定闯黄灯扣6分，引发强烈争议。"凤凰网"据此推出网上调查。该调查只包含"您支持'闯黄灯扣分'吗"和"您认为如何避免'闯黄灯'现象"两个问题，每题各有若干回答选项。

这种调查由于可以即时查看，答问总体结果实际上就成为网站相关报道内容的一种补充和丰富，只不过这部分内容是由网民集体添补上去的。可以说，这种问题调查是编辑有意引导网民参与和贡献的"自耕园地"。网上问卷调查设计得越简单，其引导性往往越强烈。

图 5-46 凤凰网 "闯黄灯扣6分" 网上调查结果（2013 年）②

上例中网民质疑新交规制订的草率和粗劣的倾向，在调查结果中体现得相当明显。

除了新闻性和倾向性调查以外，还有带有提示性的网上调查，例如，"明天我们还能吃什么？"③ 这种小调查形为发问，实为提醒网民注意健康生活选择。还有的调查是预测性的，它以提问方式征集网民对事态未来发展趋势的推断，如"伊拉克战争"专题中的"新闻调查"④、美国总统竞选投票结果预测等。

3. 如何看待和使用网上调查

网上的定量调查主要是通过网络来收集数据，除了网上固定样本⑤以外，其他定

---

① http：//news.eastday.com/eastday/news/xwzxzt/node5083/node27476/node27495/node27496/userobject1ai410503.html。获取时间：2004年8月2日。
② http：//survey.ifeng.com/news/2359.html#p=result。获取时间：2013年1月4日。
③ http：//business.sohu.com/7/0504/40/column220204005.shtml。
④ http：//www.eastday.com/epublish/gb/paper3/index.htm。
⑤ 这是一种将互联网技术与传统（网下）调查相结合的方法。它通过随机的抽样调查（例如电话或入户访问），征募目标总体的一个有代表性的固定样本（panel），样本户可能是网民条件的，也可能不是网民。对不是网民的样本户赠送电脑和提供上网的条件（对已有上网也可以考虑不再赠送电脑）。对这个样本进行定期的网上调查，不过一般不用于调查网上行为。柯惠新：《互联网调查研究方法综述》，《现代传播》，2001年，第4期。

量调查的样本都不是随机抽样,而且回答者完全是主动的;而主动回答者的特征可能会与不参加网上调查者有极大差异,从而造成调查结果的偏差。我们前面所说的网上新闻调查或者舆情调查都有这样或那样的缺陷。

前面所说的各种各样类型的在线问卷调查,从网络新闻编辑的角度来看,都是网络传播机构让网民通过回答调查问卷的方式,来表达他们的意见、态度和倾向。换言之,开辟简易网上问卷调查是网站编辑组织、整合、开发和丰富其信息供应的一种办法。调查的设立完全是编辑部的设计,而不是记者采访的收获。所以,网上调查从传播角度来看,也是一种编辑表达。明了这一点,其他有关调查选题的问题,有关问卷设计的问题,有关答案选项的问题,有关调查的传播意图和效果估计等问题,就都比较容易解释。

网络新闻编辑应该把网上调查纳入自己工作的视野。从受众的角度来看,网上调查也是网民参与和表达自己意见的一种手段。虽然参与者有比较强的主观性,很难具有代表性,也不排斥有人多次点击反复填写的情况出现,但是来自受众的数量表达本身也可以被看成是一种社会意见倾向的汇集,如果能有效地剔除各种网络水军、网络评员或网络公关公司的人为灌水和堆砌因素的话。新闻编辑对网上问卷调查反映出的结果情况,要做谨慎的评价和使用,既不要完全否定它们的意义,更不可夸大。

闵大洪指出,网上调查层出不穷,任何社会热点、焦点问题似乎都可拿来调查一番。网上调查尽管有毛病缺陷,但并非毫无用处,因为利用网络互动的优点,可以增加用户的参与感和兴趣,也可提高网络站点的热度和知晓度。[①] 总之,网络新闻编辑可以更多地把网上调查当作内容传播、态度表达和倾向引导的一种辅助手段。

在使用和处理网上问卷调查时,编辑需要注意处理好几个关系。首先,要处理好调查内容在网站传播中的地位和分量。譬如,在线新闻调查是作为一个固定的新闻性栏目,还是作为一种传播元素渗入新闻报道之中呢?这些都需要平衡斟酌。其次,在大型报道或专题中安排网上调查时,要处理好这种在线调查的规模。如果调查只是辅助性的内容,就不可搞得太复杂。如果网上调查是专题的核心,那么整个专题就需要围绕调查的主题、形式、目的和结果来构建和运转。最后,结果公布是一种很有特点的互动传播形式。网民有时也很希望了解其他人对同一问题的看法。所以,编辑把调查结果的即时显示的形式设计得生动、有趣和美观,也是很有效果的创意传播。图 5-47、图 5-48 是中央电视台"央视网"专门开辟的"调查"频道,它集中呈现在线民意民情调查、问卷和结果。它的相关页面制作和图形设计都比较精心,可供参考借鉴。

---

① 闵大洪:《网上调查谈》,CJR "大洪视点",http://biz.zjol.com.cn/node2/node38/node58/node59/node72/userobject7al1590.html。获取时间:2012 年 12 月 25 日。

网络新闻图片、图表图示与网上调查 | 第五章

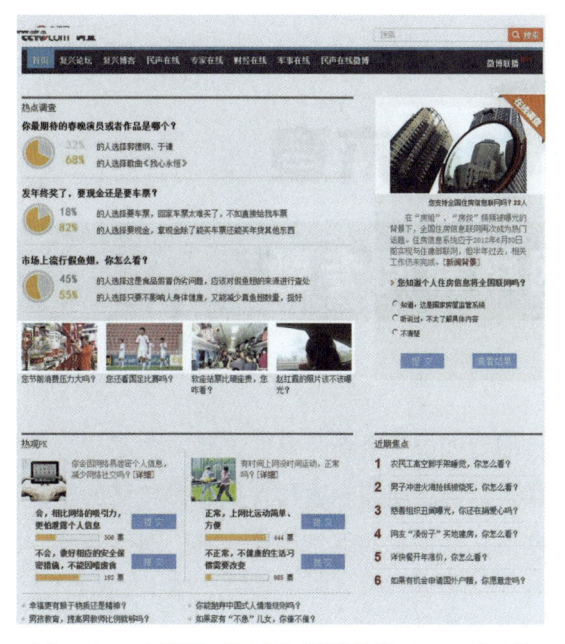

图 5-47　央视网"调查"频道首页（2013 年）①

图 5-48　央视网在线调查结果显示页面（2013 年）②

---

① http：//mindiao.cntv.cn/；获取时间：2013 年 2 月 5 日。
② http：//app1.vote.cntv.cn/viewResult.jsp？voteId=9463。获取时间：2013 年 2 月 5 日。

199

第六章 网络新闻专题

网络新闻专题是传播者围绕一个新闻事件、新闻主题或时事热点议题，进行集纳式报道和传播的特定样式。网络新闻专题具有多媒体传播的丰富性，也是多元素融合传播的具体体现，是网络传播独有的强力传播样态。网络新闻专题可以从不同的角度来观察和认识。

一、专题特性

第一，集纳性。网络新闻专题可以汇集多种类型的新闻信息，运用多种报道手段和多媒体传播形态，以一定的报道数量、报道强度、深度和广度来进行整合传播。与传统单篇的消息、通讯、大特写或评论等相比，在"量"的层次上明显胜出。网络新闻专题具有"复数"性质。

第二，呈现性。网络新闻专题既有深度也有广度。传统的深度报道与分析性报道、解释性报道和调查性报道比较相近。深度报道通常围绕着某一新闻事件或者新闻事实进行过程或情节的细致描述，对起因和发展的缘由进行探究和推导，对各种相关因素进行梳理和联系，以求达到对深层真相和本质的揭示。但传统的深度报道是单篇或单一单元，传播样态也往往是单一媒体样式。

网络新闻专题更多地是从"堆砌"或"聚合"信息开始的。换言之，网络新闻专题首先是在一个新闻由头的驱动下，把一些相关的新闻信息汇总在一起而形成的，因此它也是一种整合式的新闻报道和呈现方式。这种"汇集"可达到某种深度和广度，但它更多地代表着一种客观报道和信息提供的意识。在形式上，它是多媒体、多渠道、多方位的整合集纳报道。在内容上，它是网络新闻编辑和网络传播机构主动和直接的选择和服务。它的产生和实现主要集中在编辑部环节。

第三，进行性。在传统媒体上，不论是短小的单篇消息，或者长篇的深度调查报道，它们一经诞生也就定型了。网络新闻专题则不同。它可以是一个不断丰富和发展着的内容集合体，随着新闻事件和新闻议题自身的发展变化而不断壮大和延续。就此而言，有人甚至把网络新闻专题也分为两种。一种是一次性汇集和形成的新闻专题报道。这种专题运作可以构成一次性的强大和综合的传播。另一种是进行性的报道呈现。它开启后可随着事态和报道的演进而不断发展和扩大。其发展走势和内容关注点的变化都处在动态之中。换言之，前一种专题报道可算是"静态"的，后一种是"动态"的。"动态"专题报道有时"生命线"较长，并不时被新添入的信息内容激发起新的活力。

第四，编辑主导。如果说各式传统深度报道是调查采访记者担当主角的话，网络新闻专题则始终要靠编辑坐在编辑部来构思、统领、组织和实现。网络新闻专题是编辑的"特产"，是编辑或编辑部对相关信息进行"再加工""再组合"的结果成品。所以，网络新闻专题也就包含了比较鲜明的编辑思维和编辑特色。

第五，融合报道思维。网络新闻专题作为一种整合新闻报道思维，广义而言可以贯穿从单篇单条报道到整个新闻网站建设的各个环节和全过程；狭义而言是介乎固定新闻栏目和单篇新闻报道之间的一种不定期的信息组织和发布形式。新闻专题的概念在使用时，又有两个层面的含义。一是指所有符合专题特征的新闻报道内容，此时它是一个类名称。另一是指某一具体的在线新闻专题。虽然从集合的角度来看，网站的各新闻栏目与某一具体专题都汇集整合新闻内容，但是两者的集汇方式不同。栏目集纳的是同类内容，而专题集纳的是单一主题下的不同样式内容组合。比如，在国内新闻栏目中，凡是国内新闻大都汇集于此。而某一在线新闻专题则将有关文字消息、评论、静态图片、网友来言、音视频报道等不同体裁、不同样式的多种材料信息汇聚一处。换言之，栏目往往是单一媒体形态，而专题大多是多媒体融合报道样态。

第六，它既有共时性，也有历时性。网络新闻专题的独有优势还在于，它不仅可以提供全方位、多媒体形式的新闻报道，还支持用户端主导的信息检索和往旧内容的现时回播。对于纸介媒体来说，受众不能享受音视频的服务。对于传统广播和电视来说，受众不能简单回放过往内容。网络新闻专题不仅可以提供多媒体服务，而且兼具实时传播和回溯检索的能力。一言以蔽之，前述种种优点使得网络新闻专题成为一种独特而强势的传播手段，同时也是最具互联网络特征的传播方式。这种传播思维亦即整合（融合）传播思维。

二、专题类型

第一，静态专题。这类专题往往用来报道某一事件或者问题。专题主要由文字、图片或音视频等静态内容构成。所谓"静态"，主要指传播主题和内容本身的张力不足，没有推动专题本身不断滚动、发展和前行的动能量。网上一些正面报道为主或情况介绍为主的新闻专题，大多可以归入此类。它们基本上只是把网下的各种报道内容转化为在线形式而已。这类做法的意义在于，延伸了网下报道的传布，扩大和丰富了原有报道的容量和篇幅。"新华网"的新闻专题"回眸2009·中国纪录"中的一些内容即属此种类型。

图6-1 静态新闻专题（2009年）①

网上静态新闻专题距离传统报刊的深度报道或大特写式的报道的思路不远，属平面、静态或单维度传播。这种处理能否算作"专题"呢？从网络编辑的角度来看，这种静态专题在综合信息、传播界面和表达形式等方面，还是做了突出化的编辑处理，是一种强势报道方式。说它们是静态专题，主要指缺乏行进和动态方面的新闻张力。

许多资料性和介绍性的专题，虽然在上网之时曾具有强大的新闻由头和新闻价值，但从那以后，它就基本上处于"静态"。这类专题围绕某一主题，汇集相关资料或内容，容量可大可小，无需频繁更新，也没有太大的变化。内容是陈述性和说明性的，不存在激烈的争执和辩驳，长期处于"安静"状态，等待用户或感兴趣者前来浏览、查阅或检索。美国CNN网站"特别报道"中辟有"9·11纪念专题"②，就是这

---

① http：//www.news.cn/politics/hm2009/。获取时间：2013年1月4日。
② http：//edition.cnn.com/SPECIALS/2001/memorial/index.html。核实时间：2013年1月4日。

样的一个例子。该专题网页在右下角按姓名、就职机构、居住地点、年龄等项把"9·11"遇难者依次列出，网页设计和整体安排多年未有改变。

图 6-2　静态专题网页（2004 年）

第二，事件专题。事件专题主要用于突发性重要新闻事件的进行式报道。它通常围绕有关事件，多方位、多层次、多角度地跟进报道，随时介绍事态进展状况，不断增添最新信息和内容。突发新闻本身的重要性和影响面启动该专题的设立，也决定着该专题持续运转的活力和时长。随着该新闻事件逐步平息或者得到解决，该专题的运转必然转慢转弱，最终停止更新，在网上或者数据库中成为一种静态驻留。图 6-3 是"凤凰网"题为"巴以爆发新一轮冲突"的新闻专题①。该专题包括图文报道、视频报道等多种形态的内容，自 2012 年 11 月 21 日起，到 12 月 22 日不再更新。

"千龙网"的"巴西运载火箭爆炸"专题也属于事件性质。该专题始于事故发生当日（2003

图 6-3　事件专题网页（2012 年）

① 凤凰网，http：//news.ifeng.com/world/special/bayichongtu。获取时间：2013 年 1 月 4 日。

年8月23日），内容更新到8月28日停止①。

第三，开放专题。这种新闻专题突出强调编辑和报道思路的开放性。此类新闻专题又可分成两种类型：一是所涉内容不一定都放在本专题之内，用户可以通过链接访问本站点其他位置的相关报道。一是有关本新闻专题的报道内容散布在其他网络站点或者网络场域，用户访问时将跳出本网络站点的物理范围。前一种应用在国内网络媒体站点上比较常见。"千龙网"的"抽奖抽到你'抽筋'"是一个例子②。网页中蓝色的主题词和标题链接都直接通向本专题以外的其他相关报道，不过所链接的报道和信息依然在千龙网站及其数据库内。

上例"千龙网"专题带有较强的"报道"色彩，而有的新闻专题具有较强的"话题"性质。这类专题往往"叙事性"不强，不设单一"主述者"，而是借专题方式挑起一个有争议的话题的讨论。"人民网"的"吉林开先河 独身女子可生育"专题可算一例③。该专题通过"追踪报道""评论分析""相关新闻"三大板块来组织相关报道和链接，传播者或者编辑者没有过多的直接发言。该专题的"开放性"体现在所设议题的争议性和结论的不确定性上。"吉林开先河 独身女子可生育"专题同样使用了较多链接。这些链接全部直通"人民网"的自有内容。所以，这个专题与前述例子相似，仍是对自有资源的再利用。

倘若上例"人民网"专题的链接触角延伸到开放的互联网络上的其他角落，那么这种开放专题就属于另一种类型。因为它的编辑思维不是"内容"整

图6-4 开放专题实例一（2002年）

---

① http：//inter. qianlong. com/4319/2003/08/23/Zt42@1557140. htm。2013年1月4日核实已经找不到此页面。
② 千龙网，http：//www. qianlong. com/3050/2002-12-4/53@559618. htm。
③ 人民网，http：//www. people. com. cn/GB/shehui/212/9472/index. html。核实时间：2013年1月4日。

合和再利用，而是"线索"的开放与追踪。切合此思维模式、真正面向互联网络信息资源的开放性专题，在国内网络新闻传播机构的实际运行中殊为少见。下面的实例来自谷歌中国网站（参见图 6-5）。

图 6-5　开放专题实例二（2013 年）①

谷歌新闻（中国）首页"焦点新闻"（即头条新闻）主图下面，设有一个蓝色"查看实时报道"点击钮。鼠标点击它之后，首页新闻版面就转为上图所示，由"实时报道"和"深入报道"两大板块组成，围绕当时头条新闻内容的一个"专题"集纳式报道。这里网页的编排转换都是自动生成和自动排列的。

上例中的新闻头条标题是："最严交规"实施首日：真有司机"宁停三分不抢一

---

① 谷歌新闻，http：//news.google.com.hk/。获取时间：2013 年 1 月 4 日。

秒"（2013年1月4日）。仔细观察上例页面内容可以发现，各条相关报道来自各个不同媒体和网站。谷歌此处所提供的，是它汇集的搜索结果及网页链接。点击其列出的任何一条链接，即可直接跳转至相关站点文章或报道界面。所有这些搜索来的"外在"报道，在主题的切合性和内容的广源性方面，都达到较高的程度。

这种专题报道汇集的基础是以互联网络的所有内容供应为支撑，具有最大的开放性和多样性。这种专题的内容服务原则是：不求内容为我原创或占有，但求为用户提供详尽的信息线索和直接的前往路径。当电脑能围绕某一新闻报道主题自动进行网络搜索和信息汇集时，新闻专题的构建竟然能如此轻松和方便！这其中网上新闻的自动抓取和分类汇集的"编辑机器人"功能，是谷歌公司的核心技术优势，国内搜索引擎服务和网络媒体单位尚有一定差距。网络编辑对这种传播思维和专题类型的认知，将有助于从内容编辑和电脑技术的结合上重新思考和审视新闻服务的业务样态、竞争对策和发展目标。

第四，综合专题。综合性新闻专题通常被认为是网络新闻传播中的"重型武器"。它通常包括了图文新闻、背景资料、评论来议、互动交流、外部链接、音视频报道等多种手段运用，充盈着编辑部强烈的主题强调、规模设定、姿态把握和对效果的高度期待。这类专题通常比一般专题大，但同类属综合专题之间依然会有相当幅度的差别。目前，综合专题的规模和复杂程度有愈加膨胀之势，有些在规模和架势上几乎接近大型网站的一个频道，甚至堪比小型网站。

2003年中国内地地区经历了抗击"非典"的艰苦经历。对这一全过程的报道和反映是当时全国新闻媒体的重点工作。各网络新闻媒体机构也纷纷建立抗击"非典"的网上报道专题。其中，新华网的"抗非特别专题"的规模大，内容多，综合性突出，总共包含18个子栏目，即要闻播报、高层行动、北京抗非、各地动态、港澳台湾、白衣风采、一线传真、专家建言、经济影响、疫情通报、特别公告、抗非知识、科研进展、抗非曝光、抗非生活、抗非公益、网友热谈、每日简报。除此之外，该专题平台还大量利用短信、图片、图示、图表等报道手段，公布抗"非典"咨询电话，开启线上互动讨论平台，提供重要音视频报道以及链接相关机构、组织和其他媒体等。整个专题成为抗"非典"活动的重要组成部分。网络综合新闻专题可以使网络传播机构在很短的时间内，迅速提升其传播的针对性和力度，显示其快速汇聚和调度相关信息的能力，是发挥传播威力的极重要手段。因此，它不仅越来越多地应用在新闻时政报道方面，非时事性新闻专题以及商业或娱乐传播专题也越来越多。图6-6是新华网2003年"抗非特别专题"首页，页面实际长度近5屏[①]。

---

① http：//www.xinhuanet.com/zhengfu/sars/index.htm。2013年核实时此专题已经不存在。

图 6-6　新华网抗"非典"专题（2003年）　　图 6-7　百度新闻两会专题首页（2012年）[1]

---

[1] 百度新闻 2012 年两会专题，http：//news.baidu.com/z/r/2012qglh/index.html。获取时间：2013 年 1 月 4 日。

国内重大主题报道任务经常与重大报道形式相对应。于是，网络传播也相应出现重大专题报道形式。事实上，重大专题与综合专题在许多方面没有本质区别。不同的地方主要在于重大专题报道往往属于主题先行一类。比如，每年的"两会"、重大节庆、换届党代会以及"申奥"或申办世博会等重大活动。这些重要事件在事前可以预知，有可能早做准备，所以这类专题经常有条件做得声势浩大。

重大专题中最常见的例子是每年一次的"政协人大两会报道"。这是中国传媒业界的年度大事，也是主流网络新闻传播的重头戏，尤其当逢遇人大、政协的换届之年。就近年"两会"网上报道专题来说，实力最强、规模最宏大的是"新华网"和"人民网"的"两会专题"。百度新闻"2012年两会专题"（图6-7）也中规中矩，可以为同类专题的样式、架构和特征提供一个实例。该首页全长16屏。

重大新闻专题还曾使用过引导首页，如"新华网"2003年的"两会专题"（图6-8），虽然这种手法近几年使用渐少。2003年，新华网的"两会专题"共分五大部分，其中四大板块分别是各有传播形式特色的"图片版""视频版""访谈版""实况版"和"论坛版"，还有一个"完全版"总领综合前面四大类内容。此外，还有外语和繁简中文显示选择的"简体中文""繁体中文"和"英文版"。

图6-8　新华网"两会专题"引导首页（2003年）[1]

图6-9　新华网"中国申办2010年上海世博会"专题首页（2005年）[2]

什么主题内容可以纳入综合或重大专题，一般没有固定标准。综合或重大专题的主题，可以来自时政、国际、经济、军事、科技、教育、环境、体育等许多报道领

---

[1] 新华网，http://www.xinhuanet.com/2h2003/home.htm。获取时间：2013年1月4日。
[2] http://www.xinhuanet.com/newscenter/sb2010/。核对时间：2013年1月7日。

域，但通常时事政治类主题偏多一些。2004年8月适逢邓小平诞辰100周年，国内各媒体网站纷纷开设在线专题配合此项纪念活动。如央视网"纪念邓小平诞辰100周年"专题①。此专题既是重大专题，同时也是一个"静态"专题。2010年上海世博会从申办到主办到开辟网上世博会空间，这一系列的网上运行都属专题式运用的实例。新华网"中国申办2010年上海世博会"专题首页（图6-9）、"上海世博网"首页及其"网上世博会"专题首页，都采用了重大综合专题的架构设计，但风格和手法各异。

图6-10 "上海世博网"官网首页首屏（2010年）②

图6-11 上海世博会官网"网上世博会"专题首页（2010年）③

---

① http://www.cctv.com/news/special/C12564/01/index.shtml。获取时间：2013年1月7日。
② http://www.expo2010.cn/。获取时间：2013年1月7日。
③ http://www.expo.cn/#&c=home。获取时间：2013年1月7日。

十年前，国内媒体网站和大型门户网站一般都在新闻中心或者新闻频道中设有"专题"频道或栏目，可见业界对于网络专题的重视。加之当时新闻专题数量较大，各大型网站几乎都安排了周到的导航页面。专题导航页面最简单的方式是直排列出专题文字标题。稍微精致一些的页面是划分出若干界线分明的板块区，将不同类别的专题归入各自小板块。有些专题导航页的设计比较注意视觉效果，利用有限的页面长度安排较多内容提示，并小心地照顾到网民耐心承受度。专题导航页也可以更多地使用图片和视觉元素，不过那样页面有可能被拉长。

近几年，网络新闻专题的使用频率或凸显程度似乎有衰弱的倾向。在一些网站首页导航栏中已经看不到"专题"频道标识。新闻专题走弱的可能原因有：一是重视程度下降，主管和一线编辑对其兴趣下降；二是对该工具手段应用的理解窄化，认为仅"重大事件（时刻）"方可使用；三是多媒体报道资源和手段不充裕；四是成本考核导致投入消减。

"专题"可报道任何题目，规模可大可小，持续时间可长可短，多媒体手段搭配也可任意组合。新闻专题首先是多媒体、动态和跟进报道的强势或特色处理，从技术上说没有太大困难。虽然有些报道主题受管理限制和约束而不能操作，但可为空间依然相当广大。新浪新闻频道 2010 年度"国内专题"网上驻留总数仍然达到 200 个[1]。

另有观察认为，网络新闻专题思维已经演化为分散的融合编辑思维，深入网络新闻传播的各个层面和角落。互联网技术和传播的发展，已经使得不论网站还是单篇报道，都渗透了程度不同的资源整合、多元包装、多媒体展示、多向度发传的编辑处理和传播思维。从这个意义上说，集汇或整合的编辑意识和具体处理，已经水银泻地似的体现在每一网络传播界面和传播动作中，以至于人们习以为常而不觉有什么特别。网络新闻专题所代表的编辑思维已经成为了日常工作的常态。

有人建议，新闻专题网站应成为一个单立的概念。根据经验判断，新闻专题和新闻专题网站之间的界线相当模糊。唯一能够比较清楚分离两者的界线是：新闻专题网站采用独立域名运行，有独立的名称、独立的域名和独立的网上地址[2]；而新闻专题往往就是一个网络站点的一个内容组成部分。不过，这种较真区分的意义并不大。

总体而言，新闻专题网站通常作为某一重大活动的网上窗口，或者作为一重要事件的网上信息汇聚节点，对外进行信息传播和交流活动，推动有关事情的运行和扩

---

[1]　http：//news.sina.com.cn/z/old/2010/china.html。检核时间：2013 年 2 月 8 日。
[2]　廖卫民、赵民著：《互联网媒体与网络新闻业务》，复旦大学出版社，2001 年版，第 365 页。

展。图6-12是希腊雅典奥运会官方网站。作为雅典奥运会组委会的网上信息平台，它首先是奥组委的网上官方延伸，而不是网络媒体机构。

用独立网络域名地址的新闻专题网站围绕和聚焦于某一事件或活动展开运行，一旦相关事件过去或者活动完结，其存在的新闻张力就基本萎靡了。所以，这类新闻专题网站的存在一般都有时限，不可能无限期有活力地办下去。除非它把聚焦点扩散开来，模糊为面向一个领域或一类信息服务，如经济新闻

图6-12　雅典奥运会官方网站首页（2004年）[1]

或环境保护新闻专题网站，或者社会精神文明专题网站等。不过，网站定位一旦走向"综合"，也就不再"专一"，成为宽泛的主题网站。追踪前例的后续结局：雅典奥运会官网站点现在已经消失，键入其原来的独立网址，直接跳转出国际奥委会官网上有关雅典奥运会的内容（参见图6-13）。

图6-13　国际奥委会官网上的雅典奥运会页面（2013年）[2]

---

[1]　http：//www.athens2004.com/。获取时间：2004年8月11日。
[2]　http：//www.olympic.org/athens-2004-summer-olympics。获取时间：2013年1月8日。

三、选题、构建与编辑

1. 主题选择

新闻专题是编辑的"自留地",也是编辑主导的组织编排和传播呈现。编辑面对新闻材料,首先要确定专题的主题。主题的确定受多种因素影响:有时是突发事件推动,有时是重大事件或节庆来临,还有些属于"命题作文"。主题必须具有可操作性。这主要由编辑人员来评估判断。地方性媒体机构如果采访力量不足,手中资料不多,要想做热门事件专题,就可能会受到一些限制。编辑人员在判断选题时,一般可从三个方面来衡量和考虑:

(1) 选题是否具有新闻性和吸引力。这种吸引力主要基于自身传媒机构所面对的特定读者群体而言。

(2) 手中是否掌握或者未来能否拿到具有一定水准质量的新闻资源,保证在一定的时间段内支撑和维持相应专题内容的适时更新和持续运转。专题规模可大可小,可视情况而定。

(3) 有无足够的背景和相关材料的支持。

实际运行中,并不一定条件齐备才能动手。有时一两个条件比较有把握,甚至是其中一个方面的内容非常充分,也可以上手开工。要做好综合判断和总体布置,并有后备考虑。在网络传播竞争激烈的今天,任何优秀创意转眼就会被"克隆",所以成功要靠自身的实力和资源,要有他人不易炮制的创意能力和资源支撑。检视众多网络新闻媒体的专题报道,人们不难发现,其实各家专题都凭各自优势,即使看似类似或同题者,也都在制作或运营细部等方面各擅胜场。斟酌遴选主题,是一个不断比较、评估和取舍的过程。有些选题适合自己,有些选题适合他人。扬长避短是差异化竞争策略。

2. 结构搭建

除了单篇式的专题报道以外,简单的新闻专题需要包括最新动态、背景资料、视听内容、互动交流等组成部分。新闻专题如果不求规模,可以做成单篇单页,就像前面所介绍"谷歌新闻"的"头条专题"的例子,把所有的内容集中在一个小界面区域内。如果规模比较大,就需要搭建一个架构。这样的结构就像微缩版网站。编辑人员可以参照网站搭建的方法,安排首页、分设栏项、最新报道、音视频元素、评论互动、图文内容、背景资料等。一切根据主题、规模和材料的情况而定,可大可小,可简可繁。

前面介绍的专题实例,一般都比较宏大。如果不是中央重点网络媒体或商业门户网站，不必在规模上和大型网媒机构比拼。"谷歌新闻"、网络博客和微博的出现，已经给专题报道提供了新思路。编辑不一定要绝对"占有"必要和相关的信息才能做专题，链接的内容也不一定非要来自本网站自有数据库。只要相关信息可以通过链接"为己所用"就可以。利用博客链接思维，新闻编辑人员现在已经有可能在"门槛比较低"的情况下，利用网络资源搭建创意精彩、内容丰富的专题报道，实现多视角、多媒体报道。

编辑在搭建新闻专题时，更重要的是独特编辑思维和透视力的注入。目前国内许多大型新闻专题或整合报道，架势越来越大，看似轰轰烈烈，其实活力和吸引力并没有多少提升。网络虽然有信息海量的美誉，但是用户面对信息的汪洋大海，最需要的是信息导航和便捷地获取实用内容，以及对事实信息梳理归类的服务。专题思维恰恰是针对此种普遍需求，提供专业服务。所以各种小型专题，针对性和服务性专题，甚至体现聚合思维的常规新闻报道，都有其不可或缺的价值意义。关键看编辑的水平和把握能力。

国内每年"两会"专题中，都有"花絮"栏目。近年这一主题内容更有增多倾向。这反映出新闻编辑们的"趣味共识"。这类软性成分似乎意在对"两会"内容的"硬报道"起到平衡矫正作用。可否设想围绕这个点，整合集汇相应内容，运用多媒体手段来展现，构成有可读性的报道呈现？2012年"两会"期间，"中国江苏网"刊文指出："有细心的网友以各种各样的照片'晒'出两会代表让人质疑的另一面，从不经意暴露在媒体镜头下的奢侈品（爱马仕皮带、菲拉格慕皮鞋、百达翡丽手表、LV手包）到娱乐化（热衷于拍照卖萌的代表）、形式化（瞌睡式开会）的大会，在严肃庄严的两会之外增添了别样趣味的风景。"[①] 集汇性思维组织起来的新闻小花絮，竟带出了严肃的大问号。

3. 编辑处理

新闻专题体现着编辑的思维方式，以及他们运用编辑手段传递出的独特信息。在恪守专业精神和遵守职业原则的前提下，一些编辑的手法和思路值得留心和品味。细节和具体手法往往不容易照搬，这里提醒大家注意观察和分析，逐步融会贯通。

在专题构建过程中，各种内容的配置和链接需要围绕主题中心来安排。如何处理往往见出编辑的能力和巧思。许多网络传媒机构做过走进可可西里地区，保护藏羚羊的新闻报道。"搜狐"的报道自有特色。它围绕主题展开内容，链接次第出现，好像树的枝杈在伸展，在延展过程中不断生发出新的"点"，吸引和牵领着读者的注意力。

---

① 吴雁：《"两会"代表应以怎样的姿态代表人民？》，中国江苏网，2012年3月6日，http://review.jschina.com.cn/system/2012/03/06/012865843.shtml。获取时间：2013年1月7日。

这些都是报道者和编辑者的有意安排。

"可可西里"在藏语里的意思是"青色永恒不变的土地",在蒙语里的意思是"美丽的少女"。该专题报道开篇交代:在这片人无法生存的地域,千万年来生活着世界上独一无二的动物种群——藏羚羊。当读者的目光聚焦于此时,一组超链接把他们的注意力引向更加开阔的方向:

- 可可西里在祖国的位置(图)　志愿者在可可西里做什么?
- 梁从诫:为无告的大自然流泪　环境保护和公民责任(图)
- "自然之友"创始人梁从诫简介
- 最新新闻:志愿者遇难　死亡原因　为遇难志愿者送行　后续
- 小知识:"布希道让"——可可西里的报冬鸟

　　[视线特评] 活过、爱过、恨过、死过
　　[我来说两句] 可可西里,我能为你做什么?

这些超链接提示把读者引向对可可西里、藏羚羊、偷猎者、自然环境保护、志愿者以及中国政府和社会保护藏羚羊及濒危野生动物的决心和行动的关注。当然,专题报道并不能直接改变人们的态度,但是编辑的思维逻辑——如果它们是基于事实的、公义的、有价值的、符合社会良性运转要求的话,肯定会影响读者的思考乃至行动。这种编辑提示和引导没有固定模式,往往要靠新闻编辑的发散思维能力,多年工作的专业经验,以及对所报道内容的熟悉和理解来设计和安排。因此,专题整合编辑处理经常带有媒体机构和编辑者的个性和风格。读者可以在读网阅文的过程中慢慢体会。

再比如,专题通常整合来自网友的各种形式的来论议谈,或以"我来说两句"、网上意见调查等方式展现反馈意见。如何看待和评价这部分自发而来的信息的价值,给予什么样的参与交流的地位和方便,也是新闻编辑需要考虑和处理的。许多网站或者专题一般会允许读者参与回应和评议。但是,网友议论是作为专题中一个突出的、不断增长扩大的组成部分,还是仅取三两网民留言当作摆设呢?不同的选择,见出编辑不同的态度和立场。"千龙网"2002年"勿忘国耻 纪念南京大屠杀65周年"专题,在首页固定安排一个网友自由评论的界面窗口,专供网友参与留言和了解他人评论情况。网友的参与非常积极,发言热烈,与该专题的主旨内容非常相配。所谓牢记历史反思过往,离不开广大民众的关注和参加,缺少了网民的参加和回应,这类专题报道将因冷清而失去意义。总之,在调度运用各种编辑元素构建专题时,编辑需要结合实际具体设计和精心安排,务必使主题突出、内容集中、结构合理、互动充分、使用方便。

4. 实例选析：马航失联客机新闻专题

2014年3月8日，马来西亚航空公司MH370客机在执行从吉隆坡到北京的航班飞行时与空管中心失去联系，由此引出规模庞大而时间持久的国际海空大搜索，直至4月初仍无任何实质性发现。国内外新闻媒体机构很快都专门设立了网络新闻专题来跟踪报道这一事件的最新进展，凸显出在这种突发重大报道中，网络新闻专题的工具性价值。

经粗略搜索，截至4月初设立此专题的万维网站点有：人民网①、新华网②、新浪新闻③、搜狐新闻④、凤凰网⑤、网易新闻⑥、央视网⑦、中国新闻网⑧、中国日报网⑨、中青在线⑩、BBC⑪、CNN⑫、《华盛顿邮报》⑬、《赫芬顿邮报》⑭、新加坡《联合早报》⑮、马来西亚《海峡时报》⑯和澳大利亚《悉尼先驱晨报》⑰等新闻传播机构。读者可做综合阅览和比较，体会新闻专题的构建和运行。

马航MH370客机事件是一个至今延续着的新闻事件。有关新闻报道随着失联客机的物证搜寻过程而继续着，并保持着某种开放式和追踪性的态势张力。纵观上述各家站点的设计和安排，网络新闻专题的固有特点和现实功用得到充分而具体的体现。

---

① http：//world.people.com.cn/GB/8212/191606/382500/index.html。检索时间：2014年4月4日。

② http：//www.xinhuanet.com/world/2014mahang/index.htm。检索时间：2014年4月4日。

③ http：//news.sina.com.cn/c/z/mlxyhkhbsl/。检索时间：2014年4月4日。

④ http：//mil.sohu.com/s2014/mhsj/index.shtml。检索时间：2014年4月4日。

⑤ http：//news.ifeng.com/world/special/malaixiyakejishilian/。检索时间：2014年4月4日。

⑥ http：//news.163.com/special/malaysiaplane/。检索时间：2014年4月4日。

⑦ http：//news.cntv.cn/special/bjhbsl/index.shtml。检索时间：2014年4月4日。

⑧ http：//www.chinanews.com/gj/z/aircraft/index.shtml。检索时间：2014年4月4日。

⑨ http：//world.chinadaily.com.cn/2014mlkj/。检索时间：2014年4月4日。

⑩ http：//news.cyol.com/node_45682.htm。检索时间：2014年4月4日。

⑪ http：//www.bbc.com/news/world-asia-26626715。检索时间：2014年4月4日。

⑫ http：//edition.cnn.com/SPECIALS/asia/malaysia-airlines/?hpt=hp_inthenews。检索时间：2014年4月4日。

⑬ http：//www.washingtonpost.com/world/malaysia-releases-normal-transcript-of-flight-370s-final-communications/2014/04/01/8bdb4912-b790-4e02-aa66-e94fbd232a36_story.html。检索时间：2014年4月4日。

⑭ http：//www.huffingtonpost.com/news/malaysia-airlines-flight-370/。检索时间：2014年4月4日。

⑮ http：//www.zaobao.com/special/report/supplement/malaysiaairlines/page/1/0。检索时间：2014年4月4日。

⑯ http：//www.nst.com.my/mh370。检索时间：2014年4月4日。

⑰ http：//www.smh.com.au/world/malaysia-airlines-search-for-mh370。检索时间：2014年4月4日。

图6-14 调查人员认为马航班机改变航向后曾大幅升高和降低飞行高度①

概而言之，国内网媒的马航报道专题，基本还是由传统的文字报道、图片报道、视频报道、背景知识、评论分析等大项内容要件组成。在文字新闻报道中，各家几乎都安排有"滚动报道""最新播报""事件进展"等实时或准实时的连续跟进的新闻快讯。这些"最新播报"基本是文字的和不断更新的，只是有的按逆时序排列，有的按顺时序排列。新闻图片和视频也是各家站点尽力而为的工作方面。原创新闻图片来源一般稍广，高清照片使用也比较多。但新闻视频基本都来自中央电视台或其他国内电视台，独家现场的视频报道比较少见。所以各站点视频服务规模不大，内容也比较雷同。

整个马航事件的发生和后续情况都相当复杂，所以各家新闻专题不约而同地普遍使用带有解释和说明功能的新闻图示。"中国新闻网"直接用失联航班飞行轨迹图示作专题的背景题图②。"凤凰网"专题用动画图示展示了澳大利亚西部海区的地理位置和搜索区域变化③。"早报网"专题自动播放的 Flash 动画，再现了马航班机起飞后先北后西再转向南的整个飞行线路，最后终结在南印度洋的过程④。澳大利亚珀斯的"PerthNow"网站使用一组系列图示（图6-14为其中之一）来展示马航班机的飞行状况以及南印度洋海深洋流情况，令人一目了然⑤。

---

① http://www.perthnow.com.au/news/missing-malaysia-airlines-flight-mh370-a-day-up-in-the-air-with-raaf-crew-searching-for-debris/story-fniztvnf-1226874278602。获取时间：2014年4月4日。

② http://www.chinanews.com/gj/z/aircraft/index.shtml。获取时间：2014年4月4日。

③ http://news.ifeng.com/world/special/malaixiyakejishilian/。检索时间：2014年4月4日。

④ http://www.zaobao.com/special/report/supplement/malaysiaairlines/page/1/0。检索时间：2014年4月4日。

⑤ "PerthNow"是西澳和珀斯地区最大的新闻网站，有关情况参见 http://www.perthnow.com.au/help/about。

国外网络站点的马航专题报道特点比较离散。《华盛顿邮报》和《赫芬顿邮报》的视频内容相对较弱。前者有关视频主要来自美联社供稿[1];后者基本没有。《赫芬顿邮报》网站的有关专题将文章和文图报道按倒时序编排,其中博客文章和其他媒体报道中包含的链接,可把用户跳转到其他媒体站点上观看相关视频报道[2]。BBC 和 CNN 的马航专题都是视频内容丰富的网络站点,它们通常把视频窗嵌入报道文章中间,在大字标题之下通常是相关视频报道的播放窗,然后才是文字内容。这种安排与国内专题常把视频放在单设的栏目内、与文字报道分开的做法不同。比较起来,著名外媒对网络媒介报道融合的认识和尝试要更深一步,报道、文图、视频之间的整体感和配合性更好[3]。

网络传播培育了网络新一代的新口味。他们希望新闻不但要快,还要能"亲眼目睹"。澳大利亚珀斯的本地新闻网站"PerthNow"的马航事件专题推出的"马航 MH370 失联客机:与澳皇家空军机组在空中搜索残片的一天"的报道,就是这种文、图和视频相融合的产品。该报道是 2014 年 4 月 1 日澳大利亚记者保罗·图希(Paul Toohey)亲随澳军机升空,实录从早晨 7 点 50 分起飞直到晚上 6 点 15 分着陆的全天飞行搜索马航残骸活动。保罗的报道是来自一线现场的"目击报道",不但有文有图,还拍摄了机上工作情况的视频片段;其本身就是一个"微型专题"和媒介融合报道实例[4]。上图就是当时皇家空军上尉飞行员 Russell Adams 正在驾机搜寻。

---

[1] http://www.washingtonpost.com/world/malaysia-releases-normal-transcript-of-flight-370s-final-communications/2014/04/01/8bdb4912-b790-4e02-aa66-e94fbd232a36_story.html。检索时间:2014 年 4 月 4 日。

[2] http://www.huffingtonpost.com/news/malaysia-airlines-flight-370/。检索时间:2014 年 4 月 4 日。

[3] BBC 相关报道(http://www.bbc.com/news/world-asia-26503141);CNN 马航专题(http://edition.cnn.com/SPECIALS/asia/malaysia-airlines/?hpt=hp_inthenews)。检索时间:2014 年 4 月 4 日。

[4] http://www.perthnow.com.au/news/missing-malaysia-airlines-flight-mh370-a-day-up-in-the-air-with-raaf-crew-searching-for-debris/story-fniztvnf-1226874278602。检索时间:2014 年 4 月 4 日。

四、小结

新闻专题的针对性和集纳性较强：有针对，才能有锐度；能集中一点，才可提高压强。专题报道代表着一种立体式披露、守望、传播与沟通，也意味着整合报道和集汇资源的传播思维方式。整合报道即通过整合编辑尽可能多的资源来实现全方位新闻服务。所以，专题即整合，也是融合。专题样态可在各种层面实现，可以是单篇报道、单一事件报道、单一议题报道，也可以是焦点问题报道、重大活动（事件）报道。借助专题整合或编辑融合处理，网络传媒机构的传播力度和话语设定的强度可大大提升，表达也可以更为响亮，是网络新闻专题的优点和长项，也是发扬网络传播优势的特有手段。不过，专题和整合需要新闻编辑和后台技术协同，此种报道思维的实现不但需要编辑重视，也需要网络技术平台及编发软件的配合。整体而言，投入成本稍高，运作实施稍费事。"谷歌新闻"（Google News）将这方面的劳动，大部分交给电脑程序处理和生成，这涉及软件开发的成本和能力。

网络新闻专题报道在很多情况下，是按照深度报道的思维来组织和搭建的，特别是针对复杂的或有争议的问题。但是，专题并不必然都必须是"深度的"。新闻专题通常从告知和提供新闻事实信息开始，具有比较强的跟进报道功能。这与互联网是信息交流平台的基本属性，有密切的关联。今天，任何一家新闻机构都很难保证每次都抢到第一新闻落点。对于披露出来的新闻线索，首选跟进方式是新角度、多角度、更仔细核实和更丰富的服务供应，因此专题思维或整合融合处理的思维，在网络新闻编辑部内正越来越受到重视。有时专题随一个事件报道的开始而搭建，随着事情的进展逐步深入和丰富，渐渐扩大成为一个全面深度报道专题。所以，专题报道思维不但是一个丰满和多维报道的概念，更是一个生长行进的过程，特别在突发动态新闻事件报道中。

专题报道和整合新闻的质量和水平，体现和考验着新闻编辑及整个编辑部的专业水准和技术能力。新闻稿件诞生于采访报道现场，直接采集信息的人是一线记者。网络新闻专题孕生在编辑部内，从"怀胎"到"降生"再到"抚育"它成长的，是网络编辑集体。不夸张地说，新闻专题是网络编辑和网络新闻编辑部的"亲生孩子"。它是网络新闻媒体机构培育专业信度品牌过程中最有力的手段和最重要的产品之一。

第七章 网络音视频新闻

一、概述

传统电子传媒的发展依循先有电台广播，后有电视广播的次序，因为前者的技术难度比较小。互联网络上的音视频多媒体技术的应用尝试也先从音频传播开始。网络广播指通过在网上设立广播服务器，在服务器上存储音频、视频节目，用户通过自己的数码装置访问该服务器，并借助相应的软件获取节目文件，在用户自己的接收终端上播放。这里所说的网络，包括互联网络和局域网络。网络广播（Internet broadcasting）作广义理解，包括音频和视频在线传播；作狭义理解，则单指网络电台或网络音频传播。

流媒体技术产生以后，网络音视频传播变为一边接收一边播放的"流"的过程。围绕着流媒体的应用，形成一些相关概念。习惯上，人们把在网络上传送、播放的音视频节目和多媒体文件称为"流式数据"；把通过网络传输的音频、视频或多媒体文件称为流媒体文件（简称流媒体，stream media）；把流媒体播放系统（包括软件）称为流媒体播放器[1]。传统的广播是一对多，而网络广播则是一"待"（带）多。在带宽等技术条件许可的情况下，网络广播服务器可以同时响应众多访问请求。

美国在1995年8月最先进行互联网络音频广播。我国广东珠江经济广播电台1996年12月15日最早尝试网上实时音频广播。2002年中国社会科学院的一项调查报告显示，国内新闻媒体上网后未开办音频视频服务者占绝大多数。该调查指出："我国新闻媒体在互联网领域的发展需要一个较长的时间过程，受制于诸多外部因素，如网络传输速度、ISP服务费用、自身运营成本、内容与受众需求的矛盾等，只能顺其自然，循序渐进，不可盲目投入太过超前。"[2] 从新闻编辑的视角回看这些年来网络音

---

[1] 金梦玉主编：《网络新闻实务》，北京广播学院出版社，2001年版，第200页。
[2] 闵大洪等：中国社科院新闻与传播研究所课题组报告《新闻媒体上网现状管窥》（未公开发表）。

视频传播在国内的发展情况，有如下几点基本认识：

第一，国内广电传播机构高度集中，业已习惯传统大众传播思维，网络音视频传播仅被当作传统广电运行的延伸与补充[①]。内地广播电台、电视台在长期发展过程中，形成一台多频（或称多套节目）的集中掌控传统，构成从中央台到地方基层台，每台所握频率（道）或节目套数由多到少递减的基本状态。网络音视频服务建设的投入较大，上述体制格局给广播台电视台的决策带来难度。中央和省级台因频率（道）多，服务扩张外延化，运行质量和可靠性难以兼顾；地方小台频率（道）数量虽少，网络建设成本却不低，投入产出比更差，积极性趋低，网络服务或者荒疏或者仅表层支应。总体而言，该领域的整体服务近十余年来未见大的亮点。

第二，网络音视频广播在国内的发展受国家网络通讯基础设施建设和应用水平的制约。这一因素最初指互联网络带宽不足速度很慢，目前固定接入的带宽问题已经有了极大改善。在北京、上海、广州等国内大都市，居家或工作场所接入宽带收听网上音视频广播已经没有太大障碍。时下，应用普及障碍主要来自移动互联网络的覆盖及流量收费门槛。国内大城市中免费 WiFi 的公共覆盖尚未大面积实施，移动互联网络收听收看的流量费用高企，使得个人用户"无忧"享用网上音视频服务，尚在可见可试但还未彻底普及的程度。带宽和移动接入费用等障碍的改善或消除，将切实推动人们用移动数码接收装置，来替代传统收音机或台式电视机，而这些变化正随智能手机、移动平板电脑的大规模进入市场，以及上网服务资费的普遍下调而快步逼压过来。

第三，时至今日，国内网络音视频服务的主体是传统和正规的广播电视机构，在新闻传播方面更是如此；独立的个体性存在的网上广播站点可以说很少，更不用说新闻性的。因此，本节主要梳理和讨论国内新闻传媒机构当前网络音视频运行情况及新闻编辑问题。不过这里需要提醒两点：其一，国内各类新闻传媒机构进军网络，有不同的起点和路径。国内主流纸介媒体机构进入多媒体网络新闻传播服务时，需要双重维度的提升：一是由文字服务到音频视频服务的增项，即纸媒机构的专业音视频新闻服务能力及相应资源的建设积累；二是在前者提升的同时，还要实现服务的多媒体化与网络传播特性相结合的变身融合。这两个维度的跨越和升级难度均不可小觑。主流广电媒体机构的网络进军同样要面对前述的提升和挑战，不但要强化自身文字服务的能力，还要解决传统音视频服务对网络化运行的理解和融入等问题。其二，国内新闻机构各自从单媒体状态进入多媒体及网络传播场域，这其中经历的变迁和改变是共时性的、全方位的和颠覆旧制的。本书所说的网络新闻编辑并不是单一的文字编辑或音

[①] 自 2010 年起，全国在有关主管机构的推动下，启动新一轮各地同级广播电台、电视台的并台运动，至 2012 年在省级层面基本完成了广播电视总（合）台的整合合并，广电行业的集中，在形式上更强化。

视频编辑，而是融合编辑思维和运行的执行者和主导者。就此而言，包含各种手段的网络多媒体编辑过程，无时无处不是融合编辑思维过程。因此所有编辑细节和具体问题的讨论内容，都应放置在现今网络融合传播的大背景大环境中来理解和品味。

　　网络音视频新闻传播是新闻传播的类属之一。说网络音频新闻运作，就不能不先提网络音频传播。如把新闻报道和网络音频传播看作各自独立的圆，网络音频新闻传播就是这两个圆的交集重叠区。网络音频传播的最大吸引点是在保持广播随伴性接收的同时，极大地提升了点播、回溯、跨地域、跨类别音频服务的选择性。国内传统广播电台服务目前主要面向中老年听众，收听新闻广播的年轻人渐渐减少，受众群体日趋窄化。这背后固然有服务内容问题，媒介选择的多样化也是不争的现实。当今年青一代多转用随身移动数码终端来接收和处理各种信息，渐渐疏远传统的收音机、电视机等渠道。对此，正规和专业的大众传媒机构应放平心态，切实调整观念和服务做法，正视和迎接时代的考验。

二、网络音频新闻编辑

　　互联网络音频服务包含两种终极方式：一是实时收听；一是点播（回播）收听。实时或回溯收听还分别有两种方式：一是边缓存边收听；一是先下载节目，然后再收听。采用何种方式，由各网络音频服务站点或其所依托的网络平台来决定，对用户收听没有什么特别的影响。

　　（一）"网络版"模式

　　实时收听也称共时收听或直播服务。这种方式指网络收听与传统广播电台（或其网上播放）的音频服务同时同步，或者说用户通过互联网收听到的内容，与同时使用收音机获得的广播内容一样。网络实时广播对传统广播的帮助是：提高了传播冗余；突破了收听地域限制；扩大了内容选择。譬如，大城市高楼建筑群会影响无线广播的收听质量，网络广播这时就可增多一条通道，改善收听情况。再如，网络传播可以让北京听众同步收听广东广播节目，国内听众可以同步收听国外电台节目。对本地电台广播内容不太满意的人，可在网上选择小功率电台、社区电台、大学电台或个体音频服务等各种其他供应。网络还极大地改变了跨地域跨国界声音广播的方式、版图和效果，加上网络广播音频质量大大优于不太稳定的无线短波广播，致使不少著名国际广播机构如BBC、VOA等，近年纷纷关闭其传统短波服务，转而加强互联网络的传播。

　　点播（回播）收听又称错时收听。这种方式指播传和收听不在同一时间点上。传播者先把内容发传到网络服务器上，以待用户来点选使用。这种服务实现了传—受方异步错时收听，打破了传统广播（传播）对收听端的时位限定，扩大了受众在时间选择上的自由。

　　网络音频服务有多种运行模式。这些模式的差别，有的体现在服务类项上，有的表现在服务主体的身份性质上，还有的是因为其音频内容的来源不同。比如，有的只提供直播服务，有的既有直播也有点播服务；有的是服务平台，有的只是自己的"网络版"；有的自己没有内容，要靠"抓取"他人的内容，另有的自己也没有内容，但靠把各家吸引到自己的平台上，形成特色服务。不管怎样，这些模式都可以从直播或点播，或两者结合的角度来观察和分析。

　　时下，国内省级及大中城市的广播电台电视台网络站点的运行，已经进入全面提供在线音视服务的阶段了，尽管它们的服务差别很大。有的站点长期宣称处在"磨合"或"建设中"，有的甚至找起来都不容易。譬如，2013年1月的网上检索发现，在辽宁广播电视台网站（www.lntv.com.cn）首页上找不到音视频"直播/点播"服务的点击入口，在线的电视节目表和广播节目表也是旧的。经过一番调查发现，该台早已另辟新站点（辽宁网络广播电视台，www.Intv.cn），新旧站点之间没有很好地链通与配合，也没有在国内主要搜索引擎上更新自己的变动信息①。点看"辽宁网络广播电视台"万维网站点发现，它的"电视直播"服务可以正常运行，"电台直播"则全部没有反应②。这些情况在业内并不是绝无仅有的一例。

---

　　① 核证时间：2013年1月14日。可能的解释原因之一是：该台在辽宁电视台、辽宁广播电台和辽宁教育电视台三台合并后，相关的广播与电视服务的实质性和深层面融合、台网业务之间的衔接可能尚处在磨合与颠簸期。此外，该网站也宣称站点部分服务还在"建设中"。

　　② 核实时间：2013年1月21日。

江苏省南通市如东县地处长江三角洲经济发达地区，该县现有广播、电视机构和业务全部纳入县"文化广电传媒中心"的管辖。该中心的"如东新媒体"（见第222页图）网站包揽了网络音视频服务，统在一个播出窗口界面推出；用户在此可以收听收看如东电视台的三套电视节目（"新闻综合""生活服务""影视娱乐"）和如东电台的一套广播节目（FM896）的直播（换频选项在上图界面偏右底角）①。当收听在线音频广播时，该视窗显示蓝屏②。其他国内广电网络站点音视屏窗在播送音频节目时，有的打出直播频率名称或者滚播广告。这种在线音（视）频直播整合服务视窗模式，在国内现行广电两台合并的背景下是比较常见的一种处理安排。如东的网络运行思维是把传统音视频内容整体位移到网上，而且对音频服务比较忽视。这种做法就是仅提供直播服务的"网络版"模式。

国内网络新闻音频服务的代表机构是中央人民广播电台（CNR）和中国国际广播电台（CRI）。中央人民广播电台所属"中国广播网"（简称"中广网"）首页，在首屏中心位置安放可以点击下拉/收起的"广播音频服务"区（见下图）。该区左右两个单元分别显示广播频率选项和广播节目选项③。除此首页放送框的设置，"中广网"还另外设置了集旗下所有频率内容的"直播""点播"专页。它们的版样、格式和使用特点基本相同。下图是2013年1月中广网首页上的音频直播/点播服务框。"中广网"这部分运行是兼有直播和点播服务的"网络版"广播电台。

中广网不是一个典型的音频"网络版"模式，因为它大大超出了母体广播电台的音频服务的范围。它可算是一种外延过大的变形。这种广播电视台网站路数，在国内并不少见，类似的例子有北京广播网。北京广播网（www.rbc.cn）另有单独的点播网

---

① www.rdxmt.com/。获取时间：2013年1月13日。
② www.rdxmt.com/folder3/folder480/。核实时间：2013年1月13日。
③ 2013年1月13日点试发现，其直播点播服务都没有回应。

页，但实际上它的直播页界面已经兼含了点播服务功能①。该页面（参见下图）整体设计表格化，周正规矩，内嵌播放器，功能元素齐备，色调风格稍拘谨。上海东方广播网（www.eastradio.com）所用音频播放模板，与前述"如东新媒体"所用音视频播放器相似，属同一类型产品。它可以实时显示直播节目表，视觉传达清楚明了，这一点比北京广播网略优。北京广播网（下图）的播放框虽也含有节目时间表，但须点击查看。

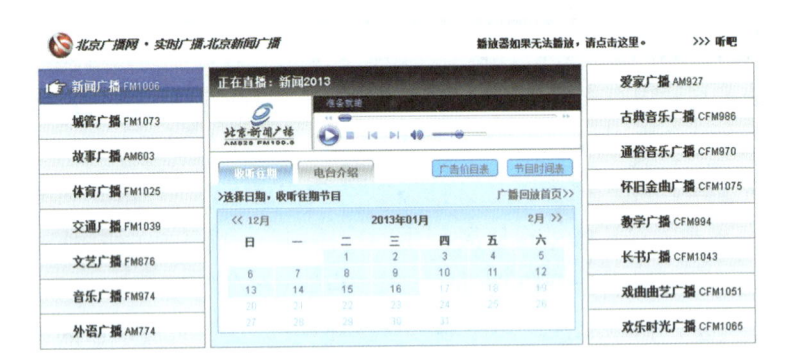

北京广播网和上海东方广播网两家站点的节目放送框，都可在直播/回播服务之间转换。东方广播网（类似"如东新媒体"）的放送框只显示七天时序，如想回溯点播，就需要不断点击时间条退找。相比之下，北广网提供的回播日历选择又胜一筹。

网络音频服务界面或框区，在国内网络新闻媒体网站应用普遍，尽管各种界面设计、规模大小和显隐位置不尽相同。它们包括的功能元素有：收听提示、音频播放器、节目表、日时选择、互动渠道等。最简化的"音频直播模块"至少要包含频率选择和播放器两个要件，如湖南"芒果广播网"（www.hnradio.com）的实时收听模块（参见下左图）。点击湖南电台各广播频道，播放器就自动播送相关节目。南京广播网（www.njgb.com）的直播服务界面，比芒果广播网多加了节目表、频率简介和主持人信息等（参见下右图）。这两个例子都属简化版本，可以满足用户的基本收听需求。

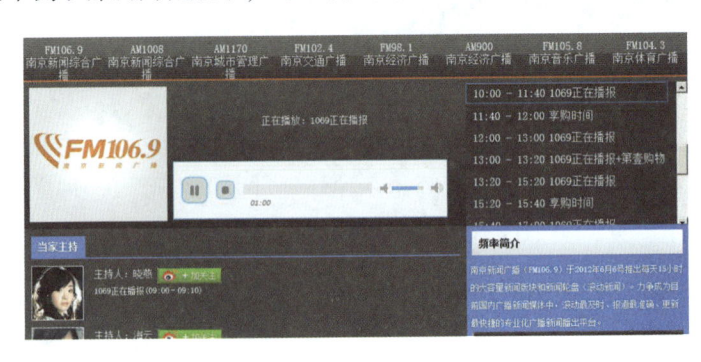

---

① 检核时间：2013 年 1 月 13 日。

值得提醒注意的：现在用户使用的访问终端和操作系统多种多样，在访问网站音频服务时，时常出现因"提供"和"收取"之间彼此不兼容而不能响应的情景，需要编辑与技术人员细心关注、测试与应对。负责任的音频服务应能识别各种访问请求，自动调整文件格式，以满足广大用户的需求。这一点在国内网络音频服务中，还未获得普遍重视和满意解决，有时用户会遇到麻烦。传播服务商推出客户端服务，意在减少传受双方的对接障碍，也是一种解决方案。不过，一些基于开放平台的客户端过分要求终端用户提供个人信息，如用户手机号码、地理信息、使用记录等，也常惹得使用者厌烦。

浙江广播电视集团"新蓝网"（www.cztv.com）直播服务是一个点击后自动弹出播放的小窗框（参见下图）。该窗框左上角显示直播频率的名称和图标；中部主区显示所播节目名称和持续时段、节目表单、该频官网链接；底部区有"推荐节目""官方微博""互动说吧""其他频率"等选项。这款放送窗框功能齐全，使用方便，版式风格适合手机、Pad 用户的习惯①。下左图为该直播窗框显示的浙江"财富广播"节目表和"其他频率"列表。下右图为浙江"民生 996"频率的"官方微博"群显示。

---

① 获取时间：2013 年 1 月 22 日。

从网络新闻编辑的角度来看，传统广播电台服务移到网上成为"网络版"模式，以美国 NPR 和英国 BBC 为代表，至今已经比较成熟。它们网上立身和服务叫座的基础资源是有较高美誉度的、包括新闻在内的自有原创音频广播节目。国内广播电台对走这条上网之路似乎显得信心不足。中国广播网目前的主体结构和功能设计，更像一个有相当音频服务内容的新闻综合门户网站。多数国内电台的网络音频新闻仅是一种门面运行，往往更愿意把力量用在其他外延业务方向上。

（二）回播服务编排

相对直播，国内网络音频点播（回放）服务安排总体偏弱。许多电台网站只提供很短时间（如推前一周）的音频内容回溯使用。省级电台网站的点播服务稍好。河北广播网（www.hebradio.com）提供两个月以内的回播服务，北京广播网（www.rbc.cn）保留和开放过往三个月以内的内容，江苏广播网（www.vojs.cn）自有节目大约在网上驻留四个月时间。

一些广播电台网站从已播节目中精选出部分内容，放入专门频道或栏目中供用户使用。这也算一种传者主导的回放（点播）精选服务。这方面的代表之一是中国广播网的"听天下"（audio.cnr.cn）。它下列服务类别有"娱乐""社会""文学""生活""音乐"等。这种驻留精粹内容的编辑做法，在专题类或文娱类视听服务中普遍应用，但很少用在新闻服务中。这是否意味着职业广播人对自己所做的新闻报道的事后回听价值信心不够？

如何确定过往音视频节目——特别是新闻内容——回播服务的时间前限呢？国内业界对此没有固定和公认的解决方案。过往内容点播或回播的时限推得越往前，相应服务成本就越大，而使用人数和使用频率又会直线下降。这个投入产出失衡难题比较棘手。这里以创收压力相对较小的中国国际广播电台网站"国际在线"英语频道（english.cri.cn）为例，观察的结果有三：第一，该英语频道非常重视回放服务。其频道主页顶天右上角有"点播指南"（Ways to Listen），回答用户常见问题；点击主页导航横栏左端的"Radio"，进入点播界面，选择点击相应栏题，就可以看到当日及往日的所有节目。这些都是编辑主动的处理和安排。第二，供用户点播的驻留节目都是文字/音频并存，收听/下载皆可。第三，该网目前可回溯节目的开放时限是从当日前推三个半月。

图 7-1 是"国际在线"英语频道日播新闻板块节目"Today"（今日）的回播访问界面。此页面左侧报道两两并排的小红钮，分别是收听/下载键钮。用户点击此界面最下沿黑体字"More"（更多），还可导出更早时间的其他节目。

音视频新闻的点播回放服务的价值，在提供客观事实信息检索；这种服务本身具有明显的公共性、公益性和社会价值。新闻传播网络站点提供音视频新闻内容点播或回播，费心费力费钱，能否尽力、踏实和可持续地践行，往往真切地体现着其新闻服务水准和专业诚信态度。目前一些手机/Pad音频服务客户端也能搜寻和提供一些在线的往期音频服务内容，但这些内容多是零散的片段；真正系统和稳定的回播/点播服务，原则上只有拥有合法版权许可的网络传播机构，方能常规和稳定。

顺带说明，2013年1月21日检核美国"全国公共电台"（NPR）万维网站上早间大板块新闻节目"晨早版"（Morning Edition）回播服务，发现其免费供用户自由选取的节目的回播上限，可推至1996年7月30日[②]。BBC网站提供的音频新闻服务的回溯时段长短不同。BBC Radio 4台的早间重点新闻节目"今日"（Today）只驻留前7天节目内容，而该台文化新闻周刊节目"本周伊始"（Start the Week）在网上驻留一年时间[③]，供用户访问、下载和使用。

图7-1　国际在线"Today"回溯服务界面[①]

（三）音频新闻处理细节

音频新闻服务的网上处理，有一些细节问题需要留意。比如，中国国际广播电台网站"国际在线"的英文频道，除了首屏右侧安排直播收听区，还对当日重要新闻进行文字/音频双重报道。图7-2中新闻头题"Severe Pollution Prompts Action Calls in China"旁边的红色点击钮，就提供该条报道的音频收听入口。该页面中音频播放小红钮星星点点，表明那些新闻报道都是可读可听的[④]。这种文字和声音的融合报道方

---

① http：//english.cri.cn/cribb/programs/today.htm。获取时间：2013年1月16日。
② http：//www.npr.org/templates/rundowns/rundown.php? prgId = 3&prgDate = 07-30-1996。核实时间：2013年1月21日。
③ http：//www.bbc.co.uk/programmes/b01q8l31。
④ http：//english.cri.cn/7146/2013/01/15/191s743524.htm。核实时间：2013年1月15日。

式，与当今国际著名广播媒体网络站点的主流做法非常一致，可惜在国内非常少见。"国际在线"在自己的中文频道上都不用，其他国内网络新闻媒体站点更鲜有类似者①。这种现象说明，国内网媒的新闻传播思维还停留在分媒介单进的层次，新闻编辑运用多媒体方式突出和报道新闻的意识仍然较弱。

图 7-2 "国际在线"英文频道首页（2013 年）②

如何把文字和音频元素结合起来报道新闻和推进传播呢？美国公共电台（NPR）的做法提供了一些线索。NPR 的服务主要集中于音频方面，观察其万维网站点的新闻编排处理，可以获得几点印象。

首先，它尽量突出和方便化处理音频新闻收听。NPR 在首页显著导航位置安排"收听"（LISTEN）按钮（图 7-3）。点击后下垂一个三选框；三个选项从左向右依次为："连续收听"（hear continuous streams）、"最新节目"（hear the latest show）和"最新要闻"（hear the latest news）。用户选点其中任何一个，即可直接进入相应的收听情境。

图 7-3 NPR 万维网站首页音频新闻收听通道选项

---

① 中广网 2013 年 1 月 16 日首页头条新闻《李克强谈空气污染治理：我们必须有所作为》附有音频报道，但这只是对此头条的强化处理，非每日固定安排，当日也仅此一例。

② http://english.cri.cn/。获取时间：2013 年 1 月 15 日。

NPR 主要是一个音频广播新闻和节目的制作者和提供者，自身并不握有任何无线广播频率。它有 24 小时节目播放表单，每天按时向成员台传输相应栏目的节目内容。用户点击它的"连续收听"（或称"连续直播"）服务，就可随时收听 NPR"此时此刻"（依美国东部时间为标准）依照节目表单正在播出的节目①。这种不间断的直播在传统广播时代只涉及 NPR 总部和其成员台之间的内部配合，普通听众需要通过本地无线广播电台，方能获知 NPR 新闻消息。当重要突发事件发生时，NPR 随时转为实时或连续的直播，其各成员台也即刻与之连机，形成某种"全国联播"。在网络时代，NPR 不仅仍然可以通过地方成员台传播它的节目，又多了直接服务每一位在线个体用户的机会，更让原来接触不到它的人群（尤其境外听众）也能获听 NPR 的新闻报道，包括直播和点播内容②。

用户点击"最新节目"，可从正在实时播出的节目的开头重新听起。"最新要闻"（亦即"整点新闻"）是 5-6 分钟时长的 NPR 最新简报，每个整点滚动更新播出。上述这些标准化的收听管道互相配合补充，每日为听众提供最基本的和最主要的新闻报道内容。这些收听选项的内容侧重和深度各不相同，所需时长也不一样，传输渠道也非单一，给用户比较大的自选空间。相比之下，国内网络音频服务经常采用"一刀切"思维来处理：用户如要收听，就只能从某一节目的开头听起，或者只能按照日期或栏目单元来听，有些播放器甚至不允许快进和自选，缺少弹性和理解，服务态度十分傲慢。

其次，音频新闻的收听过程与文本显示紧密贴合，并附加评议、分享、下载等多种互动管道和出入口。图 7-4 是 2013 年 1 月 28 日 NPR 网站新闻"埃及总统宣布紧急状态"（Egyptian President Declares State Of Emergency）的报道网页③。该页面围绕着这一新闻报道的信息获取和交流传播，聚合了"收听报道""新闻文本""下载""分享""跟评"等多种元素成分多条通道。这种多媒体、立体和集合的新闻编排处理，体现了融合呈现的思维，在国内媒体网站的音频新闻服务中很少见到。通常国内网络传媒大多习惯将同一报道的文字和音频内容，分别放置在不同的网络界面或空间上，而不是将它们"聚拢"在一处。这种离散"同类项"的做法恰巧暴露了新闻编辑对融合传播缺乏领悟。

---

① NPR 新闻节目表，http://www.npr.org/audiohelp/progstream.html。获取时间：2013 年 1 月 28 日。

② http://www.npr.org/audiohelp/progstream.html。检索时间：2013 年 1 月 28 日。

③ http://www.npr.org/2013/01/27/170408127/egyptian-president-declares-state-of-emergency。检核时间：2013 年 1 月 28 日。

图 7-4　NPR 万维网站多信道报道新闻样例（2013 年）

最后，用户点播收听 NPR 网络新闻时，可以自主剔选内容和调整收听次序。用户可以直接点击收听 NPR 某一节目的完整回播，如每天 2 小时的"晨早版"新闻；也可以选择收听其中的某些条新闻，改动它们播报的先后次序。

图 7-5 是 NPR 音频播放框表。左区显示正在播放的新闻节目、标题、时间和提要等信息。右区是放送列表，正在播放的新闻的标题被置蓝。放送列表中，每条新闻标题的左端有个内含上下小箭头的点击钮，用鼠标点住它，就可拖动此条新闻上下挪动位置；每条新闻标题右端有个小叉子框，点击即可从列表中删除此条新闻。如此操作一番，用户就可挑选和编列出一个自己希望收听的内容和排序列表。这种做法在国内音乐网站的点播/回播服务中已经普遍应用，但是国内音频新闻网络站点却几乎未见有相仿或近似的处理。这种迟钝实在不是小问题。

图 7-5　NPR 节目播放/编排框表（2013 年）

Pad 客户端方式对移动数码通讯和网络音频传播，产生了巨大冲击。NPR 的 iPad 客户端设计不仅延续其万维网站的思维特征，在使用和操用方面亦有新调整。这些变化或许预示着移动网络音频传播的趋向。具体情况如下：

第一，导航和使用更加方便。下页上左图是 NPR 的 iPad 客户端首页。界面设计简洁紧凑。左侧"新闻"（news）、"人文与生活"（arts & life）和"音乐"（music）三大标题，概括了 NPR 三大服务类别。每项横栏都可左右拨动，显示其中的报道，供用户点选。右上角的"Topics"是全站导航下拉框（参见第 232 页上右图），帮助用户进入站点深层页面后，仍能随时找到导航中枢，跳回大类选项页面。

第二，收听和阅读并举，各种帮助和点选皆近在指尖。该 iPad 版首页的底部左端是音频播放器，它显示播放情况和正在播出节目的名称等。紧贴它的右边是，NPR 通过客户端推送过来的最新要闻，红色小圈中的数字表示推送进入播放列表的新闻的条数（参见下左图）。推送新闻列表的右侧是"整点新闻"实时收听按键。再往右是 NPR 所有栏目和节目的一览表（Programs）。底部功能栏最右端按键是成员台搜索（Stations）。用户在在线收听广播或搜检节目的同时，还可以点阅各条新闻的文字概述（参见下右图）。

用户在深入阅读和收听某条新闻时，还可点击"更多消息"（more stories），查看其他新闻报道提示（参见右图）。这使得多媒体多服务多通道的传播思维得到鲜明的体现。

（四）服务平台与客户端分析

网络音频平台具有吸聚众多音频服务的功能，这大大方便了用户，

从出现那天起就很受欢迎。最初的网络音频服务集纳平台是基于万维网的。中国广播网 2010 年 8 月 13 日曾推出"一网听天下"全国电台在线收听平台①。该平台自带播放器和电台目录搜索，成为集汇网上音频服务的一个门户节点，开启国内主流网络媒体音频直播服务新样式。2013 年 1 月检索核实，此直播平台服务已不复存在。

图 7-6　中广网"一网听天下"页面（2010 年）

图 7-7　"微电台"收听互动页面（2013 年）

新浪 2011 年年底正式上线的"微电台"（radio.weibo.com），也是网络音频直播收听平台。"微电台"宣称，它已实现了 PC、MAC、iPad、iPhone、Android 等多终端流畅播放，到 2013 年 1 月吸纳了 34 个地区的 417 家电台，以及 3400 位 DJ 入驻。"微电台"收听随心方便，听者可利用微博和 DJ 实现听友或网友即时互动交流，使收听扩展为边听边聊②。左图是新浪万维网站的"微电台"界面。图中左区自上而下分别为：正在播出情况显示区（黄色）、听友和 DJ 微博即时互动留言区；右区自上而下依次为：电台/节目选项区、直播电台或节目简介、在线 DJ、在线听友以及合作联系信息。③

上述新浪微电台也推出移动客户端服

---

① http://www.cnr.cn/zgtj/lm/201008/t20100811_506878028.html。
② 有关新浪微电台及使用，资料来源：http://baike.baidu.com/view/5878038.htm。
③ http://radio.weibo.com/haiwai/am1341?source=radio_change。获取时间：2013 年 1 月 19 日。

233

务，面向安卓和苹果终端用户。这种做法就是把音频服务平台与移动客户端思维结合起来的模式。客户端应用是一种技术，更是一种指向性思维，它把信息服务的传播端与使用端一对一地锁定起来，在手机和平板电脑等移动终端上的使用尤为广泛。客户端就像一座连接两岸的桥，当NPR或BBC这样的传播者推出其服务客户端时，它们所绑定的是自己的网络版服务与终极用户之间的关系。而"微电台"客户端绑定的是该平台和用户，而不是平台上的各家原始音频内容提供者，即各家广播电台。音频"网络版"和音频"平台"，是不同的模式构建。而平台本身又分不同的类型。

类似微电台搜索/直播方式进行在线音频服务的网络机构或平台还有很多，客户端的出现极大地加强了这类网络音频服务平台与终端用户之间的绑定关系。众多网络音频服务平台及客户端提供者（许多身份不甚明确）的服务方式、态度及意图，可以通过"最爱视听"网站（www.zueiai.net）发布的"免责声明"和"版权争议"窥见一斑。下为撮要①：

> 本站作为一个公益网络平台，不是网络电视机构，也不是网络电台，也并非从事互联网视听节目服务的网站。所有内容均转载自互联网，全部搜集连取互联网公开之资源（如：Windows 流媒体、Real 流媒体、Flash 流媒体、UUSee、PPS、Tvants 等），通过嵌入本站网页，便捷和免费提供给网友浏览，以达到交流与分享之公益目的。本站所有内容并不反映本站任何之意见及观点。本站从未制作、编辑、集成、上载任何视听类节目。任何引起版权及知识产权争议的节目以及违反《互联网视听节目服务管理规定》的，由节目出处方或原作者自行承担，本站概不负责，亦不负任何法律责任。本站为了保护和尊重依法行使信息网络传播权权利人的合法权益，制定了旨在保护知识产权权利人的合法权益的措施和步骤。如果您是这些资源的权利人（或拥有人），而且您不想让相关频道出现在本站，请发送电子邮件至……，本站确认后将充分尊重您的意见，在 24 小时内给予满意答复，立即更正或删除。

中国广播网和新浪微电台的网上音频服务运行，也许需要先行获得相应的版权许可谅解，但"最爱视听"网站与其合作伙伴就不一定都有积极主动的事前版权许可安排。上述集纳式平台模式的卖点是：自动抓取和实时提供众多电台的网上音频服务，甚至可以是世界各地的电台。它的缺点在于：一是大多只能提供（以收听者时间为准的）实时广播服务；二是常因抓取他人内容在版权和收益分账问题上发生争执纠纷。常见这类平台服务启动时间不长就突然退市了，原因大多在此。国内传播机构若想采

---

① http：//www.zueiai.net/about/mzsm.html。获取时间：2013 年 1 月 19 日。

用这种服务模式，要么有充裕的资金来回报各家电台，要么获得强大的行政力量支持。"最爱视听"服务包括万维网站和客户端方式，兼跨"听"和"视"两大方面，"搜抓"的对象限于电台和电视台的网上实时运行。它首页简单，用户使用免费，页面上的广告横栏或可为其带来一些商业收入。参见下图。

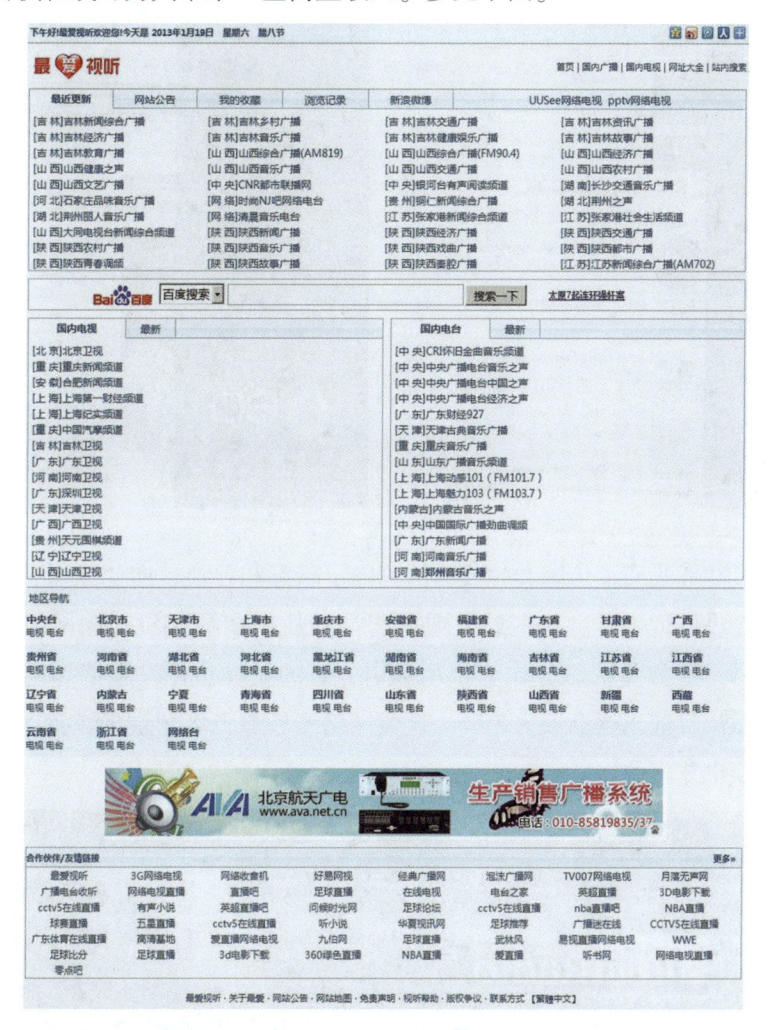

图 7-8　"最爱视听"网站首页（2013 年）

类似的网络直播音频服务品牌还有很多，如"龙卷风收音机""蜻蜓 FM"等，以及境外比较流行的"WunderRadio""Pandora"等。这些基于手机/Pad 等移动互联装置的音频直播客户端，不但加强了网络广播移动收听、覆盖台多、互动交流等优点，还使它成为个人移动通讯设备上的标配软件之一。下页左图为电台点播服务"STITCHER"Pad 客户端的在线直播新闻电台搜索结果显示页面。"STITCHER"不仅能搜索在线的电台，也可搜索在线的节目。下页右图是"STITCHER"服务的广播节目搜索结果及播放美国 CBS "60 分钟"（音频版）的页面情况。

它们颠覆性地改变了传统音频收听的范围、状态和习惯，向"全时空"（Anytime Anywhere）接收更近一步。这些站点或客户端的使用多数免费（除网络流量费外），也有的以提供一定的免费服务作为试用吸引，目的是动员用户最终缔结付费服务关系。后者的做法目前正逐渐成为趋势。这类网络音频服务客户端的数量很多，特点各异，变化替换也非常快。

图 7-9 "优听 Radio" Pad 版客户端缺省界面（2013 年）

以"优听 Radio"(www.youting.fm)为例。它同时开设万维网站和手机、Pad 客户端服务,其 iPhone 和 Android 客户端不但可以按照地区、类型搜寻全球电台,也推荐热门频率,记忆用户经常收听的节目;经登录注册,用户还可收藏喜爱的节目、实时/定时录音、论坛交流以及通过多种方式分享收听等。用户在收听网络广播的同时,用手指左右拨划智能手机/Pad 电脑的触屏,还可查看直播电台简介、节目单、节目介绍(当信息可获取时),或进入发帖界面,参与实时互动。这类移动音频收听客户端绝大多数为免费下载,目前正随 3G 手机和 Pad 的普遍使用而大量涌现和激烈竞争着,推动着相关技术服务不断改进和迅速提升。这种移动音频传播服务思维及其应用的崛起和扩散,一旦遇到无线通讯浏览费用大幅下降,将很快超越国内传统广播电台万维网站目前流行的以"坐以待客"为主的服务方式。

图 7-10　"优听"Pad 客户端上台湾汉声广播电台简介及节目表(2013 年)

某商业公司基于苹果平板电脑开发的、名叫"收音机"(The Radio)的广播收听应用软件①,也是一款网络音频直播集汇平台。它专门抓取 300 多家英国广播电台的网络直播,其中包括 BBC 广播 1 台至 7 台的全部节目。图 7-11 为"收音机"iPad 版截屏图,其所显示的是 BBC 全部广播频率,用户指触点选图标即可实时收听。该软件支持后台播放,充分发扬音频广播的伴随特长。这种提供"有限"抓取和直播的平台服务模式,也许因为涉及范围有限,处理难度减低而可以比较稳定和长久地生存和维持。

---

① "收音机"(The Radio)的开发商为 Giles Chanot,该产品于 2011 年推出。

网络直播音频服务现在可以搜索和抓取传统广播电台所有上网的广播直播节目以及纯网络电台和播客节目，因此网络音频服务平台拥有比传统电波广播更广的覆盖维度、更突出的优势及发展潜力。这种"搜索"加"转播"的模式虽没有内容原创，但属于"服务创新"，其占据上风、成为网络音频传播主流样式之一，只是个时间问题。更重要的是，这种音频平台服务增添了听者之间横向互动机制，使得收听广播成为更为丰富和积极的多媒体多向度传播活动，极大地提升了音频广播的吸引力，增加了新闻信息传播和分享的丰富度。这种音频集合节点的平台模式以"数量"和"多样"，与权威品牌的音频"网络版"模式展开各显其能的竞争。

图 7-11 "收音机"iPad 版客户端界面（2013 年）

专业网络新闻编辑应切实审视这一行业局面，认真确定本机构服务的网络运行模式。

图 7-12 "优听 Radio"服务推介页面（2013 年）

（五）新闻播客

音频播客一旦和新闻服务真正联手，可能会影响现行广播新闻报道的运行。专业新闻编辑对此应该注意。音频新闻播客不需太多人手；少时一个人，多时三五志同道合者。同正规的广播电台相比，新闻播客不具备媒介机构的地位、实力及体量，更没有相应的官方认可和资格，节目的推出也常是隔三差五、时续时停，有的干脆运行一段后就消失了。新闻服务在国内是一个管理严格、需要审批方可进入的行业，所以"在野"新闻播客数量不多，头顶"新闻播客"帽子的，多数也不太"新闻"。

早期网络技术服务不完备，个体音频播客多以独立的纯网络电台形式出现。当年知名的新闻播客之一是"反波"。"反波"是平客（姜弘）和飞猪（林嘉澍）2005年5月1日创建的网上电台。二人"口沫横飞说音乐，心领神会说传媒，百无禁忌说段子"，以"今天，我们就脱到这里"的标识性结束语，吸引了大量网上关注。2005年11月21日，"反波"获得德国之声电台第二届国际博客大赛最佳播客奖。"反波"的节目游走在音乐、娱乐段子、新闻评论等多种内容类别之间，并不是传统或正规定义的"新闻台"。不过，"反波"的一些节目的确有新闻性和时评性。下图是"反波"创办人平客（右）和飞猪，及"反波"电台招贴图。

"反波"的宣言是：反波用真实为盾牌抵御虚伪，以自由为利器刺向陈规。我们坚信，嘈杂纷乱的世界里，有一种声音可以让你触摸欢乐、感知力量。我们反对传统电波里的一切虚假、束缚、欺骗和铜臭……我们只说彼此听得懂的真心话……All radios go to HELL![1]

"反波"也和主流网络媒体（中国网）及搜狐等合办过"反波读两会"这类重大时政新闻报道专栏[2]。这说明，民间身份的"反波"电台与时政新闻报道和评论离得并不远。平客说："反波"希望做点突破，但不搏出位，愤青式的过激言论不考虑，矿难、爆炸、游行这些话题也不是它承载得了的[3]。作为"非主流"网络广播播客，"反波"最具新闻性和网络报道特色的案例，是美国弗吉尼亚理工大学2007年校园枪

---

[1] http://baike.baidu.com/view/350380.htm；《说媒：今天我们来脱"反波"》，《国际先驱导报》，2005年11月29日（http://news.sina.com.cn/s/2005-11-29/10268435872.shtml）。

[2] http://news.sohu.com/s2007/8303/s248473963/。获取时间：2013年3月1日

[3] 《说媒：今天我们来脱"反波"》http://www.sina.com.cn。

击案后的独家连线采访。

　　2007年4月16日（美国当地时间）美国弗吉尼亚理工大学校园发生枪击案，造成连枪手本人在内33人死亡，震惊全美国。17日，学校在校内体育馆举行集会，开启为这场悲剧的疗伤过程。飞猪在他的博客中写出他们当时做这期越洋连线采访节目的前后情况和想法（内容见下图）[①]：

　　"反波"的系列节目有［办公室的故事］、［口水 Song］、［听平客讲段子］、［奥美有情］、［这是伦敦］、［人民大会谈］、［新网络60秒］、［反波讲台］等。据说创办4个月后，"反波"访问量就超过40万[②]。2008年以后，"反波"很少更新，2009年彻底停止运转。不过，它并没有完全被忘记，有网友2013年还发帖询问"反波"及

---

① http：//www.flypig.org/002129.html。获取时间：2013年3月2日。
② http：//zh.wikipedia.org/wiki/反波。获取时间：2013年3月2日。

两位主持人情况，期待它复播①。"反波"网站现已消失，节目散落在网间。

另外一个广播、网络和新闻报道相结合的事例来自BBC。2011年2月22日，新西兰第二大城市基督城发生里氏6.3级地震，造成极大破坏，初步统计有100多人死亡。远在万里之外的英国BBC Kent广播电台在报道这一突发灾难时，偶然得知一位Kent市民正巧身处基督城震区。于是，该电台的编辑通过社交媒体联系上这位人士，完成了一次对地震现场情况的连线采访和广播直播。BBC Kent电台在报道中，添加上"本地人"的现场目击元素以及"本地社区"的特别关切，打破了同类报道的传统套路，令传统广播新闻报道焕然一新。BBC新闻学院在员工培训中，特将此事作为新兴媒体传播手段与传统广播相结合的范本案例。

审视上述Kent台和"反波"的案例，人们不难发现，互联网络、新闻采播、广播服务组合而生出的各式各样的融合新闻报道，已经是摆在眼前的生动现实，给力争"be the first to report"的新闻工作者提供了新鲜的榜样和强大的鼓励。这两个例子都说明广播新闻报道在新兴媒体传播时代大可有为。下图为2011年基督城震后现场情景②。

今天，个体音频播客可以依靠网络服务平台方便地实现网上传播运行。传统电台电视台上网后，是否也要建立或主持这样的平台呢？这是一个编辑决策问题。2011年8月北京广播网"菠萝台"（bolo.rbc.cn）正式上线。这是北京广播网博客平台（blog.rbc.cn）中的播客运行支持服务。北广网博客和"菠萝台"的注册和使用都比

---

① http：//www.douban.com/group/antiwave/。获取时间：2013年3月2日。
② http：//fotomen.cn/2011/02/dark-day-of-new-zealand/。获取时间：2013年3月3日。

较方便。用户只要注册成为北广网博客，即能获得文字、图片、音视频以及建"圈子"等多种传播资格，开办自己的个性菠萝广播只是其中的一种权限。

粗粗看去，"菠萝台"是一个播客平台。它的定位究竟是北京广播电台的节目或内容的网上扩延，还是收纳其他广播电台节目的音频服务汇点，抑或是一个专为广大播客网友提供中性支撑服务的幕后雷锋？从运行服务来看，菠萝台对三者都有顾及，但主打走向并不明确。如果定位于第一种功能，"菠萝台"和北广网有点重叠；如果定位在第二种功能，"菠萝台"将与各类网络音频集合服务商或站点正面冲突，"菠萝台"的胜出优势不大；第三种功能要求平台更开放，中性支撑性质更明确。但既要提供主导内容，又做中性平台，就好像梅兰芳戏班子既要唱戏，又要经营戏园子招揽别的戏班子来唱戏一样，有角色的矛盾和冲突。两相比较，运行一个服务平台比做一个自己音频节目站点要复杂很多。

"菠萝台"现有的播客类别有：音乐、体育、幽默、新闻、健康、娱乐、戏曲、财经等，并设有"菠萝大咖"推介[①]。2013年年初登记为菠萝新闻播客的有90多个。这些新闻播客很少提供原创内容，排在前几位的都是北京电台广播节目的同播、重播、录播，或是该台广播节目的演播视频版。"菠萝台"开放每位播客过往7天乃至一年内的收听情况记录。2013年3月3日实操检索发现，一些菠萝新闻播客的访问率和收听热度都非常低。

---

① "大咖"是闽南语，指大角色、达人等。

网络播客平台实际上必须由相对中性和退居幕后的主体来主办，这是由它的服务特点和功能所决定的。这种平台只提供相应技术支持，不直接接触和参与内容提供，内容发布者需要先注册才能在平台上进行活动。这种规定迫使每一个注册登录的播客主体事先同意，他是自愿提供内容，平台无须为其播放内容的版权付费。这种服务模式的吸聚能力较强，类似"YouTube"，因为它以能吸引聚合更多不同种类、风格、样式和倾向的音（视）频内容为卖点。新浪"微音乐"是这种模式类型的实验。它自诩是"全球首发音乐平台"（music.weibo.com）。用户登录注册成为它的"音乐人"之后，就可以在该平台上发播音频内容。"微音乐"的平台规模大，播客风格种类多样，大大超过"菠萝网"。"音乐人"的播客分类标签多数与音乐相关，与新闻性服务沾点边的是它的谈话类播客，多归入"聊天""闲聊""电台""节目""脱口秀""随侃新闻""新闻"等标签组别。但深入收听则发现，这些播客内容最多只是稍微或间接地触及新闻性内容，偶尔发表一些新闻性评论意见。

独立网络播客的意义不在内容，而在于存在，更在他们对国内正规广播电台行业旧有服务和格局的冲击。个体播客活动迫使专业广播电台编辑认真思考其新闻服务的地位和未来的前途。正规广播电台主办网络音频平台或播客平台，似乎都不是一个发展前景良好的选择。相反，将已有的品牌节目经过精编精选后，推送到社会或公共的播客平台上，扩大传播影响和效果，则不失为可行之道。广播媒体或新闻编辑利用播客平台进行新的节目创新实验，或者推出纯网络音频报道，扩大服务面和服务项目，改进本机构包括新闻节目在内的整体服务规模和口碑质量等，都是非常现实可为的事情。

中性播客服务平台不靠自己去"抓"内容，而靠众多注册的机构或个体播客主动自愿地上传内容。它把上传的音（视）频节目（栏目）内容一件件地呈现出来，并保证听众可以方便顺利地使用。播客们的往期节目在平台上驻留，供用户随时点播。平台服务如果做得好，它的整体资源像滚雪球般不断地增长，访问热度也会持续上升。这是该模式的核心竞争力所在，也是与前一种"抓播"式平台所不同的地方。有的播客平台还同时接纳音频播客和视频播客。右图是"播客"Pad客户端的"新闻及政治类"播客节目排行推荐榜页面。图中左列为音频播客，右列

为视频播客。这些榜单节目中有些是电台或电视台品牌栏目或节目的内容，有些是个体网民自创的音视频内容。

遗憾的是，国内正规新闻机构，特别是纸介传媒机构，在呼喊着要大力提升和改善自己的视频新闻服务能力的同时，很少关注网络音频新闻报道。难道音频不包括在多媒体融合传播之内？对比现今国内广播行业普遍被边缘化的现实，这种轻视网络音频传播的现象似乎也不令人特别意外。

三、网络视频新闻编辑

Flash 技术自 2000 年在国内兴起，后与网络新闻报道结合，并参与重要的时政新闻报道。当时 Flash 和网络传播的关系，有些像漫画与早年报纸的关系。众所周知，由于纸张和印刷条件的限制，早期报纸刊登线条简单的漫画比较容易实现。Flash 作品文件不大，可以动漫式地表现视觉形象，可以配上声音，还可以附带文字，使得网络传播从平面图文的限制中跳出来。即使随着网络带宽和技术的发展，在网络音视频传播已经达到较高水平和效果的今天，Flash 作为一种独特形态依然有存在的价值。

（一）Flash 新闻的类型

Flash 在新闻传播中的应用有两种类型。一类是用 Flash 技术手法来展现某一新闻内容。比如，"新华网"的"中国共产党第十六次全国代表大会隆重开幕"运用连续图片、字幕和配乐等元素，展现大会开幕景况[1]。新华网曾设有"动漫"频道，其中有"Flash 今日"和"Flash 专题"栏目。前者有大量的新闻性 Flash 作品，后者是资讯式和综述性的 Flash 新闻作品，如"从数字看发展（生活篇）""新时代 新生活""从数字看发展（交通篇）"等[2]。2004 年以后，新华网上的 Flash 新闻作品越来越少，"动漫"栏目也从首页退到后台。当年的一些作品在网上仍有驻留[3]。另一个当年的例子是广东的 21cn 网站（www.21cn.com）。它把 Flash 新闻频道称作"新闻闪客"，其英文翻译正是明白无误的"FLASH NEWS"。有关作品现在也可访问[4]。这类 Flash 作品大都围绕一个新闻事件或报道而制作，其中视觉部分主要以新闻图片构成，多数作品配有背景/气氛音乐或音效，一般配有字幕，没有播报同期声。

另一类 Flash 新闻的编辑主创成分较多。如果前一类算作"纪录片"，这一类就可归入"故事片"。国内这一类 Flash 新闻的早期代表是北京"千龙网"。它于 2000 年 5

---

[1] http://news.xinhuanet.com/flash/2002-11/08/content_ 623445.htm。检核时间：2013 年 2 月 1 日。

[2] http://www.xinhuanet.com/flash/topic.htm。检核时间：2013 年 2 月 1 日。

[3] http://www.xinhuanet.com/flash/index.htm。检核时间：2013 年 2 月 1 日。

[4] http://news.21cn.com/guanggao/flash/。核实时间：2013 年 2 月 1 日。

月成立后不久就推出了每周一期的新闻综述《Flash 七日》。《Flash 七日》用动漫多媒体形式表现新闻，其中有虚拟主持人播报和虚拟记者采访等。"千龙网"还用 Flash 方式报道全国"两会"、北京"两会"、"9·11"事件等焦点热点新闻事件（参见右图）。

2002 年 9 月 1 日，千龙网再推新栏目《天天播报》，周一至周五每天一期，报道当日国内、国际、经济、文化、娱乐、体育等要闻；主持人是虚拟的"天天小姐"，栏目推广语是："天天我来播，天天你来听"。2004 年 3 月，千龙网对 Flash 新闻全面改版调整，统并为

图 7-13　千龙网"Flash 七日"首页[①]

新的《天天八卦秀》，主持人换成蓝色的卡通娃娃。新栏目宣称内容"更风趣幽默，更具网络时代特色"，定位褪脱新闻报道风格，转走娱乐消遣路子。

（二）Flash 新闻案例

Flash 新闻以什么风格存在？是延循传统广电媒体新闻播报路径，还是试图另走一条新路？这两种取向在千龙网 Flash 新闻运作中都曾实验过。

在《Flash 七日》最早开播的几期中，每期都安排和穿插了滑稽的小插曲，让观众不免笑起来。比如，第一期《Flash 七日》刚开始时，主播罗罗嗦趴在播报台上打盹，嘴角淌出口水；这时旁边伸过来一只手，撕扯他的腮帮子，画外音大吼："搞什么，开工了！"罗罗嗦这才赶紧坐好抖擞精神，开始播报新闻。总体来说，《Flash 七日》播报的内容比较正规严肃，不少还是重大时事新闻。不过，这种做法有风险：调侃作料固然可以软化气氛吸引观众，但同时也很容易混淆新闻与逗笑段子之间的区别界线，削弱新闻报道的客观、公允和可信度，正如花椒和冰激凌的口味毕竟不是一路。

[①]　现在千龙网站已经找不到了。检核时间：2013 年 2 月 1 日。

千龙网在几年时间里，从《Flash 七日》起步到《天天播报》，再落脚《天天八卦秀》，到最终谢幕停办，留下一条蜿蜒曲折的尝试轨迹。其主播者风格从"滑稽"到"文静"，最后变成卡通人；内容从"戏播"新闻，到走向软性话题，再落于娱乐性故事化套路。千龙 Flash 新闻最终和新闻分手告别。当年 Flash 新闻作品在千龙网上已经被撤下。

上述千龙 Flash 新闻带有明显的边报边议的特点，这与当时国内"说新闻"的播报风气有关。"说新闻"本质上是一种新闻述评式传播。在"说"的过程中，新闻播报主持人把"报道"和"评说"混合搅拌在一起，于是新闻事实被纳入一条预设的解读轨道。这种做法，有时会失去客观和平衡，虽然听起来轻松愉快，但听众容易误读或者被误导。

图 7-14　千龙网 Flash 新闻两会报道（2002 年）

人民网在 Flash 新闻方面也在不断地尝试。2008 年年初，人民网推出每周一期的原创 Flash 新闻栏目《小白闪报》（见下图）。虚拟主持人"小白"每期点评新闻时事，从百姓视角出发，用诙谐语言，配合生动的手绘动画、图片、视频、音效等多媒体元素，来说时事道民生，受到热烈回应。《小白闪报》持续运行三年，总共制作了 242 期，到 2012 年 1 月 20 日后不再更新[①]。《小白闪报》和千龙网 Flash 新闻风格以及思路有相似性和延续性，它增添了视频元素并逐渐向网络电视样态过渡。

---

① 《小白闪报》最后一期是《小白团队恭祝网友新年快乐》，http://tv.people.com.cn/GB/28140/123553/229840/16936265.html。检核时间：2013 年 2 月 16 日。

其后，人民网还自创了另一档新闻评论性的网络视频节目《小六砖头铺》，自 2009 年 12 月 31 日起上线，基本每周一期，每期时长约 4 分钟，到 2012 年 6 月 15 日总共推出 175 期。"小六"来自主持人的名字，"砖头铺"意指"拍砖"，即本节目将有力度有深度地评论时事问题。它的经典口号是"思想有多远就能拍多远！"。该节目由真实的主持人串联，以一个或多个社会热点或现象为题，采用叙介、评议、图片、视频乃至情境扮演的方式逐步展开，层层递进。《小六砖头铺》在呈现特点上更接近电视样态，动画元素不多。

图 7-15　《小六砖头铺》截屏图（2009 年）[1]

从 2012 年 6 月起到 2013 年 2 月初，历时八个月，《小六砖头铺》最终进入长期"休眠"状态，没有再更新[2]。它的导航图标退出了"人民网"万维网站首页及其"人民电视"频道主页，用户想寻找它已不大方便。这说明《小六砖头铺》最终选择隐退。

网络视频随着个人数码装置、电信传输改善、网络平台支持等多种条件因素的发展和变化而成为普及和平常的东西。众多传媒机构及网络个体都可以成为网络视频的原创者或提供者。在这一背景之下，用 Flash 方式来进行日常新闻报道，已经失去了当年曾有的热度。它现在更多地活跃在艺术领域中。

《小六砖头铺》与千龙网 Flash 新闻比较，使用真人主持，直接使用电视影像片

---

[1]　http：//tv. people. com. cn/GB/160622/10689621. html。获取时间：2013 年 2 月 3 日。
[2]　http：//tv. people. com. cn/GB/177969/179064/17843343. html。检核时间：2013 年 2 月 3 日。

段，在风格和技术特性上更接近电视，但它仍未完全跳出从简单动画到网络电视的中间过渡状态。随着电视影像技术手段和表现样式全面和直接地进入网络场域，《小六砖头铺》等"准视频"表现样态不论作为新闻报道，还是作为评论形式，都难与清晰流畅、手法多样的在线电视或网络视频相匹敌。加之它制作复杂，又很容易落入窠臼，故而最终被直拍、上传和直播的网络电视新闻所取代，是自然而然的结果。网络新闻编辑知晓和理解这些起伏演变的发展过程，有助于恰当地认识和把握这种传播表达方式之短长，在适当的情境和运行中，更有效果地使用和开发它。这好比在网络化数字化的多媒体传播时代，报刊社论版上黑白两色的简笔新闻漫画，依然有其独特的价值和功能。"新浪新闻中心"在 2012 年"神舟九号"首次载人交会对接天宫一号的专题报道中，采用 3D 动画方式再现全程发射、对接等过程，作为新闻报道辅助手段，有出新的效果①。

整体而言，Flash 动画退出了国内主流新闻网站及视频新闻报道的中心位置，它们现在主要在视频垂直网站（频道）中作为动漫作品而存在。不过在特定的时机和背景下，Flash 短片仍可传递出某种明确的表达。2013 年 2 月 12 日，朝鲜不顾国际社会的反对悍然进行第三次核试。2013 年 3 月 17 日，由"飞碟说"制作的 Flash 短片"神秘的朝鲜"（见上面的截屏图）在国内各大网站的视频、动画及娱乐频道上广为传播②。该片把叙述、搞笑、讽刺等内容有机微妙地搅和在一起，完全不似正规的新闻报道或评论。然而在那个特定情境下，它的表达显然极具新闻性和针对性。美国社交视频新闻网站"NowThis News"（www.nowthisnews.com）几乎同时也有类似主题和风格样式的 Flash 短片上线。看来 Flash 新闻虽然不再是新闻网站或新闻频道的每日主打，但在网上传播中的作用和可为空间并不小。

（三）网络电视和网络视频

对于网上视频传播，应多从机构作为的角度去看待和理解，即便著名如 YouTube 之运行也不例外。YouTube 以用户供应内容为主要特征，但其核心基础是它所搭建的网上平台及其后台技术支持。就视频传播内容而言，新闻编辑主要面对成品内容，在

---

① http://news.sina.com.cn/z/shzhfch2012/。检核时间：2013 年 2 月 8 日。
② 该片在新浪视频的上线时间为 2013 年 3 月 17 日，http://video.sina.com.cn/v/b/99441122-1658249293.html。检核时间：2013 年 3 月 19 日。

内容编改上的自主性或腾挪空间有时不太大，特别就目前国内环境情况而言。说明这一点，并非矮化新闻编辑的专业作用，而是希望他们在现实和可为的范围内发挥智慧和建设性的能动作用。

国内网络新闻视频一般有两个主要来源：一是正规传媒机构上网的视频新闻节目。这其中以传统和正规的电视台站为代表和主力，其他传媒机构也正在全力挤进、奋力追赶。另一是除前者之外的其他来源的视频内容，统称"用户供应内容"或 UGC（User Generated Content）。本节主要讨论前者的编辑处理问题。

1. 主流视频新闻

所谓主流网络视频新闻，指由已经获得管理部门正式批准、有相应许可资格的正规传媒机构所制作和提供的视频新闻内容①。中国大陆对此有严格的管控。这类获准的机构主要是国内正规的媒体机构及其网站，其中又以电视台所办网络站点为主体代表。

中央电视台（CCTV）是中国国家电视台。它最早的网上存在状态是"央视国际"万维网站（www.cctv.com），后来扩大为"中国网络电视台"（China Network Television，CNTV）。现在其网上"一体两站"统称"央视网"，一并归在（www.cntv.cn）域名之下。这两站中的 CCTV 部分类似一个新闻综合门户。它网上信息的排列和呈现，以内容类别、地域分布等为纲目，文字比重较大。其 CNTV 部分像"网络版"模式。它以央视的频道业务和节目为主框架，所有内容的呈现和推介都跟着频道或栏目走，称为电视台内容服务的"网上镜像"。此外，CNTV 站点不仅聚齐央视所有频道节目，还揽聚了国内 38 套省级卫视、83 套城市电视台以及 708 家网络视听联盟成员的节目。换言之，中国网络电视台擎举着"国家网络视听公共服务平台"的大旗，其他人都要将自己的内容贡献上来。这种超级网络视频平台是独一无二的，大概要靠强大的行政组织命令来督办方可维持。现在，该平台上的内容是电视原生节目，以电视频道为检索单元，整体与传统电视传播没有多少区别。该平台内容分 [开放平台][网络电视台]、[政府部门]、[商业金融]、[影视娱乐]、[游戏动画]、[媒体网站]、[教育科研]、[协会组织]、[艺术活动]、[时尚娱乐]、[其他行业] 十大类；每一类项下都包含五花八门的频道。这种超级平台的价值和意义以及决策的科学性存在着疑问。

---

① 参见国家广播电影电视总局（2004）：《互联网等信息网络传播视听节目管理办法》；国家广播电影电视总局/中华人民共和国信息产业部（2007）：《互联网视听节目服务管理规定》。主要相关内容：从事互联网视听节目服务，应当依照有关规定取得主管部门颁发的许可证或履行备案手续；未按规定获得许可或备案的任何机构或个人，不得从事互联网视听节目服务；从事时政类视听新闻服务或主持、访谈、报道类视听服务的，除满足前规外，还须持有广播电视播出机构许可证或互联网新闻信息服务许可证等。

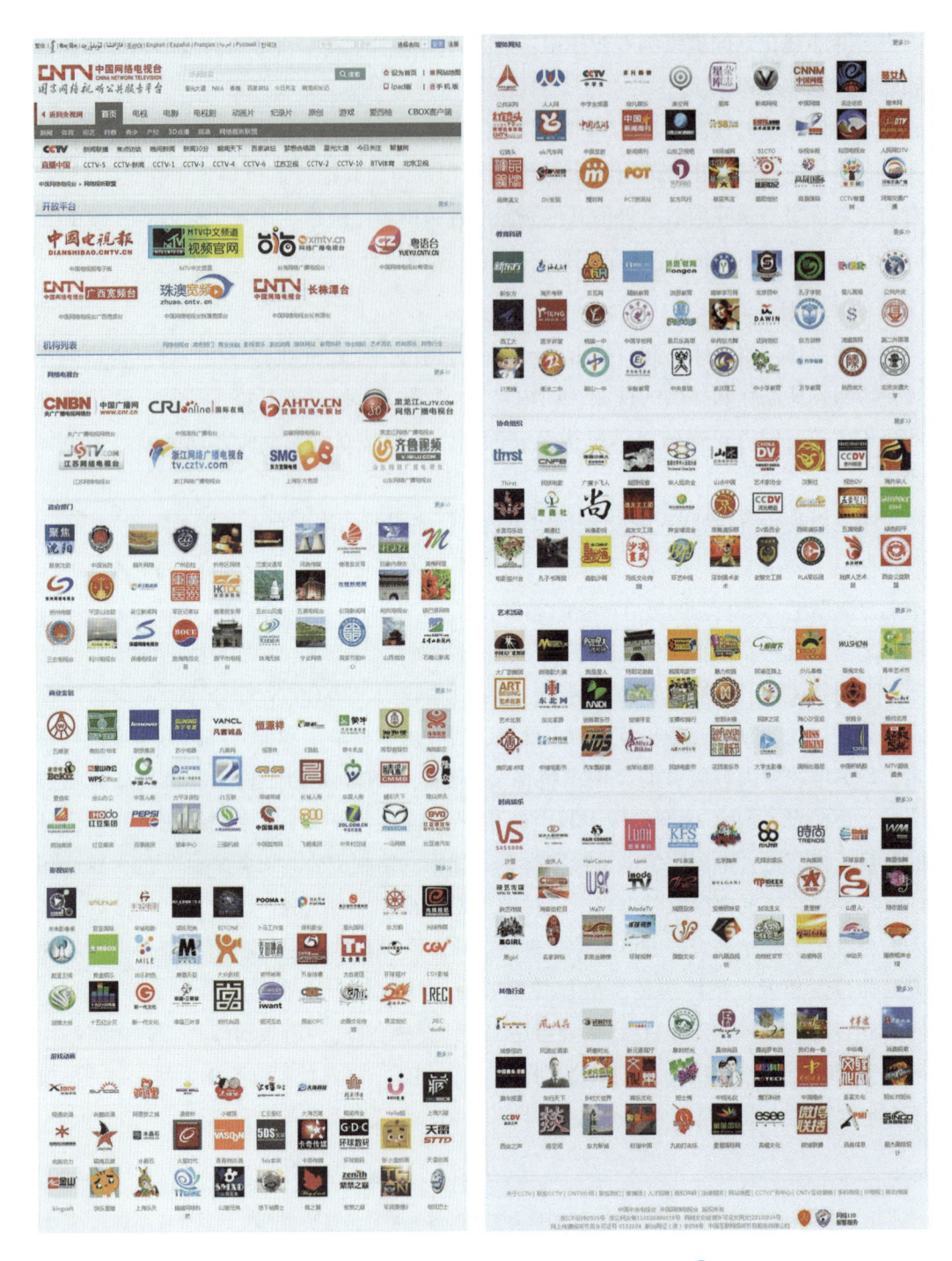

图 7-16　国家网络视听公共服务平台（2013 年）①

---

① http：//tv. cntv. cn/lianmeng，全页长 9 屏。获取时间：2013 年 2 月 8 日。

国内电视台网站提供的新闻内容并非全是自采,也不都是视频的。以"央视网"新闻频道为例,它的报道主要以文字新闻为主,视频新闻只占约三分之一比重,并有大量来自其他传媒机构的文字新闻内容作填充①。

2. Pad 模式对视频新闻的影响

"央视网"Pad 版的传播只注重网络视频,并回归"网络版"思维。其首页缺省列出五个新闻性栏目,它们是[新闻联播]、[焦点访谈]、[经济 E 小时]、[今日关注]、[新闻 1+1]。通过指拨触屏可换出另外五个非新闻性栏目,它们是[百家讲坛]、[智慧树]、[金光大道]、[谢天谢地你来了]和[今日说法]。该 Pad 版首页导航选项有:[首页]、[24 小时播不停]、[直播]、[栏目]、[专题]、[搜索]等。其中"24 小时播不停",顾名思义,理应提供即时最新电视新闻报道。

不过,2013 年 2 月检索时发现,该服务选项只有 2012 年 4 月 18～19 日的电视新闻报道,每屏 10 条,可查看者 19 屏,共 190 条(见上图)。这说明此服务已经有 10 个月不再更新了。"24 小时播不停"名实不符。这是编辑需要注意和改进的。

"直播"选项是电视台频道实时运转的原班展现(见左图)。屏内左侧是频道选择,右下区是所选频道的节目播出时间表,视窗可点触转换为全屏播放。这一设计等于"通过网络看电视",而且按照传统电视的时序、方式和传受关系来收看"网络电视"。"栏目"和

---

① http://news.cntv.cn/。检索时间:2013 年 2 月 8 日。

251

"专题"的组织和呈现方式也基本如此。

"央视网"Pad版设计没有给用户留下太多的互动通道或者自选空间，依然强化其作为大众媒体机构的高傲姿态，以及固执其传播供给的基本程序。这种做法和情况在中国各地各级电视台网站中具有代表性，"央视网"作为领头者是其中的基准典型。网络视频新闻编辑了解央视网站的情况，有助于理解该行业目前在这方面运行的基本特点，对以后的改革和调整有参照作用。

网络视频新闻的主体提供者，是专业新闻机构，特别是电视媒体机构。当海量视频新闻汇集网上时，新闻传播的网络聚焦似应更集中而不是分散铺摊。但是，由于传播渠道和工具已经发生了变化，编辑对于电视报道应有编排和呈现上的再处理再安排，例如打碎原有电视框架，择要精选或改变呈现样式，以适应网络视频传播的习惯和需要。美国"NBC晚间新闻"（NBC NIGHTLY NEWS）Pad版是其网上视频新闻服务的一个传播推介支点。图7-17显示"NBC晚间新闻"Pad版首页（2013年2月17日）。点触屏内左栏"播出"（Broadcasts）选项，页面显示倒序日期和该日"晚间新闻"各组要闻的头条小图；点触"主题"（Topics），页面显示分主题的各组新闻中的每一条。点选"主题"下的各类组，可选观其中各条具体新闻。这里的内容还是"电视"的，但是它的呈现和检索则适应网络用户使用的方便。

图7-17 "NBC晚间新闻"Pad版首页（2013年）

"NBC晚间新闻"Pad版首页右上角设有四个导航选项。右端的两个依次为："脸书"和"推特"通道接口。"最新要闻"（Top Stories）是一个下拉式标题单（见下页左上图），它和"每日晚间新闻"（The Daily Nightly）一样，一经点选，即转往NBC-NEWS.com万维网站（见下页右上图），用户可查看更加详细丰富的报道内容，其中有文字、音视频、跟评等。这是NBC各路服务相互贯通的做法。

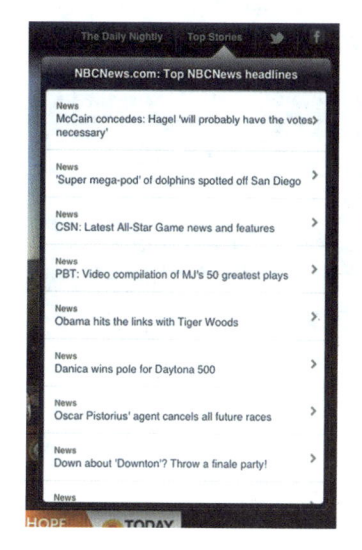

3. "片断"成为基础单元

过去人们常说，看电视不是看频道而是看节目。自从网络和移动终端日渐普及，人们看网上视频新闻，不再看栏目或节目，而是关心某条新闻具体报道什么，更多聚焦其中的某一"片断"。可以说，今天人们在网上看电视，是看"电视碎片"。换言之，人们已经不在乎《新闻联播》上不上网，而只关心《新闻联播》播出的某条新闻，甚至其中的一段十几秒视频，能否在网上找到。用户如果想看，就会到网上去找它，尽管该条新闻很可能并不是《新闻联播》的头条。面对这种网络供需现实，如果传播者只满足机械地把《新闻联播》规整地搬到网上，并且只能顺时序完整收看，那么传受端之间的吻合就很难实现。网络视频新闻编辑的注意力需要聚焦在实在具体的新闻内容上，在可能的情况下打破传统电视新闻编排和播报仪式的固定模式。单条新闻——甚至其中的某些核心和精彩片段，正成为网络视频新闻传播的基础单元。

在视频新闻传播中，万维网站和手机、Pad 类移动终端之间似乎有某种配合和互补关系。万维网站的内容供应量大，使用环境安逸，而手机/Pad 终端服务方便快捷，互动及时，适宜在移动状态中零碎使用。在目前技术和网络情况下，两种方式相互搭配各有侧重，令视频新闻传播形成一种叠加式或组合式效应。以 2013 年 2 月 19 日 CNN 万维网站（下页左上图）和 Pad 版（下页右上图）首页截屏图为例对比，可大致看出著名视频新闻机构的网上视频新闻传播运行的大致样态和风格侧重。

传统电视机构把整档新闻节目搬上网络，它们的固定时长和播出时序都没有改变，但是网络用户的注意力分配变化明显，可支配的接收时长大大压缩，而且愈趋碎片化断续化。传统受众从头至尾完整地观看30～60分钟新闻节目，是传统电视的接收模式；网络用户经常只有三五分钟来观看其中的某一小片断。国内网络视频新闻媒介机构及其网络编辑人员需要转变思维和编排的方式，适应网民观念和生活习惯的转变。

美国CBS《今早新闻》（CBS THIS MORNING）是哥伦比亚广播公司早间电视新闻主打节目。这一早间电视新闻板块节目在万维网站和Pad终端上的呈现和运行，可作为参照观察的实例。其万维网站大力突出视频新闻，视觉报道特色强烈，且辅以多媒体和互动手段（见图7-18）。

其Pad版的遴选内容更加简约精练，互动方式更为方便直接。用户可以任意选看其中的新闻。编辑部人员还通过社交媒体，即时发布跟进信息。图7-19是"今早新闻"Pad版首页及头条。图7-20是各条新闻视图，用手指横拨触屏可以看到更多。图7-21显示的是前两张截图底部提拉框伸展开来时的情形：左栏是按时间排序的新闻概要（THE RUNDOWN），右栏是编辑部"推特"即时发布的内容。

四、小结

五年前，网络音视频传播还是一种点缀，时下已经是非常普遍的应用。音视频新闻作为网络视听服务的组成部分，在供应方和使用方两端都在不断快速扩展和花样翻新之中。传统网络音视频新闻供应的主力是广播电台、电视台以及其他正规新闻传媒机构。这些机构都面临着从自己原有传播本行出发，逐渐向多媒体新闻传播融进的过程，或者说都在向其并不熟悉的传媒领域进军的转型之中。多媒体融合在国内传媒业界，表现为一个艰苦和困难的过程。原因之一是原有传媒行当各自垄断封闭；现欲进入他者领域，必然意味着也要敞开自己的大门让别人进来。这两种变动有极强的联动关系，也牵涉现行体制改革和规则修订等问题。对于国外传媒机构网络传播运行的各

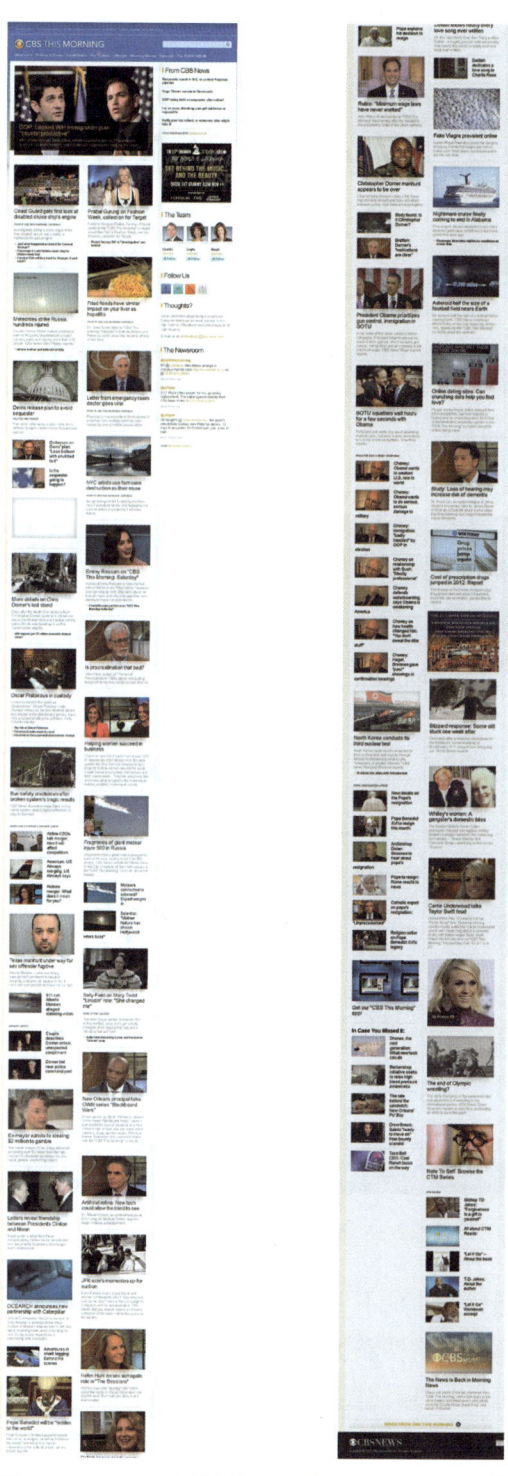

图 7-18　CBS "今早新闻" 万维网页（2013 年）①

---

① http://www.cbsnews.com/cbsthismorning/。该网页全长 17 屏。获取时间：2013 年 2 月 18 日。

图 7-19 "今早新闻"Pad 版首页（2013 年） 　　图 7-20 "今早新闻"各条新闻视图（2013 年）

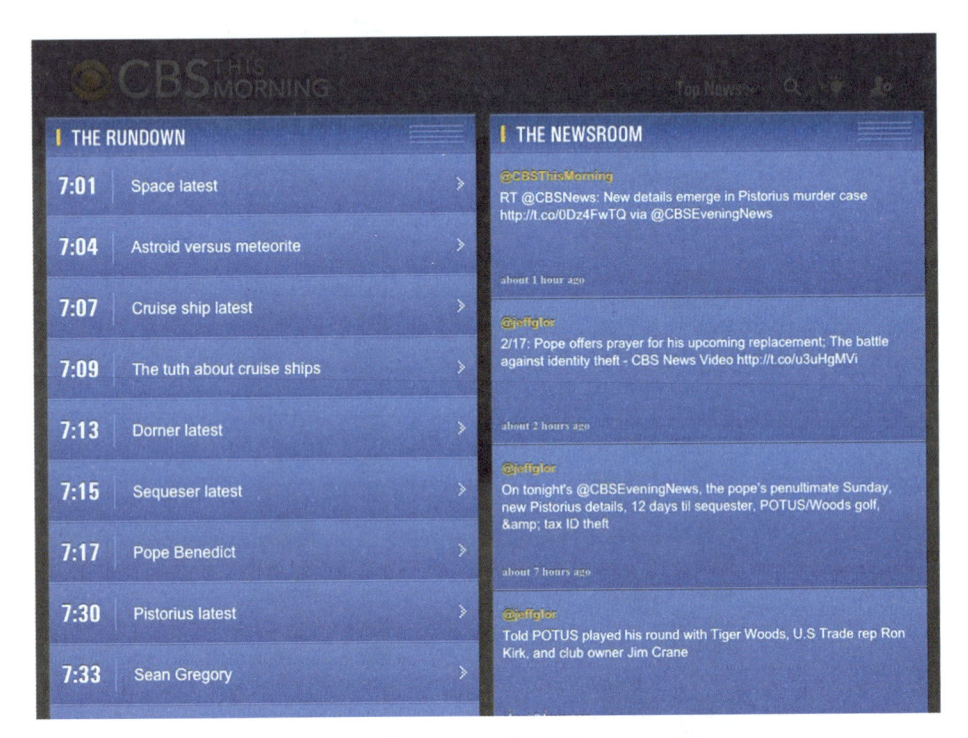

图 7-21 "今早新闻"的提拉框（2013 年）

种经验和长处，国内同行并非全不了解、不熟悉，但囿于缺乏独立自主决策和长远规划的权力与动力，久而久之惰性滋生而随波逐流恐怕是最致命的问题。

国内广播和电视机构都是一台手握多个频道（频率）的运行模式，其中许多频道（频率）并非提供新闻服务。在传统体制和环境中，新闻与非新闻的服务的功能和界限比较容易区分，但在网络环境中，这种界限渐趋模糊和淡化。许多正规报道时常在网上被"改编"或转换成娱乐或"恶搞"样式，商业权力对新闻专业精神的压力和侵蚀也日趋严重，软广告式的新闻相当普遍。在这种界限含糊的环境中，许多"毫不新闻"的表达，在特定的情境或语境中，也有机会瞬间变身为强势的新闻"报道"或"时评"，吸引广泛的阅听和分享。这种滞懈与勃激混杂交错的复杂现象，正是网络多媒体编辑越来越多地碰到和面临的。在这些冲突和复杂情况中，编辑的专业新闻工作和普通网民的网上活动往往重叠交叉。对此，网络新闻编辑既需要更清晰的专业指引和定力，也需要更宽阔的视野和更深入的解悟能力。音视频信息相比文字，更直观更感性，更容易适应网络大众广泛、浅层、快闪的信息消费或消遣的偏爱与习惯。新闻编辑当然要理解和适应潮流，同时不应丧失捍卫自身的社会价值和专业价值的信心和勇气。

欧美发达国家的传统广电视听行业有较为成熟的规范和传统，传统广电传媒机构的主体地位和社会影响仍然不可小觑。在西方发达国家，新兴网络新闻媒体的运行是与传统主流媒体共生共存竞争互补的。这种情况与中国内地的一般情形有不小的区别。目前美国网络新闻视频传播的前沿做法之一是，充分利用社交媒体工具，来推进和丰富视频新闻服务。在这方面，美国的"HuffPost Live"（"赫芬顿邮报直播"）、"NowThis News"（"当下新闻"）、Google Plus 的 Hangouts（"谷歌视讯聚会"）等都是表现不俗的领跑者。它们的共同特点是：充分利用社交媒体来扩大横向多维互动分享传播，使用多人同时在线视聊方式，以平等姿态推动传—受换位的信息交流和分享，冲击并挑战传统音视频新闻的传播模式、思维方式和编辑手法，探索发展网络视频新闻传播的新样式、新语法、新方式、新风格等。它们尤其重视和主打使用移动终端的年轻网络用户群体，它们的影响力正在不断上升。对比之下，国内网络新闻传播业界距离这样的运作实践，还有不少制度上、观念上、应用上的路程差距需要弥补和追赶。

在讨论网络视频新闻的同时，还应该关注整个网络视频传播的大图景。有研究说，2013 年被标以"中国移动视频商业元年"的称号[①]，预示着移动视频的发展达到了一个新阶段。CNNIC 数据显示，截至 2013 年 6 月底，中国网民在手机上在线收看或下载视频的人数为 1.6 亿，手机视频在手机网民中的使用率为 34.4%[②]。另有调查发现，2013 年，用户观看视频经常使用的设备中，智能手机占比为 77.5%；在移动视频用户中，22.5%的用户每天观看的时间在 5 小时以上，2~3 小时和 3~4 小时的占比分别为 21.4%和 16.7%。移动视频用户的观看内容为电视剧、情感剧、轻松电影、晚会和演出直播等，特别是 30 分钟以上一个单元的影视连续剧[③]。时政类直播排在遥远的后面。这样的用户和使用图景值得引起网络新闻编辑的重视。

[①③] 樊永梅：《移动视频，大市场蕴含新机会》，《新互联网时代》，2013 年第 10 期。
[②] CNNIC：《2013 年第 32 次中国互联网发展状况统计报告》，http：//www.cnnic.net.cn/hlwfzyj/hlwxzbg/hlwtjbg/201307/P020130717505343100851.pdf。

图 7-22　"优酷" Pad 版首页（2014 年）

　　目前，优酷、搜狐视频、乐视网、腾讯视频等国内主要网络视频站点的服务供应，正尽力迎合和满足广大用户和市场的上述需求趋势。这些视频站点及服务提供电影、电视剧、综艺、动漫、娱乐、新闻片段等视频产品，使用户消费选择尽可能地丰富和多样。与之相比，传统广电机构和媒体网络站点的竞争力和吸引力远远不足。就连最具优势的视频新闻方面，也因内容和编排上的陈旧和死板而越来越缺乏活力和魅力。许多网络用户现在更喜欢或者更习惯去商业视频站点观看重要的新闻视频片段或精编。

　　失去了用户，就失去了一切，影响力随即归零了。商业视频服务站点还通过免费注册和免费客户端等手段，与用户群建立了紧密的关联关系，由此获得了用户详细和准确的使用情况和偏好，为更好地改善服务吸引用户以及实施精确营销策略，打下坚实基础。所有这些都是传统主流媒体机构及其网络服务所缺乏或者忽视的。这是非常严重的问题。诚然，这种局面的明显改变和服务质量的提高，并不能只依靠网络编辑这一个环节。但是，网络新闻传媒机构如果不能在新闻传播和专业服务方面有高质量和高品格的号召及口碑，一切技术和手法的修补或装饰可能都不足以扭转被动。专业新闻机构和新闻编辑首先要做好新闻服务，提供一流的专业新闻服务供应！在网络音视频新闻领域，也是如此。

第八章 新媒介 VS 旧思维

一、概说

在众多概括新兴媒体的语词中，数字媒体的说法和定义是一种时代划分，即区别数字媒体时代与非数字媒体时代。然而，进入数字媒体时代和网络传播时代之后，面对不断冒出的各种新运转或新应用，人们怎样再做细分和区隔呢？这在很多情况下成为一个新问题。

世纪之交时，有人把互联网站称作"第四媒体"。手机加入新闻传播活动后，又出现了"第五媒体"的说法。其定名背后的逻辑是依照报刊、广播、电视、互联网络等诞生的先后排队。这种排序命名法现在已经被放弃。因为新传播样式的出现并不是绝对线性的，也不是单个依次冒出来的。回顾过去十余年间，"新媒体"（new media）的说法恐怕是国内外使用较多、较普遍的一种概括，获得了一般性的接受，尽管它仍不完美[1]。

"新媒体"还经常与数字媒体的概念重叠互换。一般而言，"新媒体"与"旧媒体"的界限，划在传统大众传播媒体与新兴数字化网络化媒体之间。例如有学者认为，新媒体的表现形态分门户网站、BBS、博客、播客、聊天室、网络游戏、搜索引擎以及手机等，它们区别于传统大众媒体的共同特征是：不设门槛、平等、交互、互动等[2]。他的判断建立在与"传统"对比回看的基础上。还有 BBC 高层人士强调，"新媒体"主要代表数字媒体时代不断生长出的时新代表及最新样态，认为"新媒

---

[1] 例如，T. Flew（2008）*New Media*: *An Introduction*, Oxford University Press; R. Hassan & J. Thomas（2006）*The New Media Theory Reader*, Open University Press 等，上述著作都直接使用"新媒体"概念。

[2] 杨伯溆：《从历史的角度看新媒体》，http://www.edu.cn/renwu_6123/20071103/t20071103_263093.shtml。

体"应是一个时进性概念①。"新兴媒体"的说法也与此概念接近。

保罗·莱文森不仅把当代传媒分为旧媒介和新媒介,更划出"新新媒介"一类②。他认为,互联网诞生之前的所有媒介都是旧媒介,如书籍、报刊、广播、电视、电影等,它们是时空被锁死的媒介。新媒介指互联网上的第一代媒介,兴起于20世纪90年代中期,它们给网络用户提供了使用时间上的自由空间。而新新媒介指互联网上的第二代媒介,出现于21世纪初,包括博客、优视网、维基网、掘客网、聚友网、脸书、推特、"第二人生"和播客网等。博客是新新媒介中资格最老的形式。

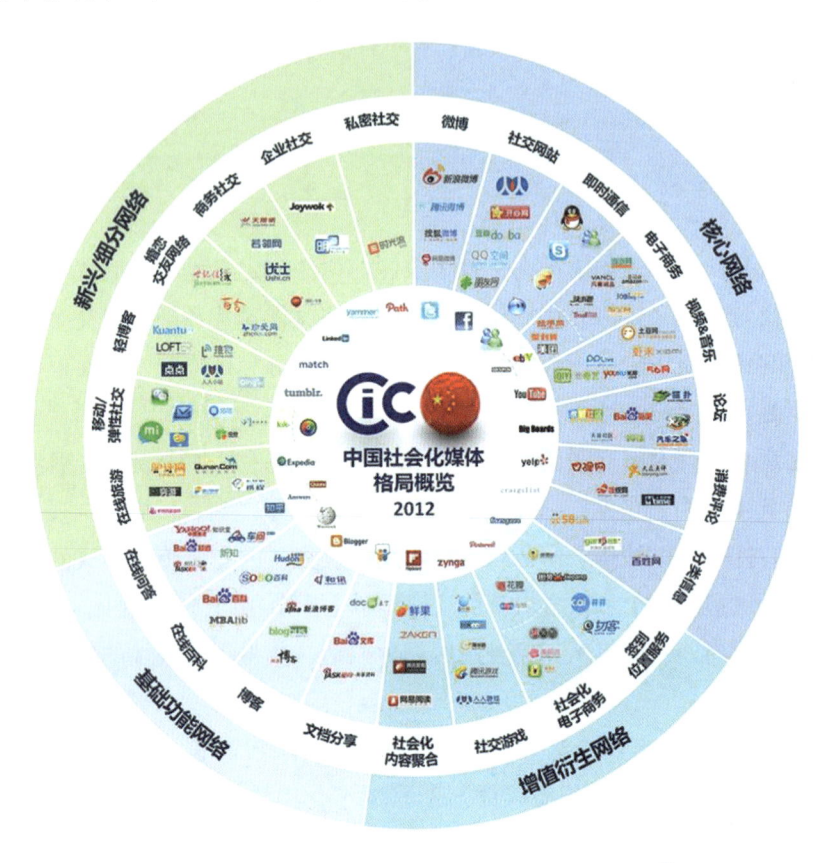

图 8-1 中国社会化媒体格局概览(2012 年)③

---

① 2001 年,北京广播学院和英国 BBC 在北京联合主办了"新世纪网络传播国际发展论坛"研讨会。与会的 BBC 代表反复强调用"新媒体"来取代过去对网络传媒的称呼,原因是用"新媒体"这个词来称呼新生的传媒,永远不会过时和出错。纳吉尔·柴普曼:《BBC 的互联网实践》,载邓炘炘等主编:《网络传播与新闻媒体》,北京广播学院出版社,2001 年版,第 176~178 页。

② 保罗·莱文森著,何道宽译:《新新媒介》(New New Media),复旦大学出版社,2011 年版。

③ http://hi.baidu.com/fjbaoxh/item/d5fa483467cc55dc6d11e904。获取时间:2013 年 3 月 25 日。

莱文森写道，在旧媒介和新媒介这两个领域内，只有少数人能把自己想要传播的内容或生产出的讯息向世人传播出去。新新媒介赋予其用户一定的传播控制权，用户可以决定何时何地去获取新新媒介提供的文本、音频和视听，也可以选择何时何地生产、传布和消费新新媒介的内容，而后者内容是千百万其他新新媒介消费者、生产者提供的。莱文森的看法主要从审视传播过程中各参与方的权重和权位的变动和调整，来看待和定义所谓的新媒体现象，具有一定的启示意义。他同时还指出，新新媒介运行需要前提条件，即要有消费者、生产者不能控制的底层运行平台，如电信系统、软件系统、格式系统、编辑系统等的存在。网络新闻编辑当然不必卷入这类概念或词语的甄别和辩论中，尽管上述辨析并非毫无意义。

所谓媒体，通常指承载和传递信息的载体，它包括技术元素和制度元素。前者是由科学技术进步所带来的，信息传递得以实现的技术工具的变化和更新，例如从纸基到电子，再到数字及网络方式。后者则包含行业制度、专业分工、规范准则、社会环境等因素。笼统地说，现今所有"新媒体"（本书用它来代指新媒介和新新媒介）都以数字化网络化技术为底层基础，所不同之处多在具体样态和运用特色方面。在纷繁的传播域境中，网络编辑需要跳出狭隘的本位，从专业新闻运行的立场出发，来了解、审视、把握和使用各种有别于传统新闻传播的新方式、新工具、新手段，恰当和充分地发挥它们的正面效用，以期提供与时共进的、更为优质的专业新闻服务。时下网络上社交媒介的应用最为活跃，其实这一名目之下包含的内容横跨多种（新）媒介样态。中国国内习惯将 social media 翻译成"社会化媒体"，其语义传达上有些偏差，因为所有新旧媒介的应用都致力于实现程度不同的社会化传播。而翻译为"社交媒体"，则较好地突出其侧重横向平等传播和互动交往的特色，与互联网络的传播特性比较接近。

传播即关系。这里所说的关系是复数概念。任何传播活动都会涉及至少两个以上的参与方（除自我内向传播以外，即便自我传播，也包含传方的"我"和受方的"我"），都体现为关系，都存在信息落差，都蕴含权力（权利）结构，都投射态度定势。就网络新闻传播而言，网络和数字工具是信息载体，新闻是所欲传播或扩散的信息内容。在过去，由谁传播、由谁扩散的问题，不存在任何疑问，传播权通常是一种集中的甚至是垄断的权力。今天，这一状况有所改变。专业媒介机构在网络和数字环境下的新闻活动中，肯定地发挥着

与个体公民所不同的机构性和制度性功用。凭借新工具新方式开展专业新闻服务，必然会产生出许多新的样式、产品和结果。吴敬琏觉得：科学信息技术发展到今天这个阶段，整个社会的组织、构造、行为会发生什么样的改变，是个很有意思的问题；对这个问题的研究不要太过技术性，要从更基本更广阔的方面去考虑①。借用这一表达句式，将其中的核心词换成"新闻传播"，正是网络编辑需要留意和摸索的方位指向。

互联网络或新媒体（新新媒体）传播运行肇始于境外。对中国人来说，它们都是由外传入的新事物。无疑，它们的进入不但会冲击和改变国内的传播版图和原有秩序，还会深刻地碰撞国内固有的思维定势和行为惯性，也会发生销蚀、归化或本土化蜕变。新闻编辑的思维和行为方式在此情此境中自然首当其冲。本章将从新闻传媒机构专业服务的角度出发，就诸多新媒体传播样态，分思维方式、推送服务、聚汇资源、横向分享等节段，对时下网络传媒机构及专业新闻编辑的可行做法和处置方略进行概括叙述、分析和讨论。

二、旧思路还是新思维？

本书开头章节曾提到的，台湾《明日报》的尝试是新媒体与旧思路碰撞的一个实例。《明日报》最后黯然关门，毛病出在思维构想上。《明日报》的主办人想办一张"好报纸"，其理想标准都来自传统报业，如扩大采集新闻，提供最好的报道、写作及文章等。这种传统办报模式平移上网，节省的只是有限的纸张、印刷及投递费用，而独力提供更多更佳新闻稿件和报道的追求令其运行成本大幅抬升，加上网络运行新增开支，再减去丢失的传统广告收入来源，其难以为继是必然的。除去经营上的入不敷出，其在新闻供应上想要独打天下的高妙理想追求，也超出了它的现实执行能力。

2010年苹果公司推出平板电脑iPad（Computer tablet），一时被称为电视、电脑、手机之后的"第四屏"，成为最新颖最有希望的移动媒体终端。2011年1月，默多克新闻集团开发出基于iPad收费订阅的《日报》（*THE DAILY*），希望借此一步跳过报纸数字转型的龙门。乔布斯本人也赞扬《日报》是"iPad上最令人期待的新闻阅读产品"。《日报》的初始轰动和新奇样态引得追仿者纷纷登录iPad平台，其中国内一直坚持至今并做得较好的有《南方都市报》Pad版等（该报Pad版服务一直免费）。谁能料到，风光一时的《日报》上线不到两年就亏损3000万美元，勉强撑到2012年12月15日谢幕退场。

---

① http://news.hexun.com/2013-02-23/151392342.html。获取时间：2013年2月24日。

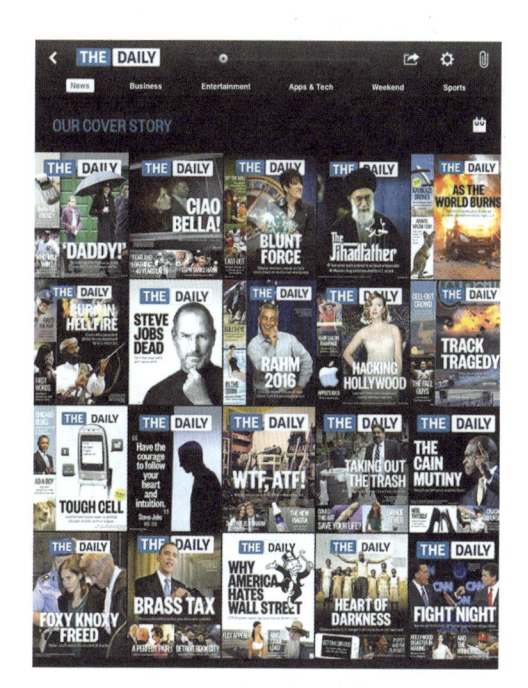

图 8-2 《日报》终刊号首屏　　　　　　图 8-3 《日报》部分过往首屏集汇

应当承认，《日报》对当前世界报业面临的巨大的数字传播转型压力，还是做出了探索贡献。它让同业看到，它所走的那条路不通。国内专家和研究者对《日报》停刊也有分析和诊断。例如，唐润华认为，《日报》是新媒体用了老模式。陈昌凤指出，《日报》仍是单一形态，只是换了电子报的形式而已。王佳航列举了《日报》的三大误判：受众转变的方向、终端发展的方向、媒介融合趋势下传统媒体转型的模式。[①] 上述评判各有道理，读者有兴趣可跟进参阅相关文献。这里只想强调一点，即《日报》固执地盘踞在"自我"这一点上，忘记了新媒体传播的实质正在关系间。《日报》的思维定势如放在传统时代或能适应如意，但在新媒体时代，却最终要了它的命。在新媒体传播时代，任何以我为尊、居高临下、蔑视受众、强传硬播的媒体机构或传播运行，都会被疏远、嘲讽、弃置或替代。所以，面对新媒体挑战，如欲取胜或闯出新路，改变和更新思维方式是首要关键。

三、推送服务

互联网络新闻传播仍然具有大众传媒一对多的传播覆盖功能，而且这种能力更因在时空关系方面的自由度提升而得以改善。在网络时代，专业新闻传播机构依然是业界举足轻重不可或缺的成员，它们的新闻服务可以主动推送，传播得更广更远。从传

---

① 《反思 THE DAILY 之终结》，《新闻与写作》，2013 年第 1 期（总第 343 期），第 39~43 页。

者角度来说，新闻编辑手中的工具有：新闻邮件、RSS、短信新闻、微门户弹窗、移动客户端的即时告知、注册（苹果系列产品是 ID 注册，机主的所有后续应用都自动捆锁）。按照莱文森的分类，这类传播运行都算旧的媒介手段。不过，普通用户的确也需要推送式新闻服务，特别在这类服务非常专业、质量可靠、具有公共性的情况下。新媒体并不拒绝大众传播方式，因为后者在大范围传布和分享公共信息或新闻时，具有极高的传播效率和效益。

（一）新闻邮件

电邮定期将新闻传入用户邮箱的服务方式，在世纪之交时非常红火，现在似乎不那么时髦，但它的传播生命力依然强大。有观察发现①，人们正以社交媒体共享来替换电子邮件，但电子邮件仍然有它的功用。例如，在谈到诸如电子商务或金融等这类话题时，电子邮件共享仍然是首选方案。某个特定的网站倾向通过社交媒体（半公开）还是电子邮件（私密）进行共享，也是不同方式的选择。社交媒体虽有私信服务，但电子邮件在很多情况下仍然是小群体间直接交流的标配式私密媒体。皮尤研究中心的研究发现，有 6% 的美国青少年每天通过电子邮件进行交流，有 37% 的青少年至少每周使用一次电子邮件。这些看似并不令人鼓舞的数据，随着青少年的成长及进入大学或成为公司雇员之后，可能会有所改变。在公司和工作环境中，电子邮件往往是交流沟通的标准途径。

邮件列表（mailing list）是电子邮件服务系统在收发邮件功能之外，通过电子邮件一对多地发送信息；令原本一对一的信件式"人际传播"，变成了"类广播"。邮件列表有两种基本形式：一是公告型（邮件列表），通常由一个管理者向某一特定群组中的所有成员发送信息，如电子杂志、新闻邮件等；一是讨论型（讨论组），所有的成员都可以向组内的其他成员发送信息，其操作过程就是发一个邮件到小组的公共电子邮箱，通过系统处理后，将这封邮件分发给组内所有成员。这里说的主要是第一种方式。

新闻邮件入箱具有私密和靶向的优点。这种联系的紧密度和正规性非常高。许多

---

① 《电子邮件仍是一种普遍的消息共享方式》，http://news.sina.com.cn/m/2012-10-11/173525339020.shtml。获取时间：2013 年 3 月 6 日。

新闻阅读和关注跟进，可从点击新闻邮件中的新闻报道链接起步。路透中文网、《华尔街日报》中文网、FT 中文网、BBC 中文网等著名国际媒体机构，都面向中国用户提供免费的新闻邮件订阅。有兴趣者可以查阅它们的服务方式、类项和细节安排。这些入箱的新闻邮件往往是母媒体网站内容的一个时新缩选版或专题版。新闻邮件的简要提示和编排，可以使新闻内容更显豁，侧重点更突出，告知更有针对性，起到替用户过滤、筛选、精炼信息以及节省时间精力等功效。从技术上说，新闻入邮箱是一种直接抵达，用户阅读新闻邮件的频率以及点击链接的兴趣频度也可被记录统计。传者因此获取更多的用户信息，以便提供更有针对性的服务。这对于锁定、深化和发展传受方之间的关系非常重要。

图 8-4　《华尔街日报》（中文版）新闻邮件订阅界面

图 8-5　"经济观察网"新闻邮件界面（2013 年）

当传受方关系在"私密"状况下锁定时，新闻编辑应当注重发展双方的"紧密"关系，给予有质量的忠实用户更多"特殊"服务。例如，适当地免费靶向推送在公开网站上收费的信息或检索服务，提供更丰富的或不公开/半公开的深度服务作为奖励等。新闻邮件可以由推送起步，逐渐分类分层地向锁定、吸引和回应用户的方向发展。为达到此目的，传播者首先要降低自我传播位差，改善服务态度和服务质量。国内媒体网站，如中国共产党新闻网、深圳新闻网、百度新闻、网易等，现在都提供新闻邮件免费订阅服务，但规模和影响尚不显著。专业媒体新闻编辑需要构思如何将此业务服务做精做细，做得有特色有吸引力。例如，如何确定发送周期；如何控制推送内容的针对性及篇幅量；如何延伸个性服务；如何培育和鼓励用户的忠实度等。同时，编辑还要协调和调度加强相应技术和资源的支持力度。在网络上，电子邮件是一个非常重要的身份认定和连通纽带，新闻媒体传播者借此和用户携手，可以实现传受共赢，关键就看如何去做了。

---

① http：//cn.wsj.com/big5/sysasp/registration.html。获取时间：2013 年 3 月 6 日。

个体用户也可以使用邮件列表进行一定范围内的信息传布扩散。相对传统媒体机构的新闻邮件，个人传布群发的新闻邮件属于非主流方式。它的作用和影响不可一概而论，需要具体研究和分析。虽然在技术上并不困难，个人主体的邮件列表群发在有些情况和条件下，会受到有关的管控，但个人在小群团范围内自行发布或推送经其挑选、把关或编辑的新闻邮件，完全可行。这种新闻邮件从影响力和方便度来说，属于初级式小群体传播，但它的确在一定程度上改变了原有的社会传播版图和单一信源控制。

（二）微门户与即时告知

锁定用户终端，是强行推送新闻的另一种手段。其实际应用之一是"微门户"或"微弹窗"。在这方面，网络商业公司使用较多也较普遍，国内正统网络媒体机构使用较少。这种自动弹出的小视窗，往往和浏览器、打字输入法、影音软件、安全防护软件、电脑管家等软体应用工具深层捆绑。用户一旦下载或使用相应软件服务时，这种自动弹出的推送服务程序就嵌入用户终端。"微门户"或"微视窗"通常伺机或定时弹出，显示最新新闻及其他信息。网络用户也可以主动选定这种弹窗服务。微视弹窗所包含的新闻内容，一般比较简单，主要发挥吸引和拖带作用，把用户的注意力导向其本体网络站点或者广告页面。右图是搜狐微门户的缺省弹窗首页（2013年3月6日）[①]。下弹框右上角有"不自动弹出"选项框，允许用户自主关停这种弹出服务。

图 8-6　搜狐微门户弹窗缺省首页（2013 年）

微门户弹窗的内容分类一般有十来项，缺省首项总是"新闻"。这说明新闻在推送信息中的重要地位。不过，网络传播机构的微视窗的内容重点和主体，基本是软性娱乐信息及商业服务等。这既缘于政府对新闻原创信息有管理限制，也因商业网络公司更重视经营效益。

"暴风资讯"微门户弹窗的栏目设置，侧重和突出软性及商业推广内容。该弹送服务的特点是：每日电脑一开机，就自动弹出一次，然后依次自动展换播放各栏目主要内容。图 8-7 为点击"暴风资讯" 2013 年 2 月 19 日头条"国人假期每年 115 天 达

---

① http://mini.sohu.com/。

中等发达国家水平"后，该视窗跳转显示此条新闻的提要。用户如想做更深的阅读，可点击"全文"（图8-7中画圈处），跳往该新闻报道的原发站点网页。

图8-7 "暴风资讯"微视窗缺省首页

据了解，一些大型网络商业门户网站的微门户弹窗打开率已经占到其全部网页打开率的50%以上，可见这种"推送"方式的力量大小。在网络传播竞争日益加剧的情势下，弹出式主动推送，是新闻传播的有效手段之一。

（三）手机报与客户端

手机作为移动处理终端，自诞生起就受到广泛关注和追捧，一度被认定是一种独立媒体形态。近年来，手机越来越失去其电话机的身份标识，而成为一种贴身的、兼有电话功能的移动贴身智能终端。从宏观来看，手机已经无需再作为单独媒体给予过分特殊的看待，它拥有的全部功能和编辑处理策略，其实都与其他数字智能终端的网络传播没有根本性区别。

锁定用户手机或移动通讯终端的ID，是实现推送传播服务的一种基础方法。短信新闻、手机报等服务都属此类。这种推送运行以手机号码为ID标识，通常由电信公司和媒体机构合作操办，提供各类免费或收费的短信新闻、手机报彩信报服务，定时将最新的各类新闻信息传到用户手机上。其运行情形类似前述的新闻邮件入箱，也有订制和非订制方式。早期手机功能有限，但手机号码锁定是一种简易准确的新闻短信推送保证；当年短信新闻、手机报等经常作为电信服务商打包服务中的免费赠送业务。随着智能手机和3G移动上网普及，各类短信新闻、彩信手机报服务竞争越来越激烈，那些未能和电信运营商捆绑的手机新闻推送服务商，则以免费下载客户端的方式，来创造与用户建立勾连关系，以便实施推送服务。据2013年年初网上浏览，视频手机报的新闻推送服务已非常普及。

和锁定式短信新闻、彩信报等推送方式比较，手机WAP网、3G网（现在4G网

络已经开通）专门针对和适应网友用手机主动上网搜索和访问信息。由于手机上网长期受手机本身能力、视屏尺寸、流量费用等元素制约，手机网的影响和使用始终未能与万维网站并驾齐驱。这些障碍正稳步和趋势性地得以克服。

针对移动平板电脑或手机用户的客户端，也是一种介乎传者推送和用户自取之间的一种网络传播关系互锁环节。客户端可以凭借提供较好服务的吸引，来锁定用户设备身份，虽然它不能限定用户对网上信息的具体选获和具体使用。不过，传播方仍然可以利用其客户端主动推送介绍内容，并通过客户端对用户使用行为进行记录、统计和观察，从而获得更详细的用户网络行为模式，以改进或调整服务。

专业新闻媒体可以通过各种渠道和方式向用户推送新闻邮件、手机报、短信新闻通知、实时新闻播告等。这些都属于推送服务这一大类。网络编辑完全可以浏览比较举一反三，自行选取和组合使用那些适合本机构原则、目标、功能和特色的方式手段。总体而论，国内传统主流或正规网络媒体单位在利用新兴媒体传播手段推送新闻服务方面，所做的努力和实际的操作还比较粗放，至少没有作为重要的方面细心经营。有些机构的此类服务虽有存在和运行，但处理比较一般，缺少活力和用心。这或许又和主流传媒系统及思维受固有传统束缚有关。因为主流传媒很容易自认传播力已经很强大，不屑再做"润物细无声"式的推送改进或精细设计。

在当今移动新闻传播活动中，推送新闻离不开传受关系的锁定。随着 Pad 平台和无线移动终端的普及，传方对终端用户的锁定可以靠硬件终端 ID 联网注册来确证。相对闭锁的 APPLE 系列产品的使用者终端硬件 ID 身份，在初始注册时就被锁定，此后添加的其他软件应用都据此被自动确认和捆绑。开放的安卓系统的终端用户，在安装各种应用软件时，用户需要一一确定是否愿意接收软

件服务提供商附带推送的信息。这类免费服务契约往往迫使用户同意接收推送来的信息并交出机主设备和网上 ID 身份信息，方能安装和使用相应软件。这里，"同意"被软件商锁定，就成为一种用户使用前提和必须。这在目前网上免费软件服务关系中非常普遍。

正规和主流新闻传播机构欲与受众用户建立起推送捆绑关系，在技术上并不特别困难，重点是关系建立之后的稳固程度和吸引黏度如何保持。这里问题的关键是，网络新闻专业传播机构的服务质量、服务态度和服务追求等能够达到什么样的水平。目前国内网络新闻媒体在这些方面往往存在深浅层次不一的多重难题和毛病。推送即服务，服务靠质量。推送新闻，首先要调整和优化自身新闻服务的质量。有良好质量的新闻服务加上适宜的推送操作，一定会受到用户的欢迎和喜爱。

国外新闻传媒机构运用"推特""脸书"等各种活跃的社交媒介平台推送服务，已经成为现今新闻传播的日常基本配置。国内媒体机构使用微博、微信等网络社交工具的情况也大致类似。这说明，推送新闻是大势所趋。

借助社交媒介推送新闻一般有两种类型：一是新闻机构在各大社交媒介平台上建立账户网页，开设各自的官方节点，主动地推送和延伸自己的服务；一是在其各层次各类别新闻服务界面、网页和服务延伸环节，附设常用社交媒介工具接口，方便任何用户随时随手自主地推送转发本新闻传媒机构原发而他（她）又感兴趣的新闻信息。由此可见，网络"推送"新闻，可以"自己推"，也可以由"用户（帮你）推"。这种复合式、多主体、多价值取向的"推送"，与传统大众传播式推送相当不一样。新闻编辑对此需要有更多的编辑处理和安排。

四、聚汇资源

从专业新闻机构的视角来看，聚汇网上新闻资源，需要全新的视野和切入角度。时下人们讨论传统媒介机构进入互联网络领域，开展新媒介传播活动等，往往立足"以我为主"的态度。仿佛一切都只是自我不变的平移过程，一切都能在"占领互联网域高地"的旗帜下顺利解决。这种判断和心态相当片面和偏误。进入一个崭新场域的过程，首先是学习、改造和更新变身的过程。以传播学思维来看待聚汇网络资源，首先应该看到，传统传媒机构是一种封闭运转。它的范围、功能、资源和目标都有清晰的界定，"我"是始终不变的核心出发点。而网络传播是开放离散的，传受方经常换位。它的"我"等于"他"，它的"他"不一定等于"我"。网络新闻编辑眼中新媒体传播的聚汇资源，是将原本我无的，转为我有的，原本不在我本地的，转为我能用的；与我同类者，借用来加强我的能量，与我不同者，可借来平衡并提升我的宽度指数；不为我有、不同我类或不在本地者，我转而推介或为其铺路，方便用户前往，提高服务信度指数。这种上下左右四通八达的传播心胸与服务勾连，正是网络新闻传播节点的价值和功用，它与传统媒体锁死时空、以我为天的运行思维和实践操作有巨大差别。当然，互联网络上各具体新闻节点的特色和功用侧重完全可以多种多样。

简言之，聚汇资源，即指开放式地借助外源外力，来提升自身网络传播节点的信息能量、位置能量、通道能量、吸引能量、搜滤能量和信誉能量等。互联网络是无中心/多中心的信息传连与分享运行。它每个节点都是可有可无的，同时又具有随时变身信息集散中心的潜质。各个节点之间的瞬间能量比较以及无尽无时的竞争，不是比谁能排斥压抑他者，也不看谁能独享垄断特权，而是看在动态运行中谁的互联网络传播质素和风度相对更高一筹。聚汇资源正是体现节点互联网络质素高低的重要方面之一。依照莱文森的归类，聚汇资源大抵覆盖新媒体，并延伸进入新新媒体传播。下面从网络编辑的视角来做若干举例和分析。

(一) 新闻聚合

新闻聚合思维和技术也称 RSS。这是一个缩写的英文术语，有几种不同的解释。例如，RSS 缩写可以是"Rich Site Summary"（丰富站点摘要），或者"RDF Site Summary"（RDF 站点摘要），也可代表"Really Simple Syndication"（真正简易聚合）。[①] RSS 技术出现之初就应用于网络新闻服务方面。简单来说，这种服务搜索网上海量信息，然后向用户提供经分类处理的信息的路径及其摘要，以供用户自行选用。用户可以订制自己所需信息的类项，也有的 RSS 服务直接放置在互联网络上，任由感兴趣者利用。RSS 的实质就是搜索+有序呈现搜索结果。这是网络用户面对网上海量信息，最迫切期盼的中间服务之一。

为我所用，可以通过"为我所有"或"不为我所有"两种方式来实现。国内正规和主流网络新闻媒体机构在这一问题上，长期采纳"为我所有"的思维及操作。现有国内各级新闻媒体网站效仿的是当年商业门户网站模式，追求的是"做大做强"的持续扩张的目标，实现的路径是通过转载转播来同时增加各自站点服务的容量及范围。打开国内新闻网站稍加浏览，就可发现每日新闻供应在信源、内容、标题和文字等许多方面，重复率极高。这种思维和做法是量的膨胀和质的重复，导致国内网上新闻信息大量的拷贝复制，形成一种热闹的贫乏与繁复的单调，是极大的浪费。

---

① http://tech.163.com/special/000915SN/simplerss.html。

新闻聚合选择"只求所用，不为所有"的路径。譬如，"RSS 新闻聚合"的搜索站点有 1154 个，文章总数 26706；读者可以在近 50 个大类项中选看新闻（见栏右图）。

"谷歌新闻"（Google News）的网络呈现体现着 RSS 思维。它并不将别家新闻机构的报道拉到自己的站点上，或贴在自己站点的页面上，而是在界面上分类有序地给出新闻的路径、提要及线索，将新闻用户推介过去。礼貌周到地把顾客送到更好的信息站点，是更高级、更能赢获信任的网络服务之一。"谷歌新闻"体现出的是另一种门户节点理念。

"新闻地图"（Newsmap）2004 年就已经上线，是一个基于"谷歌新闻"而建立的新闻聚合站点。它采用视觉化色块化手法将其新闻来源"谷歌新闻"展示出来。"新闻地图"和"谷歌新闻"互为包装与实体的关系。"新闻地图"创建的目的是想用视觉方式展现出访问数据与新闻呈现

图 8-8　RSS 新闻聚合网页截屏图（2013 年）[1]

之间的掩隐关系[2]。"谷歌新闻"搜索和涉及的新闻媒体的数量是巨大的，这些媒体机构的价值观和运行情况与"谷歌新闻"本身没有直接关系。"谷歌新闻"提供一种 RSS 聚合处理，"新闻地图"则以更简单易解的视觉方式把谷歌的处理和用户的使用等实时变动情况反映出来，色块化地呈现给用户。"新闻地图"的这种视觉化揭示努力，在某种程度上类似排行榜，对用户点看新闻有时也有参考和引领作用。

---

[1] http：//www.rsscn.org/。获取时间：2013 年 3 月 12 日。
[2] http：//marumushi.com/projects/newsmap。检索时间：2013 年 3 月 12 日。

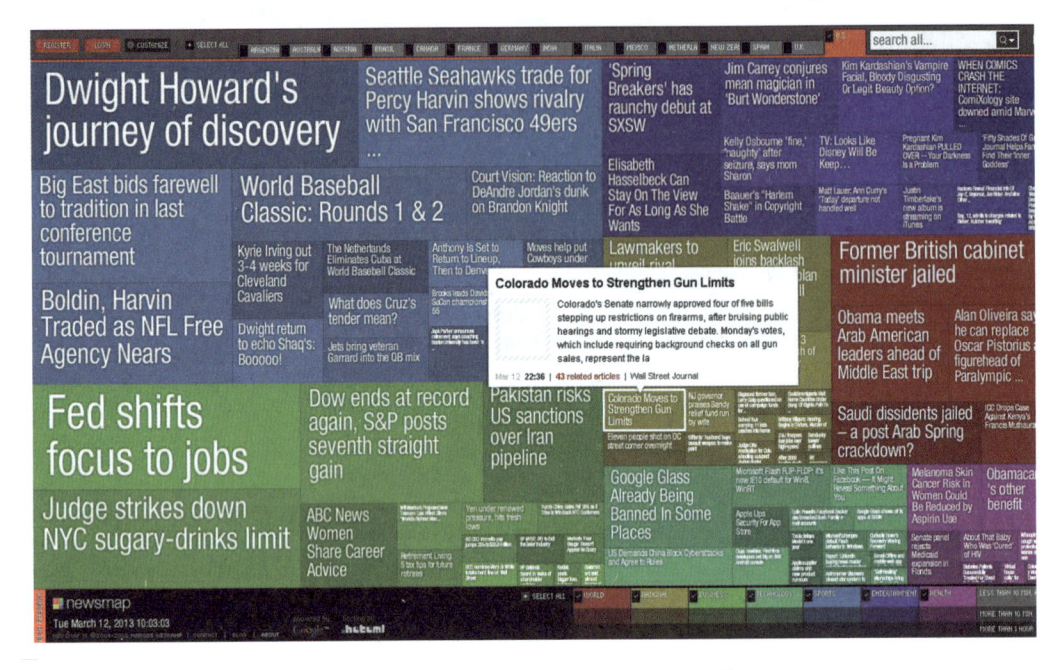

图8-9　Newsmap.jp首页（2013年）[1]

"新闻地图"整个页面采用Flash技术构建，由大大小小的色块构成，每个色块中显示的是新闻标题，鼠标悬停时会出现白底黑字的新闻摘要及相关信息。每个色格的大小以及同色面积的大小不时变换，由用户实时点击数量和新闻权重设置来决定，再经网站后台计算后自动调整。不同的颜色将不同类别的新闻区分开来，如红色代表"World"，黄色代表"National"。用户可以勾选页面右下角的彩色栏标进行筛选，在页面顶部有国家和地区横条栏标供用户选择。更多的个性化设置，就需要用户登录注册后才能使用[2]。

"新闻地图"在RSS新闻表列式堆砌排列模式之外，提供了一条突出新闻使用价值、实时展现新闻被关注程度，以及优化用户视觉体验的新闻聚汇路向。它重视新闻、拥抱开放的互联网络的传播理念，为新闻站点的设计与优化提供了一种借鉴。国内"网易新闻"在2013年推出"聚合阅读"（见下页图示）（http：//news.tag.163.com）尝试，从外形来看，也是聚合新闻传播的思路，它的页面风格和设计安排显然是效仿"新闻地图"的路子[3]。

---

[1] http：//newsmap.jp/。获取时间：2013年3月12日。
[2] http：//www.36kr.com/p/85896.html；http：//zhan.renren.com/tag? value=newsmap。
[3] 此图为2013年3月12日获取。

（二）新闻博客

博客是一种网上传播样式，具体说，它是一种网络日志。博客的英文词是 blog 或 weblog（动词），如欲指施动者则用 blogger（名词）。blog（或 weblog）和 blogger 在翻译成中文时，都变成了一个词"博客"。从文字的角度来说，"博客"作为中文译名相当不错，不过在动词、名词的译名区分方面稍有缺憾。曾设想将动词 blog 翻译为"博克"，把施动者 blogger 翻成"博客"。鉴于"博客"一词在国内已经有了约定俗成的流传，本文中使用它仍然是"一词多义"。提醒读者在判读它的具体含义时，结合上下文略加小心。

"博客"的本指是网络日志，强调对客观过程和进行情况的记录。一些国家在管理水上、空中和陆路交通行驶时，都要求驾驶者随时记录行程日志，以备检查和核对。因此，日志本身具有比较突出的客观记录过程的特征。当被引入网上漫游时，博客（weblog）的一个突出特征是其"客观记录或报告"而非"主观自我倾诉"。这一思维引入网络传播，产生了最初的博客样式。其特点有三：

1. 如航海日志簿

博客成果的呈现样式是一种时常更新、按照倒时序方式排列的网络"帖子"或在线"文本"的网页。也就是说，它的最新更新的内容是按"新在前、旧在后"或者"新在上、旧在下"的规律排列的。博客网页可以独立运行，也可以就是某个网站中的页面。它的内容更新通常较为频繁，但更新的频率或者周期，并没有绝对的规定。

2. 它的内容和形式没有特定限制，但是其主要组织和表达信息的方式是超链接

博客文本的形式无定式，也不排斥主观写作，但其"发言"和"表达"的特色手段是超链接。在国内外的博客网页上，主观式写作的博文数量极大，但是那些少量的提示文字加配丰富链接的文本呈现，方是最典型的博客样态。完全没有链接的主观

表达，无异于个人的独角戏和自我表达，与其他线上线下评论写作没有区别。

3. 博客文本通常需要围绕一个中心或者主题来进行组织、链接和表达，这样的发布才有意义；否则即使链接一堆，旁人也看得莫名其妙

博客把有关某一主题的、经搜索和挑选的网上最新信息线索，扼要整理汇集后放在网上，供有相关爱好和需求的网友共享。这就是博客文本，也是一种网络信息中介服务。

博客是一种通过搜索和阅览后给出的聚汇信息服务。博客文本更像是网罗某一主题最新在线信息的一张网的"纲绳"。纲举目张，众多信息悉数收入。这种利他式服务正是广大网络用户衷心欢迎的。博客的劳动和挑选结果无疑有主观性，但这正体现着博客本人的素质、能力和水平。无数能力不同、立场视角不同的博客们"竞争性"地存在和活动着，他们围绕同一主题或某一领域问题的信息进行各自不同的汇聚，这种众合式成果在比较和竞争中得到平衡和提纯，网络信息的利用效率和利用价值都得到了提高。

新闻博客对信息的选择，与新闻记者对信息的采集有类似的地方。记者不能把所有新近发生的事件都报道出来，他以新闻价值为准绳，只挑选和报道其中最有价值的内容。新闻博客在提示和连缀网上最新新闻信息及出处线索时，同样需要判断力和筛选力。新闻博客对所提供的信息线索的排列和组合，也是一种发言、报道和表达；但是与新闻工作相比，那是间接的、隐含的和素材的。博客不应靠喋喋不休地自说自话来吸引关注。他一般只提供信息线索，并到此为止。新闻记者在了解收集线索后，还要跟踪挖掘，把真确的事实报道出来。

"德拉吉报道"（*Drudge Report*）是互联网络最著名的个人新闻博客网站之一。它当年最先披露了轰动全球的克林顿性丑闻的新闻，在网络新闻传播史上确立了一席之地。事实上，德拉吉当年披露克林顿性丑闻的方式非常传统。他只是在自己的网站上刊登了一条简短的消息，透露了美国《新闻周刊》临时撤换有关稿件的内情，结果引来媒体的穷追不舍和整个事件的大曝光。"德拉吉报道"网站页面风格和版式多年来变化不大，现在看来甚至有些简陋。

"德拉吉报道"的网站首页（www.drudgereport.com）由三大内容部分组成。第一部分是顶端部分，它包括站头、紧贴站头上端的新闻头条、头条左上方的次头条（配

新媒介 VS 旧思维 | 第八章

图）及其他几条重要新闻链接，以及最上端的广告栏。见下面"德拉吉报道"首页首屏截屏图（2004年）。

首页中腰区域是第二部分：当日重要新闻链接提示区。这里的内容标题并没有什么明显的分类或栏目区分，其间穿插的少许邮票图片，就成了重要的提示和内容的推介或区隔。下图是2013年3月16日"德拉吉报道"网站首页重要新闻链接提示区的截屏图。其中的邮票新闻图片涉及的内容分别是（按照先左后右、自上而下的顺序）：国内政治（总统奥巴马）、宗教事务（梵蒂冈新教宗）、国内政治（前总统克林顿）、财经金融（美国股市）、科技发展（眼球如何控制视屏）、国际政治（新教宗与拉美）、国内政治（共和党前总统竞选人罗姆尼）、控枪问题（美国枪支协会）、社会治安（超级英雄业余灭罪）。

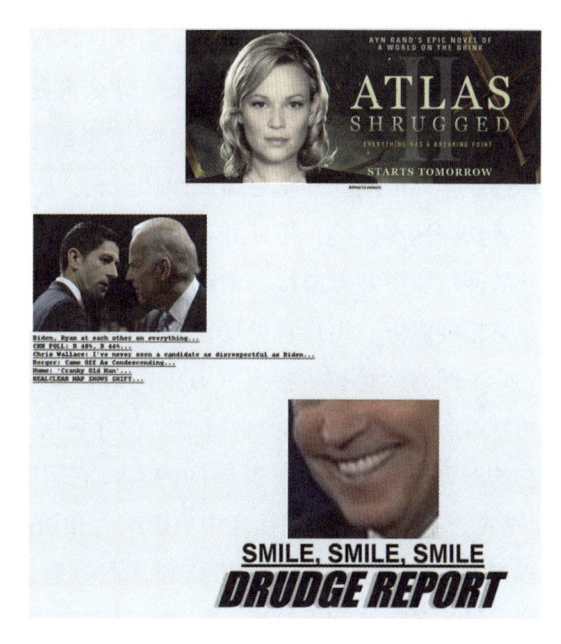

275

首页余下的就是第三部分，为纵三栏布局，内容主要是新闻传媒网络站点及服务的链接导航，在处理和安排上没有什么讲究。网页左侧栏相对最长，最上一个单元全部是美联社网络服务站点链接，接下来依次是全球重要通讯社（包括新华社）、按字母顺序排列的国内外重要新闻媒体机构，中间穿插安放搜索引擎服务。居中栏主要是重要新闻博客链接，排列并不按照字母顺序。右侧栏相对较短，上部是法新社和路透社的网络服务站点链接，中部为广告区和谷歌新闻搜索引擎，下部是"德拉吉报道"业务拓展服务、用户意见反馈区，以及气象雷达地震服务搜索等。

下图为"德拉吉报道"万维网站首页全图（2013年3月16日），读者可了解它的基本版式安排。"德拉吉报道"的几乎所有内容都是链向他人的，除了少量图片外，它的网页上不驻留别家媒体的内容。它只是一个网上新闻信息的提示者和指向者。"德拉吉报道"在美国社会中的影响力和访问率都很高，目前立场偏向共和党。"德拉吉报道"的网络新闻传播思路和"谷歌新闻"比较靠近，与国内网络新闻的传播习惯、做法和风格相去较远。从国内新闻编辑的立场来看，它这种传播功能定位的价值究竟何在呢？

如果说"德拉吉报道"只是在链接聚合新闻，《赫芬顿邮报》（www.huffingtonpost.com）则靠提供原创新闻报道+新闻聚合+博客服务来取胜。该报的 24 小时新闻聚合发布，既包括以超链接的方式来整合编辑其他传媒网站的原创新闻，也包括特约刊登或链接其他博客新闻评论来呈现新闻和解读新闻。正因为在"为我所用"的灰色地带游走，《赫芬顿邮报》经常与其他传媒机构产生版权纠纷。《赫芬顿邮报》现在是美国最具影响力的新闻博客网站，并于 2012 年获颁普利策新闻奖。

该报的成功主要依靠模式创新和方式创新。它的原创新闻部分保持了一定的新闻报道主动性，以及直接采访和设置话题、参与话题的"发言"能力。这一部分不一定规模很大，但需要强而有力、切中关键。它的新闻指向链接使其新闻信息服务具有广泛的覆盖面和及时性。它聘约和链接的新闻评论博客多达数千人，跨越广阔领域和话题，为网站的公共讨论奠定了资讯、理性、深度且具有多元声音的基调。尤其是它对与网民互动和平等参与新闻采集和传播过程的理解和践行，为它赢得不少分数。如与"脸书"合作的"HuffPost Social News"，吸引了广泛的网民参与回应，带来了传/受方共同参与和完成新闻报道和话题讨论的局面。①

《赫芬顿邮报》开展的"Off The Bus"公民新闻项目，在普通民众中招募志愿者参与新闻报道。其基本方式是：网站将采访需要提出的问题、需要采集的信息等要求，制成表格分发给网络志愿者。志愿者完成采访后将填好的表格信息发回网站，经编辑处理编发成新闻消息或存入资料库。这种"分布式"

Former Huffington Post blogger Mayhill Fowler. (Thor Swift for The Washington Post)

或称"网友参与式"新闻报道方式——类似国内新闻界所熟悉的新闻通讯员工作，能以群体力量完成时间、空间跨度较大的事件的信息搜集、采访和报道，同时也唤起普通民众对公共事务的兴趣，对新闻报道的热情，对新闻信息质量的关心，并从这种广泛参与中间发掘和产生出内容鲜活、影响重大的新闻。梅希尔·福勒（Mayhill. Fowler）就是在此项目中涌现出的草根新闻报道的代表②。

《赫芬顿邮报》的 iPad 版比较简约地显示出该报基本功能设置。其 iPad 版缺省首屏由［要闻］（TOP STORIES）、［热门］（POPULAR）、［博客］（BLOGS）、［新闻］

---

① http://it.sohu.com/20090817/n266029128.shtml。获取时间：2013 年 3 月 17 日。
② 林涵：《论博客网站〈赫芬顿邮报〉之特色：聚合社群与推动交流》，《今传媒》，http://www.dzwww.com/rollnews/news/201010/t20101021_6746680.htm。获取时间：2013 年 3 月 17 日。

（NEWS）四大内容板块组成，滑动点击页面最上端横导航条，也可选择其他内容的呈现，包括芝加哥、洛城、纽约等八大城市的地方版。

《赫芬顿邮报》万维网站是一个巨大复杂的结构。下图是其首页实例（2013年3月17日，这里分为三段），总长约23屏，读者可从中看出其大致的样态。

上面三图的左侧栏皆为博客发表，可见博客文本在《赫芬顿邮报》中的地位和影响力。各图中中栏和左栏主要为新闻报道。与"德拉吉报道"不同，《赫芬顿邮报》分别给新闻贴上"政治""世界""商业""体育""绿色""罪案""青少年""同性恋之声"等不同的彩色类别标签，帮助读者区分和判断。各条新闻、博文下面还标出跟评的即时数量，提示此文本被关注和互动的热度。

《赫芬顿邮报》是多媒体样式，它非常重视频繁与社交媒体结合的服务。它的"直播"（HUFFPOST LIVE）是使用社交媒介进行多人同时在线视频聊天的实时论坛节目，体现出创新态度、整合意识和新闻性服务的结合。该视频现场节目可比24小时直播电视，与CNN无大差异。但它比CNN方式更互动，因为可以围绕热门新闻话题，展开实时视频报道和传受互动，直接将来自网络的用户视频和话语即时嵌入"直播"，进行各种方式的表达和播报。各种互动评议和参与方式增加了"直播"节目的灵活性，丰富了传受同步、横向互动，其实时性、直播性、多元性、平等性都超出了CNN直播电视的传统框架，成为目前美国网络视频新闻性传播的前沿方式。网络用户还可以点选回放"直播"过的往期节目。这一点又优于传统电视模式。难怪现在越来越多的美国年轻人遇到突发重要新闻事件，往往要到网上看电视和看这类"直播"类视频报道。下图是《赫芬顿邮报》"直播"界面截屏图（2013年）。

《赫芬顿邮报》的整合聚汇新闻资源，除了上述各个方面，还有多语版、多国版以及国内各地版。这些都针对不同目标受众以及用户点击和使用情况，自动调整和突出不同内容供应。总之，《赫芬顿邮报》面向受众、邀请受众、方便受众，是一个发布新闻和互动新闻的兼顾平台。它目前的政治立场倾向美国民主党。其整体方式、传播思路和定位态度值得国内新闻编辑关注和研究。

《野兽日报》（THE DAILY BEAST）也是美国现在一家较热门的新闻网站。它于2008年10月6日上线，2010年11月12日与著名的《新闻周刊》合并，成立"新闻周刊野兽日报公司"，其整体网上独立访问者每月达到1800万。[①]《野兽日报》的特色内容是它称之为"来自全部之中的必读"——"小抄"（Cheat Sheet）。"小抄"提供选自众多在线新闻媒体上热门报道的摘要提示，以及阅读全文的链接。这又是一例网络搜索+日志式呈现的新闻服务。

《野兽日报》还在扩张，现已推出［视频小抄］、［野兽书籍］、［饥饿野兽］、［性感野兽］（时尚/娱乐）等类别新内容，并经常就时政、社会、体育、文娱等重大事件或活动推出专题。"小抄"现在每天推出实时滚动更新的"十大要闻"（TOP 10 RIGHT NOW）。十条新闻的供应量虽然不大，但却实时考验新闻编辑的挑选剪裁能力，特别是摘要的提炼和撰写。其单条报道大都文图皆备，并配有社交媒体出口，方便用户进行互动和分享。有的报道还嵌入了视频。读者有兴趣可以自己前往调阅体验。下图是截为三段的"小抄"网页（2013年3月17日），全页总长近20屏。

---

① http：//www.thedailybeast.com/company/about-us.html。获取时间：2013年3月17日。

新闻博客原本是一种聚汇整理网上新闻资源的方式。这在上述几家美国新闻博客网站的观览过程中看得很清楚。中国国内新闻博客的一般运行情况，这里不必赘言交代，读者随便浏览几家代表性网站就可获得基本印象。在国内主流网络新闻传播站点上，新闻博客文章主要来自本机构新闻记者编辑，或经过挑选和邀约的外来人士。这些新闻博文通常不包括新闻报道。在获得新闻传布资质的商业门户网站中，新闻博客（文）具有一定的开放性，但是它们一般与新闻报道的关系也比较疏离。这种现象一定程度了反映了博客站点或频道主持编辑的判断和倾向。综合以上所说，中美两国在博客传播中呈现出的特点和差异，有下列几点：

第一，两国网络新闻传播机构从大的方向来说，都对整合新闻汇聚资源给予重视。美国倾向把博客方式作为一种搜索+日志式的新闻信息聚合工具。中国则不这样理解和使用。中国鼓励主流新闻网站走门户式的运行模式，博客（文）在其中只是来论评评论内容的一种丰富和补充。

第二，美国因有成规的版权管理传统，新闻机构彼此直接转载新闻或评论不受鼓励。中国网络新闻平台之间大规模地彼此转载相互粘贴（以各种付费或无偿方式）新闻报道和评论，造成各站点内容重复，版权归属含混，独建品牌艰难。不过，这也方便用户一般地获取新闻服务和内容。这种"拿到本地来"的做法省去了用户的搜索成本，但忽视和抑制了版权意识和新闻原采冲动，常常造成新闻供应的单一化和僵硬化，也可能会造成用户新闻视野的固定和窄化。

第三，美国因为传播法规和传播环境等原因，日志式新闻博客站点，在传统专业媒体机构之外应运而生，并发展成为一种新的新闻传播模式和样态。这种新闻博客站点服务方式的好处是，在聚合新闻资源的同时，仍保留和容许社会原有的新闻采集和原创的多元供应的生长。这与美国社会的整体架构和新闻体制相适应。"德拉吉报道"和《赫芬顿邮报》网站在它们首页底端，都列出他们推荐的国内外重要新闻机构网站。这种推荐其他新闻媒体机构的做法，在一般美国新闻机构网站中并不多见，但在中国大陆新闻网站上却非常普遍。

第四，日志式博客方式在中国从未成过气候。门户网站新闻传播和博客评论运行，更多体现着传统的大众传播管理思维及行业特征。社会在整体新闻事实采集和挖掘等供应方面，存在着严重的不足与偏缺，并且越来越表现出与网络横向互动方式——如社交媒体方式等的不兼容和相离散。在这种背景下，中国的新闻博客在新闻

事实提供方面没有发挥明显的矫正和改善作用，反而退为一种单媒体议论手段，其整体活力和影响正愈加萎缩。

第五，聚合资源整合新闻的传播理念与业务实操，体现在网络新闻编辑工作的各个层面。如一条新闻的文图搭配，某一报道的多媒体方式呈现，单个主题的多元传播元素的调动，在线调查与反馈跟帖的推动，以及借助社交媒体分享新闻和互动交流的安排等，都属于编辑整合新闻的范畴和内容。新闻博客的使用也包含融合传播的元素和可能。前述几家美国新闻博客机构的经验启发是：一、解悟所处社会的特定新闻制度及现实体制格局；二、面向网络用户对丰富的新闻事实报道及睿智多元的分析讨论的现实需求；三、将对互联网络特性的理解，与上述制度及需求的元素调和融合起来，铸就聚合新闻服务的独特方式。对此，国内网络编辑需要慢慢细品。

五、横向分享

推送服务、聚汇传播中都包含横向分享的元素和思维，只是前两者从各自不同的角度观照传播，切入侧重点各有不同。互联网络的多中心无中心特性，突出了传播中的横向关系。横向通道打开，意味着与过往的上下传播为主时的传播权力关系的洗牌。横向传播也意味着在生产与使用者的主体身份上的同一、平等和转换。一言以蔽之，互联网络传播，在一定程度上，可以用横向传播来定义和认识。

莱文森在其《新新媒介》一书中列出了新新媒介名称以及它们各自的创建诞生时间：博客（Blog, 1999）、维基网（Wikipedia, 2001）、第二人生（Second Life, 2003）、聚友网（MySpace, 2003）、播客（Podcast, 2004）、脸书（Facebook, 2004）、掘客网（Dig, 2004）、优视网（YouTube, 2005）、推特（Twitter, 2006）。回看中国，博客和微博（推特的中国变身）作为新兴媒介成员的声名最大，使用最普遍。前者经历了自2002年的标志性出现，到2005年勃兴的三年孵育期[1]。后者最早的国内效仿者是2007年出现的"饭否网"，后来居上的"新浪微博"2009年崛起，中国微博元年是2010年。对比国外情况，新的网络媒介应用方式进入中国大陆地区有一定的滞后期，显示出中国市场的跟从性。但它们进入后的普及和扩散，如火如荼、势不可挡，又令全世界瞩目。现在中国微博的使用者数量，已经稳居世界前列。

---

[1] 闵大洪认为2002年是中国的"博客元年"，2005年是中国的博客勃兴之年。

莱文森列出的新新媒介虽然样式和特点各异，但都有一个共同点，即都给予通常位处被动接收端的用户更多的传播掌控主导权。这种主动权对于过往占据绝对至高地位的传统大众新闻传媒机构，意味着并列（横向）关系主体的出现。这种横向关系现象在最初不是数量和能级上的威力，而是性质和身份上的平等引出的挑战。莱文森指出，新新媒介需要有一个消费者和生产者都不能控制的底层运行平台。各种新的网络媒介运行都需要"平台"支撑，这是网络服务的消费者或生产者都不能简单左右的"中性"底层服务。同样，原来享有极大传播权力的传统大众传媒，也不可以干预基于数字和网络技术的"平台"的运行和其中性身份，进而阻止新的网络传播活动发起的挑战。虽然从技术性角度来说，这种干预并非绝对不可能，但成本和代价之大，往往令人望而却步。因此，现有主流或传统新闻传媒机构就有一个如何进入新网络传媒运行维度的问题，而这个问题的核心就是如何看待传播权力版图被改变的现实，以及传统传播思维定势如何应对和适应这种严峻挑战。

上述众多新的网络媒介运行所具有的优势之一，就是信息主动发布权的多元扩散。例如，博客和微博的个体发布传播，维基百科的众人参与写作，播客和优视网的多元音视频资源供应等，都打破了传统大众传播的一对多的"唯一"（单一），形成了众对众的分享。新网络媒介传播并不是直接挑战集中垄断的传播权力，也不以向传播权力主体申告为基本诉求，而是走面向横向分权和平等传播。这是新的网络传媒方式与传统传媒模式之间最大的运行指向的不同。换言之，新的网络媒介传播可以生存和活跃在传统传播权力场域之外或者其缝隙空白之间。正因为如此，业界学界才有国内现在存在多个相对分离的传播场域的说法。

从专业网络新闻机构编辑人士的工作立场出发，如何调整自己的态度与做法呢？

首先，专业新闻机构自有其专业服务的社会功能和作用，专业新闻机构的长处在于专业化机构化地采集、验核与提供新闻事实方面。它在在场、传播、扩散等方面的单项能力有时（只是有时）也许不如某些新兴的网络媒介工具迅速生动，但这并不妨碍它扬长补短并持之以恒地坚持和努力，因为它有机构、行业、专业和集体力量上的累积和持续努力的坚韧，有挖掘和呈供新闻事实的不懈精神与理想追求。它应该在忠实己任的前提下，尽量向新的网络传媒运行的优点长处学习与靠近。

专业新闻机构需要摆正自己的位置，即它是社会多元传播中的一类角色，甚或是极重要的力量之一，但不可自认唯一的主宰老大。因为网络时代的传播影响力不靠固

定的地位或标签，而靠网络节点对流动中信息的瞬间赋值与激活能力。专业新闻机构应该时刻关注其他传播主体（包括个体网民）正在传播什么或分享什么，并放下传统指导（指令）式传播的身架和态度，学会与非自己所能命令控制的其他传播主体及运行互补相处，共同服务社会。就此而言，占领互联网络传播高地的思维不合网络传播特性和规律，因为网上没有固定不变的高地节点。

其次，专业网络新闻编辑在面对和使用新的网络媒介工具时，必须理解这些新传播所带来的关系改变。在传统新闻编辑部看来，新闻报道采用"维基百科"方式，或者让媒介之外的众人加入采写新闻，绝对荒诞无比。然而在现实中，这种开放式"新闻写作报道"在网域空间正真实地进行着。不可否认，近年国内许多重要或突发新闻事件的传播在社会中的扩散过程，其实早已跳出了传统新闻生产成规，跳出了新闻编辑部的一手掌控。网民正以各种方式不同程度地"掺和"进来。一个新闻事件及报道从发生、发展到消退的过程，有时按照如下流程演进运行：

初期　网上爆料、当事人回应、媒体快速跟进、网友快速评论；
中期　媒体深入挖掘、媒体/网友跟进评论和供料、当事各方发言表达推动或影响事态及相关报道的进展；
尾声　媒体解读与反思、媒体/网友评论事件和报道全过程等，整个话题渐渐被淡忘。

上面的流程概述非常潦草和粗线条，实际情形往往复杂多变几起几伏。不过，近年国内新闻传播有一个日益明显的特征：网上和网下专业新闻机构并不能绝对掌控和左右某一新闻事件报道的所有环节和方面。它们在网络上经常只作为相关新闻报道和评论的主体力量之一参与其间。对此，近年有不少研究和观察在汇集、分析或解释这些变化。[1] 身处此种变动境地，专业传媒机构应考虑寻找自身价值的位置，如何为新闻报道和传播过程不断挖掘、传布或增添新的真实可靠的事实供应，以此作为其特有的贡献，伴随和推动相应新闻报道过程的前行；而不应该抱着旧模式不放，排斥和压抑"非主流"信源参与传播的种种努力。近年来，网上爆料与传媒跟进的叠加，以及引发的社会集体力量的动员，曾导致法律的修改、腐败官员的落马、社会集症问题的纾解等正面效应。这中间都有专业新闻机构的传播之力，但又非它一己之力所能全部包办的。

面对网络新闻"大写作"，专业新闻编辑要力争第一时间获取网上网下的新闻线

---

[1] 邱林川、陈韬文编：《新媒体事件研究》，中国人民大学出版社，2011年版；人民网《网络舆情》杂志；佟力强主编（2012）：《2011网络舆情及突发公共事件危机管理经典案例》（未公开出版）。

索，及时报道或跟进，要尽可能提供详尽的一手采访及关键事实的挖掘与核证，这是个体公民和分散网友难以持续做到的。在整个报道过程中，要提供公允、客观、理性和平衡的报道，不单有当事方的评论，还要尽量包含各方立场和观点意见，本质上是对公平和全面的报道的追求。在有关事件缘由及社会多方关系的事实发掘和疑惑澄清方面，新闻机构理应是提供此类专业产品与供应的最主要来源。所有这些都是专业新闻机构在有多方多元主体参与和推动的网络新闻大报道大传播活动中，应该具有的表现与应该给出的贡献。它对各种新的网络传播运行样态和手段的使用，都应为了实现这一基本的新闻传播专业功能。在网络传播时代，专业新闻传媒机构的思维和态度必须与时共进及时升级，但它的专业精神不应受到任何削弱。

图 8-10　国外社交媒介版图（2008 年）[1]

上面对当下网上/网下新闻事件报道进程的归纳，只是最简单最笼统的描述和议论，实际的传播情形非常复杂吊诡。新闻报道进程的各阶段有的时断又续或者往返僵持；有的报道过程或线索会突然断线戛然而止，网上/网下媒体集体无语再无一词；更多的则在最初爆料之后，新闻媒体机构不热心跟进，网络推动也未掀起波澜，于是不了了之。这些过程和现象背后的原因多种多样，这里暂不探究。就新闻传媒机构而言，它们的作用和力量有时的确很强大也很关键。据美国皮尤研究中心（PEW）2013 年 3 月发表的有关美国新闻业界状况的年度报告，美国国内传统媒体编辑部普遍因预算紧缩，不得不解雇记者，削减报道，致使越来越多的观众和读者依靠网络来获取每天的信息。近

---

[1] http：//www.fredcavazza.net/2008/06/09/social-media-landscape/。获取时间：2013 年 3 月 25 日。

三分之一的受访者表示，他们不再依靠传统媒体信息来源①。这究竟是好事还是坏事呢？《纽约时报》记者 David Carr 曾表示，拿掉了专业新闻媒体的实地采访报道内容，网络媒体的新闻报道将只剩下几乎全部"开天窗"的版面框子。②

再次，放手让网络"自由"生产新闻报道，也经常引发担心，特别是出于对新闻信息的真实性质量的顾虑。莱文森指出，新新媒介应用会引出阴暗现象③。他认为，互联网络信息传播中的误用和滥用始终存在，如网络欺凌、攻击、煽动、造谣、垃圾甚至犯罪和恐怖主义等，很难根治绝杀。他相信，任何技术被用于好的还是坏的目的，决定的因素不是技术，而是使用技术的人或群体。这种观点与美国枪支协会（NRA）"枪不杀人，是人杀人"（Guns don't kill people, people kill people）的逻辑非常相似。莱文森认为，管控与不管控，是两难选择。如果真要有效地根绝负面因素，对新新媒介运行就必须严防死守地监控，如果控制到了那一步，新新媒体也就不复存在了。美国第二任总统约翰·亚当斯（John Adams）1815 年时也说过："如果人类状况会有什么改善的话，那么哲学家、神学家、立法者、政治家和伦理学家将发现，在他们不得不解决的最困难、最危险和最重要的问题中，对新闻界的管制居于首位。如果没有这种管制，治理人类就无从实现；如今尽管有了它，治理人类也无从实现。"④

事实上，对（网络）新闻传播运行秩序的规制，在世界各国一直客观存在。问题的重点是，规制方式、规制范围、执行主体和最终目的是什么，以及管控和规制是否旨在促使新闻业更健康、更积极、更具建设性、更少依附性和扭曲，以便实现良性的社会和专业功能。新闻传播实体自然是相关规管的重要关联方，它们既需要管理约束，也程度不同地实施行业自律。在前网络时代或者新兴媒介方式出现之前，国内传统大众传媒机构的运行，代表和把控了全部新闻传播的质量和表现。当种种网络传播新工具出现之后，越来越多的个体公民可以方便自主地发布信息，此时国内新闻运行规管在不知不觉之间，由单一行业管

---

① 《报告：传统媒体削减开支致美国人更多上网获信息》，http://news.xinhuanet.com/world/2013-03/18/c_115069989.htm. 检索时间：2013 年 3 月 23 日。
② 纪录片《头版：纽约时报的一年》（*Page One: A Year Inside the New York Times*）。
③ 莱文森著，何道宽译：《信息革命的自然历史与未来》，复旦大学出版社，2011 年版，第 169~180 页。
④ ［美］新闻自由委员会著，展江等译：《一个自由而负责的新闻界》，中国人民大学出版社，2004 年版。

理，变为对全体社会以及几乎全部社会成员的某种管控。自此，新闻传播活动溢出了可以具体划定的行业的边界，延伸、膨胀、弥散和渗透进入社会各色人群和各个角落，直线推高了新闻意识形态管理部门的运行成本和可操作性难度。

在横向分享传播工具中，掘客方式颇有特色。"掘客网"（digg）① 的思路与一般新闻网站不同，在 digg 中用户可以提交新闻并订阅新闻。当订阅数达到一定数量后，digg 算法自动把最受关注和欢迎的新闻"顶"上首页。digg 文章分为三种（首页发布的文章、列队等待投票文章和全部文章），分别保存在不同的类项中，供读者浏览。当一篇文章得到足够多的票数后，它就会显示到首页。若文章没有得到足够的票数，或者有一定数量的读者报告这个提交有问题，它就会留在"全部文章"里，并在到达设定的时限时被系统删除。② 掘客方式的要点是将决定新闻重要性的排位权大部分地交到用户手中，而不由传统的传播者独断。

作为社交新闻方式之一的"掘客"，2004 年年底诞生在美国，国内在 2008 年前后引进。这种方式在新闻网络站点上运行，有些许"维基"色彩，也有游戏因素。"人民网"2008 年"两会"报道中首次使用"掘客"方式处理新闻，被用户"顶"出的帖数有 155 个，规模和影响并不太大③。"人民网"在"两会"报道也只使用了这一次，以后没再用过。对此如何看待呢？新闻媒体机构应否对自己的新闻发布实施"掘客"式处理？选项之一是：适量地并列使用不但可以，并且应当鼓励。因为对新闻机构服务的具体评价始终客观和实际地在社会和网络上存在着。目前，不附属于新闻传媒机构的中文掘客网站也有一定数量和规模④，一般而言国内掘客方式与新闻服务的捆绑关系并不直接也不紧密。

专业新闻或传媒实体机构面对广义用户传播权力的变化，显然应当适时、适当地开

---

① http://www.digg.com。

② http://zh.wikipedia.org/wiki/Digg。获取时间：2013 年 3 月 24 日。参阅莱文森（2011，pp100−110）。

③ http://news.xinhuanet.com/misc/2008-03/04/content_7711682.htm。

④ 中文掘客网站完全列表（www.chinapromoter.cn/cat-2/chnese-digg-sites-list.html）。它们有：掘客网（www.cndig.com）、一起掘客（www.17dig.com）、奇客发现（www.diglog.com）、板儿砖（www.banerzhuan.com）、新聚网（www.tagriver.com）、顶啊网（www.dingr.com）、至酷掘客（dig.gku.cn）、窝窝网（www.mywowo.com）、掘客中国（www.diggcn.net）、中国掘客网（www.digg.cn）等。检核时间：2013 年 3 月 24 日。

287

放自有园地和共融空间，让其专业新闻服务与那些"自发"和"随机"的新闻性信息传播和参与，在一定程度和维度上并立与交融，让专业新闻服务始终与开放的网络信息保持尽可能多的接触、对照、互补和竞争。互联网络的应用发展史显示，各种新的网络媒介应用样态大都由独立的研发者或服务商发掘创建。这些应用最终都成为某种中性的平台工具，为包括新闻媒介机构在内的社会各类用户所利用。国内新闻媒体机构自然也没有可能将这类平台完全纳入自己的掌控之中，而只是使用而已。它们采取推送或聚合等方式，将网络互动平台信息和专业新闻信息融合起来，将封闭的编辑部运行变成开放的内外贯通。横向分享方式迫使传统正规新闻机构更加包容和更清醒。

新闻机构内外信息汇聚融合传播的思路，在新闻史上也有先例。20世纪六七十年代，"社论版对页"在西方报业中渐渐普及。"社论版对页"（op-ed）即"社论对页版面"（opposite the editorial page）。该版页主要刊登不同于本报社论立场及视角的评论文章、外稿来论、读者来信等。从内容来源看，它强调开放、平衡和包容，以容纳更多样更广泛更均衡的看法和反应。这种报纸编辑变化自然有当时报业竞争、广播电视行业发展的背景因素推动，也反映出新闻界面对外来挑战的开放、调整与坦然。

"社论版对页"内容的选取和进入仍受新闻编辑的掌控，而今天网络多向传播的普遍和压力，要求新闻传媒机构平台在开放性和去监控性方面更为包容和均衡。这也是一种整合传播，即将与自己不同的重要信息也纳入自有平台的服务供应中。国内网络新闻传播机构应当看到，其"社论版对页"——如果可存在的话——的开放度和宽容度，在运用各种网络技术手段的帮助下，应该（也可以）比过去走得更远。这种"开放"在今天或许不仅限于"言论"信息的多元供应，在相当程度上，也必须包括新闻报道方面。这就是所谓"公民记者"协同参与新闻社会供应的意义。"公民记者"不是取代专业新闻机构的位置和功能，而是网络时代的新闻服务需要专业新闻记者和"公民记者"共同完成和丰富。国内主流和专业新闻媒体网站不需要（也不可能）代替社会网络传播平台，但它开设新媒体服务方式，应以促进更多公民共同参与新闻活动为目的。传媒机构将成为众多新闻供应者中一个重要的专业性和机构性成员，也是整个社会新闻信息供应质量的重要保障。

又次，传统媒介的新闻报道有其固有的、内在的叙事格式、模板及标准篇幅。现在，由于网络传播的接收者使用者的多样性，网络传播对传统新闻媒介机构发布的信息文本经常进行多次和多种二级剪裁或碎片化处理。一则30分钟的《新闻联播》标

准版本在网上流传和收看最多的部分，也许只是其中被剪出的一段20秒的片断。"优视网"（YouTube）上许多用户上传的视频片段①，就是自行编剪再经传统媒体报道后形成的作品。此时，用户成了正规传媒机构作品的"编辑"。这些经过再处理的新闻信息，经常蕴含了新的重点、组合、视角、喻义或指向。这种自发编辑和传播的对象不是作为该作品原创者的传媒机构，而是和改编发传者类似"同好"群体。所以，这也是横向分享传播之一。

　　这种碎片化再处理现象源于正规新闻传播机构的叙事模板和各类传播接收者的兴趣范围之间存在着永恒错位和凑巧交集的对立统一关系。经常，传受双方的兴趣重叠只局限在几十秒钟时长的内容中，而各种兴趣重叠又有各种组合结果。出现这种矛盾和不协调并不是因为哪方有过错，而是源于传者和受者在供需之间存在着永恒的不匹配不和谐。随着用户坚持追求他们自主选择的能力，并凭借网络方式的帮助而得到兑现和加强，这种不匹配不协和在现今更显突出、尖锐和多样化。这正是网络传播发展和进步的必然结果。"优视网"现已与iPad、iPhone和安卓移动终端全部打通。下图是YouTube万维网站（www.youtube.com）新闻频道截屏图（2013年）。

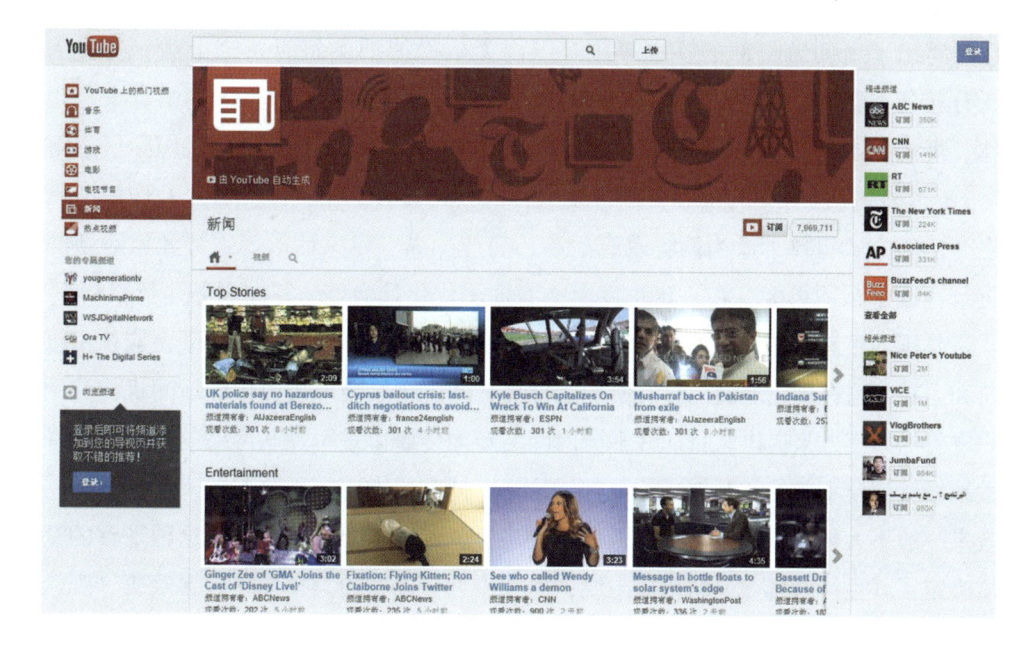

---

①　YouTube是设立在美国的一个视频分享网站，由用户上载、观看及分享各类视频内容。YouTube于2005年创立，网站口号为"Broadcast Yourself"（广播你自己），目前已成为同类型网站的翘楚。大部分YouTube的上传内容仅是个人自行上传，但也有一些媒体公司如哥伦比亚广播公司、英国广播公司、VEVO以及其他团体与YouTube有合作伙伴计划，上传各自公司录制的视频影片。该网站的未注册用户可以观看视频，注册用户则可以无限量上传视频。资料来源：http://zh.wikipedia.org/wiki/YouTube。

除了"优视网",国内用户上传视频网站也有一些很好的服务运行[1]。UGC(User Generated Content)多种内容、编排的上传和分享,是网络传播的客观需要,对此专业新闻传媒机构不可能实现"众口皆调";而不明大势固守己域,就会坐困愁城终被抛弃。明了于此,专业新闻传媒机构需要做三方面的提升:

一是其内容、叙事、模板、篇幅及呈现方式需要尽量多元化,在网络空间和新媒介技术支持下尽心细化其服务。国外大传媒公司现在很注意将其传统新闻节目进行重新剪裁和碎化处理后,再推上万维网站、移动智能终端、社交媒介等不同的网络渠道及客户端,以适应各类受众群体、各种使用环境以及各种使用心态等。一些国外著名视频网络节点上的新闻初始呈现,普遍为短小简约等样式。相比之下,中国网络电视台(tv.cntv.cn)至今依然是传统电视传播版本的原样位移上网,其频道、栏目、模板、节目等"原汁原味",完全是披着网络外衣的电视机。

二是做好基础新闻事实的可信供应与核实服务,让新的网络媒介方式,包括社交媒体等工具平台,担当更为多元化多样化的内容提供,以及对内容的再编辑再处理再传播的功能。这也是一种横向传播和横向协调的整合服务过程。这种整合新闻服务显然已经跨出了新闻编辑部的物理界限。国内无数微博博主每时每刻上载、剪裁、编辑、分转各类新闻性信息,进行着维基百科式的集体再加工处理,不论信息来自正规媒体、现场目击还是网上流言。莱文森理想化地称赞"优视网"堪比"国际信息解放者"。不过,"优视网"的确和美国传统大传媒公司并存共生,发挥着互补作用。网络新媒介运行方式提供了适当调解政府干涉、商业操纵、专家话语等强势元素对新闻传播进行生硬干预的可能,在一定程度上,有助于优化社会整体新闻服务运行格局。

三是国内主流新闻传媒机构应该考虑"放手"的分寸。新媒体传播平台应该由谁来主持和运转?这在理论层面已经有明确的推导,即这个平台应当由传统新闻机构和网络用户之外的第三方来提供。目前许多国内网络新闻传媒以进军互联网络的精神,仍在扩张性地做着规模不等的和开放式的电邮、论坛、博客、微博等平台服务。这些运作的实际效果一般不大理想,其背后的原因也多种多样。其中主要的一点是,这种平台的基本性质决定了其主持者必须退居传播二线,严守中性立场身份。正像在包含戏班、观众和戏院三方的戏剧活动中,平台主持者只应做戏院,而不应兼职另外的两种角色。回看全球互联网络上各种运行实例,很容易发现这一要点。UGC是网络传播的特色和魅力之一。这种特色和魅力的发挥也意味着传统传播权力格局的被打破。UGC以增量变革的方式逐渐生长出新的关系分配。那种不同于传统传播模式类型的、新的传播关系格局,正是互联网络传播最具颠覆性,同时也最具建设性活力的运行产物。

---

[1] 参见"中国都有哪些视频网站",http://zhidao.baidu.com/question/381801083.html。

最后，新的网络媒介手段大大增强了普通用户发布信息的自主性能力，新闻媒体机构自然也多了新的发布手段。不过重点是，新闻传媒机构原本就拥有发布信息的强大权力，新媒体发布手段对它们来说只是锦上添花，而不是从无到有。新闻媒体机构编辑手握新的网络媒介工具将如何作为呢？第一，编辑可以充分利用它们所带来的新的"广播"或"推送"等功能，各种传媒机构官方微博、微信的普遍应用就是一例。第二，编辑可以借用各种新媒介手段，特别是社交媒介，广泛地订制、获取、吸纳、监测各种信息流传分布动态，确保在第一时间获得新闻线索。第三，编辑可以通过新媒介方式和社会各界以及各方联系人保持实时联络和沟通，获取讯息，交换和讨论各种文本文件，发布编采指令，完成各种新闻的采集和编辑工作。第四，利用诸如微博、脸书、聚友网等新媒介所具有的发问功能，向网上求助、征集未知答案或缺失的事实片断。基于交友关系基础的社交媒介，尤其有助于解答和获解疑惑问题，并借此加强与各类群组受众沟通的关系纽带。第五，社交媒介可以帮助恢复朋友联系，也可以帮助寻找和联系到原本并不相识但又具有特定新闻价值的人士。编辑还可实行远程采访或新闻连线等操作。第六，社交媒介等新媒介方式具有聚合人气和社会动员的组织能力，这也是新闻编辑非常需要和可以酌情利用的手段。第七，社交媒体可以帮助新闻传媒机构更多地了解自己用户的动态信息，以便更好、更有针对性地改善服务，提高效益。

总之，新媒介时代是所有人参与生产和使用新闻信息的时代。新媒介运行方式的广泛使用集合了社会的传播智慧与能量。所有人加起来肯定会比少数人更加聪明。专业新闻机构编辑应当从这一思维视角出发，来看待新媒介传播现实的变迁，尽力拥抱和使用所有可用的新媒介形态工具，做好新闻信息服务，力争在众多的参与者中，成为更加卓越、专心、智慧，更有专业操守的一个个体或机构。

六、小结

莱文森说，给无拘无束的个人表达最佳机会的新新媒介是推特[①]。在中国，"推

[①] 莱文森著，何道宽译：《信息革命的自然历史与未来》，复旦大学出版社，2011年版，第132页。

特"的替代物是"微博"。据中国权威机构统计，2013年年初国内微博用户已达3.09亿，超过半数的内地网民使用微博。① 如果我们不把社交媒体（Social Media）和社会化网络（Social Network）绝对对立为互不相干的"媒介"和"交网"，那么现在的中国人借助社交媒介，开展广泛的网状社会关系沟通，是不争的现实。这其间，信息的多向多类多层流动、交换、分享、传布时时发挥着极为关键的建构和解构作用。面对这一切，昔日话语强大无比的新闻界应当看到自身的局限与偏斜，并起而应对网络时代所提出的自强挑战。

莱文森的看法是对的：无论我们怎样强烈地感觉到新新媒介赋予我们生产和自我投射的非凡能力，从而觉得它们是我们的延伸，其实它们都不完全是我们的延伸；它们既是我们的延伸，又属于它们自己②。网络传播和新新媒介方式，包括未来它们的"超级版""仿生版"等一经诞生，就将脱离我们的主观掌控成为自在物。它们无疑将延伸我们，同时也将不可逆地重塑我们。

目前网上运行和普及的社会化媒介技术有很多种或新或旧的样态类项，包括杂志（magazines）、网络论坛（Internet forums）、网络博客（weblogs）、社交博客（social blogs）、微博客（microblogging）、维基类（wikis）、社交网络（social networks）、播客（podcasts）、摄影或图片（photographs or pictures）、视频（video）、排行与社会化书签（rating and social bookmarking）等。2010年，国外研究者根据媒介研究和社交过程方面的研究成果，拟定出一套分类标准，爬梳整理出六大社交媒介群组。它们分别是：集体项类（如Wikipedia）、博客微博客类（如Twitter）、内容社区类（如YouTube）、社交网络类（如Facebook）、虚拟游戏世界类（如World of Warcraft）、虚拟社交世界类（如Second Life）。

上述每一群组中还有许多国内网友并不熟悉的具体品牌及应用，新闻界对它们的功能、特点以及应用潜力的了解和尝试就更为有限。比如，2002年创建的"邻客音"（LinlkedIn）到2012年在全球已有超过1.5亿注册用户③。总部在巴黎的全球第二大

---

① CNNIC：《第31次中国互联网络发展状况统计报告》。http://finance.chinanews.com/it/2013/01-15/4489536.shtml。

② 莱文森著，何道宽译：《信息革命的自然历史与未来》，复旦大学出版社，2011年版，第132页。

③ http://www.linkedin.com。

视频分享网站 DailyMotion，以其高清晰画质视频短片闻名。2010 年 10 月，该网站每月访问者超过 9300 万[①]。美国人最喜欢也最常用的分类信息网站 Cragslist，同样是一个社交媒介网站。它是一个免费自由平台，所有信息的发布都是自由和免费的，对于恶意上传虚假信息的监控主要倚赖广大客户的信任、反馈和爱护的力量[②]。全球最大的社交音乐平台 Last.fm，自称代表"社交音乐革命"。网友在这里可以按自己的方式寻找、收听、谈论所喜欢的音乐。Last.fm 通过客户端了解每个用户的音乐收听情况，并提供个性化推荐，关联趣味相近的用户，提供定制的电台广播，以及其他更多服务。

社会化媒介或社交媒介搭上无线移动的快车，又产生出新的变动和特性，出现移动社交媒介或移动社交网络的问题。无线移动电脑终端使得 UGC 内容供应更为普遍，用户的网络参与更加便捷。与非移动方式社会化媒介传播不同，无线移动终端加入社交（横向）传播过程中，令整个传播互动过程中新增了移动用户实时位置的确定与显示报告，用户发传/接收信息之间的时间差等新元素的考量和利用问题。有研究者指出，由此产生移动社交媒介传播中的新模式新应用。例如，信息的互动传播，可与参加方所处的特定地点和特定时间锁定，或者只锁定特定地点；或者为了抢时间，及时地将非移动社交媒介信息传输到移动社交媒介终端，或者不须匆忙，只要将非移动社交媒介信息传到移动社会媒介上即可[③]。对于网络新闻编辑来说，这些网络媒介应用都可以帮助他们更快更全更准地获取相关新闻信息和发传新闻信息。例如，移动智能终端的地点定位和时间定位功能，可以追踪出新闻事件的目击者或者事发后迅速抵达现场的人士。通过移动终端，人们还可以实时了解其他多个相关场的运行进展，等

---

① 维基百科、百度百科的相关词条。2013 年 3 月 26 日检核，其中文网站点访问通畅（www.dailymotion.com/cn）。

② www.craigslist.org。Craigslist 上没有任何形式的收费信息，网站所有收入来自旧金山、纽约和洛杉矶三个城市的招聘信息。Craigslist 依靠客户反馈来抵制虚假信息；网站的反馈越及时，人们就越信任网站，也就有更多的人自愿主动报告他们发现的虚假信息。这种办网方式也是开放式的，包括网站主持者和广大网民。

③ http://en.wikipedia.org/wiki/Social_media。

等。BBC新闻学院的马修·埃尔特林根姆（Matthew Eltringham）认为，这些网络通讯和技术手段为新闻报道提供了新的帮助，但是灵活巧妙地运用它们，并不是"科学"而是"艺术"，要靠新闻工作者的综合能力、职业经验和专业责任心来点化纯熟[①]。

　　总之，值得关注和了解的新的网络媒介运行样式还有很多，网络新闻编辑可以自行检索自己琢磨，相信它们都可以不同程度地对新闻报道传播有所启示和推动。最后强调一点，所有这些学习都缘于一个基本目的，即为了做好专业新闻服务，要让所有工具、技术和手段都仆从于这一不懈的无止境的追求。这就是专业精神、专业执着和专业服务。当今的网络新闻编辑不但要更新升级网络传播思维方式，积极拥抱新媒介运行样态，更需要不时自问：每日每刻经手的新闻专业服务究竟带给了社会和受众什么，是告知、教化、诚信、劝服、戏耍、指导、推诿、智慧、理性、强制、公平、管控、淡漠、客观、迟钝、偏袒、爱心，还是其他别的什么？

---

① 2013年在中国传媒大学的报告。

第九章 网络新闻传播管理

网络新闻传播必定在一定的法律、规定和管理的环境下进行。观察特定的、历史的法律规制及其所构成的运行空间和环境框架，是网络新闻编辑深入认识和妥善把握日常专业业务运行的必要功课。本章从宏观、行业、编辑部以及新兴媒体应用等方面依次展开论述。

一、宏观管理

中国对互联网络采取了接受和欢迎而非拒之门外的基本态度。中国在网络传播自由问题上，与美国等国所持的信息流通自由论不同；中国始终持信息流通主权论立场，即认为互联网自由不是绝对的，一个主权国家应该负起责任对互联网进行管理，使互联网得到健康有序的发展[①]。中国政府对互联网络带来的冲击和挑战，应采取加强管理和不断调整策略的方法来应对和控制，以避免对现行社会运转造成过大过快的震动和冲击。

国内有关互联网传播管理的主体是各级政府，所采取的是行政管控主导的方针和方式。一般而言，中央政府有关部门发挥总领作用，协调各级地方政府和相关主管机构实施跨部门布置。各主管部门和机构各有分工和侧重。例如，电信主管部门负责网络技术方面的准入、标准和管理等问题；新闻、出版、教育、卫生等部门分别对应相应内容的网络传播的许可、批准和监管；工商、公安等部门负责互联网企业登记、安全监管、打击网络违法犯罪活动等。在此相对平行分工的基础上，各部门机关协调和联合行动，经常联署发布法规，携手开展阶段性网络管理整治的集中行动等。事实上，这是一种项目化的跨部门联手理政机制。

在不同时期和情况下，发挥主导管理作用的政府部门也有变换。十余年前，当互联网在中国初兴之时，电子、工商、电信、公安等部门曾发挥过重要的主导监管作

[①] 闵大洪：《2013 年的中国网络媒体与网络传播》，http://www.baom.org.cn/luntan/2014-01/01/content_11145.htm。检索时间：2014 年 2 月 23 日。

用，而近年对网络内容传播的监管愈加重视。2011年5月4日，国家互联网信息办公室正式宣布设立，由国务院新闻办公室主任兼任该信息办公室主任，信息产业部和公安部各有一位副部长担任副主任[1]。2013年，国家互联网信息办公室的独立地位得到提升，标志着前述政府内跨部门协同管理机制，正逐渐向由意识形态管理机关牵头主理的管理模式倾斜。上述调整变化表明，国内新闻类网络信息传播管理的重点愈加侧重信息内容，即力图将网上传播和多向弥散的各种信息流动纳入有效管理。

图9-1 国务院新闻办公室/国家互联网信息办公室

中国互联网管理的目标和方针在过去十余年间也有发展和调整。根据国务院新闻办公室发布的《中国互联网状况》白皮书[2]，中国管理互联网的基本目标是：促进互联网的普遍、无障碍接入和持续健康发展，依法保障公民网上言论自由，规范互联网信息传播秩序，推动互联网积极有效应用，创造有利于公平竞争的市场环境，保障宪法和法律赋予的公民权益，保障网络信息安全和国家安全。中国目前互联网宏观管理方针是："积极利用、科学发展、依法管理、确保安全"。在过往十余年内曾经使用过的类似总括性表述还有："积极管理、促进发展、宏观指导、归口管理"（1997）；"积极发展、加强管理、趋利避害、为我所用"（2001）；"法律规范、行政监管、行业自律、技术保障"（2004）；"依法管理、行业自律、社会监督、规范有序"（2007）；"积极利

---

[1] http：//news.xinhuanet.com/politics/2011-05/04/c_121375516.htm。
[2] 中华人民共和国国务院新闻办公室：《中国互联网状况》，人民出版社，2010年6月版。http：//news.xinhuanet.com/politics/2010-06/08/c_12195221.htm。

用、科学发展、依法管理、确保安全"（2010）①。这些管理方针的侧重和角度略有不同，有些注重行业总体发展方略，有些侧重管理和监督体系构建，有些强调管控体系的分层和分责等。总括而言，上述方针共性重点大体包括：强调积极面对，提升党和政府相应的管控能力，突出依法依规和行政管理方式为主。

中国互联网新闻传播管理规制的法规文本集合，仍处在不断扩张、增添、修改和调整中，总体数量和覆盖在持续增长，一些旧文本或经升级成为新文本，或因被另外的新文本替代而遭废止。网络新闻编辑可以通过网上检索和浏览这些文本，了解其基本概貌和重点规定。迄今为止的网络传播规制重点，主要集中在两个方面：一是谨慎控制入行门槛；一是尽量控制内容"纯净"。依常识来看，前者比较容易做到，后者的工作量则非常大，标准也难把握。控制入行主要依靠近十年间逐步建立起来的备案、审批和许可制度，其涉及的对象及范围也随互联网络服务的扩大而调整扩展。有关入行所需的备案审核批准程序，已有比较严格和明确的具体规定，虽然仍存灰色地带。目前，网络新闻性传播入行管理的主责机关是国务院新闻办公室和国家互联网信息办公室以及各省分支机构。

图9-2 《中国互联网状况（白皮书）》

2000年9月，《互联网信息服务管理办法》发布②，以国务院行政法规的形式，对国内网络传播活动做出比较具体的规制。2005年9月，国务院新闻办公室、信息产业部联合发布的《互联网新闻信息服务管理规定》（下文简称《规定》）③，以政府部门规章形式直接规范互联网新闻性信息传播，它是网络新闻编辑了解自身日常工作环境的重要文本依据。《规定》将入行审批范围划定为："在中华人民共和国境内从事登载新闻业务的互联网站"；将"登载新闻"定义为"登载时政类新闻信息，包括有关政治、经济、军事、外交等社会公共事务的报道、评论，以及有关社会突发事件的报道、评论"；将"互联网新闻业务服务"，确定为"通过互联网登载新闻信息、提供

---

① 陈华：《互联网站从事登载新闻业务的十年历程回顾与信息服务法治管理路径》，《北京社会科学》，2011年第2期，第79~84页。
② 《互联网信息服务管理办法》2000年9月20日经国务院第31次常务会议通过公布施行，http：//www.gov.cn/zwgk/2005-06/06/content_ 4424.htm。获取时间2012年6月8日。
③ 中国政府网，http：//www.gov.cn/flfg/2005-09/29/content_ 73270.htm。

时政类电子公告服务和向公众发送时政类通讯信息"。《规定》还将从事互联网新闻信息服务主体区分为三类,分别是"新闻单位设立的登载超出本单位已刊登播发的新闻信息、提供时政类电子公告服务、向公众发送时政类通讯信息的互联网新闻信息服务单位";"非新闻单位设立的转载新闻信息、提供时政类电子公告服务、向公众发送时政类通讯信息的互联网新闻信息服务单位";"新闻单位设立的登载本单位已刊登播发的新闻信息的互联网新闻信息服务单位"。[①] 2012 年 6 月 7 日,国家互联网信息办公室、工业和信息化部等有关部门对 2000 年颁布的《互联网信息服务管理办法》进行了修订,推出了《互联网信息服务管理办法(修订草案征求意见稿)》(以下简称《修订草案》)[②]。

对于网络新闻传播内容(尤指时政类新闻信息)的管理,《规定》列举了十一大项不允许刊传的内容:

(一)违反宪法确定的基本原则的;
(二)危害国家安全,泄露国家秘密,颠覆国家政权,破坏国家统一的;
(三)损害国家荣誉和利益的;
(四)煽动民族仇恨、民族歧视,破坏民族团结的;
(五)破坏国家宗教政策,宣扬邪教和封建迷信的;
(六)散布谣言,扰乱社会秩序,破坏社会稳定的;
(七)散布淫秽、色情、赌博、暴力、恐怖或者教唆犯罪的;
(八)侮辱或者诽谤他人,侵害他人合法权益的;
(九)煽动非法集会、结社、游行、示威、聚众扰乱社会秩序的;
(十)以非法民间组织名义活动的;
(十一)含有法律、行政法规禁止的其他内容的。

2012 年 6 月《修订草案》中的相关部分保留了上述十一条的基本文字和内容,但压缩为九条;将《规定》中第九条内容压缩为"煽动非法聚集",插入到第六条中。在第七、八条中分别添增了"或者交易、制造违禁品、管制物品的","或者仿冒、假借国家机构、社会团体或其他法人名义的"的内容。

除此以外,《规定》和《修订草案》中都包含了禁止传播"含有法律、行政法规禁止的其他内容的"条款,以及"不得转载来源不合法的新闻信息、登载自行采编的新闻信息或者歪曲原新闻信息内容的"规定。这些都属于开放式或兜底式条款。因

---

① 此前规定分为两类:新闻网站和综合性非新闻网站。前者指中央新闻单位、中央国家机关各部门新闻单位以及省、自治区、直辖市和省、自治区、直辖市人民政府所在地的市直属新闻单位依法建立的互联网站;后者指由非新闻单位依法建立的综合性互联网站。

② http://politics.people.com.cn/GB/18104168.html。

为，用固定的文字条款管住变动纷繁的网络传播内容是大难题。若想缩小两者之间的缺口差距，条款规定的框定就只能尽量地具有原则性和概括性。这种开放式处理显示出为难与抉择：当框定难度较大时，最终选择指定"不允许什么"的解释权归谁。明文规定不允许什么时，规则约束涉事双方，双方的地位是平等的。如果解释权固定地属于某一方，此方就可在未来争议中始终具有"裁决定义权"。

图 9-3　国务院新闻办公室万维网站截屏图（2014 年）

根据有关规定，中国互联网新闻信息服务单位，要服从登记所在地的行政主管机构的管理和监督。这种属地归口管辖原则，导致一些聚集了大型互联网传播实体机构的城市，如北京、广州、上海等，实际上成为具有全国意义上的属地管理节点。这些城市的互联网行业主管机构的管理覆盖，可能实际覆盖了本行业中大部分重要主体。于是，这种地方的有关法规的出台，往往成为行业性规制的体现。这种管理做法可以提高效率，也可以作为规制措施的实验场。2011 年 12 月 16 日，北京市率先出台的《北京市微博客发展管理若干规定》[2] 就具有上述价值。该规定对在北京市行政区域内开展微博客服务、微博客用户活动的互联网服务公司和网站进行规范管理；要求开展微博客业务的公司和站点补交申请和通过审核，对所办平台上的微博客用户进行实

---

[1]　http://www.scio.gov.cn/。检索时间：2014 年 2 月 23 日。
[2]　北京市人民政府新闻办公室、北京市公安局、北京市通信管理局、北京市互联网信息办公室（2011）：《北京市微博客发展管理若干规定》，http://www.people.com.cn/h/2011/1216/c25408-1-1030733095.html。

名登记等，并要求在此规定公布后三个月内，落实到位。

十多年来，有关互联网新闻信息服务的有关法规体系和规定细节一直处在变化调整的过程中，至今尚未停止和完结。因此它作为一个体系仍在发展和演变之中，还需继续仔细和冷静地观察。

就整体情况而言，有关法律法规的主体文件的法律层级目前偏低，大量体现为条例、规定等样态，一定程度上显示出管理机关的摸索和尝试的心态。修订的重点是：1. 明确论坛、微博客等服务的许可审批；2. 完善开办网站准入条件；3. 强化服务提供者的责任；4. 强调服务记录留存义务；5. 论坛、博客、微博客用户须用真实身份信息注册；6. 加强个人信息保护；7. 规范政府部门监督检查行为等。①

图9-4　2011年12月北京市发布微博管理新规定

从2000年《互联网信息服务管理办法》到2005年《互联网新闻信息服务管理规定》再到2012年《互联网信息服务管理办法（修订草案征求意见稿）》（以下称征求意见稿），可以看出围绕互联网新闻传播的管理规制视野，有一个由大到小、再由小到大的调整过程。其原因之一是网络新闻信息传播活动的扩大和延伸，由此导致有关规制覆盖相应变化。诚然，入行和内容在管理和规制中，始终是重点的考虑。但是除此之外，更复杂和更深层的空白仍有待关注和解决。比如，要求网民真实身份信息注册，可是提供相应网络服务者只是普通商家而已，它怎么可能辨别注册者是否使用了真实而非虚假的个人信息呢？除非其服务器能与政府和国家的顶级数据库联网，并获得进行相关信息比对的国家授权。这种授权关系在修改草案文本中并未明文规定，政府在此注册环节中需要承担的相应责任也没有提及。从个体用户角度来说，依照上述法规注册使用论坛、博客或微博客的经历，是以个人真实信息与网络服务商换取免费服务的交易过程。在这个交易关系中，如何保管私人真实信息的安全和防止泄露等问题，远比虚名发帖发文引出的问题更复杂更严重千百倍。这正是在现代社会中，人们只能有保留地把公权力委托给人民政府，而不能是任何商业机构的基本原因！

在互联网新闻内容传播管理中，将基本政治要求写入有关法规，也是中国特色，亦是网络新闻编辑人员需要特别注意的。《规定》明确要求，互联网新闻信息服务单

---

① http://www.ce.cn/xwzx/gnsz/gdxw/201206/07/t20120607_23389328.shtml。

位从事互联网新闻信息服务,应当遵守宪法、法律和法规,坚持为人民服务、为社会主义服务的方向,坚持正确的舆论导向,维护国家利益和公共利益。在法律法规条文之外,中国网络新闻传播也同国内传统媒介管理一样,存在着主管宣传和行政部门日常性、不定期都发布各种报道方针、重点、指令、提示及禁限的情况。这种超越传媒机构自身、纵贯行业的内部管控指挥机制,是非公开的,但却极为直接和有效,实际上控制着主流媒体机构、主流网络媒体和主要综合性商业网站的几乎所有网络新闻传播活动和内容。这一指导来源和力量,对网络新闻编辑的日常工作产生相当大的影响和约束。不过,在互联网络传播日益开放的情势下,控制了主流和正规传播渠道以及传播文本,并不等于完全和稳定地掌控了网上的所有传播行为和内容。这是当下中国网络信息管理的困惑和难点。

中国互联网活动规模之大,网民数量之多,移动智能用户增长之快,妥善良性管理的实施之难,都是不争的事实。处在社会改革转轨转型之际,中国不但要解决历史遗留问题,还要应对和消化各种外来的,包括互联网络的新挑战。问题和麻烦可能因发展和开放而生,也可能是历史固有毛病的延续,它们都需要关注、讨论和解决。2010年《中国互联网状况》白皮书介绍,中国境内的网站约80%提供电子公告服务,有上百万个论坛,有2.2亿个博客用户在运行。网民每天通过论坛、新闻评论、博客等渠道发表的言论达300多万条,超过66%的网民经常在网上发表言论,就各种话题进行讨论,表达思想观点和利益诉求。国内博客、微博客、微信、视频分享、社交网站等新兴网络服务在中国迅速发展,网民踊跃加入、参与网上内容制造和分享,极大地增加了网上信息总容量。面对这样的图景,网络新闻编辑不难想到,互联网上新闻性传播和信息服务和供应主体,正在急速扩散,而信息供应主体身份的固定也具有极大的不确定性。

二、专业道德规范

新闻专业道德不算行政管理范畴,而是同仁共识与同业约束。一位美国学者说:在新闻领域内,专业道德问题比业内其他问题更重要,更难捉摸,渗透进入各个层面和角落,更带普遍性;新闻工作一旦丧失道德价值,即刻变成一种对社会无用的东西,失去任何存在的理由。[②] 这话说得很重,犹如警钟在耳畔敲响,现实意义始终未减。

[①] http://www.chinaz.com/news/2012/0316/240303.shtml。
[②] [美] 约翰·赫尔顿著,刘有源译:《美国新闻道德问题种种》,中国新闻出版社,1987年版,第252页。

国内外专论传媒与信息伦理问题的讨论和界定说法各异。有的将信息传播与言论自由，媒介机构所有权的影响，广告、娱乐、暴力、保密、知识产权、信息安全等都纳入传播伦理讨论关注的范围[2]。中国新闻界重视专业道德的涵育与提升，在这方面有一些成文规范，如中华全国新闻工作者协会2009年重新修订公布的《中国新闻工作者职业道德准则》等[3]。

图9-5 默多克因窃听案"断腕求生"（2011年）[1]

国内新闻工作职业道德系统包含比较多的政治正确的内容，许多条文也偏向政治性约束。这部分内容不可谓不重要，但前面章节已有论叙，此处不重复。本节只提示新闻记者编辑在实际报道中涉及的、比较具体和实操的若干关注点[4]。

首先，对新闻信源质量的判断由新闻工作者的专业道德约束控制。由于新闻工作时间性强，新闻工作者需要迅速地、几乎不假思索地做出决定，而在做决定时，常常是单独一个人，所依据的只是他们本人的良心和职业的责任心，以及对本行业道德规范的体识[5]。普通受众深度依赖新闻工作者替他们发掘、筛选、核实新闻信息，保障新闻信息的真实性质量，这种信托是"凭良心"的或"君子式"的，要靠新闻工作者的专业道德水准来回报与支撑。网络新闻编辑在由客观事实到新闻产品的转换过程中间，时刻面对着横亘在事实、报道者、报道牵涉方之间的各种真假、交错、模糊、矛盾等复杂关系，如何处理这些问题绝对会影响新闻报道质量，也会见出编辑专业道德的不同成色。

其次，新闻传播如何保持中立、客观和平衡，"不夸大不缩小不歪曲事实，不摆布采访报道对象"，不虚构制造新闻等，也经常是一个专业道德问题[6]。时下，经常见

---

[1] http://www.qiucinews.com/xinwen/content/2011-07/15/content_146454.htm。获取时间：2013年5月8日。

[2] ［美］乔尔·鲁蒂诺等著，霍政欣等译：《媒体与信息伦理学》，北京大学出版社，2009年版；［英］马修·基兰编，张培伦等译：《媒体伦理》，南京大学出版社，2009年版。

[3] http://www.china.com.cn/news/txt/2009-11/27/content_18968088.htm。获取时间：2013年5月1日。

[4] Bruce M. Swain: *Reporter's Ethics*. Ames, The Iowa State University Press, 1978.

[5] ［美］约翰·赫尔顿著，刘有源译：《美国新闻道德问题种种》，中国新闻出版社，1987年版，第66页。

[6] 《中国新闻工作者职业道德准则》（2009年11月9日修订），http://www.jizhe.cc/news_view_105072.html。获取时间：2013年5月8日。

到国内权威网络媒体在报道新闻时，仅以"据网传"为根据进行报道，不加任何核实和追踪调查。这种做法令公众和网民厌烦，也蚕食媒体机构的信度存量。网络新闻工作者在本质上不是所报道信息的直接终端使用者，即他们并不能利用所报道的信息直接为自己谋获私利（违法收受贿赂及售卖除外），但如何凭借"专业良心"，公正、全面、客观、准确地提供新闻服务呢？这最后一道内心防线，在记者编辑们的自我掂量和掌握之

图 9-6 中国记协公布《职业道德准则》（修订版）

中。所谓"法律管行为的结果，道德管行为的动机"，就是这个意思。

再次，如何处理可以公开的或不可公开的信源，明确说明或有意隐去以保护特定信息披露者，在很多情况下也是专业道德决策问题。"要通过合法途径和方式获取新闻素材"，但其他途径获取信息，有可能有更正义的理由支撑。对此需靠专业道德来取舍平衡。有观点认为，真实的信息在很多情况下可以从其他合法公开渠道方面获得再证实，而保护新闻源可以在服务公共利益的同时，避免让提供关键信息的有关人士受到伤害。这些都是实操经验与道德问题。

又次，如何看待和处理个人隐私问题。是基于社会整体利益予以公开，还是出于对个人隐私的尊重和保护，不披露若干内容呢？这些都涉及保护公民私有权利及信息，与服务社会公共利益之间的权衡问题。这种矛盾冲突经常发生在法律明文规定之外的灰色地带，专业道德有时可提供导引，令新闻服务既彰显公正力量，又展示道义神采。当然前提条件是新闻机构和新闻工作者具有独立自决的人格尊严。

最后，新闻工作者因掌握一定的话语传播权力，常会遇到获赠礼品、免费招待以及各种优惠等商业利益的诱惑，对此专业道德自觉是抵御侵蚀的重要力量之一。在当今中国，这方面的问题还分个人层面与机构层面的不同性质的矛盾挑战。前面所说的只解决对个体人员的专业操守约束，而现实中的利益诱惑有时是"轰炸"机构甚至整个行业的。《中国新闻工作者职业道德准则》（修订版）中特别规定，"严格执行新闻报道与经营活动分开的规定，不以新闻报道形式做任何广告性质的宣传，编辑记者不得从事创收等经营性活动。"① 假如此准则所禁止的事情发生在机构领导认可和妥协的

---

① 《中国新闻工作者职业道德准则》（2009 年 11 月 9 日修订）。

情况下,基层新闻工作者将如何处置呢?如果商业利益诱惑针对整个机构,所属员工无奈地被锁困在高层交易的罗网中,有违职业道德和服从上级指令成为现实捆绑时,专业道德底线可以下坠到哪里呢?这类问题至今大都还未有满意的解决,或者说在实践中常有各种各样的"恶解",尚无获得普遍共识的"善解"。

国外新闻机构的专业道德规范,与国内侧重政治标准的倾向不同,比较多地偏向专业价值观自律。例如,BBC 的编辑价值准则(editorial values)在很大程度上是其新闻专业主义理想追求的体现。BBC 的价值准则包括:信任(trust)、真实和准确(truth andaccuracy)、不党(impartiality)、编辑正直与独立(editorial integrity and independence)、公允(fairness)、透明(transparency)、负责任(accountability)等。[①]BBC 编辑指南中有很多内容和提示,从专业道德操守的角度,指导员工如何看待和处理新闻报道和社会服务之间的关系。网络新闻编辑可以结合自己工作实际参阅借鉴这些同行的做法。

三、编辑部管理

网络编辑在专业新闻机构中的工作主要在编辑部进行。新闻机构和编辑部对他们的管理,表面上是内部事务工作,实际所涉及的事情或问题往往超出本机构范围。

(一)架构和流程

国内网络新闻编辑部的规模有大有小。它们或者独立运转,如商业网络机构的新闻编辑部;或者附属于传统媒体机构,如主流网络媒体机构。后者虽为独立机构,但实质上仍与传统媒体单位母体或有关主管部门有深刻的关联。例如,"人民网"2012年4月在国内上市,成为国内剥离出原传媒实体机构而独立上市的第一家网络媒体,也是到 2013 年 4 月为止国内唯一上市的新闻性网媒。尽管如此,"人民网"与人民日报社的关系依然非常紧密,国内其他形式独立的网络媒体单位也和所在地传统媒体机构的关系千缠万绕难以割断。

网络新闻编辑部,或称网络新闻中心,通常由总编辑(或主任)主管。编辑部的主要任务是通过多种原创和整合手段自创、编辑、组织、加工新闻信息资源,然后把这种成品发布呈现到网络上供网民使用。编辑部内一般设若干部(组),有的按照内容类别划分,有的按照频道来设立。譬如,要闻资讯部、财经金融部、政法军事部、教科文体部、社区评论部、动漫图片部、网络电视部、地方协作部、手机无线部、新媒体部、外文新闻部和总编室等。有新闻采访权的网络媒体机构也有设立记者部。这些部门内部又因工作侧重不同而再有细分。例如,新闻部又可以分为国内、国际、军事、经

---

① http://www.bbc.co.uk/editorialguidelines/guidelines。获取时间:2013 年 5 月 2 日。

济、科技、社会、文娱、传媒等小组，有时新闻专题组和焦点报道组也归属新闻部领导和协调，有的网站还专设首页编辑室。社区评论部可以细分为评论、博客、访谈、论坛、社区等小组或业务划分。社会资讯部可以按具体情况分为若干重点方向，如汽车、房地产等；或生活、服务信息组。教科文体部和娱乐生活部有比较明显的定位指向，其内部再细分出若干编辑小组。

图 9-7　纽约曼哈顿《纽约时报》大楼（2013 年）

各部门中的编辑小组是新闻编辑部内最基层的管理单元，所有的管理执行最终都落实到这一层面。可大可小的编辑小组是编辑部内部工作任务分解和细化的最终机构性结果，目的是保证日常编辑运转正常有序，有利于编辑任务的布置和人员责任的考核。编辑组的工作有时完整地对应一个频道，有时只负责一个频道的部分内容供应。在网络站点的内容呈现中，频道始终是最核心和最重要的传播对接界面。频道的叠摞可以搭成一个网站，而频道的分解则产生各种栏目及更基本的播报单元。在万维网站中，频道是网站中最具品牌潜力的中观标识单元。但在手机或平板电脑版中，单立的具体报道才是基准单元。在新闻编辑部内，各内容频道负责人和各编辑小组责任编辑所处的岗位最为关键也最为重要。因为最大量的日常稿件及报道的策划、编选、修改、发布及监审等工作，每分每秒经由这两个环节流转进出。

图 9-8　《光明日报》夜班编辑部内景（历史照片）[①]

编辑部内部的内容生产流程一般包含几个子系统：一是编辑部例会机制；一是日常生产流程；一是内容审发程序。和传统新闻编辑部非常相似的是，网络新闻编辑部需要通过定期例会机制，来讨论、协调和落实相关报道计划、报道内容、商议重大报

[①]　http：//gmw.cn/content/2007-12/24/content_ 715053.htm。此照片上传时间为 2007 年 12 月 24 日，从照片内容来看，大抵为 80 年代前后的情景。

道活动、重大选题以及其他编辑报道问题。这种编辑例会有不同层次，例如由总编辑主持的，或者各部门主管主持的；还有不同周期，如每周一次，或者每天一次。其中，值班主编每天召开的编辑会，是编辑部内最基本的汇合碰头机制。

以日为单位的编辑会适合以一天 24 小时为一个运转周期的传统新闻媒体，对于早中夜三班不分昼夜连续运行的网络传媒运行情况，似乎有些削足适履。不过，虽然网络新闻编辑部可以连轴转，所服务的目标受众主体依然有以日为单位的基本作息规律。所以，以日为单元的编辑碰头和内部协调机制依然有一定的意义，只是这种机制需要有更多即时的编务沟通和独立的应变操作来辅助和配合。

图 9-9 意大利《共和报》编前会通过网络和电视向社会公开（2010 年）[①]

各栏目编辑负责日常栏目或稿件的收集、挑选、编辑、上传和发布工作；责任主编、部门主管负责审读和批准内容。由于网络新闻发稿量很大，大部分常规性内容一般经栏目编辑或责任编辑确认就可上传发布。栏目责任编辑通常负责提出本栏目内容结构或有关专题报道的设计或改动方案，并将内容策划方案报上级主管审核，在获得批准后执行。在执行中需要横向部门配合以及技术部门、设计部门支持的，将在编辑部例会或专门协调会议上解决。

编辑工作一般在编辑部内即可完成，当出现需要外出采访或约邀外稿的情况时，例如召开座谈会、采访、约稿等，需要上报编辑主管并获得同意。有关稿件或内容如在网上正式发表，需经过正规的审稿程序，获得相应的批准。这类自采内容的处理与传统新闻媒体编辑部内的审核流程一样。日常的新闻图片或音视频内容，由栏目编辑进行编选和处理，重要的或者特殊的内容需要上级审核。

网络新闻编辑部所有人员不但是内容的生产者，也是传播质量的监管者。他们随时随刻担负着审读本网站发布内容的责任。一旦发现有错误和不妥之处，需要及时报告，尽快改正。一些网络编辑部也聘请部外专责人员进行监看，以减少各种差错。

[①] http：//archive. wenming. cn/sjwm/2010-12/06/content_ 21564866_ 6. htm。获取时间：2013 年 5 月 8 日。

图 9-10 美剧《新闻编辑部》剧照（2013 年）

网络新闻编辑部内部的内容审签机制是一个金字塔形的层级负责架构。不过，日常运转中相当部分的工作是交由具体编辑根据规定程序来自主操作的。网络新闻传媒的稿件日处理量非常大，过分集中的审稿制度，会造成稿件和信息的处理速度和能力的下降；过于分散的签发制度，又可能造成质量把关不严，造成误发或错发。一线编辑人员要清醒地把握权限界线，切忌自以为是，率性处理。

网络新闻媒体机构的内容发布的审签制度的核心是：1. 授权有限。每级人员向上请示时，应预先细心核实事实和相关内容，并附上自己的分析判断意见和处理建议。编辑人员不应该将未经确证的疑问事实简单上呈。2. 各司其职。最重要和最日常的内容筛选把关其实在基层工作层面，没有基层新闻编辑人员的勤奋、敬业和专业能力的日常支撑，只靠高层命令和严管，无法使新闻传播质量稳步提升。

新闻编辑部内部交流和运转的方式，随着新兴媒体手段的使用，也在发生各种各样的变化和改进，正过渡为实时流动延续方式，表现出越来越大的时空灵活。不过，只要新闻发布、更新、筛选、编排等处理依然具有周期性，新闻服务的质量依然重要，新闻编辑部内部的沟通、决策、协调和指挥运作就必然带有层级管控的特性。

（二）内容发布把关

任何新闻编辑部都有自己的编辑方针和原则，依此建立起各自的品牌风格或立场标识。新闻编辑方针来自具体的价值观原则。在现行国情条件下，中国网络新闻媒体机构及其编辑部运行，需要遵守国家现行法律法规，尊重国家新闻传播管理机关的行政管束及方针指导。

图 9-11 新闻编辑部内景

网络新闻传播机构每日每时选稿和编稿的压力很大，编辑人手紧，流动性又比较高，新闻编辑部特别需要一套成文的业务操作准则，供员工在工作中比照执行。这里综合一些网络媒体机构的有关规定，列出若干要点，以供参考。

首先，网站编辑要遵守国家有关法律法规，不得制作、复制、发布、传播含有下列内容的信息，或者故意为制作、复制、发布、传播含有下列内容的信息提供服务[①]：

(1) 反对宪法所确定的基本原则的；

(2) 危害国家安全，泄露国家秘密，颠覆国家政权，破坏国家统一的；

(3) 损害国家荣誉和利益的；

(4) 煽动民族仇恨、民族歧视，破坏民族团结的；

(5) 破坏国家宗教政策，宣扬邪教和封建迷信的；

(6) 散布谣言，煽动非法聚集，扰乱社会秩序，破坏社会稳定的；

(7) 散布淫秽、色情、赌博、暴力、凶杀、恐怖或者教唆犯罪，或者交易、制造违禁品、管制物品的；

(8) 侮辱或者诽谤他人，侵害他人合法权益的，或者仿冒、假借国家机构、社会团体或其他法人名义的；

(9) 含有法律、行政法规禁止的其他内容的。

为了方便操作，网络新闻机构往往采取圈定新闻稿件来源的办法。如只用中央、

---

① 《互联网信息服务管理办法（修订草案征求意见稿）》已公开征求意见，但截至 2013 年 4 月仍未正式通过。此处所引规定为修订草案中的内容，http://net.chinabyte.com/30/12353030.shtml。获取时间：2013 年 4 月 6 日。

国务院和省级党委和政府部门主办的通讯社、报纸、刊物及它们的新闻网站所发布的新闻信息，特别是时政新闻。新华社原总编辑南振中说，中央政府明确规定，有十类重大新闻统一由国家通讯社新华社向海内外发布①。换言之，在一定情境下，国内新闻机构只转发新华社的稿件，报道统一于新华社确定的口径。不过，单靠认定新闻来源发稿，并不能保证新闻真实无误无疑。2013年4月19日，新华社对此前香港《大公报》首发、新华社和北京市交通委证实，国内媒体正在热转热评的一则消息，正式声明辟谣，指该原发消息为假新闻②。此例说明事实和新闻之间牵涉着复杂的社会关系。

还有网络新闻编辑部拟定了具体内容发布管理细则。如不发布中央有关部门以及本编辑部明令禁止的内容；不登不是《人民日报》或新华社发布的中央政府领导人活动或讲话、国内党政人事变动、国家方针政策方面的报道；不登港澳台和海外媒体网站和商业网站刊登的、未经内地权威机关核准的内容，特别是有关内地的重要内容；不登甲地地方媒体上刊登的有关乙地的新闻信息，特别是事关政府或批评性的报道；不登过时新闻信息或其他媒体二次转载的稿件；不登其他媒体注明不允许转载的信息；不登信息来源不明又无法核证的消息报道，等等。

图 9-12　新闻记者证③（新版）

有些媒体网站规定，编辑人员必须对所发布的新闻和信息的真实性、准确性、正确性、合法性、公正性承担责任；在选编和发布下列新闻内容时，应当履行相应的审报程序，不能擅自做主：

（1）领导人活动：涉及国务委员或相当职级以上级别负责人的活动、言论、

---

① 南振中著：《记者的战略眼光》，新华出版社，2000年版，第49页。这十大类重大新闻包括：（一）党和国家重大庆典活动的报道；（二）党中央、国务院重要会议和其他重要活动的报道；（三）党和国家领导人的重要活动和重要讲话的报道；（四）党中央、国务院、全国人大的重要通知、公告和重要法令、条例、规定的发布；（五）中央各部委重大措施和重要政策的报道；（六）各省、自治区、直辖市重大措施和宏观措施的报道；（七）重大突发性事件的报道；（八）全国各行各业综合情况的报道；（九）在深入调研的基础上对全国各种重大问题作的深层次的分析性报道；（十）需要全国各种新闻媒体普遍刊播的重大典型的报道等。

② 《习近平在北京街头打的》，光明网，http：//guancha.gmw.cn/2013 - 04/20/content_7378723.htm。核证时间：2013年5月1日。

③ 国家新闻出版总署2009年起在全国换发新版记者证。此图为最新版记者证。

视察、题词、冠名等；

（2）人事变动：涉及中央、地方以及部队副军、副省部级以上官员的任免、生死、升降、奖惩等；

（3）外交事务：涉及重大双边关系，如建交、断交、抗议、派遣或招回使节，外国领导人访华、中国领导人出访、签署政府间协定等；涉及中美、中欧、中国与亚洲邻邦之间重大政治、经济等关系问题；

（4）突发事件：发布地震等重大自然灾害信息，报道有关大规模游行抗议活动、群体事件，人为原因造成重大伤亡事故等；

（5）重大政策：涉及中央政府的重大政治、经济、文化、社会方面政策等，如建立特区或直辖市、减免债务、开征新税、下放或回收审批权、重大调价政策等；

（6）港澳台侨报道：港澳台侨方面重要政经文化新闻，尤其是海峡两岸关系政治新闻等；

（7）军事报道：涉及军区级以上机构关于军事动员、军队演习、部队调动，报道军事基地、军事冲突、军事科技、边境事务等；

（8）追究过失：自然灾害、重大伤亡事故等报道中，涉及追究政府官员责任、抨击社会或政治制度等；

（9）批评性报道：涉及对官员的批评报道，对地方党委或中央部委机关工作的批评报道，如贪污腐败、弄虚作假、卖官鬻爵、玩忽职守、工作不力的报道，在被批评者上一级党委机关报或传媒尚未刊登有关新闻时，或具体说法不详的任何内容等；

（10）宗教和民族报道：涉及重大宗教政策、民族政策、重要宗教民族历史问题、民族地区特异风俗，有可能伤害宗教民族感情的内容等；

（11）特定情况下的特定新闻，如涉及对邪教组织、恐怖分子的处理措施，涉及众多死亡者的特大事故，涉及社会稳定大局的新闻报道以及其他特殊情况等。

编辑对不违反原则和规定的内容，也应认真审核把关。对文字报道要把好语言关，对图片、地图、视频等图像内容要核对无误；对受法律保护的涉案未成年人或受害者的图像、姓名和身份信息等，应当做必要的模糊处理；在新闻中，不使用血腥、残忍、恐怖的照片及影像资料；在未获亲属授权许可的情况下，不使用死者遗容照片等。还要特别注意遵守著作版权法规的有关规定。这些也是内容发布把关的基本要点。

应急报道是网络新闻传播的经常性动作。其相应的管理机制在符合编辑部管理普遍原则前提下，包括如下几个方面。比如，实时守望机制：编辑随时保证自己的信息触角处于高度敏感状态，能够在第一时间探知变动的发生。应急常备机制：一旦情况发生，立即进入应急运行。当值编辑知道做什么和怎么做。国内新闻机构在突发事件的报道上相对比较谨慎，往往是先请示再动作。这一状态近年在突发救灾报道中已经获得长足改进。网络新闻媒体在这方面必须尽可能地走在前面，因为网民和社会对它们新闻反应的时效期待正直线上升。

事实上，重大突发事件的应对机制并不是孤立存在、或者单独放在旁边备用的。它实际与编辑部的常规报道运转及效率有着密切的内在关联。重大突发报道不给力或不理想，往往和编辑部平时运转松懈有关。如果平时报道运转有条不紊，既有原则性，又有机动性和创新性，遇到重大突发情况时，整个编辑部的应对和报道才能显出较高的专业水平和网络传播能力。

在网络新闻报道方面，较高的新闻专业水准的体现，又与对新兴网络传播工具及样态的熟练运用有关。网络新闻传播的专业竞争现在不单在传统媒体运行的框架和模式中展开，更在借助新兴媒介开辟与拓展新闻传播的新领域、新空间和新维度方面的竞争。

（三）社交媒体使用管理

新兴媒体特别是社交媒体使用，引发许多新的传播运行活动，也挑战专业新闻传媒机构的相应管理。这在国内外都是新事物新问题。国内外新闻编辑部在这方面的做法和思路，普遍具有实验性、开放性与探讨性。

《BBC编辑指南》（*BBC Editorial Guidelines*）说，当BBC制作人、编辑及管理人员面对编辑选择新的困难时，他们的智慧源泉来自多年从业积累的经验、常识、价值观和道德观。这种内在的破解难题的能量，远比任何条文规定或指南，有用而且强大。同时，该指南又用黑体字标明：任何超出本指南规定的动议，都必须事先获得编辑部的批准认可；都必须事先与上级编辑或专责编辑讨论和达成共识，还须获得BBC编辑政策和规范主管（Director Editorial Policy and Standards）的批准，方可付诸实施[①]。

国际权威新闻机构对于新媒体传播以及各种社交媒介的使用，各有自己的操作规定细则。从中国国内现今立场来看，这些条文规定显得琐碎和较真，约束也非常严格。国内相关管理思维和规范制订，尚处在比较粗陋的阶段。纵观国外业界的相关规定和做法，有若干重点可资借鉴：

首先，对员工使用新媒体工具的行为的约制，重点还是为了保障专业机构新闻服

[①] http://www.bbc.co.uk/guidelines/editorialguidelines。获取时间：2013年5月2日。

务的质量。当供应数量、丰富程度和获取便利等都空前改善之后，各种信息不可避免地通过新兴媒介渠道大量涌入专业新闻报道流程。面对信息洪流，新媒介使用管理对记者编辑的提醒和要求，集中落在重申和强调新闻工作的专业精神和专业态度上。譬如，对很容易获得的网上信息或影像资料所示内容，在采用前必须核证确认它们的真实性；要辨识来自网上和社交媒体上的信息以及影像的发布意图，不可主观地想当然；不应堕入"网上来、网上去"的惯性操作，忽略公共服务的责任、敏锐与均衡；某网络站点某次提供了真实信息，不等于所有来自该站点的信息全部可靠永远可靠；转用网上资料可能引出各种官司，使用前应先咨询法律顾问，等等。类似的规定和要求可以很细很多。《路透社新闻手册》规定："第一个获得新闻是我们的工作，但是居于我们所有工作之上的是准确地获得信息。准确性与中立原则都永远优先于速度。"[①]沿循这一思路，有关的管理可以根据本媒介机构的情况具体细化。

图 9-13 BBC 新总部大楼内放射式新闻编辑大平面（2012 年）

其次，从管理的角度提醒员工，使用网络工具从事新闻工作，可能会触碰公民隐私问题或者法律方面的纠纷。《美联社工作人员社交媒体使用守则》提醒："雇员在表达任何与美联社相关的个人意见或同事观点时，应该尤其提高警惕。即使您把相关内

---

① 毛旭东：《路透社新闻手册概览》，《新互联网时代》，2013 年第 10 期，http：//www.baom.org.cn/site2/20131031/4437e65234cb13dc3b2a02.pdf。

② 据说，BBC 新总部大楼内的放射开放式编辑大平面令其国内/对外广播、电视、在线新闻编辑运行空前融合。资料来源：www.hok.com/about/news/2012/10/19/。获取时间：2013 年 5 月 8 日。

容只给自己的朋友看也同样要多加小心。我们建议您在脸书上进行隐私设置来确认您的分享内容与分享对象。"①

社交媒介的广泛流行催生出新一代的网民，他们更乐意在网上公开自己的信息，而且这些私人信息的确是放置在网络公共场域，但是，这不等于新闻编辑就对这些信息拥有不计后果地挖掘和使用的权利。国外对这类信息的使用设有门槛。新闻机构通常要求其员工，在使用这类网上信息之前咨询上级主管和法律顾问。国内这方面的相关意识及管理操作尚未精细，但未来肯定会走向愈加完备和周全的方向。有调查显示，新生代网民虽然在开放个人信息方面尺度较宽，但他们对个人隐私依然相当重视。BBC对这一问题的处理是：提醒员工谨慎从事。因为私人信息放在网上，传播扩散面依然有限，一旦经媒介播报放大，将产生大得多的后果影响，可能给相关人士造成伤害。中国国内经常出现网上"人肉搜索"情景，有的"搜索"有所谓"正义的理由"或者针对"贪腐"现象，有的则另有其他原因。但是无论如何，网络新闻机构在这方面都需要有更高的职业道德和管理约束，包括相应的内部规章和细则，以保证其新闻服务的专业性和公益性。

最后，专业新闻机构对微博、微信等社交媒体的使用管理是个难题。对于网络新闻机构来说，社交媒体手段是拓展传播的新渠道新管路，也是吸引和连接更广泛受众群体的重要方式；但如果使用不当，也会成为各种风险、麻烦和冲突的祸源。BBC要求，所有代表BBC的博文必须与本部门社交媒介代表（Social Media Representative）讨论，并须在BBC官方网站（BBC Online）上刊发。BBC没有自办微博平台，它使用推特这类第三方发布平台，所有代表BBC身份的微博发布，也都参照上述博客规定严格把关。BBC微博转发其他BBC微博或者BBC新闻标题，可能问题不大，但是如果转发其他第三方微博，就要格外小心，因为这有可

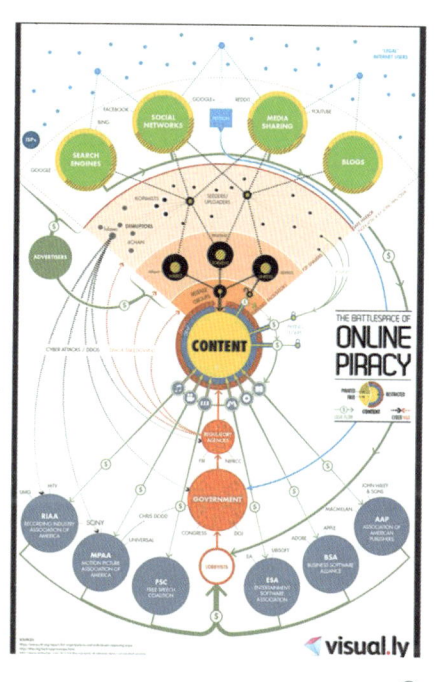

图9-14 网络隐私战场图示（2012年）②

---

① 《美联社工作人员社交媒体使用守则》，《新互联网时代》，2013年第12期，http://www.baom.org.cn/site2/20140110/4437e67a50691439cc8301.pdf。
② 随着人际间使用社交媒体的快速增长，个人隐私在网络上的广泛传布成为不幸的现实。此图试图描绘这种传播的各种工具、路径及关联。资料来源：http://visual.ly/battlespace-online-piracy。获取时间：2013年5月8日。

能暗示 BBC 赞同或支持该微博中的观点立场。所以，"转推"（retweeting）要非常谨慎，就算事先在微博主介绍中声明"发表不等于赞同"也没有用，特别当涉及政治或有争议话题时。

《BBC 编辑指南》还提醒员工：使用网络工具发布信息，存在风险和角色冲突的可能；因此必须将官方博客或微博，与个人的博客微博运作清晰地区分开来。标明 BBC 编辑部员工身份的个人社交媒介，在使用时必须时刻警惕，不得给 BBC 造成任何机构性、专业性和名誉性损害，不得表露个人政治立场倾向，不得议论 BBC 以及新闻和时事问题，不得分享传播 BBC 的图片、评论或视频资料，违者将受到纪律处置。所有现存或新开的标明 BBC 员工身份的个人博客、微博或私人网站，都必须向各自的主管编辑报告，确保它们的运行的中立性。BBC 员工使用社交媒介时，要有风险意识，许多本主与 BBC 的关系会从社交媒介的运行中透露出来，而各方人士可能会透过社交媒介来征询对 BBC 或某些敏感问题的观点意见；BBC 要求员工，此时要先与本部门主管编辑和 BBC 新闻办公室沟通后，再考虑回复问题。[①]

《美联社工作人员社交媒体使用守则》要求："我们欢迎员工转发或分享美联社官方社交网络账号发布的信息。我们要求美联社的员工尽量不要称赞或评论美联社的脸书和谷歌 Plus 主页上的内容。这些账号是官方的，面向公众的交流渠道，我们希望把更多空间留给公众来评论和互动，而不是让记者们在一个面向公众的场合相互讨论他们自己的事情。"

该手册还说："美联社的员工可能会想把自己的日常工作在个人网站和博客上进行分享。在他们的文本、照片、视频和交流记录已经被美联社官方发布之后，他们就可以把这些工作成果放在网上分享和展示。需要注意的是，这些材料必须明确注明是美联社所属的。当员工在一些专门以用户分享为主要内容的社交网站上分享工作成果时，他们只能给出内容的链接而不能直接上传具体内容。由美联社员工自己创作的'非美联社所属内容'，如个人相片、视频和文本，是可以在其个人网站、博客和社交网络上分享的。而包括那些对社会争议性事件表达意见态度在内的所有信息发布，都应当遵循美联社新闻价值原则及社交媒体守则。那些在敌对或敏感环境中工作的员工在决定应该在社交网络上分享什么内容时，尤其应该关注安全问题及其分享对美联社获取新闻能力的影响。"[②] 下图（见第 315 页）是美联社万维网站首页（2014 年）[③]。

---

① 《BBC 编辑指南》，http://www.bbc.co.uk。
② 《美联社工作人员社交媒体使用守则》，《新互联网时代》，2013 年第 12 期，http://www.baom.org.cn/site2/20140110/4437e67a50691439ee8301.pdf。
③ http://www.ap.org。资料获取时间：2014 年 2 月 24 日。

作为公共媒体机构，BBC 的规定显然更细致更严格，其管理思路也是一贯的。总括来说，它对新媒介运行的管理有如下几点要则：1. 其雇员特别是编辑部人员在网络传播方面，必须服从 BBC 的整体目标和服务精神，即便员工的私人网络使用也不能与之产生冲突。2. BBC 官方授权微博必须与员工个人微博活动，严格区分清晰绝缘。3. 新闻编辑人员不得在个人博客、微博等社交媒介上发表任何与其 BBC 工作身份有冲突的言论或信息，以避免个人角色、身份和言论的冲突波及影响到 BBC 的整体信誉度和价值标准。4. BBC 员工的所有新媒介传播活动应事先报告 BBC 部门编辑和有关主管，以获得认可和指导。

这些原则套用到中国现实网络运行中有难度，一时也难实现，不过内中蕴含的核心考量倒是可供参照。在中国大陆地区，所有网上网下的交流和分享，许多是不分新闻机构内外，也不分专业业余角色区别。传媒机构自尊和员工专业身份都不是严格的自律话题，所以，国内社交媒介传播有时呈现出更大的"开放性"和传播个体身份的"随变性"。本节所说的对社交媒介等新兴媒介传播的管理，主要侧重在（网络）新闻机构内部协调层面，而国内通常关注的网络媒介管理，往往多从管理机关的立场出发，更注重对整个行业运行和从业人员总体的管理把控，致力于在同质性统理方面走出一条路。这其实是另外一个问题。

四、网络管理新趋向

本节之前所讨论的内容，主要关涉正规新闻传媒机构在网络传播活动方面的组织、协调和管理问题。换言之，此前所叙说的管理，只是新闻行业内部或针对本专业人员的活动和行为的管理规范等问题。相比全社会的网络管理这一大题目，此前所述只涉及其中一个特定的、专门的和比较具体的方面和领域。

近五年来，中国政府把更多的注意力，放到加强和完善对整个社会的网络传播环境和运行管理的法律法规建设以及机制落实等方面，出台了若干重要的规制文本和执行措施。作为在这一大环境和大背景下活动和工作的网络新闻编辑人员，亦需认真了解和消化有关的新情况新变化新发展。

2014年8月26日，国务院以中央政府行政法规的形式发出通告："为促进互联网信息服务健康有序发展，保护公民、法人和其他组织的合法权益，维护国家安全和公共利益，授权重新组建的国家互联网信息办公室负责全国互联网信息内容管理工作，并负责监督管理执法。"[①] 有此授权，国家互联网信息办公室就可以合法展开对中国境内所有互联网信息传播内容的监督和管理，并且具有对相关违法违规传播内容和传播行为进行执法处理的权力。这一管理和执法授权所覆盖的网络传播范围和信息内容广度，远远超出了本书此前讨论的网络新闻传播领域。这一管理规定的出台，表明中国互联网络传播活动正在迅速普及和深入扎根，因此有关部门管理规制的行动脚步也在加紧跟上。

2016年11月7日正式颁布、2017年6月1日起正式施行的《中华人民共和国网络安全法》（以下简称《网络安全法》）[②]，代表着中国网络管理水平和规模的重大提升，是一次标识性的法治建设举动。该法明确地把保障网络安全，提高到维护网络空间主权和国家安全、社会公共利益，保护公民、法人和其他组织的合法权益，促进经济社会信息化健康发展的高度；强调国家坚持网络安全与信息化发展并重的原则，肯定和重申了2010年首次提出的"积极利用、科学发展、依法管理、确保安全"的十六字网络宏观管理发展方针。

与此前相应法律法规相比，该法涉及领域更广泛，内容覆盖更丰富，包括了网络战略安全、关键信息基础设施、弘扬主流核心价值观、加强国际交流合作、保护网络版权等许多方面；并且首次以法律形式明确了，由国家有关部门统筹协调、各级政府相应机构参与，来共同构成网络监督管理机构体系，履行相关治理职责等问题。

在保护公民、法人和其他组织依法使用网络的权利，促进网络接入普及，提升网络服务水平，为社会提供安全、便利的网络服务，保障网络信息依法有序自由流动的同时，该法也明确规定，任何个人和组织使用网络应当遵守宪法法律，遵守公共秩序，尊重社会公德，不得危害网络安全，不得利用网络从事危害国家安全、荣誉和利

---

① 见国家互联网信息办公室网站；http://www.cac.gov.cn/2014-08/28/c_1112264158.htm。
② 见国家互联网信息办公室网站；http://www.cac.gov.cn/2016-11/07/c_1119867116.htm。

益，煽动颠覆国家政权、推翻社会主义制度，煽动分裂国家、破坏国家统一，宣扬恐怖主义、极端主义，宣扬民族仇恨、民族歧视，传播暴力、淫秽色情信息，编造、传播虚假信息扰乱经济秩序和社会秩序，以及侵害他人名誉、隐私、知识产权和其他合法权益等活动。这些规定肯定并沿用了自 2000 年起施行的《互联网信息服务管理办法》中的基本内容，同时又有所补充、细化和扩展；它们主要涉及网络信息内容的扩散传播活动，与网络新闻工作的关系比较密切。《网络安全法》将更广泛更多样的网络信息和活动，纳入了监督管理的视野，是中国互联网络管理的一次重要立法。

以政府部门规章形式推出、同样自 2017 年 6 月 1 日起正式施行的《互联网新闻信息服务管理规定》（以下简称《网新管理规定》）①，是根据相关上位法原则、专门针对网络新闻性信息服务活动、由国家互联网信息办公室制定和颁布实施的。该法规直接规制互联网新闻信息服务的具体运行。

该法规第五条规定："通过互联网站、应用程序、论坛、博客、微博客、公众账号、即时通信工具、网络直播等形式向社会公众提供互联网新闻信息服务，应当取得互联网新闻信息服务许可，禁止未经许可或超越许可范围开展互联网新闻信息服务活动。"该法第二条和第五条还分别说明：本法规"所称新闻信息，包括有关政治、经济、军事、外交等社会公共事务的报道、评论，以及有关社会突发事件的报道、评论"；"所称互联网新闻信息服务，包括互联网新闻信息采编发布服务、转载服务、传播平台服务"。这些条规表明，在中国境内的互联网新闻传播服务，须经正式审批许可方可运行。

《网新管理规定》对申请互联网新闻信息服务许可的申请主体的条件和资质，也有具体和明确的规定。例如，"主要负责人、总编辑是中国公民"；"有与服务相适应的专职新闻编辑人员、内容审核人员和技术保障人员"；"有健全的互联网新闻信息服务管理制度"；"有健全的信息安全管理制度和安全可控的技术保障措施"；"有与服务相适应的场所、设施和资金"；"申请互联网新闻信息采编发布服务许可的，应当是新闻单位（含其控股的单位）或新闻宣传部门主管的单位"，等等。这些都是非常具体明确的操作性条文和要求。

该管理法规还限定："任何组织不得设立中外合资经营、中外合作经营和外资经营的互联网新闻信息服务单位"；"互联网新闻信息服务单位与境内外中外合资经营、中外合作经营和外资经营的企业进行涉及互联网新闻信息服务业务的合作，应当报经国家互联网信息办公室进行安全评估"；"非公有资本不得介入互联网新闻信息采编业务"等。

---

① 国家互联网信息办公室网站；http://www.cac.gov.cn/2017-05/02/c_1120902760.htm。

对相关服务机构或实体的具体运行,该法规要求:"互联网新闻信息服务提供者应当设立总编辑,总编辑对互联网新闻信息内容负总责。总编辑人选应当具有相关从业经验,符合相关条件,并报国家或省、自治区、直辖市互联网信息办公室备案。互联网新闻信息服务相关从业人员应当依法取得相应资质,接受专业培训、考核。互联网新闻信息服务相关从业人员从事新闻采编活动,应当具备新闻采编人员职业资格,持有国家新闻出版广电总局统一颁发的新闻记者证。"这些规定内容包含了对网络新闻编辑人员的专业要求和资质管理。国家互联网信息办公室还颁布了相应的规范性文件《互联网新闻信息服务单位内容管理从业人员管理办法》(2017年12月1日起施行),配合落实上述法律法规的管理要求,对包括新闻编辑在内的网络新闻信息传播工作人员接受在岗在职培训,给出具体要求和考核标准。

《网新管理规定》第十五条说:"互联网新闻信息服务提供者转载新闻信息,应当转载中央新闻单位或省、自治区、直辖市直属新闻单位等国家规定范围内的单位发布的新闻信息,注明新闻信息来源、原作者、原标题、编辑真实姓名等,不得歪曲、篡改标题原意和新闻信息内容,并保证新闻信息来源可追溯。互联网新闻信息服务提供者转载新闻信息,应当遵守著作权相关法律法规的规定,保护著作权人的合法权益。"这些都是对新闻编辑日常工作和业务操作的明确指令。

此外,近年来与网络信息传播有关的配套法规还有:《网络出版服务管理规定》(2016年3月10日起施行)、《互联网信息内容管理行政执法程序规定》(2017年6月1日起施行)、《互联网群组信息服务管理规定》(2017年10月8日起施行)、《互联网跟帖评论服务管理规定》(2017年10月1日起施行)、《互联网论坛社区服务管理规定》(2017年10月1日起施行)、《互联网用户公众账号信息服务管理规定》(2017年10月8日起施行)、《互联网域名管理办法》(2017年11月1日起施行)、《互联网新闻信息服务新技术新应用安全评估管理规定》(2017年12月1日起施行)、《微博客信息服务管理规定》(2018年3月20日起施行)、《区块链信息服务管理规定》(2019年2月15日起施行)等。①

上面列出的法律法规虽然层级并不相同,但彼此相互配合又各有侧重,共同构成目前国家依法管理互联网络的法律基础和体系。

总体而言,近四五年来,国家有关网络传播管理的法律法规建设,呈现稳妥推进和逐步升级完善的态势。基于"依法管理"方针原则的基本要求,近期网络管理立法建规的过程大致有如下几个特点:

一是经过多年努力,相关法规正逐步由下位法形式向上位法过渡。网络管理法规

---

① 见国家互联网信息办公室网站;http://www.cac.gov.cn。

的立法层级在逐渐提升；比较成熟和稳定的下位法内容，通过立法程序上升为更稳定、更具权威性的上位法。相关立法覆盖的广度和触及的深度，都有程度不同的扩展和延伸。二是一些早期互联网管理规定，经过长期试行和磨合，其中比较好的内容被新法新规所吸收、延续或丰富；在保证网络管理有效性的同时，注意维持条款规定的连续性和一致性。三是对一些新兴网络传播样态、技术方式或创新应用的管理和规范，一般先采用"规范性文件""部门规章"等形式进行"暂行性"或"尝试性"规制；相应管理操作注意与新技术新应用的扩散与成长过程同行推进，待取得经验和评估效果之后，再逐步调整、修改，渐渐趋向完善。四是中国引进互联网初期，网络新闻传播曾是政府有关部门管理规制工作的重点和核心。但随着网络传播、网络行业和网络应用的不断发展和飞速扩大，目前国内正规网络新闻机构及网络新闻信息的传播运行的可控性管理，已经相对成熟和比较稳定了。

就网络管理立法而言，网络新闻传播的法治化管理，大抵属于中观层次。面对变动不居的网络世界现实，有关管理部门正把更多的注意力集中到更宏观更深层的立法管理建设，以及如何适当把握和规制最前沿最新兴最热点的网络传播问题、活动及运行上面。所以，"抓两头"或许是目前国内宏观网络管理和规制努力的表象特点之一。无论如何，相关的网络管理立法和建规，终会程度不同地影响和牵涉到网络新闻信息传播运行。从这一视角出发去观察、了解和把握相关动向和重要进展，对于网络新闻编辑来说，亦是本职工作的需要和专业能力的提升。

结　语
从纽约社交媒体峰会说起

2013年4月20日，美国《纽约时报》（*NY Times*）和英国广播公司（BBC）在纽约时报大楼联合主办"社交媒体峰会"（Social Media Summit）[1]。这次会议有些值得网络新闻编辑关注的地方。比如，主办方的意图和出发点，会议的焦点和议程逻辑，传统媒介与社交媒体在新闻传播领域的交叉融合，以及主流新闻机构未来的生存、定位与发展。

《纽约时报》和BBC是著名的新闻传媒机构。前者是美国新闻业的专业代表，后者是英国媒体中的权威。这两家机构都面临拥抱和运用包括社交媒介在内所有新兴媒

---

[1] http://www.nytimes.com/packages/html/social-media-summit/。获取时间：2013年5月11日。

介的压力和挑战，如何延续和光大彼此在新闻传播领域的地位与尊严？形势的确严峻。近年，每当美国一些报纸纷纷关闭纸介版时，人们都会问《纽约时报》何时也走到这一步？面对网络新兴媒介一轮又一轮的冲击，《纽约时报》和 BBC 的自省和反思，代表着新闻业界人士的职业责任意识。

会议的核心主题是：探讨运用社交媒体从事新闻报道的现状以及如何应对未来的挑战。这一主题设定的背后是一个大问号——"我们该怎么办？"会议分五个论谈单元（panels）：单元 1 是"来自外部的借鉴"（Lessons From the Other Side）；单元 2 是"如何做社交视频传播"（How to Make Video Social）；单元 3"对谈：日益社交化世界中新闻机构的未来"（The Future of News Organizations in an Increasingly Social World：A Conversation）；单元 4"突发新闻"（Breaking News）；单元 5 是"来自世界各地新闻编辑部的消息"（Dispatches From Global Newsrooms）。这些单元安排的逻辑体现出一种思路。

首先，两家主办机构把借鉴和学习的目光投向新闻业外。所谓向业外学习，是希望从市场营销、广告推广、品牌建设、竞选宣传、社交媒体策划等领域和人员使用社交媒介技术的创新和经验中得到借鉴。Bully Pulpit Interactive、BBH Labs、Knock Twice、360i 等公司的相关主管受邀到会介绍情况，讲讲他们如何发挥社交媒介的实时互动特性，如何推动传播分享及媒介融合。这些"业外人士"给新闻人的建议是：请像普通人那样说话；记者不应脱离波普文化（pop culture），而应将其融汇入新闻报道中；尝试用大众话语来报道严肃新闻；以参与而非旁观的姿态来报道社会社区；想想假如允许使用俚语、行话和流行词语，你的报道能有什么样的变化；在某一领域，假如你的报道每每与同行的报道相左，读者是否会喜欢；请炼造你自己的人性化、易于识别、用户乐于认同的话语风格；把用户当成伙伴而非靶子目标，等等。这些要点其实都是营销、广告、品牌、竞选等领域最基本的传播关注、切入角度及日常操作。

单元 1 讨论的潜台词是：网络新兴媒介的创新应用在上述商业行业或领域中最为活跃，相比之下新闻业只是跟跑者。考虑到美英社会有比较完备的法律和管理制度，其间商业元素和机制经常成为刺激和催生新技术新应用的一种推动力量。会议提示的向外学习的思维，具有积极的方向感。回望历史，全球互联网发展至今，商业驱驶动力未可轻视。全面客观评价商业力量与互联网络发展的关系，不应得出一无是处的悲观判断。

据报道，此前一年间，美国许多新闻媒体机构在"社交视频"（social video）上投入甚多。什么是社交视频，各家定义不同。单元 2 主要请这方面的践行人士，如 HuffPost Live（《赫芬顿邮报》直播）、NowThis News（当下新闻）、Google Plus Hangouts、PBS Frontline 等主编主管，介绍如何创制"社交视频"或"病毒视频"[①]，怎样理解这一新兴媒介形态和功能，以及对其未来前景的认识与估计。

上述各家的运行经验大多将社交媒介与多人视频在线互聊技术相结合，报道和传播新闻性视频内容，有些做法思路也含有病毒视频手法和风格。HuffPost Live 的特色在于实时视频论坛聚聊，突发新闻或热门话题可以随时嵌入切换进来。NowThis News 提供精选精编的新闻视频短片，时长从几十秒到一分多钟不等，传统冗长的视频新闻被剪辑浓缩成适合移动接收终端（手机或平板电脑）的新颖产品，受到用户的广泛欢迎。谷歌的 Hangouts 利用在线视频聚聊方式采访总统奥巴马，提供了网络平等直接互动的新案例。在它的一则视频短片中，一位失业工程师的妻子在视频连线中当面诘问奥巴马，为什么政府热衷延长外籍技术人员的工作签证，而她身为工程师的丈夫却赋闲在家找不到工作。她在对谈中咄咄逼人地打断奥巴马的回答，重申自己问题的要点，令奥巴马一时语塞退居守势。这种新媒介互动方式用于时政对话，令普通民众颇感新鲜和直接。对比国内每年"两会"报道期间"我有问题问总理"的网民提问安排，Hangouts 展示的直接互动性，无疑把民主对话形式又向前推进了一步。值得提醒的是："社交视频"或"病毒视频"的传播模式都明确提示，它们发挥作用不仅仅靠首发或驻留在网站上，更靠广大社交网络用户雪崩式地自愿转发和扩散来实现影响力。这就解释了为什么有些网络发布规模宏大内容堆砌，但传播辐射却十分有限；而有些网络发布初始细微，却能迅速形成燎原之势。

视频传播是《纽约时报》这样的纸介传媒需要大力提升的重要的服务方面。该报是否有意绕过传统电视新闻模式，直接主攻网络新兴媒介视频新闻方式呢？这是一个问题。本单元研讨的主持人是《纽约时报》助理副社长兼视频内容总监理查·伯克（Richard Burke）。从他的职务身份和《纽约时报》近期情况来推测，很有这种发展可能。最近，《纽约时报》宣布，考虑到视频已经成为网络用户的热切期待和需求，它将免费开放《纽约时报》网站上的所有视频及应用程序，允许所有台式或移动终端不限量地访问使用其网站视频资源。《纽约时报》网站的视频访问量2013 年第一季度比 2012 年同期增长了一倍；每月上传的视频产品达到 250 多个，未来肯定会更多。[②] 事实上，BBC 早已着手调整和推出更加适应网络传播特性的视

[①] "病毒视频"（viral video）是一种通过网络共享方式广泛传播而蹿红的视频短片，一般通过视频分享平台、社交媒体或电子邮件传播扩散。病毒视频通常短小紧凑幽默恶搞，国外比较著名的例子如 Lazy Sunday, Dick in a Box, the Evolution of Dance, Chocolate Rain 以及 I Got a Crush... on Obama 等。国内比较知名的病毒视频短片有《一个馒头引发的血案》《巴士阿叔》等。

[②] *New York Times puts all online video outside the paywall*，April 24，2013，http：//www.journalism.co.uk。检索时间：2013 年 5 月 13 日。

频新闻供应。BBC 的"一分钟世界新闻"就是将常规视频报道"萃取""精选"后上网，方便网络用户点击观看①（见下图）。

单元 3 的"对话"是新闻机构领导人士对谈，参加者是《纽约时报》社长兼 CEO 马克·汤姆森（Mark Thompson）、BBC 全球新闻总监皮特·哈罗克斯（Peter Horrocks）、《卫报》美国版总编珍宁·吉布森（Janine Gibson）。主持人是《纽约时报》著名记者大卫·卡尔（David Carr）。本单元的对谈越过社交媒介新闻传播的具体操作，眺望新闻机构未来的生存与财源问题。《纽约时报》的汤姆森重点介绍该报网上"付费墙"（pay wall）成功推广的模式意义。据彭博社，《纽约时报》2012 年订阅收入首次超过其广告收入，成为该报第一大营收来源。该报网上"付费墙"不仅为该报带来了 9100 万美元的直接收入，还推动纽约时报公司的订阅总收入达到 7.683 亿美元，比广告收入多出 5290 万美元。② 付费订阅模式能否获得成功，关键在所提供服务的质量，而这种服务不是所谓一味维持原有水准，而是升级创新更上层楼。通过"订阅"和"付费墙"等客户端，《纽约时报》紧紧地与其遍布世界各地的读者关联起来，并由此了解和掌握用户群体的使用情况和具体数据，以便更好地调整自己，提供出更优质的产品。

---

① http://www.bbc.co.uk/news/video_and_audio/。获取时间：2013 年 5 月 11 日。
② http://citime.zjol.com.cn/citime/system/2012/12/25/015882454.shtml。获取时间：2013 年 5 月 13 日。

《纽约时报》一再宣称，它的付费订户所获得的将不是一张报纸，而是完全崭新的传播体验。那么，它所标榜的崭新体验究竟新在何处呢？《纽约时报》也做了具体的试验推进。

2012年2月，美国华盛顿州喀斯喀特山脉发生雪崩，数名滑雪爱好者不幸遇难；《纽约时报》体育记者约翰·布兰奇（John Branch）被派去报道此次事件，并陆续发回各种采访和报道材料。编辑部破天荒地将布兰奇的报道分发给新闻摄影、动画、多媒体、视频等其他团队，要求员工开动脑筋，协力做出点不寻常的东西。这一集体努力最终产生该报2012年12月20日推出的多媒体特写"雪崩"（Snow Fall）①。布兰奇事后说，"我对该作品的最终结果毫无准备，显然其他人都比我知道得多。"② 2013年4月，该作品获颁美国普利策年度新闻特写奖。

"雪崩"突破了《纽约时报》惯常的图文视频综合报道套路，而是文字、图片、图形、音频、视频都强势进入，各胜其场，共同糅合做成一个"多媒体融合呈现的大项目"。这个项目花费了六个月的时间，其间还有美国总统竞选、伦敦奥运会、桑迪飓风袭击纽约等重要报道迫其让路，时新性有所减弱。"雪崩"上线后广受好评，被认为是一种崭新报道呈现（presentation），预示网络多媒体融合的确可以给用户带来全新体验。③

---

① http://www.nytimes.com/projects/2012/snow-fall/#/? part=tunnel-creek。

② The Snow Fall story: Marrying long-form narrative with captivating visuals, http://www.journalism.co.uk。

③ 有关的详细介绍与分析，请参阅邓炘炘、庄捷：《〈纽约时报〉多媒体新闻报道"Snow Fall"的创新启示》，《新互联网时代》，2013年第10期，http://www.baom.org.cn/site2/20130902/4437e65234cb138e7a8501.pdf。

《大西洋连线》(The Atlantic Wire)杂志刊文说,"雪崩"与惯常的网站图文报道不同,它是个多章节的系列作品,熔文字、视频、照片、动画等为一炉,多媒体方式自然而有效地用于报道和呈现;不但值得"读",也值得"看",更有被带入其境的感受,与《时报》的其他在线报道大不相同。[1]

需要指出的是,"雪崩"报道依然是"新闻报道",是专业新闻立场的"报道呈现",依然按专业新闻工作的大众传播视角来处理和主导。这种大胆创新且屡获奖项的体验式特写,是否就是网络新闻的未来主流方向呢?答案是有可能且待观察。"雪崩"上线后,《时报》编辑部上下备受鼓舞,"雪崩"也因此成了动词。经常有人说,"看看能不能把这篇报道也'雪崩'一下?"《时报》当时的总编辑吉尔·阿布拉姆森(Jill Abramson)在接受采访时回应:不论"雪崩"影响有多大,《时报》的新闻原则从不打折,例如所有报道素材都必须经过双重证实才能使用。她还举出 CNN 等媒体在 2013 年波士顿马拉松爆炸案的后续报道中,因急于求快而出错的例子。她强调,《时报》记者在没有证实或消化有关信息之前,绝不进行任何现场直播报道。为了杜绝草率错误,她本人甚至深更半夜赶回编辑部"踩刹车",而不是"加油门"。[2]

专业化大众传播服务有成本和效率的比较优势。网络互动意味着平等分享,这中间包含着民主和多元的价值共建。如何将专业精神和网络互动融合起来,永远是新闻工作和服务的任务与承担。在坚持专业精神的前提下,将网络方式和技术手段融合进来,使得新闻服务具有时代科技的特色和锐度,不但要靠新闻工作者的努力,也要等待相应技术开发和应用的成熟与普及。从这点来看,《纽约时报》的"Snow Fall"显然具有示例性和尝试性,它更多地表现为专业勇气,这也是其网络化融合传播长远努力过程中的一站。它不是一家报社的事情,而是一个行业对其未来的探索之一。留意《纽约时报》或者新闻业界在这方面尝试的下一个落点,也许更有建设意义。

从社会视角来看,如何评价"付费墙",始终是个争论话题。会上有位纽约大学生提问,《纽约时报》有否考虑大学生的阅读需求,当前经济不好,学生支付有困难,如果不得不去阅读其他免费媒体信息,依靠它们转手获知质量打折的新闻,的确会有点问题。确实,《纽约时报》是美国新闻传媒业的锚定者之一,业界在一定程度上唯其马首是瞻。习惯浅阅读的人不会去读它,想深度阅读或想进行对比阅读思考阅读的人则需要看它。《时报》当时每月网上阅读订费在 15~35 美元之间,一年大约 400 多美元。由于有"付费墙"的存在,网络用户要想获取其新闻信息,就有了或大或小的

---

[1] What the New York Times's 'Snow Fall' Means to Online Journalism's Future, Dec 20, 2012, http://www.theatlanticwire.com。

[2] Abramson Talks "Snow Fall", NYT Digital, http://www.netnewscheck.com, April 30, 2013。检索时间:2013 年 5 月 13 日。

成本问题，特别是社会经济环境不景气时。

《纽约时报》每遇重大报道会临时开放网络服务，对非订户的访问也不加任何限制。不过，这种开放也有表面性，因为绝大部分高质量和有深度的新闻报道，恰恰是那些中观层面或者日常报道内容，它的稳定质量和专业水准其实是渗透在那些不大不小、日复一日的报道与分析之中。"付费墙"是刚性管理，那些收入不高却又想接触《时报》的网上用户也许就被遗憾地挡在墙外。《纽约时报》是一家商业报社，始终处在如何获得足够财源支持，以维持优质专业服务的压力之下。没有生存，就没有一切；"付费墙"的做法无可厚非。生存与服务，始终是媒体机构的两条腿或者两只翅膀，它们相辅相成互为支撑，国内外所有媒体概莫能外。

在当今云计算、大数据和客户端等概念和技术的视野下，"付费墙"或者客户端不仅是一个简单的营利创收机制，而是专业新闻传媒机构和用户受众的关联点。通过这样的关联点，传播者可以深刻而具体地知晓用户的使用情况和兴趣，可以区分提供不同的服务，可以构建多种互动关系。这种新的传受关系及其落实的水平，正是现今传媒机构运行全面升级的重要标志。

BBC在研讨会上，主要介绍如何借助新兴媒体手段提高新闻报道质量，对创收问题说得不多。BBC的财源问题由英国的收视费（license fee）"一劳永逸地"解决了，不付费者将因违法而坐牢。不过，它的财源也有隐忧。英国目前以家庭拥有电视机为征收年度收视费的核算基础，所收费用供应支撑BBC国内广播、国内电视及网上服务运行。现在，越来越多的英国人不再用电视机看电视，许多视听活动转到网络、电脑或手机上。对此，未来英国的家庭电视收视执照费将怎样计算收取呢？以每家还是以每人拥有电脑或手机的数量为计费单元？实际操作怎么进行？这些都是头疼的事情。

哲学家柯林武德[1]将人类历史看作无数问题与无数回答的延绵衔接——从过去到现在再到将来——的无尽过程。人们今天面对众多颇感费解的文字、事件、现象和行为，其实它们其来有自，对它们的注释就隐在历史中。柯林武德认为，历史中遗失最多的是问题（questions）。因为历史人物总是把答案留下（文字、作为、遗迹、文物等），却把内心的问题，尤其是他们还没有能力回答或不愿明说的种种问题都带进了坟墓。历史学家（以及所有研究者）最重要的任务就是根据留下的答案去追溯、重构（re-construct）已经丢失的问题。这既是为了说明过去和现在，也是为了说明将来。因为今天所从事的一切正是留给明天的答案。

反推问题的意识对于新闻编辑非常重要。当我们关注上述国外同行的做法和经验

---

[1] 柯林武德（Robin George Collingwood, 1889~1943），英国哲学家、历史学家。代表著作有《史学原理》《历史的观念》等。

时，首先要追问的是他们为什么要这样做。紧接着要问的是，我们是否也面临着相似的局面，是否也提出过类似的问题，并正在给出自己的答案？如果还没有，那么原因是什么？每日每时，新闻编辑和媒体机构都在提供着"回答"，然而人们很少有意识地反问自己：那些正欲解决和回答的"问题"究竟是什么呢？正如柯林武德所说："如果你想知道一个既定的命题是真还是假、有意义还是无意义，你就必须找出它所要回答的问题。"[1] 这里留给网络新闻编辑的建议是：请锻炼和提高深入持续地提问的能力。

社会中专业新闻机构的服务和生存问题，始终是行业中永存的压力与动力。无论如何，只要生活继续，传播自然继续，专业的新闻传播机构的重要作用自然不能缺少。它们必须与时代同行，主动或被迫地不断改善和提高服务质量，以证明它们存在价值的正当性。

---

[1] ［英］柯林武德著，陈静译：《柯林武德自传》，北京大学出版社，2005年版，第40页。